见识城邦

更新知识地图　拓展认知边界

地中海海战三部曲

君士坦丁堡的陷落

コンスタンティノープルの陥落

[日]盐野七生 著

田建国 田建华 田卫华 译

中信出版集团 | 北京

图书在版编目（CIP）数据

君士坦丁堡的陷落 /（日）盐野七生著；田建国，田建华，田卫华译. -- 北京：中信出版社，2020.7（2022. 1重印）
（地中海海战三部曲）
ISBN 978-7-5217-1255-1

Ⅰ.①君… Ⅱ.①盐… ②田… ③田… ④田… Ⅲ.①拜占庭帝国—战争史 Ⅳ.①K134

中国版本图书馆CIP数据核字(2019)第270070号

君士坦丁堡的陷落

著　　者：[日]盐野七生
译　　者：田建国　田建华　田卫华
出版发行：中信出版集团股份有限公司
（北京市朝阳区惠新东街甲4号富盛大厦2座　邮编　100029）
承 印 者：北京通州皇家印刷厂

开　　本：880mm×1230mm　1/32　　印　　张：6.25　　字　　数：120千字
版　　次：2020年7月第1版　　印　　次：2022年1月第3次印刷
京权图字：01-2019-4657
书　　号：ISBN 978-7-5217-1255-1
定　　价：98.00元（全三册）

目　录

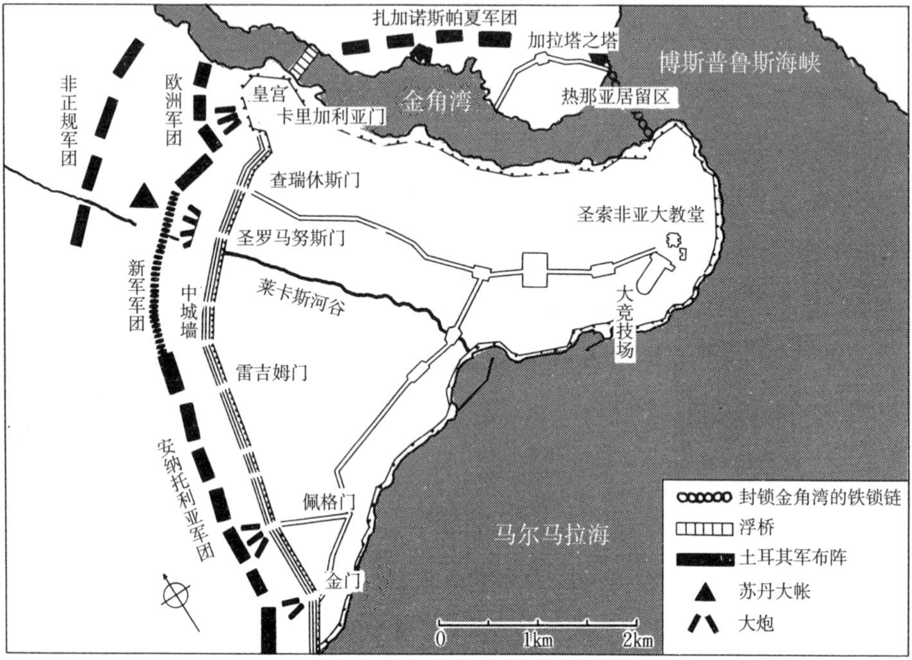

1453 年 4、5 月的君士坦丁堡

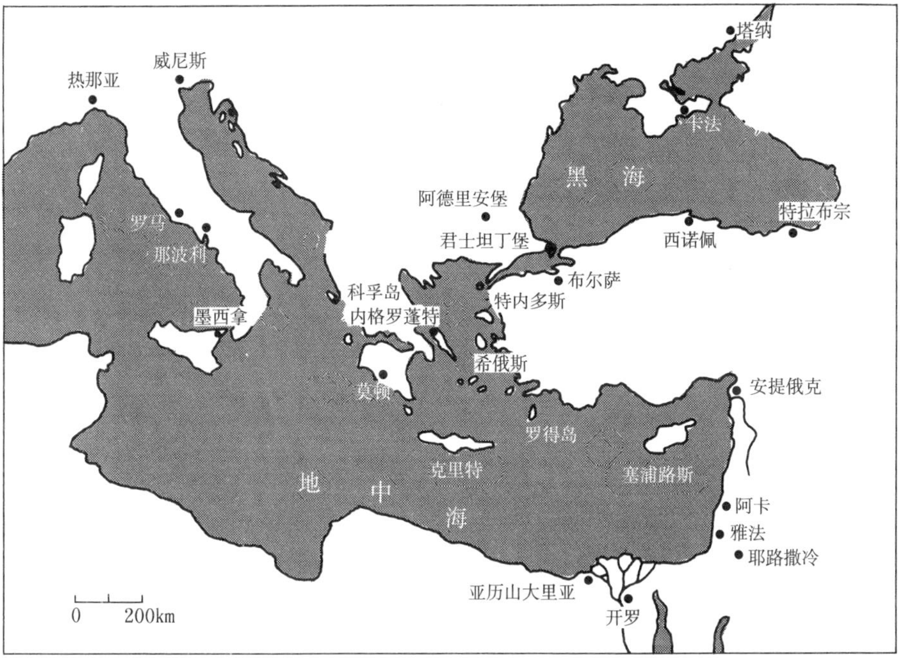

塔纳
威尼斯
热那亚
卡法
黑　海
阿德里安堡
罗马
那波利
君士坦丁堡
特拉布宗
西诺佩
布尔萨
科孚岛
特内多斯
墨西拿
内格罗蓬特
希俄斯
莫顿
安提俄克
罗得岛
克里特
塞浦路斯
地　中　海
阿卡
雅法
耶路撒冷
亚历山大里亚
0　200km
开罗

东地中海世界

第一章

两个主人公

君士坦丁堡之城

在漫长的历史中，一个城市的陷落导致一个国家的灭亡，这样的例子并不罕见。不过，如果说一个城市的陷落代表着一个在长久的岁月中持续影响周边世界的文明的终结，这样的例子在漫长的人类历史上又能数出几例？更何况这件事发生的时间不仅能明确到年，还能明确到某月某日，不，甚至能明确到时刻……君士坦丁堡就是这样一座城市，它不仅有明确的灭亡之日，也有准确的诞生之日，这是一座非常罕见的城市。

君士坦丁堡在 330 年 5 月 11 日之前被称为拜占庭，位于博斯普鲁斯海峡边，后以创立者君士坦丁大帝的名字命名为“君士坦丁堡”，意为君士坦丁之城，成为东罗马帝国[1]（拜占庭帝国），即讲希腊语的罗马帝国的首都，历时1123年。

这里，我们采用英语发音把这座城市称为君士坦丁堡（Constantinople），这是最常见的称呼。但在这座都城存在的1 000余年间，其通行的名称并非只有希腊语和拉丁语的名称，与这座城市有点关系的民族都有自己对它的称呼。例如意大利与这座城市的晚期有着密切的关系，所以称其为康斯坦蒂诺波利斯（Constantinopolis）。这座城市在现代的正式名称“伊斯坦布尔”（İstanbul），也不过是Constantinopolis的土耳其语发音在经历了漫长岁月之后的变音而已，只是变化之大令人想象不出原音为何。

这就如同哈德良堡（Hadrianopolis）在当代土耳其语里成了埃迪尔内（Edirne）一样。哈德良堡的原意为哈德良皇帝之城，但在本书中不再用这个称呼，因为从1369年起这里就已成了土耳其

---

1 东罗马帝国（Eastern Roman Empire，395—1453）又称拜占庭帝国（Byzantine Empire）。395年，罗马帝国皇帝狄奥多西一世去世前将帝国东西部分与两个儿子继承，东部即为东罗马帝国。在其存续的千余年中，它一般被称为“罗马帝国”（Imperium Romanum）。17世纪的西欧历史学家为区分古代罗马帝国和中世纪神圣罗马帝国，引入了“拜占庭帝国”这一称呼。东罗马帝国历经12个朝代，93位皇帝，是欧洲历史上最悠久的君主制国家。帝国都城君士坦丁堡建于希腊古城拜占庭的基础之上。帝国疆域起初包括巴尔干半岛、小亚细亚、叙利亚、巴勒斯坦、埃及、利比亚、美索不达米亚北部及外高加索的一部分。到查士丁尼大帝时代，又将北非、意大利和西班牙的东南部并入版图。554年，帝国击败法兰克王国，国力达到顶峰。1204年，第四次十字军东征时，曾为拉丁帝国取代。1261年，君士坦丁堡被帝国流亡政府统治的尼西亚帝国收复，帝国恢复。1453年5月29日，奥斯曼土耳其帝国苏丹穆罕默德二世率军攻入君士坦丁堡，帝国正式灭亡。在东罗马帝国存续的大部分时期，它都是欧洲在经济、文化和军事方面最强大的国家。（本书注释均为译者所注。）

的首都。然而，其实很多当时的土耳其人也不会用土耳其语名字称呼这座城市，所以我在本书中选择统一使用史料中用得最多的意大利式发音的名称“阿德里安堡”（Adrianopolis）。

正因为西罗马帝国在不断衰退，君士坦丁堡这个人称“新罗马”的城市的急速发展才吸引了当时人们的极大关注。这座城市位于欧洲和亚洲的要冲，从诞生之时起便注定要成为地中海世界的首都。

不过，这个“新罗马”有一个方面与西罗马完全不同，那就是东罗马自诞生伊始便是以基督教文化为根基的帝国。东罗马帝国的皇帝在正式场合所穿外套的颜色并非紫色，而是红色，因为基督教会把紫色这个古罗马帝国皇帝象征权力的颜色定为丧色，也就是死亡之色。

据传从公元 4 世纪创立之时起，东罗马就比西罗马更加繁荣。但直到西罗马灭亡的 5 世纪末，东罗马的君士坦丁堡才确立了地中海世界首都的地位。此后不到一个世纪，东罗马帝国的势力范围在 6 世纪中叶达到了巅峰。虽然不及鼎盛时期的古罗马，但拜占庭帝国的领土在查士丁尼皇帝[1]时代就已经扩张到西起直布罗陀

---

1 查士丁尼一世（Justinianus I，482/483—565），拜占庭帝国皇帝，527—565 年在位，史称查士丁尼大帝（Justinian the Great）。他早年曾辅佐其叔父查士丁一世治国，登基后下令编纂了欧洲第一部系统完备的法典《查士丁尼法典》。他对内改革行政，加强中央集权，引进丝织业，发展商贸，干预宗教事务，迫害异端，修建圣索非亚教堂；对外先后征服汪达尔王国和东哥特王国，占领西哥特王国南部，使国力达到顶峰。但在他死后帝国便相继丧失了在西部的领土。他扶持艺术，在其统治期间，雕塑艺术和建筑艺术得到了较大的发展。

海峡，东至波斯边境，北起意大利的阿尔卑斯山，南至尼罗河上游的广大疆域。

不过，到了十字军兴起的11世纪，拜占庭帝国的势力范围开始大幅度缩小。在这个西欧基督教势力与东方伊斯兰教势力碰撞的时代，拜占庭帝国成为因教义问题而从天主教分离出来的希腊正教的大本营，是一个在这两大新兴势力之间旗帜并不鲜明的中间国家。东地中海的制海权也是在这个时代从拜占庭人手中转移到了海洋城邦国家热那亚和威尼斯等国的手中的。尽管这样的状态只存在过一个短暂的时期，却使得第四次十字军于1204年创建了拉丁帝国[1]，并因此导致拜占庭帝国的灭亡。在这个时期，只有逃离君士坦丁堡的人们在小亚细亚部分地区建立起来的尼西亚帝国[2]传承了东罗马帝国的血脉。

土耳其越过博斯普鲁斯海峡不断蚕食欧洲国家的地盘，曾经

1 正式名称为“罗马尼亚帝国”（Empire of Romania，1204—1261），因希腊人称西欧人为拉丁人，又被称为拉丁帝国。拉丁帝国是第四次十字军东征于1204年攻陷拜占庭帝国首都君士坦丁堡后，在其领土上按西欧形式建立的封建国家。首都为君士坦丁堡，疆域包括小亚细亚西北部、巴尔干半岛南部及爱琴海上的一些岛屿。1261年，尼西亚帝国皇帝迈克尔八世（Michael Ⅷ Palaiologos）在热那亚人的帮助下夺取皇位，攻破君士坦丁堡，恢复了拜占庭帝国，拉丁帝国遂告灭亡。

2 尼西亚帝国（Empire of Nicaea，1204—1261）是第四次十字军东征攻占君士坦丁堡后，逃亡的拜占庭贵族建立的三个希腊人主导的流亡政权之一（其他两个为伊庇鲁斯专制君主国和特拉布宗帝国）。尼西亚为大主教驻地，皇宫和朝廷设在尼姆菲翁（Nymphaion，今土耳其图尔古特）。尼西亚帝国的核心区域位于小亚细亚西部，是原拜占庭帝国人口最稠密、农业最发达的地区之一，其丰富的资源和扼守黑海海峡的有利地理位置以及几任统治者的励精图治使其逐渐成长为原拜占庭帝国疆域内最强大的国家。最终尼西亚军队于1261年收复君士坦丁堡，恢复了拜占庭帝国。

恣意妄为的大帝国的领土，除了首都君士坦丁堡周边，只剩下伯罗奔尼撒半岛的一部分。南面的爱琴海被只有区区20万人口的威尼斯和热那亚这样的意大利海洋国家牢牢攥在手里。

在从6世纪到10世纪的拜占庭帝国鼎盛时期，君士坦丁堡的人口包括郊区据称已达百万。但到了15世纪初，人口却减少到不足10万，甚至威尼斯、热那亚这些城市的市区人口密度比之更高。当时的意大利人因掌握了冷静而合理的思维方式成为文艺复兴文明的创造者。在他们看来，15世纪的拜占庭人是一群中世纪式的非合理主义者，他们根本不想把精神上的宗教与现实中的政治分离开来，只热衷于谈论宗教，完全缺乏高效运营共同体必不可少的积极性和协作精神，而且很容易为迷信所动。一句话，拜占庭人在同时代的意大利人眼中是一种散漫民族的形象。

15世纪的拜占庭，领土被土耳其包围，军事形同于无，经济受制于西欧商业国家。统治这个帝国的皇帝是碰巧与开国皇帝同名的君士坦丁十一世。他是东罗马帝国最后一任皇帝，49岁，崇尚名誉，性格沉稳，是一位精悍的绅士，恰好体现了逐步走向灭亡的优雅文明。他结过两次婚，都是皇后先他而去，没有子嗣。

拜占庭文明受到了古希腊和罗马文明的影响，却又与这些文明不同，它从东方的影响中充分汲取养分，一直保持着自己的个性。这位君士坦丁皇帝肩负着保卫拜占庭文明的象征——首都君士坦丁堡的使命，而他的对手是一个刚过20岁的土耳其青年。

苏丹穆罕默德二世

1300年前后肯定没有人关注过在小亚细亚内陆的安纳托利亚积蓄力量的奥斯曼土耳其民族。但仅仅28年以后，他们就征服了位于马尔马拉海附近的布尔萨城。他们之所以选择向西扩张的道路，是因为东面的蒙古帝国不好对付，而西面的拜占庭帝国当时已经开始衰落。对于安纳托利亚游牧民族来说，这是一个自然的选择。土耳其人把首都定在布尔萨城，小亚细亚就此染成了清一色的土耳其色彩。

但是，他们并没有就此满足。土耳其民族后来仍不断西进，于1354年占领了加里波利。达达尼尔海峡的沿岸港口城市加里波利已经不再属于亚洲，虽说它地处边缘一端，却完完全全属于欧洲。这座城市地处要冲，可以由此从爱琴海穿过达达尼尔海峡到达马尔马拉海，然后直接北上去往君士坦丁堡。攻陷加里波利不仅会刺激失去此地的拜占庭帝国，也肯定会刺激到西欧海洋国家的，这些国家靠着通过这里到君士坦丁堡和黑海沿岸城市做生意的商人而繁荣起来。威尼斯共和国以拥有当时最完备的情报网为傲。这一年，它发出了第一份关于来自新兴国家土耳其的威胁的情报。

而且，拜占庭帝国已经无力自行反击，威尼斯和热那亚两大海洋势力又不得不把力量投入西欧内部的纷争中去。就在他们坐失应对良机之际，土耳其却在稳步推进着对巴尔干地区的攻势。

1364 年，菲利波波利陷落。

1369 年，阿德里安堡陷落。

色雷斯地区完全归土耳其掌控。两年后，土耳其把首都从亚洲一侧的布尔萨迁到了欧洲土地上的阿德里安堡。没有比这更加明确的意志表露了，他们以后将继续西进。与色雷斯接壤的保加利亚、马其顿以至拜占庭帝国都失去了平静。保加利亚以及还正式属于拜占庭领土的马其顿都被迫同意充当土耳其的属国，每年缴纳贡金并提供军队。就连拜占庭帝国皇帝也背上了义务，每年向苏丹的宫廷缴纳贡金，苏丹远征时，皇帝或一位皇族将率兵从军。

自那以后，土耳其军连战连胜，竟不知败仗为何物。1385 年，保加利亚首都索非亚陷落。1387 年，马其顿的塞萨洛尼基也落入土耳其之手。拜占庭帝国进一步变为属国，因皇族之争无法确定下任皇帝时，也要等待苏丹的裁决，这后来竟成了惯例。到了 14 世纪末，拜占庭帝国皇帝力量可及的地区只剩下首都君士坦丁堡的周边和伯罗奔尼撒半岛的内陆地区。也就是在这个时期，皇帝专程前往西欧去乞求援军对付土耳其。凡是了解东地中海世界现实的人都能看出，当时拜占庭帝国的命运仿佛是风中的一盏油灯。到了这个时期，土耳其已经完整地构建起一张对君士坦丁堡的包围网，最乐观的政治家也必须正视这一事实。

曼努埃尔皇帝接到土耳其大军正向君士坦丁堡进军的消息后紧急返国，却意外地被告知，土耳其的威胁竟然消弭于一夜之间。

1402年，巴耶济德苏丹率领的土耳其大军在小亚细亚的安卡拉与帖木儿[1]率领的蒙古军对战，吃了大败仗，连苏丹也成了俘虏。被蒙古军穷追猛打的土耳其军遭到了灭顶之灾，甚至令人怀疑那支大军已不在人间。土耳其兵以残忍著称，但蒙古兵的残忍却更甚。传说蒙古人所过之地不闻犬吠，没有鸟鸣，更听不到孩子的哭声。

苏丹被敌人俘获，土耳其宫廷因首次完败而动荡，内部迅速分裂。这种内部斗争的状态直到3年后帖木儿去世，蒙古帝国骤然崩溃以后都难以收场。以拜占庭帝国为首、以前同为土耳其属国的各国都认为这是取得自由的好机会。然而，在土耳其从这次打击中重新站起来所耗费的20年中，这些国家只是对向土耳其支付年贡金和提供军队的要求装聋作哑，却没有把这些钱用来提高本国的防卫能力。20年后土耳其再次进攻，这些国家面对土耳其无计可施。结果，尽管土耳其打了败仗，但君士坦丁堡仍在它的包围之中，以拜占庭帝国为首的这些国家很快便屈服于穆拉德苏丹的要求，承诺支付和提供中断了20年的年贡金和军队，情况又

1 埃米尔·帖木儿（Amir Temur，1336—1405），帖木儿帝国的创始人。他出生于碣石（今乌兹别克斯坦萨赫里萨布兹），曾为西察合台汗国（蒙古帝国四大汗国之一）的一名封建城主。他于1362年起义反抗蒙古贵族，于1369年建立帖木儿帝国。经过40余年的征战，帝国成为从帕米尔高原到小亚细亚和阿拉伯半岛的大帝国。帖木儿于1405年2月病死在攻打中国明朝的进军途中。1402年，帖木儿发动对奥斯曼土耳其帝国的战争，7月，帖木儿兵临安卡拉城下，双方会战。帖木儿发挥骑兵优势击败巴耶济德一世率领的奥斯曼土耳其军队，巴耶济德被俘。此役被称为安卡拉战役。此役使奥斯曼土耳其帝国大伤元气，大大推迟了其中央集权的形成，同时延缓了拜占庭帝国的灭亡，并解除了帖木儿进攻中国时的后顾之忧。

回到了 1402 年时的状态。

在此后将近 30 年的时间内，穆拉德苏丹都没有发动过大规模的侵略行动，也许他相信把心思放在维系再次夺回的领土才是上策。尽管他也打过一些仗，但几乎都是防卫战，根本没想去碰君士坦丁堡。当时的君士坦丁堡虽说是拜占庭帝国的首都，但完全处于一种自由港的地位。以热那亚和威尼斯为主的西欧通商国家与阿拉伯、亚美尼亚、犹太人等东方传统商业民族都以这里为基地，进行着商业竞技。土耳其人与同样信仰伊斯兰教的阿拉伯人并不一样，本质上还是游牧民族，从来不擅长商业。也许穆拉德苏丹认为，自己不擅长的事情就由其他民族代劳，利益还能滋润土耳其的首都阿德里安堡，因此不妨默认这个单纯自由港的存在。苏丹最信任的宰相哈利勒帕夏以亲西欧和亲拜占庭而闻名。无论是威尼斯还是热那亚，都与土耳其签订了正式的友好通商条约，他们以君士坦丁堡为基地，在与小亚细亚和黑海沿岸各地的贸易中获取巨大利益。如果要在现实的视野中寻找以共存共荣为目的的妥协点，那么对只剩下君士坦丁堡的拜占庭帝国采取怀柔政策正是这样的妥协点。这种感觉在 15 世纪前半叶曾经占据着主导地位。

然而，拜占庭帝国也好，西欧也罢，他们都不知道当时在小亚细亚的土地上，一个对亚历山大大帝和尤里乌斯 · 恺撒有着异样兴趣的年轻人正在成长。

穆罕默德二世 1432 年出生在土耳其首都阿德里安堡，是穆拉德苏丹的第三子。据说他的母亲是出身低微的原基督教徒奴隶。

穆拉德苏丹大概并不特别宠爱为他生子的这个女奴，在穆罕默德两岁的时候就把他连同母亲、奶妈一起，送到自己长兄当总督的小亚细亚的阿玛西亚去了。3 年后长兄去世，5 岁的穆罕默德被任命为阿玛西亚总督，但这并不是什么刻意的安排。作为苏丹的儿子，他有时也会受到邀请去参加在阿德里安堡举行的宴会。此后不久，他还与他的二哥交换任职地，二哥来阿玛西亚，他则前往马尼萨。

但是，1443 年发生了一个案件，穆罕默德的二哥遭到暗杀，凶手身份不明。已满 11 岁的穆罕默德借此机会成为苏丹的继承人。既已成为唯一的继承人，以前一直没有给他特殊待遇的苏丹父亲也想把他召回首都。于是穆罕默德不得不离开母亲，迁入阿德里安堡的宫殿。苏丹因军务会经常离开首都，所以尽管穆罕默德还很年少，但父亲不在时他得代父摄政。

每到这种时候，辅佐穆罕默德的都是宰相哈利勒帕夏。不过，哈利勒与其说是辅佐，不如说是监视，而且有时还会误解穆罕默德的言行，以至于公然唱反调、出尔反尔的事情也不鲜见。哈利勒宰相能够为所欲为，不仅是因为在众多原基督教徒奴隶出身的大臣中，只有他出身于纯正土耳其血统的名门（他的父亲甚至当过宰相[1]），

---

1 指钱达尔勒·哈利勒帕夏［ÇandarlıHalil Paşa，？—1453。为与其祖父钱达尔勒·卡拉·哈利勒·海雷丁帕夏（Çandarlı Kara Halil Hayreddin Paşa）区分，也称其为小钱达尔勒·哈利勒帕夏］于 1439 年穆拉德二世在位时接替其父老钱达尔勒·易卜拉欣帕夏出任奥斯曼土耳其帝国大维齐尔（苏丹以下的最高级职务，相当于宰相），1453 年被穆罕默德二世处决。钱达尔勒家族是奥斯曼土耳其帝国初期显赫的政治家族，曾出过五任大维齐尔，他是其中的第四任。

也因为穆拉德苏丹对具有优越平衡感的哈利勒的政务工作能力予以了完全信任。尽管哈利勒只是个臣子，但身为父亲的穆拉德甚至让儿子称哈利勒帕夏为“拉拉”“老师”。

第二年，穆拉德苏丹在瓦尔纳之战[1]中大胜基督教军，然后突然宣布退位，也许他觉得这一仗以后土耳其领土可以安稳一阵子了。他才 40 岁，正值能干的盛年，下这样的决心不仅让土耳其国民，也让欧洲人大感意外。尽管大臣们苦苦央求，穆拉德却没有改变自己的决心。他让位给 12 岁的儿子，自己干脆隐居去了马尼萨。威尼斯的谍报机关并不相信苏丹的权力已经完全移交，在此之后也一直称身在欧洲阿德里安堡的穆罕默德为“欧洲的苏丹”，称隐居在亚洲马尼萨的穆拉德为“亚洲的苏丹”。

事实上，穆罕默德只掌了两年权。父亲就突然回到首都，重新坐上苏丹的宝座。这是一次政变，始作俑者是宰相哈利勒帕夏。传说这是因为14岁的穆罕默德开始表露出进攻君士坦丁堡的意图，哈利勒对此感到不安；也许他对穆罕默德无法在土耳其新军中树立威信而感到绝望。尽管出面请求穆拉德复位的是宰相，但另外两位大臣伊萨克帕夏和萨鲁贾帕夏也与宰相保持了一致，剩下的

1 1444 年 11 月 10 日，苏丹穆拉德二世率领奥斯曼土耳其军与由波兰兼匈牙利国王瓦迪斯瓦夫三世（Wladyslaw III）和匈牙利将领雅诺什·匈雅提（Janos Hunyadi）率领的匈牙利和瓦拉几亚联军在黑海沿岸的瓦尔纳（Varna，在今保加利亚东北部）发生激战。结果联军大败，瓦迪斯瓦夫三世阵亡，土耳其人占领瓦尔纳。此战是西欧十字军与奥斯曼土耳其帝国的最后一次大规模战斗，具有深远的历史影响。战后西欧各国基本上放弃了对拜占庭帝国的救援。

大臣中只有扎加诺斯帕夏是穆罕默德派。父亲抵达首都的那天，穆罕默德本人被安排去狩猎，什么都不知道，等回到宫殿时一切均已结束。

穆拉德苏丹命儿子穆罕默德即日起蛰居马尼萨。尽管那里是到昨天为止父亲一直隐居的地方，但这与流放并无两样。再度亲政的穆拉德宣布哈利勒、伊萨克、萨鲁贾三大臣留任，只有扎加诺斯帕夏被以辅佐不力之罪问责并左迁亚洲。

穆罕默德颜面扫地。虽然他才 14 岁，但已是可作为成年人对待的年龄，穆罕默德又有着傲人一等的气质，所以这件事对他来说是难以忍受的屈辱。在马尼萨的日子里，穆罕默德的心情也一定与以往大不一样。父亲作战时常常准许他同行，但他在征战中的所作所为没有一件可圈可点。因为他后来完美地展现出这方面的才华，所以我们只能认为，他在这一时期表现平庸是因为父亲没有给他表现的机会。倒是身处远离首都的马尼萨，穆罕默德因私生活混乱、男女不忌而出了名。

流放第二年，穆罕默德得了个儿子巴耶济德。孩子的母亲是阿尔巴尼亚人，原是基督教徒，与穆罕默德的生母一样，是出身卑微的女奴。一年后，他娶了土耳其的名门之女为正妻。妻子的姐姐嫁的是开罗苏丹，足见其门第之高。据说他的妻子的美貌要在姐姐之上，但 16 岁的丈夫却根本不爱她，两人也没有孩子。在同一时期，穆罕默德失去了母亲。

在这种生活的第五个年头，1451 年 2 月，穆罕默德在马尼萨得知了父亲的死讯。穆拉德是一个大酒鬼，这与伊斯兰教教义是相悖的。有一天他突然倒下，再也没有恢复意识，第四天便一命呜呼，去世时刚满 47 岁。宰相哈利勒按照处理这种情况下的惯例没有立即公布苏丹的死讯，而是派急使去了马尼萨。穆罕默德三天后得知了父亲的死讯。

这个差两个月才到 19 岁的年轻人根本不等准备妥当，只撂下了一句话“愿意跟随我的人，来吧”，便跨上黑色的阿拉伯爱马，马首冲北疾驰而去，作为新苏丹进入首都。穆罕默德心里清楚大臣们和新军（耶尼切里）军团此前对自己的评价。而且，穆罕默德在首都还有一个同父异母的年幼弟弟，其母亲出身于土耳其名门，深受穆拉德宠爱。年轻人驱马日夜兼程，直到上了横渡达达尼尔海峡去加里波利的船，才得以休息。

1451 年 2 月 18 日，穆罕默德二世正式即位。大厅里挤满了土耳其的重要人物，但除了后宫主管宦官外，没有人愿意靠近苏丹的宝座。宰相哈利勒帕夏、大臣伊萨克帕夏和萨鲁贾帕夏都只是远远地站着。大厅里的人没有一个不了解以前发生的事，紧张的气氛沉重地笼罩着大厅。这时，传来了穆罕默德二世的声音：

“我的大臣们为什么站得那么远？”

他又对身边的宦官道：

“让哈利勒回到自己的位子上去。”

沉闷的空气好像一下子轻松了下来。哈利勒及以下的前苏丹大臣们就这样得以留任。穆罕默德二世对宝座右边并排站着的三位重臣说道：

“请伊萨克帕夏作为安纳托利亚军团的军团长护送亡父遗体前往布尔萨陵墓。”

伊萨克帕夏来到宝座前，以头叩地，行土耳其礼，领受了命令。这时，前苏丹的宠妃现身，献上即位贺词。穆罕默德郑重地接受了贺词，并把这个后妈赐给伊萨克帕夏为妻。然而，就在大厅里上演这一幕时，穆罕默德年幼的弟弟已被杀死在后宫的澡盆中。穆罕默德二世由此开创了先例，形成了日后土耳其帝国苏丹即位后立即杀死弟弟的惯例。

人们一直以为被砍头都不足为奇的哈利勒帕夏居然得到留任，但这也并非像就此放心的人们所想象的那么简单。伊萨克帕夏是哈利勒的盟友，以哈利勒政策的共鸣者著称。他在安葬了前苏丹的遗体后被留在安纳托利亚，禁止回到首都。联盟就这样被巧妙地拆散了。同时，被前苏丹贬谪的扎加诺斯帕夏被召进首都。

然而，不论是拜占庭帝国还是西欧各国，都没有深刻思考这一连串现象的意义，新苏丹对续签穆拉德时代与以拜占庭帝国为首的东方各国签订的友好和互不侵犯条约没有任何刁难。与热那亚和威尼斯续签友好通商条约一事也没有发生任何问题。而且，塞尔维亚国王的女儿玛拉原来被献给前苏丹，虽然没有生子，却是前苏丹的另一位正妻。她进入后宫时带来了很多陪嫁的金钱。年轻的苏丹不但把这些陪嫁的钱还了回去，甚至还赏赐她许多礼物和礼金，让她回了故国。玛拉在土耳其期间一直保持着基督教徒的身份，西欧也都知道这一点。很多人把这看作新苏丹对基督教徒持稳健态度的证据。欧洲各国评价，19岁的新苏丹是一个人才，有足够的力量继承义字当先的伟大武将父亲的遗产，并牢牢捍卫。

但是也有少数人并没有这样盲目乐观。拜占庭帝国皇帝君士坦丁十一世就是其中的一人。尽管土耳其与拜占庭之间续签了互不侵犯条约，但在穆罕默德二世即位仅一个月后，君士坦丁十一世还是向西欧派出了使节请求援军。可是，这个请求与希腊正教会和天主教会再度联合的难题搅在一起，连拜占庭皇帝本人都没有指望这个请求能够轻易得到令人满意的反馈。

第二章

现场证人

1452 年夏　威尼斯

“为什么医院里到处都是吵吵闹闹的？”

尼科洛一边从一个接一个出现在眼前的病房门前走过，脑子里一边玩味着一个答案十分明显的问题。从他进入帕多瓦大学医学系那年算起，已经过去 10 多年了，可是他对医院的嘈杂的厌恶却与第一次跟教授进病房的时候完全一样。但住院患者的家属完全以这种嘈杂为苦。沿着病房墙壁摆放的病床边挤满了成群的患者家属，他们随意地高声说话，并不顾忌会打搅别人。那声音碰到石头穹顶后，会变成一种噪声反射回来，分不清是人声还是其他什么东西的声音。作为大夫，尼科洛只能对此报以苦笑。只有朝圣返家的病人的周围是安静的，因为他们在威尼斯没有亲人。躺在病床上，他们只能用眼睛空虚地望着墙上描绘的基督的神迹。

不管是医生还是护士，只要有身穿白衣的人进入病房，这些孤独的病人都会用眼睛不安地追着他们。

尼科洛加快脚步走过了喧闹更甚的医院门口，一眼就认出了刚才警卫告诉他的那个身穿黑色长衣站在广场中央水池旁边的人。警卫只告诉他有人想找他说话，就站在广场上的水池边等他。他想此人可能是患者家属吧。直到认出那是一个面孔熟悉的海军部的官员，他才停住了脚步。他感到非常意外。那男子靠近尼科洛，与尼科洛并肩站立，用郑重的口吻静静地说道：

“特莱维森司令请你晚钟时刻悄悄来一趟海军部。”

尼科洛只说了声“我会去的”，就把轻轻点头的男子留在原地，再次走进医院大门。

尼科洛服务的医院位于圣波罗区，从那里到位于圣马可区的海军部，必须横跨过大运河。尼科洛把白衣换成平时穿的黑色长衣，来到了里亚尔托桥边。运气不好，开闭式的里亚尔托桥刚刚升起，让船通行，尼科洛只好等在那里。大树一样的桅杆一根一根地在眼前通过。这光景该是早已看惯的，可他却像第一次见到一样望着，感到新鲜。圣贾科莫教堂就在背后很近的地方，教堂的晚钟开始安详地响起。尼科洛听着钟声，又被一下午都没有离开大脑的疑问攫住。本该在科孚岛的特莱维森为什么要在此时秘密回国呢？

海军部在元首官邸里。尼科洛从面朝圣马可码头的大门进入，无须问路便从熟悉的房门之间穿过，径直朝海军部所在的一角走去。尼科洛是巴尔巴罗家族的一员，在议会中拥有议席，有着威尼斯共和国贵族的权利，同时也负担着义务，只要不出国，他都会按时出席每星期天举行的议会会议。

如在其他时间，海军部进出的人络绎不绝。威尼斯政府部门的习惯是只要没有特殊事件，都会以晚钟为信号结束工作。在入口那巨大的门扉前，只有早上来访的那个男子在等着尼科洛。他一声不响地带着路，走过五个房间后，有一扇门挡在了眼前。那男子用门上的铁环敲了三下门。门立刻从里面打开，特莱维森站在那儿，仿佛占满了空间。海军司令满脸微笑，用郑重的姿态把旧知尼科洛迎进了房间。房门在两人的背后静静地关上。

同尼科洛·巴尔巴罗一样，加布里·特莱维森也是贵族出身。尼科洛的兄长们都选择经商之路，尼科洛却选择了医学，走上了不同的人生道路。海运国家威尼斯共和国的贵族们都和尼科洛的兄长们以及特莱维森一样，一般都成了活在海上的人。特莱维森作为海军将领，其能力得到很多人的认可，连续两次被选为负责亚得里亚海域的驻科孚岛舰队的副司令。威尼斯人相信，保持亚得里亚海的制海权是本国防卫的关键。在他们看来，这就是把自己的身家性命交给了特莱维森。

实际上，加布里·特莱维森有着强壮的体魄，总是给周围的人带来一种安心感。长年的海上生活，使他本就强健的体魄更上一层楼。只有头上开始增多的白发和长满下半张脸的胡须透露出他已逾半百。

尼科洛曾经两度与特莱维森一同航海。特莱维森指挥舰队护卫商船队，尼科洛作为船医上了他的船。第一次同航的目的地是埃及的亚历山大，回程绕道叙利亚，经塞浦路斯和克里特返回威尼斯。威尼斯的医师在大学和医院工作后作为船医出海的不在少数，尼科洛并非特例。只是那时去埃及并不安全，甚至要派舰队护航，结果尼科洛去时和回程在海上经历了三次海战，尽管规模都不大，但回国靠港也比计划晚了两个月。

第二次航海是去希腊的内格罗蓬特，回程绕道克里特。也许是因为整个航程经过的海域都在威尼斯的控制之下，这次没有发生意外，顺利按计划回国。有了这两次机会，尼科洛得以近距离了解特莱维森那不论战时还是平时都始终如一的沉着冷静和富于人情味的人品。

“我想你已经知道我请你来的部分原因了……”特莱维森见尼科洛在椅子上坐下便立即说道，像往常一样没有多余的寒暄。

“两天前元老院刚刚做出决议，还没有通报议会，因此可能你还不知道。威尼斯共和国答应了拜占庭帝国皇帝派遣援军的请求，将派舰队前往君士坦丁堡，并指定我做舰队的指挥官。无论如何我希望你作为医师上船。虽然有很多医师曾经跟我一起航海，但你年轻，最适合这种任务。”

尼科洛平日里就对特莱维森怀有敬意，被他这么一说，马上就要三十过半的尼科洛，不知何故心里突然觉得自己年轻起来。

30来岁的人在不同的事情面前或者会出现20来岁时的冲动，或者会显示出40多岁男人的成熟。他回答道：

“我还没有去过君士坦丁堡，很愿意与您同行。”

“也许会发生战争。”

“君士坦丁堡迟早会陷落。这话我从少年时代听到现在，但它还挺立着。这样的状态大概还会持续一段时间吧。”

尼科洛不过是把每个星期天参加议会会议时听到的同僚们的意见说了出来，并未经过深刻思考。尼科洛虽然是贵族，但却摆脱家族义务走上了自己选择的道路，原本对政治并不关心。出席议会会议是生为贵族的义务，没有确实理由就缺席，会被课以相当于两年工资的罚款。所以，在获得议席以来的15年间，他在会议上只有两次发言，都是在审议应对黑死病的对策的时候。听了比自己小20岁的医师的话，特莱维森的视线只是瞬间停滞了一下，又继续说道：

“舰队由两艘大型加莱舰[1]组成，定于10天后的9月中旬出港。元老院准备在议会公布的派船理由是，在君士坦丁堡等候从黑海开来的商船队，并护送它们返回威尼斯。

“你将担任整个舰队医疗方面的负责人，选购此次行程所需要

1　加莱舰（galley，galea，galera），又称桨帆船，古代多见于地中海的一种桨帆兼用船，有1~2根桅杆，吃水较浅。用于战斗的加莱舰船首装有冲击敌船用的冲撞角（ram）。根据划桨手座位的层数，这种舰船可分为单层甲板船、双层甲板船等不同类型。

的医疗用品。仅仅知道对社会公开的理由是不够的，今天傍晚请你过来，就是为了让你在心理上做更多的准备。”

尼科洛有个习惯，一紧张表情就会变得沉静下来。他没再说话，点了点头。特莱维森继续说道：

“正如你所知道的那样，很久以来人们一直在议论拜占庭帝国令人担忧的命运。从拜占庭皇帝第一次向西欧求援的那年起，算起来已经过了半个世纪。这期间，尽管也有形势缓和的时期，但现在的拜占庭帝国，除了大海以外全被土耳其领土包围，不过是个陆地上的孤岛而已。20年前，威尼斯共和国就不得不向前去君士坦丁堡赴任的大使发出指令，指示他到任时如果发现君士坦丁堡的主人已不是皇帝而是苏丹，应如何应对。可以说，关于拜占庭帝国的非常事态已经常态化。

“可是，依靠他人安身立命的人最该小心的就是因思维惰性引起的判断错误。常态化的非常事态也许不定什么时候就会变成难以挽回的非常事态，所以必须提前想好应对之策。我们已经接到情报，说土耳其苏丹一直在博斯普鲁斯海峡沿岸构筑要塞。希望你认识到，你这次去，不是担任船医，而是军医。医疗物资的种类和数量也自然会按此确定。”

尼科洛觉得，雾霾终于散去。可他又禁不住问出了听特莱维森说话时脑海里涌出的问题。

“就算是这样，司令，两艘加莱舰太少了吧？”

仿佛进一步的解释完全是他个人出于对尼科洛的好感才有的，

特莱维森表现出年长者的忍耐，说道：

“你也知道，我国与土耳其之间以前就签有互不侵犯条约，一年前的秋天又刚刚续签。我们与拜占庭帝国之间签订友好条约也有很长的历史了。也就是说，我们与进攻的一方和被迫处于防守的一方，在政治上、经济上都有着友好关系。土耳其也并没有对我国宣战。话虽如此，可如果我们拒绝同为基督教国家的拜占庭帝国派遣援军的请求，我国在西欧的处境就会不可避免地变得微妙起来。再说，别忘了，君士坦丁堡也是我国东方贸易的重要基地。在这样的情况下，纵然我们有能力派出 50 艘加莱舰，也是不能实际派过去的，因为平时的惯例是只用两艘加莱舰为商船队护航。

“是否进一步派遣更多援军，政府会从政治上考虑，然后做出决定。政府给我的任务是，在公开的情况以外被迫面对真正的非常事态时，由于没有时间照会国内，可以向着对我国最有利的方向，按照自己的判断决定所应采取的态度。我已经下定决心，如果需要可以随时牺牲。”

特莱维森说得极为平淡，尼科洛听着也就极其自然地接受了。不过，即使特莱维森用强调的口吻说，尼科洛的心里大概也不会起什么波澜。虽说尼科洛·巴尔巴罗不关心政治，可他也是威尼斯贵族阶层的一员。只有率先站到第一线才有资格成为统治阶级，这是他祖父和父亲的言传身教。

在那天的晚饭餐桌上，尼科洛说了自己将跟随特莱维森的船前往君士坦丁堡的事。长兄听后只说了声“哦”。长兄是元老院议员，应该了解所有情况，却对此不置一词，而且也不想搞清弟弟对这些情况了解多少。二哥经商，因此也帮着兄弟们理财。他去亚历山大待了一段时间，前两天刚刚回国，因此很阳光，话也很多。

“去君士坦丁堡可得仔细观察，看看那荣耀万千的东罗马帝国的首都如今沦落到了何等悲哀的地步。热那亚那帮家伙在那个地方横行霸道，不出一天，你这个冷静的人就会变成反热那亚派。还会觉得威尼斯把东方贸易的根据地迁到亚历山大真是一个非常明智的决定。”

他们没有谈到尼科洛留下的妻子和幼小的儿子，因为兄弟们不在家时其家属的生活以及发生不测时的保障在威尼斯贵族家庭都是不言自明之事。尼科洛满脑子都是编制医疗用品一览表和医院里后任人选的事。

两天后，尼科洛将完成了的一览表拿去海军部，途中经过圣马可码头，正碰上船员们在排长队。要是平时，他会直接走过，根本不可能为这种在威尼斯司空见惯的光景停下脚步。可这时尼科洛却感觉说不定这就是自己要上的船，于是走到队伍前头一看究竟。

果不其然，特莱维森就站在那儿，秘书坐在旁边桌子前把排到跟前的船员的名字登记在名簿上。在威尼斯共和国，不论是商船还是军船，都不是船长选择手下船员，而是船员用应聘的方式选择船长。船和船长都是固定的，只要在靠港的加莱舰旁边立一块牌子，写上船长的名字，船长就不必亲临现场。但是，在招聘过程中，船长必须在现场，哪怕只是露个面，这是规矩。也许这个惯例是为了让应招者在写下名字之前，再次看到自己托付命运的人，然后下定最后的决心。

离开船员们的长队，尼科洛感到自己在这点上与这些船员完全一样，都是出于自愿选择了特莱维森。

1452 年夏　塔纳

塔纳位于黑海的最北边和亚速海的最深处，一到秋末水里就会漂浮起冰块。为了做好准备让船在秋天能够出港南行，所有人在夏天都十分繁忙。对以威尼斯人为主体的意大利商人来说，塔纳是最东北的商业基地，从那里去祖国意大利，比去沿顿河北上就能到达的莫斯科遥远得多。不过，这里有奴隶、毛皮、咸鱼和广阔的小麦产地。对西欧商人而言，这里是一个魅力十足的据点，虽然要忍受漫长的严冬。

一名男子正行走在人货混杂、拥挤不堪的塔纳码头上。他身上的黑色长衣随着海风飘动，一望便知是一个西欧商人。他就是佛罗伦萨商人贾科莫·特达尔蒂。他走路与平时一样飘然潇洒，但脑子里却满是刚才在威尼斯商馆听到的传言：土耳其正在博斯普鲁斯海峡西岸兴建大规模要塞。今天他为了采购裘皮前往顿河上游时才得知从夏天开始就一直在塔纳流传的这个传闻。

特达尔蒂以君士坦丁堡为据点，坚持经营黑海沿岸的物产已有 10 余年之久。他知道，如果只是单纯构筑要塞的情报，还不至于要如此深思。热那亚人已经在全长 30 千米的博斯普鲁斯海峡建了两处城塞，从山上镇守着海峡。可这两个城塞都是为监视周边海域而建，而不是为了攻击下面通过的船只。土耳其人正在构筑的要塞却是沿海而建，听说地点是海峡最为狭窄的地方。而对岸亚洲一侧已经建有土耳其的要塞，尽管规模不大，但也与海峡相连接。特达尔蒂心里只能同意告诉他这一情报的威尼斯商人所做的判断：

“土耳其人打算把海峡的航行置于自己的控制之下，而且还要来攻打君士坦丁堡。”

君士坦丁堡以拥有真正适合防御的地形和地中海世界最为坚固的城墙而闻名。就连熟知拜占庭帝国实情的特达尔蒂都不愿意相信君士坦丁堡会轻易陷落。可是，即便守住了首都，黑海贸易也会越来越难做，这一点正在逐步变为现实。

“也许现在该收拾一下返回祖国了……”

他把妻子留在了佛罗伦萨，已经 5 年没有回去过。这会儿他下了决心，要沿着来时的路折返回去，于是前往威尼斯商馆预订运送货物以及自己乘坐的船。

可是，商馆受理预订的人说，整个 9 月份的班船已经全部订满。不得已，特达尔蒂只能预订了 10 月初从塔纳出发，停靠特拉布宗后去君士坦丁堡的船。

“离开船尚有许多时日，可以用采购小麦来打发。裘皮可以运去西欧，而小麦可以在君士坦丁堡很快卖掉，还可以用剩下这几天做做东方的生意。”

特达尔蒂回想着从45岁时刚刚到达直到今天的这些日子，他那佛罗伦萨人特有的、像是削去所有赘肉的脸庞上浮现出一丝微笑，这微笑看上去只能说是苦笑。

1452年夏　塞尔维亚

一走出王宫，米哈伊尔便深深地吸了一口气。他抬头望去，头顶上是万里无云的夏日晴空。也难怪他兴奋，米哈伊尔刚满22岁，刚才国王授予他1 500名骑兵的指挥权，命令他率领这支骑兵队前往亚洲。

土耳其持续西进的势头令人恐惧，只留下了君士坦丁堡，仿佛只有那里是一块真空之地。如今的塞尔维亚竟成了与土耳其接壤的基督教国家之一，他们为保卫国家而付出的努力令人同情。在一场惨痛的败仗之后，塞尔维亚王室把公主献给了苏丹，好不容易才保住国家的独立。由于公主玛拉没有给穆拉德苏丹带来子嗣，一年前穆拉德去世时，塞尔维亚国王对新苏丹将会如何处置女儿太过担心，竟至彻夜难眠。然而，尽管年轻的新苏丹冷淡处置了亡父的其他妻妾，却唯独按照玛拉自己的意愿把她送回了祖国。人们纷纷传言，说这是伊斯兰教徒罕见的举动。尤其在塞尔维亚，人们坚信这是年轻苏丹不得不对公主的高尚道德和极高修养表示敬意的结果。

国王认为就此远离了土耳其的威胁，放下心来。但在此时，国王收到了土耳其要求派遣援军的请求。信函措辞郑重，称卡拉曼贝格[1]以安纳托利亚为中心向苏丹举起了反旗，故而来信请求帮助镇压。对塞尔维亚国王来说，根本不能考虑拒绝这一选项。而且，尽管这是在帮助土耳其，但打击的对象也是土耳其人。这对塞尔维亚这个基督教国家来说整体上对自己有利。国王按照苏丹的请求派遣 1 500 名骑兵前往，并以年轻但有责任感为由决定任命米哈伊尔担任指挥官。国王在任命米哈伊尔的时候，还将玛拉写给穆罕默德二世的信交给了他。玛拉在信中祈祷能早日镇压土耳其叛军，并说如果塞尔维亚的 1 500 名骑兵能够有助于此将会感到无上喜悦。

国王还委派米哈伊尔选拔骑兵。他决定把选拔的标准放在是否有能力在地形复杂的安纳托利亚驾驭马匹这点上。被选中的都是 20 来岁的年轻骑士。骑兵队的出发日期定在了冬天，米哈伊尔也没有觉得奇怪。为了去土耳其首都阿德里安堡，他们离开塞尔维亚后必须向东行进，再横穿保加利亚。在阿德里安堡集结后，他们要继续东进，在君士坦丁堡附近渡过博斯普鲁斯海峡，奔赴

1 贝格（英文为 beg），又称贝伊（土耳其文为 bey），还有译为“巴依”“伯克”的。贝格是奥斯曼土耳其帝国时期对长官的称呼。该称呼为突厥语译音，意为“统治者”“头目”“首领”“官吏”“老爷”“先生”等，原为对地位次于汗和帕夏的贵族和旁系王子的尊称，后也以此尊称各省区的执政者。

安纳托利亚战场。想要避开冬天在气候恶劣的安纳托利亚打仗，就必须冬天从塞尔维亚出发。

米哈伊尔决定把出发前的时间用来训练部下。穆罕默德二世苏丹要求派遣 1 500 名精锐骑兵，要想保证祖国塞尔维亚的安全，就必须按照握有关键大权的苏丹的要求，派出名副其实的精锐部队。

1452 年夏　罗马

这几天，枢机主教伊斯多尔很辛苦地在拼命控制着自己，要把从心底里涌出的感慨隐藏起来，保持符合自己地位的威严。如果顺其自然，他也许早已忘记自己的地位和 50 岁的年龄，跑上罗马街头欢呼去。20 年来的坚定信念，一路走来忍受同侪冷眼的心愿，现在终于得以实现。而且，他自己被任命为执行人。伊斯多尔认为，只有联合东西两大教会才是拯救自己祖国拜占庭帝国的唯一途径。他对此坚信不疑。只有希腊正教会与天主教会再度联合，并以此为基础获得西欧各国的援助，才能拯救陷入土耳其威胁的君士坦丁堡。

但是要实现东西两个教会的联合，道路艰难。为远离世俗喧嚣，伊斯多尔把自己的一生奉献给了神，而自己迄今为止的前半生却近乎讽刺地波澜四起。

在君士坦丁堡，伊斯多尔曾经担任过马尔马拉海附近圣德米特里乌斯修道院的院长，1434年应时任皇帝约翰之召，受命参加了在巴塞尔举行的公会议[1]。在代表希腊正教出席公会议的神职人员中，刚刚三十出头的伊斯多尔充其量只能位居代表团的末座，但他精神饱满。这是他第一次与其他国家地位崇高的神职人员同席，内心自然有些躁动。他没有忘记趁这次机会展示自己教理理论家的能力，并且因此受到了众人的关注。一回到君士坦丁堡，他就被任命为基辅大主教。这是全俄罗斯首屈一指的主教职务，因而在4年后于意大利的费拉拉和佛罗伦萨召开的公会议上，伊斯多尔已经成为代表团里不可或缺的一员。

这次对意大利的访问也从根本上改变了他的想法。在威尼斯，在费拉拉，还有在被称为花之都的佛罗伦萨，伊斯多尔亲眼看到、亲身感受到了后来被称为文艺复兴的崭新的时代浪潮，受到了耳目一新的冲击。那里丝毫没有拜占庭文明的影子。在拜占庭文明中，宗教统治着生活的每个角落，阻碍着人类发挥自己的活力。意大利人尊重拜占庭文明，竞相接受拜占庭文明，但接受的只是符合他们欲求的那一部分，而对不符合的部分他们则毫不关心。

---

1 公会议（Ecumenical Councils/il Consilio ecumenico），又称“普世会议”，世界性基督教主教会议，咨审表决重要教务和处理教理争端。最早的七次会议由东西方教会共同承认，一般也译作“大公会议”。第一次大公会议（即第一次尼西亚大公会议）召开于325年。教皇尤金四世于1431年召开巴塞尔公会议，与会者要求限制教皇权力，尤金四世又企图解散会议。他于1438年将会议迁往费拉拉，1439年又迁至佛罗伦萨。同年，尤金四世被留在巴塞尔的参会者罢黜。后来的费拉拉－佛罗伦萨会议使希腊与罗马教会暂时取得一致，教皇的权威才得以恢复。这次会议史称巴塞尔－费拉拉－佛罗伦萨公会议（1431—1443）。

因此，抛弃了希腊而定居意大利的学者们吸引了众多的人倾听他们的学识，比在拜占庭生活得更有活力。

伊斯多尔开始相信拜占庭与西欧的结合，他以前一直对此抱有怀疑。他得出了结论，现今充满活力的正是拜占庭人曾经认为野蛮而予以轻蔑的西欧，东西教会也不得不按照西欧的要求，在罗马天主教会之下实行联合。希腊正教会实力人物中与伊斯多尔抱有同样想法的还有号称学识无人比肩的贝萨里翁。5 年后，他们二人改宗接受了天主教的洗礼，被任命为枢机主教。

不过，不论是伊斯多尔还是贝萨里翁，他们都不是根据有可能实现的判断才提倡东西教会在天主教之下联合。他们只是相信只有这样才能拯救祖国。在他们看来，反对这样做、把他们视为叛徒的希腊人是些只会死抱过去的荣光、顽冥不化的落后于时代者。

贝萨里翁作为学者定居于意大利，而伊斯多尔却集同侪的憎恶于一身。在之后的 10 年中，他格外忙碌。他被派往俄罗斯，去说服那里的希腊正教会。但是，他的努力却失败了，还体验了牢狱生活。

最终他成功逃脱，回到了罗马，之后又无数次奔波于罗马与君士坦丁堡之间。尽管如此，他的信念也没有动摇，因为在拜占庭帝国的为政者和知识阶层中，赞同他想法的人不在少数。反对他的主体是修道士和民众。不过他相信，只要让他们看到来自西欧的实际援助，这些人的反对感情便会消失。

如今，伊斯多尔就要率领教皇提供的船只和士兵出发前往君士坦丁堡。他的眼睛，仿佛现在就能看到在圣索非亚教堂举行的东西教会宣告联合的庄严弥撒，仿佛还能听到东西一体的基督教军队追击土耳其异教徒的呼喊声。

1452 年夏　君士坦丁堡

进入查瑞休斯门，沿着通往圣索非亚教堂的大路走到一半向北拐，缓缓下坡朝金角湾走去，半道上便会路过附属于神圣救主教堂的修道院。格奥尔基奥斯[1]住在这座修道院的一个房间里已近两年。

格奥尔基奥斯开始并不是修道士。他在学习了古希腊哲学和神学之后开私塾授课。他深厚的学识为宫廷所知，曾经当过皇帝的秘书官。他与伊斯多尔和贝萨里翁一同出席了在意大利召开的公会议。他比伊斯多尔小几岁。从意大利回来以后他转变了态度，开始反对东西教会联合。

他并不是没有在意大利看到新时代的动向，也不是反对东西教会联合本身。他只是反对由西欧提出、伊斯多尔和贝萨里翁赞成的联合方案。他在意大利刻骨铭心地感受到了拜占庭文明与西

1　其名字的希腊文转写为 Georgios Kourtesios Schoarios，汉语音译为格奥尔基奥斯；拉丁文为 Gennadius Scholarius，汉语音译为吉恩那丢斯。他人约生活在 1400—1473 年，是拜占庭帝国的哲学家和神学家，帝国最后的几位博学者之一。他在君士坦丁堡陷落后于 1454—1464 年出任君士坦丁堡大主教。

欧文明的根本不同。在天主教之下实现东西教会联合，就必须抛弃那些堪称希腊正教徒灵魂的东西。如果强行联合，希腊正教就会重蹈分裂覆辙，其结果是希腊正教从地球上消失。格奥尔基奥斯已经分明看到，脱离自己宗教的希腊正教徒将只是单纯的希腊人、斯拉夫人和亚美尼亚人。

他当然知道土耳其苏丹正派人在博斯普鲁斯海峡构筑要塞。他也像拜占庭皇帝的心腹们那样担心，认为这也许就是进攻君士坦丁堡的前兆。但即使君士坦丁堡陷落，拜占庭帝国灭亡，在格奥尔基奥斯看来，那也是神的命运安排，是神降给拜占庭人的惩罚。放弃希腊正教保卫国家是反对神的旨意的冒渎行为。如果是信仰笃深的基督教徒，又有谁会牺牲永恒世界的救赎来保卫不过是临时之世的现世呢？

格奥尔基奥斯相信，很多国家已在土耳其的统治之下，而居住在那里的希腊正教徒依然信仰坚定，这就证明了他的想法。抛弃长期以来的传统，仓促使东西教会联合，其结果反会引起反对联合的各地希腊正教徒叛离，而使希腊正教最终消亡。与其这样，如果被土耳其征服却能坚守信仰，反而会更好。这就是自认为热爱拜占庭帝国不亚于任何人的格奥尔基奥斯所得出的结论。

对他而言，形式上的国家的灭亡只是相对的。有很多希腊人赞同他的想法，他所居住的修道院成了反联合派的大本营。

1452年夏　君士坦丁堡

在造访格奥尔基奥斯僧房的人中，有个年方21岁名叫乌贝尔蒂诺的意大利青年学生。他生于威尼斯领土内意大利北部的布莱西亚，在意大利学习希腊哲学后，无论如何都想前往哲学发祥之地深造，便于两年前的春天来到了憧憬之地君士坦丁堡，一年多前开始师从格奥尔基奥斯。

居住在君士坦丁堡的西欧人一般都聚居在沿金角湾一带被称为“拉丁区”的地方。他们来此地的目的主要是学希腊哲学和希腊语。乌贝尔蒂诺没有选择这里而是住在希腊人中间。只有去位于“拉丁区”威尼斯商馆里的银行取家里的汇款，或去取通过威尼斯大使馆转来的信件时，他才会前往“拉丁区”。

虽然乌贝尔蒂诺是一个天主教徒，但坦率地说，对格奥尔基奥斯僧房里质疑西欧天主教的热烈讨论，他并没有感到不自然。不过，在君士坦丁堡住下以后，他不分好坏，每天接触着拜占庭式的事物，已经习以为常。这段时间，他也开始认识到，对于“拉丁区”居民出于合理判断，对东西联合谴责并弃之不顾的现象也并不能简单地一断了之。尽管不大谈哲学，这位意大利学生仍以一如既往的热情登门学习。这个年轻人不参加争论，低调地坐在围着格奥尔基奥斯的那圈人的外边。他虽被狂热的希腊人忽视，但却没有受到排挤和打击。

乌贝尔蒂诺也知道拉丁区无人不谈的博斯普鲁斯海峡沿岸日趋完工的要塞。随着时间的推移，在以威尼斯人为主体的拉丁区里，越来越多的人为慎重起见，决定让妻儿离开此地外出避难。但在夏季，君士坦丁堡很少有船只可以用于撤离，因为这时的船上都载满了货物，商人们都要尽量利用有利于航海的夏季行商。想让妻儿到属于威尼斯的内格罗蓬特和克里特岛去避难，就得等到前往黑海的船返航的秋末。

乌贝尔蒂诺住所周围的希腊人表现出了与他们口中的“拉丁人”不一样的反应。土耳其人给要塞起了名字，叫作“鲁梅里·西萨里”，意为“欧洲堡垒”。据信这是为了牵制通过博斯普鲁斯海峡与黑海沿岸城市从事通商活动的“拉丁人”而建的。在希腊人中，很多人反感西欧商人，认为他们利用自己的城市获得了巨大利益。这里的希腊人因为黑海贸易可能会变得困难而暗自高兴，却很少有人认为这样会殃及自身。况且还有先例。土耳其曾经两次进攻君士坦丁堡，最后都不得不退兵。很少有拜占庭人认真思考过首都陷落的可能性。即便发生最坏的事态，那也是神的意志，只能甘受。君士坦丁堡的希腊人拜占庭式地同时存在着乐观的预测和宿命的想法。

一天下午，乌贝尔蒂诺照例来到格奥尔基奥斯的僧房，他既不谈论哲学，也不参加宗教争论，只是倾听人们的热烈辩论。当他正要向老师打招呼告别的时候，格奥尔基奥斯难得地把他一个人叫到另外的房间里去单独说话。

“你也快返回意大利吧。可惜那里对我的评价不好，我就不为你写推荐信了。不过以你的能力，再找个好老师或找个好工作不会很难。要学习希腊哲学，目前说不定威尼斯、佛罗伦萨或罗马比这里更为合适。目前不论是教师还是书籍，都是意大利来得丰富。”

乌贝尔蒂诺只说了些感谢老师关心的话便走出了修道院。说起来老师的建议也是理所当然的。与需要保护利权的商人不同，他是留学生，完全没有理由硬留在这里。话虽如此，乌贝尔蒂诺却又很难下决心回国。他自己也不知道这是为什么，总是觉得当机立断有点违反自然。他觉得自己也染上了拉丁人所诟病的执着于细部而迷失大局的拜占庭式的思维方式。想到这里，年轻人略显少年稚气的面颊上露出了久违的爽朗笑容。

1452 年夏　加拉塔

从耸立在加拉塔山丘上的高塔上，人们可以把横亘眼下金角湾对面的君士坦丁堡城区尽收眼底，码头上商船云集，再过去一点便连接着一道城墙，成排的塔楼镇守着要害之处。城墙开了四道门，人们进进出出忙着运货，太阳当头的正午时分，这些人看去像小玩具一样历历可数。拉丁区紧靠城墙内侧，有商品仓库和商馆、商店，附近的码头总是拥挤着人、货和船，熙攘热闹。

圣索非亚教堂地处城里最高之处，它的圆形穹顶更是高出一截，睥睨四周。从那里极目西望，到处钟楼耸峙，数着都累人，真不愧是以教堂和修道院数量众多而闻名的君士坦丁堡！在城区的最西端，可以望见高耸的四角形皇宫，还可以看见一直延伸到金角湾岸边拱卫着皇宫的一道城墙。站在这个可以把地中海世界最大的都城君士坦丁堡握于掌中的地方，应该说每次站在这个地方，洛梅利诺都会感到非常堵心。

“都这把年纪了，为什么偏偏只有我会陷入如此艰难的境地？”

洛梅利诺再次无可奈何地深叹了一口气，根本不顾身边还有其他人。

安杰洛·洛梅利诺是加拉塔热那亚居留区的长官。位于加拉塔的这片居留区与君士坦丁堡隔金角湾相望，是热那亚在这一带的重要通商据点。热那亚人居留区已经延续了200年，只有热那亚人居住在此。居留区以这座名为“热那亚人之塔”的高塔为中心，四周围绕着从山丘向金角湾和博斯普鲁斯海峡顺坡而建的城墙。热那亚商人以爱琴海上的希俄斯岛、这里的加拉塔和黑海海岸的卡法为三大据点，持续压制着宿敌威尼斯。加拉塔从专用码头开始仓库鳞次栉比，这是只有热那亚人才能使用的商业基地。对岸君士坦丁堡的“拉丁区”尽管以威尼斯人为主体，但也有佛罗伦萨商人、安科纳人以及法国南部普罗旺斯和西班牙加泰罗尼亚商人杂居。这两者形成了鲜明对照。这座加拉塔的高塔能将竞争对手们的工作场所一览无遗，象征着热那亚人在拜占庭帝国的地位。

这座塔以及沿博斯普鲁斯海峡的山构筑的两座城塞，在一向全力投入黑海贸易的热那亚看来是极为理所当然的对策。很久以来，威尼斯已把通商主力转移到了南方的埃及亚历山大和叙利亚一带，君士坦丁堡和黑海沿岸的市场对已经从事多角经营的威尼斯人来说，只不过是一个据点而已。

加拉塔长官对热那亚经济而言是一个非常重要的职位。洛梅利诺虽然规矩本分，但缺乏积极性，这个职位对他而言压力过大。他自己比谁都清楚这一点，如果不是因为任期不长，他大概不会接受。实际上，在他接受任命的三个月后，国内就又任命了新任长官。洛梅利诺一直期盼着这位继任者能早日到来，心里祈祷着能够平安度过自己的任期。

即便如此，他并没有对任务有所懈怠。土耳其春天开始建造要塞，他立即通报了热那亚国内，并进言这件事对将主要资源投入黑海贸易的热那亚经济而言很可能会导致重大后果。后面的日子里他不断对工程进度之快感到惊讶，并一直询问，如果这是进攻君士坦丁堡的前兆，那么加拉塔的热那亚居留区应如何应对。可直到最近，本国政府才终于来了消息，说要派来两艘船和500名士兵。

居留地居民的安全也是令洛梅利诺头疼的问题。居住在对岸拉丁区的西欧商人多是单身从事短期商业活动，而加拉塔却不一样。长期以来，这里一直享受着近乎完全的垄断体制，大部分人拖家带口，妻儿都在身边，甚至有很多生长于加拉塔的“热那亚市民”。他们把所有身家都投在这里，这可不是一纸避难命令所能解决的问题。

此外，洛梅利诺还要被迫面对一个在这种困难情况之下无比困难的课题，即他被要求充分认识到热那亚能否与东方保持通商首先与保有加拉塔相关。在此前提下，他应竭尽全力以不刺激拜占庭帝国和西欧的方法去维持与土耳其的友好关系。要在自己并非对手绝对需要的状态下保持中立，没有比这更难的课题了。而这也是本国政府对洛梅利诺的命令。六十过半的年龄，即使是纵横在地中海的生意人也是该归隐故国安享生活的年龄了。洛梅利诺的妻子已经去世，膝下又无子。他一直在训练外甥从事这项工作，也想把自己在加拉塔建立的所有事业留给外甥，自己回到热那亚，同住在那里的弟弟一家一起安度晚年。他觉得这样的日子就在眼前了。然而，他现在不但回不去，还肩负起重大任务，难怪他要叹气。

"为确认友好关系，恐怕得向皇帝和苏丹双方都派遣使节。"

洛梅利诺一边小心翼翼地从高塔陡峭的螺旋状楼梯上往下走，一边嘟哝着，也不知道是说给谁听的。

1452 年夏　君士坦丁堡

每次出现在皇帝面前的时候，弗朗茨都抑制不住内心满满的温暖之情。还在摩里亚[1]君主时代，弗朗茨就已经担任君士坦丁的

1　摩里亚（Morea）是古希腊人对伯罗奔尼撒的另一个称呼，意为"桑叶"，因半岛状如桑叶并产丝绸。14 世纪拜占庭帝国皇帝约翰六世（John VI Cantacuzenus，1347—1354 年在位）为其子曼努埃尔（Manuel）在此建立封国，称摩里亚专制君主国（Despotate of Morea）。1380 年曼努埃尔去世后摩里亚由拜占庭帝国皇帝约翰五世（John V Palaeologus）之子狄奥多尔一世（Theodore I，1383—1407 年在位）统治。1428 年帝国皇帝约翰八世（John VIII Palaeologus，1421—1448 年在位）任命其弟君士坦丁、托马斯和狄奥多尔二世共治摩里亚，君士坦丁被封为"专制君主"（despot）。1449 年君士坦丁继位成为拜占庭帝国皇帝（称君士坦丁十一世）后离开摩里亚。1460 年摩里亚被并入奥斯曼土耳其帝国。

秘书官。那年弗朗茨27岁，君士坦丁比他小3岁，4年前继承没有子嗣的哥哥约翰的皇位。从那时起，弗朗茨的地位不断提高，现在已经是财政大臣。但他对君士坦丁还是怀着和秘书官时候一样的崇敬心情。皇帝也很感念弗朗茨长达24年亲人般的忠诚，直到现在，需要保密的事情也会经常交给弗朗茨去办。

“没有比我们的皇帝身心更加高贵的人了。”

弗朗茨为皇帝骄傲，像是为自己骄傲一样。实际上，君士坦丁十一世体形苗条，身材修长匀称，面庞瘦削而轮廓分明，温暖的眼睛和胡须既保持着威严，也不乏人情味。君士坦丁骑着白马驰骋飞奔，宽大的红色披风在风中飘曳，那英姿让弗朗茨不禁神往，感慨昔日罗马皇帝也不过如此。君士坦丁为人诚实，清廉纯洁。他会耐心倾听那些与自己想法不一致的人的意见。即使是格奥尔基奥斯这样的反对东西教会联合的急先锋，也不能不对皇帝个人敬爱有加。当然，皇帝在国民中也有很高的人气。

可是在弗朗茨看来，皇帝的家运坏到了让人可怜的地步。君士坦丁24岁时第一次结婚，对象是伊庇鲁斯君主的女儿。可是仅仅两年，妻子就先他而去，没有留下子嗣。他13年后再婚，对象是莱斯沃斯岛领主的女儿。可是这次妻子又先他而去，也没有留下子嗣。此后，他便一直独身。但是成为皇帝后就有了继承人的问题，他不能再独身下去。于是从两年前开始，弗朗茨发起并主导了选后活动。

在列为备选的人物中，有威尼斯共和国元首的女儿和特拉比松的公主。但大家都认为塞尔维亚国王的女儿玛拉比谁都更合适。第一，她还年轻，可以生子。第二个理由是她在前苏丹后宫期间没有改信伊斯兰教，现在与君士坦丁同为基督教徒，没有宗教方面的问题。不过大家认为最重要的理由是，玛拉受到了新苏丹穆罕默德的郑重礼遇。对拜占庭帝国来说，它就是足具魅力的“嫁妆”，因为与土耳其的关系是拜占庭帝国最重要的课题。拜占庭的皇族里已经有过一个与土耳其苏丹的遗孀再婚的先例，所以在这方面没有障碍。

但是，这段被认为理想的婚姻由于玛拉的反对而未能实现。这位公主是基督教徒，为了拯救祖国被送进苏丹后宫。在此期间她已经发誓，如果能活着走出后宫，将终身不再嫁人。话说到如此地步，谁都无能为力。皇帝的再婚对象最终定为高加索小国格鲁吉亚的公主。去年秋天，弗朗茨去了一趟格鲁吉亚，谈成了这桩婚事。不过他们只是说好请公主尽快渡过黑海来君士坦丁堡举行婚礼，却没有定下确切的日期。

然而，皇帝这边已根本没有富余时间掰着指头数日子等待婚礼了。从前一年的 2 月开始，拜占庭帝国的皇帝就每天过着精神无法休息的生活。

去年 2 月发生的一系列事件一直萦绕在皇帝的心头。容忍拜占庭帝国现状的穆拉德苏丹暴死，又无法准确把握继承人穆罕默德二世的真正意图，这些都使皇帝感到不安。当然，了解穆拉德脾气的哈利勒帕夏等三位大臣的留任以及轻松续签互不侵犯条约一事给皇帝吃了一颗定心丸。可是，土耳其是彻头彻尾的君主专制国家，拜占庭帝国又被土耳其三面包围。如今指挥土耳其的是一个 20 岁的年轻人，这让已达成熟年龄的皇帝百思不得其解。皇帝决定正式遣使去西欧求援。这是 1451 年春天发生的事。

由皇室的一位成员任首席的使节团当即从君士坦丁堡出发，于 4 月会晤了费拉拉的埃斯特家族，然后去威尼斯，8 月抵达罗马会晤了教皇尼古拉五世。他们计划在罗马访问的下一站是那波利，请求阿拉贡国王也派援军。从在君士坦丁堡所拥有的权益大小来看，热那亚共和国应该首先伸出援手。可是当时的热那亚行动力量太弱。君士坦丁堡只能请求同属基督教世界的各国伸出援手，共同抗击伊斯兰教国家土耳其。使节团的首要任务是向教皇转达皇帝在承认天主教主导权的前提下进行东西教会联合的决心。

当年秋天，教皇尼古拉五世也给拜占庭皇帝写信，承诺以东西教会联合为条件派遣援军。威尼斯承诺提供经济上的援助，并很快下令通过君士坦丁堡的威尼斯银行支付援金。但威尼斯同时传来话说，意大利正在内战，无力派遣军队支援，威尼斯正在努力早日结束将米兰和佛罗伦萨卷入的这场内战，形成整个西欧共同战斗的联盟。那波利国王派遣援军的条件是拜占庭帝位，君士坦丁当然不可能接受。在天主教世界，俗界地位最高的德意志神圣罗马帝国皇帝正在与同为天主教国家的匈牙利王国争斗，对东方的事务毫无兴趣。法兰西国王也同德意志一样隔岸观火。西班牙则处在为对付国内伊斯兰教徒而无暇顾及其他的状态之中。

转年到了 1452 年，西欧的态度并无太大变化。只有原本就不赞同东西教会合并的反对派在得知皇帝对东西教会联合的态度之后更加强硬，更加明目张胆。修道士成群结队在君士坦丁堡的中心圣索非亚教堂广场游行，高呼反对口号。他们后面跟着大批民众，人人表情严峻，挤满了整个广场。这样的情况已非一日，而人群的中心总有格奥尔基奥斯身穿黑色教服的身影。

皇帝身边反对东西合并的人也跳了出来。身为宰相的皇族成员之一卢卡斯·诺塔拉斯竟然肆无忌惮地公开声称：“宁愿满眼都是土耳其人的头巾，也不要看到教皇的三重冠。”经常侍奉在皇帝身边的弗朗茨对皇帝的苦恼感同身受。不用皇帝说他也能明白，皇帝唯一的希望是反对派看到西欧的援军后态度能够软化。

可就在这年 2 月，援军影子尚未见到，却传来穆罕默德二世命令征召 5 000 名工匠的情报。这震惊了君士坦丁堡。开始时，认为穆罕默德要在阿德里安堡建宫殿的猜测占了上风。但到了 3 月份，工匠队伍开始在另一个方向的博斯普鲁斯海峡集结，持有这种主张的人只能闭上嘴。

到了 3 月 26 日，苏丹亲率 30 艘船来到君士坦丁堡附近。苏丹的船队从加里波利出发，沿马尔马拉海北上，经过君士坦丁堡的前方进入博斯普鲁斯海峡。拜占庭没有海军，只能一声不吭地干看着。陆上也有人数超过 3 万的土耳其军队从阿德里安堡向东进发，在博斯普鲁斯海峡欧洲一侧的岸边与乘船而来的人会合，紧接着开始了修筑要塞的工程。

工程由哈利勒帕夏、扎加诺斯帕夏和卡拉德贾帕夏三位重臣分担，进度仿佛竞赛一般神速。要塞以惊人的速度在守在工地上的穆罕默德二世面前迅速成形。穆罕默德二世给要塞取名为“鲁梅里·西萨里”，意思是“欧洲堡垒”。这是模仿对岸意为“亚洲堡垒”的“阿那多鲁·西萨里”要塞而起的名字。

皇帝当然立即派出使者提出了抗议。构筑地点完全在拜占庭领土内，而且，当初建造“亚洲堡垒”时，当时的苏丹、穆罕默德二世的祖父是在向拜占庭皇帝请求许可之后才建造的。而这次穆罕默德二世事先与他竟然没有任何沟通。

位于构筑现场的希腊正教修道院也在没打任何招呼的情况下被拆除，石材被挪用于要塞建设，这也是抗议的内容之一。但是，对于皇帝的抗议，穆罕默德二世答复道，要塞是为了保障海峡的航行安全建造的，如果要塞阻止了海盗的横行，拜占庭方面也会同样获益。然而，为了养活建筑工人和军队，附近的村庄都遭到了掠夺。皇帝接报后派出两名使者抗议，20岁的年轻人一句话还没说便被砍了脑袋。

皇帝抓捕了君士坦丁堡城内的600多名土耳其人，把他们关进了牢房。可是，拜占庭帝国何止没有海军，它就连一支堪称“军队”的像样的陆军也没有，眼下又能做什么呢？结果，拜占庭只能悉数释放土耳其人，请求他们不要加害村里的居民，甚至还赠送葡萄酒给他们。

穆罕默德二世听闻了此事，但他的想法是不得危害的居民仅限于不抵抗者，只要稍有抵抗，就被排除在与拜占庭皇帝的协议之外。实际上，有一座城市对一向不愿意奋起的首都感到绝望，掀起了抵抗运动，全体居民因此遭到虐杀。拜占庭骑兵队也曾为此打出城去，但几乎落得全军覆没，仅有数骑回来。

要塞于8月底完工。这座“欧洲堡垒”全长达到250米，从海峡岸边呈倒三角沿抬升的地势向上延伸，四周由高15米、厚3米的城墙围绕，有3座70米高的大塔和9座小塔控制着要害之处。要塞建成后里面驻扎了一支军队，听说与大海相连的大塔上还装备有大炮。所有这些都是通过威尼斯大使的报告获知的，他派遣间谍潜入了土耳其方面。拜占庭帝国就连收集情报都得求助于西欧，否则一事无成。

然而，让皇帝心惊胆战的事件并未就此结束。“欧洲堡垒”完成后，穆罕默德二世一反来时的做法，似乎决定从陆上返回阿德里安堡。可是他和全军一起，在君士坦丁堡城下停了下来。君士坦丁堡关闭了所有城门，大气不敢喘一口。面对三层城墙，土耳其军队支起帐篷，按兵不动。皇帝很难预料这意味着什么。从皇宫附近的城墙上，可以清楚地看到远处平原上布满了土耳其人的帐篷。在形形色色的帐篷中间，有一顶巨大的红色帐篷，那一定是苏丹的帐篷了。过了三天，土耳其人收了帐篷，队伍向西远去。看到这些，拜占庭人才喘出一口大气。

1452 年秋　阿德里安堡

但凡看过一眼图尔桑的人，都会被这个土耳其少年的美貌惊得瞠目结舌。他那雪白的皮肤平滑而冷艳，令人想起白色的瓷器，月牙形细眉下面的眼睛细长而清秀，荡漾着一种文静收敛的妖艳。他身材窈窕轻盈，举止内敛，但却有着一种不可侵犯的气度。

图尔桑两年前开始成为穆罕默德二世的侍童。宫廷中有很多侍童侍奉苏丹，但却鲜有血统纯正的土耳其人。土耳其从穆罕默德的父亲穆拉德那代开始形成了一个习惯，每隔几年就要从统治之下的基督教国家强征十一二岁的少年，从中挑选头脑聪明、容姿姣好的人使之改信伊斯兰教，再让他们进宫当侍童，培养教育他们将来成为官僚。没选中的少年也同样会被强制改信宗教，但会被送进军队，即以勇猛而著名的苏丹禁卫军、亲卫队——新军军团。由于土耳其这个特有的习惯，苏丹的侍童几乎全部都是改信伊斯兰教的原基督教徒奴隶。纯正的土耳其人图尔桑能当上侍童，也是因为穆罕默德成为苏丹之前他已作为近侍在侍奉穆罕默德了。

图尔桑刚开始当侍童时，穆罕默德虽为继承人，但却不被允许留在首都，虽有小亚细亚总督的地位，却也只是名义上的，实际上是体面的流放。尽管他期待父亲死后情况能够彻底改变，但穆拉德才四十过半，正值壮年。失意时的穆罕默德嗜酒成性，男女不忌，私生活混乱至极，实在是一个很难伺候的主人。尽管如此，图尔桑还是把受伤野兽般的穆罕默德服侍得非常可心。穆罕默德一反惯例，即位苏丹后仍把图尔桑继续留在身边，这并非仅仅因为这个土耳其少年有着无与伦比的美貌，还因为没有其他侍童能像他一样善于理解穆罕默德的心思。

穆罕默德觉得喉咙干的时候，图尔桑已经捧着杯子跪在了他的背后。从水的温度来看，这水肯定是刚刚倒进去的。穆罕默德感到冷的时候，手上拿着主人长衣的少年已经等在他的身后。就这样，他从来没有像其他侍童那样在穆罕默德发脾气，把斟满葡萄酒的杯子砸过来时，面带惧色、缩成一团地道歉求饶。因为这个少年知道，主人动怒是因为看到了酒杯上有君士坦丁堡三层城墙的图案。而且，在为争宠动辄相互暗斗的侍童中，也只有他很超脱。

图尔桑并非对那种贯穿脊梁骨的带有痛楚的快感不敏感，只是他知道主人穆罕默德的脾性，一旦思考起某件事情来，他就会全身心投入，忘却刚才还很关心的一切，包括美酒、美色、狩猎等等。他懂得不能主人不叫就忘记了自己的身份，更不能表现出来。不，也许这个 12 岁的美少年下意识地感到，这样定位自己所爱的人与自己的关系，可以增加性爱的欢愉。穆罕默德经常换侍童，却从未想过要换掉图尔桑。

图尔桑认为没有人比自己更会对主人察言观色，但他知道，就算是他，所能观察到的也只是日常琐事。这种想法自穆罕默德即位以来，随着日子一天天过去而变得越来越强烈。但穆罕默德的样子在即位前后并没有突然变化。他给人的印象并不纤弱。他的身材苗条舒展，尽显20岁出头的年轻劲儿。他的脸庞长而白皙，一双细长的眼睛乌黑发亮，目光如炬，凝视对方能够洞其内心。他的鹰钩鼻略显肥大，下面是颜色红润的薄嘴唇。所有这些与图尔桑刚当侍童的时候相比没有一点变化。只是以前他就喜欢与亲信保持距离，这种年轻人少有的沉稳现在进一步加强了。这些也改变了他给人的印象。

遇事就批评年轻新苏丹的声音也传到了图尔桑的耳朵里。新苏丹的父亲性格开放，喜欢同士兵打成一片，与大臣也有着信任的关系，因此他能集臣下的敬爱于一身。相比之下，穆罕默德二世的态度在大臣们看来显得傲慢。与穆拉德简朴的生活相反，这个儿子喜欢华美的服装，希望一切都办得奢华。此外，穆罕默德二世说话非常谨慎小心，根本看不出他手中掌握着绝对的权力。这也同江湖豪杰一般的父亲正好相反。但在随身侍奉穆罕默德的图尔桑看来，这不过是主人冷静清醒内心的外在表现而已。这个不允许任何人打探自己内心的年轻人，开始接二连三地发出使大臣们意外的命令。

第一个命令是撤回派去镇压小亚细亚的军队。叛军并未被完全镇压下去。但要把躲在安纳托利亚山岳地带的卡拉曼贝格及其军队彻底镇压下去并不容易。于是穆罕默德先将叛军置于不可妄动的境地，避免深陷其中。

接着，他发出了第二年春天征召大量工匠的命令。他告诉大臣们的理由仅仅是为了博斯普鲁斯海峡的航行安全，要在“亚洲堡垒”的对岸再建一个要塞。土耳其领土横跨欧洲和亚洲，不能横渡博斯普鲁斯海峡便不能东西交通。可是这几年来，海峡中西班牙海盗猖獗。这使得过往的热那亚和威尼斯商船深感头疼。也因为这一点，大家都相信了穆罕默德所说的理由，只有哈利勒帕夏怀疑这是在为进攻君士坦丁堡暗中做准备。

“欧洲堡垒”按照穆罕默德参考收集到的西欧要塞的图纸后亲自思考出的方案进行修建，其修建进度之快在这类工程中属于异例。整个工程没有交给一个人负责，三座大塔及其周边的城墙由三位高官各管一段，这也是穆罕默德的计划。工程使得三位高官形成了一种竞争关系，他们都会感到苏丹在背后盯着自己。这种做法也得到了事实的验证，“欧洲堡垒”修筑用时之短出乎了所有人的预料。穆罕默德二世回到阿德里安堡的那天是一个预告秋天即将到来的大晴天。

在10月底深秋的一天，一个名叫乌尔班的匈牙利人出现在阿德里安堡。他造访宫廷，声称自己能够造出威力强大的大炮，足以炸垮君士坦丁堡的城墙。土耳其宫廷的人纷纷嘲笑他，一开始根本没人理他。可是，没人知道苏丹在想什么。一个害怕担责任被砍头的人觉得还是先通报一声好，便把这件事禀告了苏丹。穆罕默德二世当即命他把人带来。

图尔桑把这个长着红褐色鬓发、胡须遮住半张脸的匈牙利人引进了苏丹的房间。这个匈牙利人抱着一捆卷起来的东西，听到吩咐便按照土耳其坐法坐在地毯上，开始把卷着的东西一张张地展开，放在面前的地上。图尔桑看不懂那些画满了复杂线条的图纸。他一直认为，安拉也炸不垮被认为是地中海世界最坚固城墙的君士坦丁堡城墙。他对能炸毁君士坦丁堡城墙的大炮毫无兴趣。不过，他倒是更能理解这个匈牙利人造访此地之前去君士坦丁堡，却受到拜占庭帝国宫廷冷遇的故事。

然而，图尔桑忽然看见，主人以土耳其式的坐姿坐在一张低矮椅子上，倾听着这个匈牙利男子的介绍，样子与平时并不一样。年轻苏丹一边默默地听着，一边把目光投向眼前在地上铺开的一堆图纸，一动也不动。从这天开始，这个名叫乌尔班的匈牙利人就留在了苏丹的身边。穆罕默德二世承诺给这个匈牙利人三倍于他向拜占庭皇帝要求的报酬。不用事先通报就能见到苏丹的，既不是宰相哈利勒帕夏，也不是苏丹的儿子巴耶济德，而是这个满脸胡须的长发基督教徒。

再往后，苏丹完全变了样。大白天也像着了魔般，不许别人靠近他。以前他也常有沉思的时候，但像这次这种长时间沉思还是第一次。他似乎已经夜不能寐，在床上辗转反侧的声音传到了在隔壁待命的图尔桑的耳朵里。他不再喝酒，对美色也不再有一点兴趣。以前图尔桑退出房间时，低下的脖子上不时能感到主人炽热的目光。可是最近，主人的眼中好像不再有英俊侍童的存在。不仅如此，以前他比别人加倍在意仪表，现在连整理胡须都经常忘记。他那线条很美的细长眼睛也只在塌陷下去的眼睑深处一闪一闪地发光。侍童和奴隶都很害怕，不敢靠近他。只有图尔桑一直态度内敛，一如既往地守在穆罕默德的身边。他已经明白，他知道自己年轻的主人找到了实现多年想法的具体方案。

也正是这个时候，苏丹开始扮成士兵的模样上街。陪伴他的是穿上士兵服装的图尔桑和以孔武有力出名的黑人奴隶。苏丹只命他们俩陪着自己，夜半三更偷偷溜到阿德里安堡的大街上去。他们去的地方都是士兵聚集的地方。在见到的士兵中间如果有谁认出他，想要像问候苏丹那样问候他时，黑人奴隶就会闪动大刀阻止那人。

一天，夜已过半，图尔桑听到卧室里传来喊声，让他马上召宰相前来。哈利勒帕夏在迎接他的黑人奴隶的陪同下到来，心想苏丹在这个意外时间召唤自己，大概是注定的时候终于到来了。哈利勒帕夏手上端着银盘走进穆罕默德的卧室。这时，在盘子中堆成小山似的金币散落了一地，图尔桑只得为他捡拾。

穆罕默德二世穿着睡衣坐在床上。老宰相在他面前的地上叩头，深深地行礼之后，把带来的银盘推到前面。年轻的苏丹说道：

“老师，你这是什么意思？”

12 岁那年父亲让位给他的时候，穆拉德曾经对儿子说过：你要把哈利勒帕夏当作老师，听他的忠告。从那以后，即便在父亲死后，穆罕默德已成为名副其实的专制君主，除了正式场合以外，他都坚持称哈利勒为“老师”。老宰相答道：

“主人，地位高的臣子在深夜应召时不带东西是不能来见主人的，这是习惯。我也遵从这个习惯。我带来的东西，说实话本来就是您的，而不是我的。”

苏丹回答道：“我已经不需要你所拥有的财富了。不，我还可以给你比你现在所拥有的多得多的财富。我希望从你那里得到的只有一个：

“我要那座城！”

在离他们二人很远处待命的图尔桑看见老宰相的脸瞬间变得苍白，当场僵在了那里。他还看见，穆罕默德的脸相反却静如止水。穆罕默德二世没有说出君士坦丁堡的名字，只是轻描淡写地说了句“那座城”。哈利勒帕夏反倒不能不悟到年轻人的决心已经非同寻常。

宰相哈利勒帕夏感到，自己抱着那么坚定的信念推行的共存共荣政策即将轰然崩溃。老宰相无力地低着头，只好承诺竭尽全力予以辅佐。图尔桑一边送退下的哈利勒帕夏，一边感到奇怪，老宰相已经不再像个宰相了。

第三章

人人都去君士坦丁堡

9月初，特莱维森率领着两艘加莱舰离开了威尼斯。他们在帕伦佐靠港，补充了淡水和生鲜粮食后继续航行，一路十分顺利，甚至中途没有停靠任何港口就抵达了扼守亚得里亚海出口的科孚岛。之所以如果神速，不仅是因为风和天气良好，还因为船身细长低矮，水和风的阻力都很小。这也是这种船又叫“快速加莱船”的原因。就连对船只知识不甚了了的医生尼科洛，这次也都弄清楚了。晚饭时，尼科洛得意地谈起这件事，好像有了多大的新发现。但航海老手特莱维森一边笑一边告诉他航行顺利的另外一个原因：

“我们船队只有两艘船，而且是同样的船。如果是商船船队，很多情况下都要加入几艘大型加莱舰甚至帆船。地中海上难得连续遇到顺风，为调节整个船队的吃水，就连船身细长、吨位小的加莱舰通常都要全程不断换用不同的帆。这次没有那些麻烦事，一身轻松，实在舒服，所以才这么顺利。”

船队在科孚岛靠港后继续南下，直到伯罗奔尼撒半岛南端的莫顿。划桨手都是老手，闲暇时间太多，竟在船上设盘开赌。不过，刚离开莫顿进入爱琴海，划桨手们就忙碌了起来，船队驶入一条与逆着黑海刮来的风向东北航行的航线。从这里直到希腊的内格罗蓬特都是威尼斯共和国掌握的海域。忙起来的只是那些操桨的划桨手和掌舵扬帆的船员，石弓兵等战士都不需要警戒。船队在内格罗蓬特的基地停靠了 5 天。特莱维森忙于同驻扎在这里负责爱琴海海域的威尼斯舰队司令雅各布·洛莱丹讨论军事。这期间，尼科洛参观了这个海湾，传说中希腊军队的船只就是在这里集结后前去进攻特洛伊的。

两艘加莱舰从内格罗蓬特出发，船上笼罩着紧张感，完全不同于沿亚得里亚海一路南下时的气氛。划桨手都穿上了胸甲，石弓兵也进入了战斗位置，保持着随时可以开战的状态。从这里到君士坦丁堡，船队首先要从热那亚势力强大的各岛屿附近通过，接着便进入达达尼尔海峡，立刻要穿过土耳其的势力范围。船队从特洛伊古战场的左方进入了达达尼尔海峡，安全通过了土耳其唯一的港口加里波利的海面。船队自此直接沿马尔马拉海北上，便可到达君士坦丁堡。尽管船队一直顺利航行，但还是花了一个月的时间，这是因为船队在设有威尼斯海军基地的科孚岛、莫顿和内格罗蓬特各停靠了几天，属于军事原因。

船上没有病人，尼科洛因此比船员更无聊。从内格罗蓬特出发以后，他心情愉快地眺望着接连不断出现的海岛，日子很快过去。这是他第一次来这一带海域。10 月初，船队抵达君士坦丁堡。

这座地中海世界最大的城市沐浴着秋日的阳光进入了尼科洛的视野。这时，从来不会特意关心历史的尼科洛也按捺不住心中的激动。高高的城墙连接着数不清的塔楼，在陆地上看是向左，在马尔马拉海上看是向右不断延伸着。城墙迅速压向眼前。昨晚划了一夜桨，划桨手应该很累了，但现在目的地近在眼前，他们也都个个精神抖擞起来。在尼科洛的船上，桅杆上高高飘扬着威尼斯的国旗，下方挂着显示司令所乘之船的旗帜。

两艘加莱舰沿着临海一侧的城墙继续北上。君士坦丁堡的城墙很长，长得让尼科洛觉得这城墙没有尽头。途中经过两个码头，威尼斯船并未停靠就开了过去。按水手长的说法，马尔马拉海这边的码头太小，不适合威尼斯和热那亚的大型船舶停靠。

尼科洛也看得出，船正在城市周边绕行，左边已经可以看到高高耸立的圣索非亚教堂的穹顶，说明船已经来到了著名金角湾的入口。博斯普鲁斯海峡在右边张着大嘴。特莱维森的加莱舰进了金角湾之后便立刻开进了港口。城墙上认出司令旗的人大概已经通报过了，威尼斯驻君士坦丁堡大使米诺托正在码头上迎接他们。

从克里米亚港口塔纳出发，绕过黑海沿岸的特拉布宗和西诺佩之后，一到博斯普鲁斯海峡的起点，像特达尔蒂这样不知道进出这里多少趟的人心里会觉得像回到家一样，全身自然而然地放松下来。然而这次不同。不论是在黑海沿岸西欧商人的基地，还是在威尼斯商人的大本营塔纳，或是在热那亚商人独占的卡法，就连在独立国家特拉布宗，人们照面后谈论的都是土耳其沿博斯普鲁斯海峡构筑要塞的事。

人们听说土耳其在欧洲这边建了要塞，取名“欧洲堡垒”，而亚洲那边以前就有“亚洲堡垒”，现在又在两边都装备了大炮。如果有船从中间通过，土耳其人就会命令停船，以通行费的名目收取巨款。如果不服从停船命令，两岸要塞的大炮就会开火。就连拥有领土主权的拜占庭帝国都从未收过什么博斯普鲁斯海峡通行费。威尼斯和热那亚都与土耳其签有通商条约，即使退一步需要付费，这种事情也应该在续约时作为一个条件谈判。而在条约有效期内单方面要求收费，就显得太不讲理了。这些是热那亚和威尼斯商人们的看法。他们平时是竞争对手，而这次却有了统一的意见。

佛罗伦萨、安科纳和法兰西的普罗旺斯、西班牙的加泰罗尼亚在这一带的通商传统和业绩都不比热那亚和威尼斯两国，但这些地方的商人也都认为土耳其的所作所为是违反法律的野蛮行为。他们在不服从停船命令，不支付土耳其要求的通行费这一点上想法一致。

然而，像他们这样长年通过博斯普鲁斯海峡与君士坦丁堡和黑海沿岸城市通商的人都知道，虽然博斯普鲁斯海峡的长度只有区区30千米，但在这里航行却意外地需要高超的技术。无论是黑海吹来的北风，还是马尔马拉海吹来的南风，一旦进入两岸面山的狭窄海峡，风力都会骤然加强。此外，这个海峡并非笔直地连接着黑海和马尔马拉海，它宛如一条弯曲流淌的蛇形河流。加之黑海水位较高，即使没有风，潮流也经常会从黑海沿博斯普鲁斯海峡南下流入马尔马拉海。在这种地方想要提高航速，人们必须避开蜿蜒之处，即避开风的死角，尽量选择风和潮流能够顺畅通过的地方航行。

热那亚人和威尼斯人的航海技能傲视群雄，这种航海技术在他们的船员看来并非什么难以实现的技艺。正因为如此，一到博斯普鲁斯海峡的入口处，他们就会像已经看到君士坦丁堡的码头一样感到踏实。然而以后情况就不同了。他们必须在两岸的炮火中钻过这片宽度只有600米的博斯普鲁斯海峡最狭窄区域。这对以前一直自以为挺着胸脯同异教徒做生意的他们来说可不是什么愉快的想象。

一个热那亚商人笑着说：

“要不要打黄旗啊？那样他们就不会要求停船了吧。”

当时特达尔蒂也在场，大家哈哈大笑，笑声却又戛然而止。桅杆上挂起黄旗是告知船上有患传染病的病人，这是各国共同的规则。如果是一艘船，也许能够蒙混过去，但不可能每艘船都挂黄旗。西欧商人讨论的结论是，不再像过去那样组成船队，而是船与船之间隔开相当距离后全速通过，这样容易躲开炮火。

特达尔蒂乘坐的威尼斯加莱商船终于进入了博斯普鲁斯海峡。站在舰桥背面的特达尔蒂也感受到了三桅大型加莱商船上笼罩着的紧张感。中间的桅杆上，红底金丝绣圣马可狮像的威尼斯国旗高高地迎风飘扬，显示出了威尼斯船员们的气概。三个三角帆被北风吹得鼓鼓的，船身却一动不动。这证明老练的船员正在掌舵，划桨手们也采用了顺风时的划法，划桨动作大而缓慢。虽然他们也很紧张，虽然风声掩盖了水手长为保持节律而吹的笛声，但200多位划桨手的动作不见一丝紊乱。

来到海峡三分之一的地方，热那亚的城塞高耸在山上。经过那里以后，向亚洲方向转一个大大的弯，走过同样距离便能看见右手边高高耸立的圆塔。塔上飘扬着土耳其红底白色新月的国旗，那便是“欧洲堡垒”。

航行到近处，船上的人还可以看到从塔向岸边顺坡而下的城墙。接着，耸立在岸边城墙尽头的另一座大塔映入了船员的眼帘。这时，要塞响起了空炮声，这是要船靠岸的命令。威尼斯船当然不会改变方向。顺着海峡转过弯来，“欧洲堡垒”的全貌便生生地映入眼帘。

这是一个欧洲式的倒三角形要塞，城墙从矗立在岸边的大塔左右沿地形延伸，尽头各有一座大塔。要塞比想象的要大。要塞矗立在海峡岸边，给人一种被压倒的威慑感。船还不能偏到亚洲一侧去躲避，因为那边还有一座“亚洲堡垒”，尽管规模比这里要小很多。

很快，靠近岸边的大塔上就射来炮弹，掀起了高高的水柱。船上没有载炮，即使有炮，又有谁能在行船中瞄得准地面上的目标呢？商船上必定配备的石弓兵也起不到任何作用。即便能够看清在塔下放炮的土耳其兵，那目标也太远，超出了石弓的射程。只有逃跑这一个选择。船长的吼声飞传。全船像是拧成了一股绳，船头直指南面飞快行进。转过要塞矗立的地方后大家才松了一口气。尽管他们已把土耳其要塞甩到了船后，但尚未逃出大炮的射程。一艘友船正在行进，与特达尔蒂的船保持着不远的距离。眼见得一发炮弹落到那艘船边掀起水柱，船身朝相反一侧大幅度倾斜。所有人的心脏仿佛瞬间停止了跳动。但是，凭着舵手高超的技术，那船又找回了平衡。在秋天早晨罕见的大雾中，大家看到君士坦丁堡宛若海市蜃楼一般出现在南方的地平线上，全是老手的威尼斯船员们都沉浸在一种从未有过的感觉之中，心里像放下了一块大石头。划桨手们也都把上半身伏在桨上，像是死去一般。

就在这时，特达尔蒂感到一种身体上的不适，像是被人冷不丁地杵到了心窝。土耳其的旗帜现在已经成了一个红点，特达尔蒂一直看着它消失。

同样是从西欧到君士坦丁堡的旅程，伊斯多尔枢机主教却不像尼科洛和特莱维森他们那样只花了一个月。他 5 月 20 日从教廷领土的港口奇维塔韦基亚出发，直到 10 月 26 日才抵达君士坦丁堡，整整走了 5 个月。这个时间上的差距不仅是受风影响较少的加莱舰与无风便不动的帆船之间的差别造成的，更重要的原因是伊斯多尔还有征兵的工作。

教皇尼古拉五世给了伊斯多尔军费，命他雇一艘热那亚船并招募士兵。在西欧雇船更有利，而士兵在附近雇一定更加方便。

于是，这艘只有船员的船便向东方驶去。他还有说服那波利国王派出援军的工作，便先在那波利靠了港。但说服工作以失败告终。

离开那波利港后，伊斯多尔的船沿着意大利南部驶向西西里的墨西拿，通过那里的海峡后一路向东，顺利抵达了位于爱琴海上的热那亚领土希俄斯岛。这时还是盛夏。伊斯多尔肩负完成东西教会联合的重任，心里急着要尽早抵达君士坦丁堡去实现使命。但与其意向相反，希俄斯岛征兵工作出乎意料地耗费了他很多时间。黑海的卡法、君士坦丁堡的加拉塔和爱琴海的希俄斯是热那亚在东方的三大通商据点，希俄斯并不缺少最新情报。原本可以廉价雇用的希腊原住民都知道这是要去可能发生战争的地方，所以不愿前往。用希腊人帮助希腊人的理由并不能说服他们。结果伊斯多尔只能雇用那些连续几代居住在希俄斯岛，明白君士坦丁堡的命运与希俄斯密切相连的热那亚人。他们以佣兵为职业，素质很高，但佣兵费也很高。伊斯多尔投入了全部个人财产和教皇拨给他的资金，充其量也只能雇用 200 人。他们上船后，与另一艘直航卡法的热那亚船一起出发离开了希俄斯。这时已是从阳光里明确感受到秋意的时节。

伊斯多尔抑制不住内心的喜悦，心想为了这一天，自己已不知道在东西间往返过多少趟。他相信这将是最后一趟了。君士坦丁堡的天空一片晴朗，宛若在映衬他那爽朗的心情。码头上，皇帝派来的宫廷重臣们身穿东方风格的豪华长袍列队欢迎他。枢机主教骑在事先预备好的马上，重臣们也骑马跟在伊斯多尔后面走进城门，200 多名士兵身穿铠甲英姿威武地走在后面。一行人沿着缓缓向上的坡道向圣索非亚教堂行进。通过拉丁区的时候，路旁的人群中响起了掌声。穿过这里进入希腊人居住的地区后，人们只是默默地迎接这队人马。士兵从头到脚裹着钢铁甲胄，那队伍让人感到的威慑力远远超过了 200 人的实际数量。路边的希腊人的内心都受到了不小的震撼。

圣索非亚教堂前的广场上铺满了红色地毯，上面放着两把蒙着锦缎的椅子，一把很高，一把略低。伊斯多尔抵达后受到了等候在那里的皇帝的欢迎。皇帝君士坦丁十一世坐在高椅上，教皇的代理人伊斯多尔坐在矮椅上。皇帝致了简短的欢迎词。然后，枢机主教以教皇的名义祈祷和平降临，阐述了罗马教会为拯救拜占庭帝国的危机，同意东西教会联合，决定派遣援军，并告知将于 12 月 12 日在圣索非亚教堂举行纪念东西教会联合的仪式。

威尼斯大使、热那亚长官和加泰罗尼亚领事等西欧居民代表为了表示恭顺，一齐跪了下来。而在成排的拜占庭高官席位上，身着华丽官服的人们只是轻轻点头。他们身后成群的希腊人则是一片沉默。乌贝尔蒂诺并没有在拉丁人的席位上，而是混在希腊人中望着这番光景。

需要横跨半个巨大的君士坦丁堡才能从圣索非亚教堂走到格奥尔基奥斯僧房所在的修道院。乌贝尔蒂诺一边沉思一边走，他并未感到距离的遥远。一到修道院他便发现，这个平时总是静悄悄的地方今天人声鼎沸。不仅在格奥尔基奥斯的僧房，就连垂丝柏浓密树荫掩映的中庭和周围的走廊上，也到处挤满了修道士。他们成群结队，大声争论。人群中闪现着格奥尔基奥斯高贵的身影。修道士们咒骂伊斯多尔是叛徒，叹息皇帝的软弱。所有人都在说，要趁此机会表明坚定的意志。乌贝尔蒂诺觉得，如此下去修道士们又会像一年前那样走上街头游行，高呼口号反对联合了。普通老百姓也会成群结队地跟在他们后面。修道士在拜占庭帝国有着很大的影响力，远非西欧可比。

午饭的钟声响起，修道士们前往食堂。乌贝尔蒂诺想至少要跟老师打个招呼，便朝比别人高出一头的格奥尔基奥斯靠了过去。格奥尔基奥斯当即认出了他，同他打招呼说："还在君士坦丁堡啊？"年轻弟子告诉他说自己早上去了圣索非亚教堂。看了大教堂前举行的仪式后他一直在想，为什么希腊人会如此反对东西教会联合。他向老师问了这个问题，想再确认一次。格奥尔基奥斯并未因为午餐被人打搅而生气，他开始用安静的口吻缓缓说了起来，此时周围没有任何人。

"拜占庭文明已经超越了从灭亡的古希腊文明和罗马文明吸收的所有要素和从东方所受到的影响的总和。它是自成一体的完整体系，而不是单纯由各种文明要素经种种混合而形成的合成体系。从某种意义上说，所谓东罗马帝国是一个错误的名称，因为330年君士坦丁大帝把罗马世界的首都从罗马迁到拜占庭时，他所创建的帝国在解决各种艰难问题的方法及其所引起的反响方面，以及在建筑、法律和文学等方面是一个完全独立的精神帝国。

“受到古希腊影响、以古罗马为母胎的西欧人理解不了拜占庭帝国和居住在那里的人们，下意识地厌恶他们，也并非没有原因，因为我们拜占庭的希腊人并不是纯粹的西欧人。

“在从拜占庭帝国应运而生之日起直到今天的约 1 100 年间，希腊文化像是一只巨大的章鱼，其触手横跨亚洲、欧洲和非洲。而且在西罗马帝国灭亡，西欧经历黑暗时代的时候，君士坦丁堡却让异国风采的花朵盛开，构筑了适合他们思维方式的全新文明。它那地中海世界长子的气质，与其说发挥在了实际事物上，不如说尤其明显地发挥在宗教和艺术的精神之中。拜占庭的政治特色在于它坚守着这样的信念，即教会与国家、宗教与政治是一个统一的形态，它们不可分离，事实上也不能分离。这就结出了希腊正教会的基本制度和指导理念的果实。

“而在西欧，也许是度过了混乱、迷离的漫长时期的缘故，似乎从不久前开始形成了一种观念，企图把教会与国家尽可能地分离开来。意大利各城邦国家的繁荣就是这种观念的果实。然而，也许在西欧可以实现教会与国家的分离，也许这样会带来种种利益，但对拜占庭人来说，这终究是不能接受的，因为拜占庭人根本不会考虑不以完全的政教合一为前提的政治理念。”

年轻的弟子仰视着老师的面庞倾听着，生怕漏掉一个字。老师继续讲道：

“你也知道，构成这个伟大而真正高洁的文明基础的正是信徒集团这种社会单位。这种团体既不是按地理划分的，也不是按民族划分的，因为拜占庭帝国的人们几乎与所有民族都有联系。说起来，这种关系只有一个最高条件，那就是作为基督教徒的一致信仰。

“天主教会之下的东西教会联合可不像统一弥撒的做法那么简单。那可是要把两种不同性质的文明硬拧在一起，是一种不可饶恕，而且完全不可能实现的暴行。”

格奥尔基奥斯慈祥地望着年轻的弟子，最后说道：

“回到你的祖国去吧，你是一个西欧人。”

从第二天开始，连续一个多星期，君士坦丁堡的大街上挤满了高呼反对东西教会联合口号的修道士和老百姓。中心人物照例是裹着黑色修道士袍的格奥尔基奥斯。12 月 12 日在圣索非亚教堂举行了东西教会联合的庆祝弥撒。受邀出席的高级神职人员名单里有格奥尔基奥斯，但他没有出现。除他以外，还有 7 位希腊正教会的代表也拒绝在记录联合的文书上签名。而且，尽管圣索非亚教堂是普通信众最重要的教堂，但从这一天起他们中的很多人选择不再前往那里，因为那里举行过庆祝东西教会联合的弥撒。

12 月，黑海吹来的北风让人感觉更加凛冽。居住在君士坦丁堡的西欧人被统称为“拉丁人”。他们这时不但在平时的黑色长衣里穿上了厚厚的毛衣，还不忘在长衣外面系上一根宽宽的皮带御寒。看着一身冬装的人们匆忙来去，很久未到威尼斯商馆的乌贝尔蒂诺也感到冬天已经来临。

这个季节正值拉丁区一年中最充满活力的时期。在这个季节，从黑海抵达的商船络绎不绝，码头爆满。也是在这个季节，利用顺风南去西欧的船只也纷纷离开君士坦丁堡。不过，1452年的12月却与以往不同。前不久刚刚发生的一件事不仅震惊了威尼斯人，也震惊了居住在君士坦丁堡的其他所有西欧人。

11月26日，一艘载着大量小麦的威尼斯帆船从黑海驶来，沿博斯普鲁斯海峡南下时被“欧洲堡垒”的炮火击沉。隔着一段距离航行的僚船成功逃脱，唯独里佐船长的这艘船船尾舰桥被炮弹命中，未能幸免。船长和30名船员好不容易游到岸上。但不管是游到亚洲一侧的，还是游到欧洲一侧的人都立即被抓走。威尼斯大使米诺托收到僚船的报告后，立即向苏丹派去了使者，根据威尼斯与土耳其之间关于遇难船船员应平安移交给对方国家的条约提出抗议，然而抗议无效。苏丹只回了一句话“不予理睬”。根据苏丹的命令，12月18日船长被用木桩刑[1]处死，30名船员也全部被腰斩处死。

君士坦丁堡的威尼斯租界不得不承认，前苏丹时代以来长期延续的与土耳其的良好关系就此告终。还有人愤怒地叫嚷这是宣战。正式缔约国的市民都受到如此对待，非缔约国佛罗伦萨、安科纳、西班牙的商人们更加惴惴不安。威尼斯商馆喧闹起来，挤

1 又称穿刺刑，用木桩从受刑人的肛门穿入后再用木槌敲击或将木桩竖起，使木桩的前端从腋下、胸部、背部或口腔等部位穿出，最终使受刑人死亡的一种酷刑。

满了决定收拾生意撤回祖国的商人。

特达尔蒂刚到设在商馆里的银行，把销售小麦得到的钱款存进了以他的名义开设的账户里。他还委托银行将钱款转到威尼斯总部的账户里，钱款会先他一步回到西欧。前两天他已经安排好了把裘皮运回威尼斯的事情。这些事情都委托给了值得信赖的威尼斯人，他的货在他提走之前会一直放在威尼斯人的仓库里而不用担心。剩下的事情就只有决定乘什么船和预订船票了。休航季迫近，直航威尼斯的船已经很难订到，但去克里特的船还有很多，只需顺风南下即可。可是不知道为什么，特达尔蒂很难下决心。

在塔纳的时候，他想象回到故乡后的生活，他是那样的愉快。可是现在到了就要实现的关头，他却迷茫起来，连他自己也搞不清是怎么回事。浮现在他脑海里的并不是阿诺河畔坐着漂亮女郎的佛罗伦萨，而是高高耸立、威势逼人的"欧洲堡垒"，是从那里飞来的恶魔般的炮弹，是为了躲开炮弹拼命左右扳舵的船，是终于逃脱后见到的浮在海上的君士坦丁堡远景。

除了这个佛罗伦萨商人以外，还有一个人也同样迷茫。他就是乌贝尔蒂诺。他刚去银行取出了父亲汇来的钱。如果听老师格奥尔基奥斯的劝告回西欧的话，这笔钱足够支付船票，还可以把自己收集的书籍带回去。他只要到商馆里的另一个地方预订船票，一切便结束了。可他还下不了决心。不过，他与商人特达尔蒂不同，牢牢占据在他脑中总也挥之不去的是他所钟爱的拜占庭文明。

不，是这些文明凝结而成的君士坦丁堡。

没有时间也没有理由迷茫的是尼科洛·巴尔巴罗。原因是穿过土耳其炮火抵达这里的来自黑海的船上一定有船员受伤，哪怕是轻伤也需要处理。

尼科洛刚要走出位于商馆一层的诊疗所，就同正要进来的特莱维森撞了个满怀。他和特莱维森已经两个月没有见面了。到达君士坦丁堡之后，特莱维森一直忙于同威尼斯大使和皇帝商量，其间还去了一趟黑海，护卫从那里南下的商船队，顺便从海上侦察“欧洲堡垒”，简直是席不暇暖。特莱维森了解了尼科洛的工作情况，满意地看了看他，陪他走到走廊旁边，说道：

“我刚跟居留区的重要人物谈完。君士坦丁堡的威尼斯租界已经达成一致，响应皇帝的请求，协助皇帝保卫这座城市。”

这便自动决定了尼科洛需要留下。从特莱维森的性格中尼科洛也已经观察到，司令官并不是凭着一时狂热同意这个决定的。本国政府给他的任务是护卫商船队，但也把紧要关头的决定权交给了他。表面上的任务已经完成，如果只是这些事，特莱维森只要护卫今年最后的商船队离开君士坦丁堡去内格罗蓬特就算完成了任务。如果是这样，不仅他，还有在他直接指挥下的两艘加莱舰上的500名船员都能不死。

然而，这里只有他一个人是海军司令官。如果真的这样做，就会造成君士坦丁堡的威尼斯居留区单方面撕毁协议，本国人惨遭杀戮，军事上也偃旗退败的结果。这就是开始对留守态度消极的特莱维森所面临的问题。今天已经是第三次会谈了，终于做出了决定。从明天起，不论军船商船，威尼斯国籍的船只一律归特莱维森管辖。

威尼斯选择留下，消息瞬间传遍了商馆的每个角落。特达尔蒂对去留犹豫不决，他在商馆的理发店听到了这个消息。整个理发店里谈论的全是这个话题，只有他这个佛罗伦萨商人没有加入大家的谈话。理完发后他马上走出了理发店。特达尔蒂脚步坚定，他看也没看船票预订处，径直走出了商馆。他回到租住在拉丁区的家中，命令一直照顾他生活的俄国奴隶拆开打好的行李。

乌贝尔蒂诺也是在商馆里听到这个消息的。商馆还同时公布了特莱维森司令官的布告，说计划南下的商船只要有特莱维森的许可就可以自由出港。乌贝尔蒂诺也可以完全自由地离港。尽管如此，乌贝尔蒂诺根本没打算去订船。他也决定加入留下来的人们。老师的面庞浮现在脑海里，但要不要立即把自己的决心告诉老师呢？乌贝尔蒂诺莫名地犹豫起来。年轻人想，如果有机会再说吧。

* * *

米诺托大使和特莱维森司令官来访，要把威尼斯居留区的集体决定报告给皇帝。弗朗茨把他们引到了皇帝身边。听完大使的话，皇帝表示了衷心的感谢，他那温和的性格展现无遗。皇帝还通报说，几个小时之前他会见了加拉塔长官洛梅利诺。洛梅利诺报告说满载500名士兵的热那亚船近期就要抵达君士坦丁堡。热那亚和威尼斯同为意大利海洋城邦国家，但为争夺东方市场，300年以来一直是竞争对手。因此，君士坦丁堡的西欧人社会也分成了两股势力，它们之间关系恶劣，两个居留区之间并没有正式的联络关系。威尼斯大使的访问也有试探这方面情况的目的。

"加拉塔的热那亚居留区是一如既往保持中立，还是……"

皇帝表情痛苦地点了点头。不过，他马上就辩护似的接着说道：

"洛梅利诺长官说将尽力而为。他是个诚实的人，可以信赖。"

无论是米诺托还是特莱维森，不说他们也都明白，仅就君士坦丁堡居留区而言，态度已经明确的威尼斯可以谴责态度尚不明朗的热那亚，但说到本国政府，两个国家却是彼此彼此。但大使还是向皇帝承诺说，他将派遣使者向本国报告威尼斯居留区态度已定，并让使者再次请求向君士坦丁堡派遣援军。皇帝对此表示感谢，并请他们同时转达皇帝对14艘满载粮食的威尼斯船安然抵达的谢意。弗朗茨知道，皇帝的心快要被接二连三的坏消息撑爆了，对些许援助都会如此感谢，看起来非常可怜。

皇帝没有放弃，继续向各国派出使者请求援军，却没有一个人带回好消息。尽管热那亚和威尼斯都送来了资金和粮食，但提到派遣满载战员的大舰队，它们都回答说因意大利处于战争状态，无力派遣援军。罗马教皇在同意东西教会联合并派遣了200名士兵之后，就似乎觉得心安理得了。那波利王国也同样未明确表态。

在东欧，皇帝认为最可信赖的匈牙利王国摄政匈雅提早已因穆罕默德二世提出了有利条件而与之结成了同盟关系，像是没有行动的念头。统治希腊伯罗奔尼撒半岛的皇帝的两个弟弟正在同穆罕默德派去的军队打仗，也动弹不得。皇帝领悟到护城河已被填平——再没有谁能救这个国家了。

如今，皇帝想象着土耳其军队出现在对面的地平线上，他所能做的只有尽量确保粮食充足和加固城墙。马尔马拉海一侧和金角湾一侧尽管只有一层城墙，但有大海保护而不用担心。陆地上的城墙虽有三层，也需要加固。人们都知道，土耳其是一个动辄会投入大军的陆军国家。而且谁都能预料到，进攻将集中在陆地一侧。皇帝把加固工程交给了弗朗茨。让弗朗茨意外地感到高兴的是，工程征来的希腊人出人意料地顺从，干活认真。皇帝常常亲临工程现场，这也一定收效甚好。希腊百姓即便反对东西教会联合，却也无人厌恶皇帝个人。

* * *

明天过去，1452 年就结束了。这天，尼科洛决定利用诊疗所的工作告一段落之便，出门去看一下城墙。说起君士坦丁堡的三层城墙，居住在地中海世界的人没有不知道的。他也想好好看一下这著名的城墙。他和金角湾渡口说好，来到金角湾深处陆墙的起点，在那里下了船。

这一带的城墙从海湾岸边向上延伸，守卫着建在山丘上的皇宫。从这里绕过皇宫是一层城墙。城墙厚约有 5 米，壁立的城墙从外面看给人以坚固而有威压的感觉。转过皇宫，城墙成为三层。沿着向南延伸的城墙走一小段，就是行人往来最为繁忙的查瑞休斯门。这座城门开在通往阿德里安堡的道路上，从这里进入君士坦丁堡，道路几乎笔直通向大竞技场。这条路可以说是君士坦丁堡的中央大道。

尼科洛决定钻进城门，从内侧看一下城墙。最先耸立在眼前的是高 17 米、厚 5 米的内城墙。这道内城墙上每隔约 40 米就有一座高超过 20 米、宽 10 米的四角形塔楼，城墙上可谓塔楼林立。尼科洛不禁发出赞叹声：几乎不可能突破这道内城墙啊。

内城墙的外侧通着一条宽 5 米的道路。横穿过道便是外城墙。这道外城墙外侧高 10 米，厚 3 米，也是每隔 40 米就有一座塔楼，规模比内城墙塔楼小，塔楼高 15 米，宽约 6 米。内城墙的塔楼与外城墙的塔楼相互错开配置。

这道外城墙十分坚固，如果是其他城市，单靠外城墙便能防守。外城墙外侧通着一条宽 10 米的道路，这条路的外侧又有一道矮墙，上面用木栅栏加固。这是第三道墙，墙外横亘着宽 20 米的护城河。护城河是按抽灌海水设计的，但现在已经成为一条长年干涸的干沟了。跨过这条护城河才是城墙外的地面。这就是说，从城墙外到内城墙的距离竟然有 60 米之遥。

人们只有通过三层城墙各层的城门，才能一气走完这段距离。

但每座城门都打造得非常坚固，钉满了门钉。

君士坦丁堡的地势有高有低，环绕它的城墙自然也有高低起伏。从皇宫到查瑞休斯门这段城墙最高，从这里往莱卡斯河谷方向，地势开始变低，圣罗马努斯门一带地势最低。从这里起地势又开始变高，城墙也开始爬坡，到了雷吉姆门一带又回到原来的高度。从这里继续向南，接下去的是佩格门和金门。尼科洛也知道，金门这个名字源于皇帝凯旋进城时要走那个门。除了这些城门之外，还有多座供市民和军队使用的城门。不过，从战略上考虑，这五座城门以及面朝皇宫的卡里加利亚门，一共六座城门最为重要。

这道起于金角湾止于马尔马拉海的陆墙全长 6.5 千米。站在城外眺望，这三层城墙巍峨耸立，遮天蔽日，难怪人们都信服地说这是地中海世界最坚固的城墙。不过，尼科洛却觉得，这道城墙陆上有 6.5 千米，金角湾上有 5.5 千米，马尔马拉海上有近 9 千米，全长有 21 千米，要守卫整个城墙，君士坦丁堡的居民都上阵也太少。根据米诺托大使的推测，这座都城的现有人口不超过 35 000 人。根据这样的人数，退守一半长度的君士坦丁大帝时代建造的城墙才合适。但大帝时代的城墙如今损毁严重，已不敷使用。即便如此，在人口减少仿佛昭示拜占庭帝国势力衰落的现状下，他们仍试图凭着帝国势力鼎盛时期建造的狄奥多西城墙与敌一战。这甚至让不懂军事的尼科洛也产生了一种恐惧，这样一来，易守难攻的城墙还能派上用场吗？

图尔桑感觉到最近年轻主人的举止发生了巨大变化。回想起来，这种情况是从他与哈利勒帕夏深夜密谈后开始的。那天夜里以来，穆罕默德二世一反以前每天像被什么东西附体似的状态，变得安静温和起来，每天夜里不再偷偷溜出去，也不再突然摔掉递给他的杯子。虽然他依旧不会踏进后宫，但却开始出门狩猎了。12 岁的少年受命留在主人房间里的次数也有所增加，只是 20 岁的主人爱他的方式一如既往，仍像雄鹰在玩弄鹰爪抓住的猎物。

苏丹的卧室里前不久放进了一张特别定制的巨大矮桌，上面白天黑夜都摊着几张图纸。其中最大的一张是君士坦丁堡地图，上面不光有市区街道，还有各处的城门、金角湾以及对岸加拉塔的热那亚居留区，甚至清楚标出了博斯普鲁斯海峡的出口。穆罕默德二世一有空就会来到桌前，长时间伫立。有时，身体还沉浸在性感冲动中的图尔桑会忽然发现，穆罕默德不在自己的身边，而是在站着看地图。少年很想再次为主人施以官能技艺，但想到自己做了不顺主人心意的事情时会受主人横眉冷对，便打消了这个想法。

穆罕默德二世之所以恢复了平静，不仅是因为哈利勒帕夏认同了自己的意向，也不仅是因为匈牙利人乌尔班的大炮正在扎实制造着，还因为一年前放去西欧的间谍们这时终于接二连三地带来了好消息。根据间谍们带回来的情报，西欧没有因拜占庭的求援而有所行动。唯一能从陆上派遣援军的基督教国家匈牙利已经因为同盟条约的束缚而不能行动。拜占庭皇帝的两个弟弟也在别处为抵御土耳其而全力奋战，救援首都怕是梦想。此外，海上战斗力是土耳其唯一的弱项，如果这方面远胜土耳其的热那亚和威尼斯行动迟滞，而其他西欧军队也按兵不动，君士坦丁堡的孤立便会成为定局。年仅20岁的年轻人在开始伟大事业的时候，并没有犯单靠蛮力发动进攻的愚蠢错误。

转年到了1453年1月，苏丹穆罕默德二世向土耳其全境发出了正式动员令。此前他已向各个属国发出了命令，要求派遣军队，理由是镇压小亚细亚叛军。但在1453年1月发出的动员令中却只字未提这件事。此外，动员令使用了“圣战”一词，人们由此推测，目标即为君士坦丁堡。其后不久土耳其又进行了大炮试射。

这门大炮被称为乌尔班巨炮，是一个迄今为止无人见过的怪物。炮身长8米以上，石弹重量甚至超过600千克。装载大炮的移动炮台也得在左右配置30头牛才能拉动。动用了700名士兵跟着帮忙，这门巨炮才被运到了苏丹宫殿前。在向阿德里安堡居民发出布告，让他们听到可怕巨响时不要惊恐之后，大炮打出了第一炮。

乌尔班的话一点不假。发射第一炮的瞬间，巨响响彻方圆20千米，巨大的石弹劈风飞行，在留下令人恐怖的声音飞行1.5千米之后发出巨响，钻入了地下两米。苏丹大为满意，当即命令再制造第二门炮和第三门炮，同时命令整修阿德里安堡通往君士坦丁堡的道路，以便顺利运送大炮。虽说有古罗马时代修建的人道，但已经弃置了数百年，尽管不会妨碍步兵和骑兵行军，但要拉着沉重的炮台走过却不能让人放心。首都周围的大道也因被弃之不用而毫无维护，这个事实最能体现出拜占庭帝国衰微之深刻。

* * *

尽管没有听到巨炮的轰鸣，但君士坦丁已经感到，巨炮在瞄准着自己的胸膛。前不久，土耳其宰相哈利勒帕夏派来的密使告知他苏丹坚定的意志时，皇帝也向苏丹派去了密使，说如果苏丹回心转意不再进攻君士坦丁堡，皇帝愿意支付巨额年贡金。可是穆罕默德二世只有拜占庭全面投降这一项要求。苏丹承诺，如果投降后皇帝离开首都，他将保证拜占庭帝国臣民的生命安全。君士坦丁不愿意为了活命而做出这样的事，于是谈判破裂。后来派去的使者提出可以增加年贡金，但苏丹的答复没有丝毫改变。

在这段时间里，皇帝白发陡增。但只过了几天就传来了让皇帝一扫阴郁的好消息。两艘热那亚船载着500名士兵抵达君士坦丁堡。统帅是根据地在希俄斯岛的热那亚人朱斯提尼阿尼，手下士兵都是跟随他这个佣兵队长身经百战的希俄斯汉子。他们的佣兵费不是由热那亚支付，而是由皇帝支付。尽管如此，皇帝仍然大喜过望，承诺把莱姆诺斯岛作为佣兵费赐给朱斯提尼阿尼。此外，皇帝还任命这位战争专家担任陆上军队总指挥。海军总指挥已经决定由威尼斯人特莱维森担任。从这时开始，君士坦丁堡几乎天天召开制订防御策略的作战会议，参加的人有皇帝、宰相诺塔拉斯、弗朗茨等拜占庭方面的首脑，教皇代理、君士坦丁堡大主教伊斯多尔，陆军总指挥朱斯提尼阿尼，威尼斯方面的米诺托大使和特莱维森司令官等人。可是，不得不处于守势的一方的作战会议不会总是斗志昂扬的。2 月 27 日召开的作战会议便如实地体现了连日来笼罩会议的气氛。

这天，请求发言的特莱维森报告，昨天夜里有 1 艘威尼斯船和 6 艘克里特船趁着夜黑逃走。去年 12 月威尼斯居留区决定留下时已经规定，所有威尼斯国籍的船只没有特莱维森和皇帝的批准不得出港。这些人的行为违反了誓约，将被视为临阵脱逃。

可是，在场的弗朗茨根据特莱维森报告时的冷静态度认为，这个威尼斯海军将领应该事先知道威尼斯船只的出逃计划并放跑了他们。克里特岛是威尼斯的殖民地，克里特船也在特莱维森的监督之下。据说共计 7 艘威尼斯船逃走，每艘船都载着 500 多人。与几代人扎根君士坦丁堡的热那亚居留区居民不同，以威尼斯人为主体的“拉丁区”居民很多是这几年从祖国带着妻儿前来经商的。从实际留下来的拉丁区居民人数来看，在逃跑的 4 000 人中，拜占庭帝国的希腊人应该有一半多。君士坦丁堡已经被土耳其领土包围，成了陆地上的孤岛，要逃出去只有海上一条道。就连从即将沉没的船上逃跑的老鼠也懂得这一点。

以优厚条件在君士坦丁堡受聘却前往意大利定居的神职人员是知识分子阶层的主体，他们从 50 年前就开始陆续离开。即使在不远的过去也已经很难找到不让家人带着财产去威尼斯和罗马避难的拜占庭实权人物了。既是皇族又是宰相的诺塔拉斯也已经让女儿带着财产逃往了威尼斯。在拜占庭帝国的宫廷中，也许只有皇帝君士坦丁和衷心爱戴皇帝、决心为他献身的弗朗茨没有这样做。

正如这个现象所反映的，拜占庭帝国并没有举国一致奋起防御，就连让参加作战会议的人做到思想统一都是做梦。西欧派伊斯多尔和反对东西教会联合、拒绝签字的宰相诺塔拉斯同为希腊人，尽管同时出席会议，他们之间却不愿搭话。弗朗茨虽然不是西欧派，但他也不喜欢诺塔拉斯。万事追求合理的威尼斯人鄙视希腊人，不能忍受在决定国家存亡的时刻还成天沉湎于教理争议之中的拜占庭人。米诺托大使也许是想以身作则而没有让妻儿避难。

希腊人也厌恶威尼斯人。他们心里在想，威尼斯人口口声声说要为保卫根本不是自己国家的国家竭尽全力，可他们不就是想保护自己的那些商业利权吗？这些希腊人只有一点同威尼斯人一致，那就是憎恶龟缩在金角湾对岸的加拉塔城墙里宣布中立的热那亚人。然而，热亚那人虽然不能派代表他们的洛梅利诺来参加作战会议，但并未忘记通过同为热那亚人的朱斯提尼阿尼申明，中立只是表面态度，他们也在做自己力所能及的事情。威尼斯人谴责热那亚人坚持中立，后者的代表反唇相讥道，加拉塔的热那亚人搂着妻子孩子，对加拉塔比对祖国还要亲，在这样的现实之下，不可能轻轻松松地采取他们所说的那种态度。

远不能团结一致的集团却能够避免决裂，这只能说是托了皇帝的福。希腊人和西欧人都不得不认可他的公正。其次，不论是被委以陆军总指挥重任的朱斯提尼阿尼，还是担任海军总指挥的特莱维森，都不愧是经过战场磨炼的男子汉，说他们是热那亚人也好，是威尼斯人也好，必须承认他们首先是一位将领。

特莱维森还汇报了海军现在的实力，措辞之冷静与通报有船逃跑时没有任何变化。他报告了几个数字，从船长到划桨手都已经确认了他们留下来的意志：

热那亚的大型帆船 5 艘

威尼斯的军用及更大型的商用加莱舰 5 艘

克里特的商用加莱舰 3 艘

意大利海洋城邦国家安科纳、西班牙加泰罗尼亚、法兰西普罗旺斯的帆船 各 1 艘，共 3 艘

再加上拜占庭国籍的船 10 艘，合计 26 艘。从船的大小和操纵技术上来看，让 5 艘热那亚船和同样数量的威尼斯船充当这支舰队的主力更加现实。

特莱维森接着公开了威尼斯间谍送回来的情报，说在土耳其领地加里波利有 200 艘船正在建造。意大利海洋城邦国家船员的航海技术非常优秀，其他国家望尘莫及，也是没有航海传统的土耳其所不能比肩的。但是，土耳其征用了大量其领地内的希腊人。威尼斯和热那亚船员在与希腊船员对抗时可以以一当五。可单从

数量上看，十倍于己的敌方战斗力仍不可小觑。他们正在等待在威尼斯国内编组的正规舰队早日到来。

朱斯提尼阿尼在把握陆上战斗力方面没有浪费时间。几天后，他也报告了可以用于君士坦丁堡防御的西欧方面的战斗力。根据他的报告，除了已经宣布中立的加拉塔地区的居民以外，连同拉丁区和外来佣兵在内一共有 2 000 人。希腊人是拜占庭帝国的臣民，了解他们战斗力的事就交给帝国方面了。皇帝叫来了他深信的弗朗茨，命他进行调查。皇帝说道：

“这项工作我不想交给别人，就交给你了。你精于计算，而且我不说你也知道，秘密进行这项工作方为上策。在完成这项工作之前，你不需要再做皇宫里以前的那些工作。希望你在家查清楚可以用于战斗的人员、器具、长矛、盾牌和弓矢的准确数量。”

弗朗茨使用心腹，夜以继日，短短几日便秘密完成了这项艰难的工作。他带着一览表去皇宫，提交给了皇帝。皇帝读过后，把充满了深深苦恼和悲哀的目光投向弗朗茨，许久说不出话来。这座充满荣耀的东罗马帝国首都君士坦丁堡，居然只有区区 4 773 名成年男子拥有作战所需的体力以及必要的器具和武器。这个数字中不包括希腊正教修道士的人数，不能指望他们与天主教徒共同作战。

加上 2 000 名西欧人，也不足 7 000 人。皇帝用阴郁低沉的声音对弗朗茨说：

“不要把这个数字告诉任何人，只有你我二人知道。”

可是，皇帝及其忠臣的预防措施并没有什么效果，因为威尼斯居留区里的重要人物已经察觉到，大概也就这么些战斗力了。不过，米诺托大使、特莱维森以及被录用为特莱维森副官的黑海贸易商船船长阿维索·狄多根本不再向皇帝要求什么。非但如此，皇帝提出金角湾一侧最靠近皇宫一带的城墙需要加固，到时请威尼斯军队负责，他们也爽快地答应了。

工程的指挥也由特莱维森和狄多承担。威尼斯船员们被动员来参加土木工程，开始时他们感到不满，发牢骚说希腊人都干什么去了。后来皇帝亲临工程现场，与他们亲切交谈，便再没有任何人说任何抱怨的话。很多人憎恶希腊人，但却没有一个人说皇帝的坏话。

米哈伊尔和他指挥的1 500名骑兵千里迢迢从塞尔维亚赶来，土耳其却不允许他们进入阿德里安堡城墙之内，于是不得不在城外支着帐篷等了一个多月。米哈伊尔到达之后便立即提出求见苏丹，回复却是要他等待苏丹的传见。1 500骑只是骑士的人数。每个骑士一般都有一个步兵跟随，另外还要带上一个马夫兼仆从。因此米哈伊尔率领的是4 500人。在这秋冬之交气候恶劣的时节，光是把他们从东欧远道带来就不是一件轻而易举的工作。到达后又要让他们长时间徒耗时日而不出事故，这又是一项颇费心力之事。

更有一个可怕的传言传到了米哈伊尔的耳朵里。同他一样在城外待命的还有来自其他与塞尔维亚一样是土耳其属国的士兵。他们中间流传着一个传言，说此次行动的目标不是小亚细亚的叛军，而是君士坦丁堡。这些属国的士兵也同塞尔维亚人一样是希腊正教徒。他们从苏丹穆罕默德二世那里收到的派兵命令也是说为了镇压小亚细亚的卡拉曼贝格。他们深信不疑地来到此地。然而，土耳其的士兵们却纷纷说要打一场进攻异教徒的圣战。

又过了十天，米哈伊尔才被允许会见苏丹。年轻的指挥官带着比自己还要年长的两位副官，第一次穿过城门，走进苏丹的宫殿。他来自并不富裕的塞尔维亚，但在他的眼里，穆罕默德的宫殿简朴得简直不像是一个拥有辽阔领土的君主的宅邸。不，倒不是简朴——到处都是豪华的物件，但却给人一种没有用心摆放的感觉，好像这里是临时住宅，充满了一种随手就扔的气氛。不过，这里的静谧倒给人深刻的印象。进出宫殿的众多人等，好像个个都很害怕弄出哪怕是一丁点儿的声响。

米哈伊尔和两位副官被引到一间起居室模样的房间里。房间里简直就像帐篷一样。他们发现一个年轻人在房间的中央，坐在一张稍低的宽大椅子上。领他们进来的侍童美得惊人，从侍童恭敬的态度上看，这位年轻人一定就是苏丹穆罕默德二世了。

塞尔维亚虽然实质上是土耳其的属国，但形式上两国还是友好国家。作为塞尔维亚的代表，年轻骑士举止得体，他并没有趴在地上行土耳其式的礼，而是单膝跪下行了西欧式的礼，然后呈上塞尔维亚国王的赠礼，递上了国王妹妹玛拉的信。穆罕默德二世郑重地感谢了赠礼，然后开始阅读玛拉的信，读完后问了一些玛拉的情况。米哈伊尔想，如果塞尔维亚国王知道苏丹用这样亲人般的口吻对公主进行问候，一定会放下心来，暂时不用担心塞尔维亚的将来了。可是，米哈伊尔很快就被泼了一盆冷水。苏丹用若无其事的口吻说道：

“请你们加入前去进攻君士坦丁堡的队伍。”

塞尔维亚的骑士装傻地插话道：

“我听说是要攻打卡拉曼贝格才来的。”

穆罕默德二世仍旧轻描淡写地说道：

“只是换了一下顺序。”

米哈伊尔觉得，这个看上去比自己年轻两三岁的苏丹就像个恶魔。如果当场拒绝，不光自己，就连等在城外待命的属下士兵都可能全部被土耳其兵杀掉。即使要逃走，近5 000人的队伍也很难办到。而且，这样做之后，塞尔维亚的命运也就不言自明了。米哈伊尔只能接受这样的安排。他因绝望而面色苍白，穆罕默德二世又命令他在大部队之前先行一步，去袭击君士坦丁堡近郊的村落。米哈伊尔心里清楚，这不是出于军事上的需要，而是在试探塞尔维亚骑兵的忠诚度。

回到营地，棘手的工作在等待着年轻的骑士。但当指挥官告知了这一切以后，塞尔维亚士兵竟没有一个提出抗议。他们只是捶胸顿足，双唇紧闭发出了痛苦的呻吟声。这声音，打破了深深的沉默。

1453年3月26日，年轻苏丹身披白色大披风，头裹白色头巾，高高地骑在浑身黑得发亮的纯种阿拉伯马上。集结在阿德里安堡城外的土耳其全军，在苏丹的眼前一队接着一队整齐地出征开拔。

先锋是伊萨克帕夏率领的来自亚细亚的安纳托利亚军团。他们不愧是正规军，5万多名士兵的红色土耳其帽和装备全部整齐划一。非正规军的混合部队跟在后面。这个武器装备都不统一的军团成员不是强征来的，便是像塞尔维亚骑兵那样被骗来的，再不然就是些抢掠不眨眼、自愿入队的人。他们多是希腊正教统治下的基督教徒，数量看上去也有5万人。

第三支部队是卡拉德贾帕夏率领的欧洲军团。这个军团已经在君士坦丁堡近郊各城镇大行烧杀，做足了准备，单看行军步伐就知道他们士气高昂。让正规军安纳托利亚军团和欧洲军团前后夹着不可信赖的混合部队行军，这当然是穆罕默德二世的意图。

负责殿后的是苏丹的近卫队新军军团。新军曾经同穆罕默德反目，因涨了一倍军饷而态度大变。新军军团士兵的装备自不必说，就连身高也给人统一的印象。这也许是队列组合造成的，却像是在讨好苏丹。士兵们头戴白色毡帽，身穿绿色上衣和白色土耳其裤，腰束皮带，皮带上插着半月刀，手里拿着弓箭。这是他们的主要武器。新军的人数达15 000人，均由原基督教徒奴隶构成。他们在少年时代即被迫与父母分离，成年后被禁止娶妻成家，一直过着集体生活。他们这些原本的基督教徒被成功培养成为专门对基督教国家作战的伊斯兰军精锐。

新军军团行军时，士兵们左手持弓，弓角呈一条直线。苏丹骑在马上，走在军团的中央。每当他身上的白色大披风被风吹起，就会露出里面穿着的绿色绸缎上衣，十分显眼。他也和自幼培养的新军军团士兵一样，身上裹着伊斯兰教徒的神圣颜色——白色和绿色。新军军团士兵们士气高昂也是理所当然之事。军歌也从他们中间最先响起。很快，歌声便似刮过平原的疾风一样响彻全军。

喇叭吹出的东方风格的哀调与大鼓敲出的进行曲风格的勇猛节奏奇妙地混合，又和上了士兵们高亢的歌声，行军的每个士兵的胸膛都充满了激昂的感情。

持枪队伍行进的样子简直就像是森林在移动，持弓队伍则像麦穗整齐的麦田在行走一样。大道上扬起的尘土不时将队伍掩住。穆罕默德二世没有加快行军步伐。从阿德里安堡到君士坦丁堡只有不到300千米的距离，没有必要加快速度。更重要的倒是让全军缓缓行军，一点一点地调动出每个士兵的斗志，最终凝聚成一股巨大的力量。

反反复复唱着同一首军歌，但却没有人觉得不满。队伍中到处都有高高竖立的红底白色新月的土耳其国旗，像是在俯瞰着飞扬的尘土。士气高昂，军规不乱。这让骑马跟在主人后面的图尔桑看得目瞪口呆，惊讶不已。那群无赖已经变成像样的军队了。这个奇迹是他比任何人都热爱的主人造就的。望着这片光景，少年不能不感到骄傲。

图尔桑再次回首，远望着即将消失在地平线上的阿德里安堡。然而，走在他前面的21岁的年轻主人却连背都没有动一下，仿佛阿德里安堡是一个刚刚被抛弃的女人。

第四章

攻防战开始

在 4 月的君士坦丁堡，有很多日子早晨会起雾。有时前一天天气晴朗，气温高企，第二天便雾霭笼罩，直到日上三竿都不肯散去。这让尼科洛想起了自己在威尼斯每天清早去帕多瓦大学上学的时光。布伦塔河上逆水而上的行船宛若冲入云中一般，在乳白色的晨雾中前行。1453 年 4 月 2 日，君士坦丁堡的早晨也是这般雾霭蒙蒙，几乎看不见金角湾的对岸。

这天早晨，尼科洛和特莱维森一起站在君士坦丁堡一侧的金角湾岸壁上，望着刚刚离岸的两只小船缓缓划向对岸。两只小船有节奏地划着桨，并排前行，船尾横跨着一根圆木。圆木上捆着用两个壮汉手腕般粗的铁棒做成的锁链。巨大铁链的另一端已经用几股结实皮绳拧成的粗绳固定在装在君士坦丁堡一侧城墙塔楼的铁环上。只要两只小船牵引的铁锁链能够连到对岸加拉塔的塔楼上，金角湾的封锁便大功告成。尽管土耳其海军的驾船能力差得不值一提，但数量上却十倍于己，于是特莱维森提出了这样的对抗方法，皇帝也表示了赞同。这样一来，敌人会难以入侵，但这也切断了自己人的退路。希腊人和“拉丁人”中都无人反对这个方法。

被牵引过去的沉重铁锁链沉在海中，岸上看不见。岸上只能看到跟着两只小船不断延伸的一排木筏。木筏连接着铁锁链，可以防止铁锁链在固定在两岸的塔楼上之前沉入海底。拉铁锁链是为了阻止船只通行，巨大的防御铁锁链必须是贴着海面安装才能起作用。这项工作说起来简单但做起来不易，几名熟练工在热那亚人索里戈的指挥下有条不紊地进行着作业。

过了一会儿，刚才的两只小船回来了。托着铁链的木筏漂浮在海面，随波荡漾。君士坦丁堡的晨雾尽管任性，但到了这个时刻也开始迅速淡薄。尼科洛决定让特莱维森一个人留下，等着从索里戈那里得到准确的报告，而自己回威尼斯商馆去。威尼斯收到的情报说，土耳其军的先锋正在不断接近。

在回长官官邸的路上，洛梅利诺心情沉郁。他刚去看了封锁金角湾的作业现场。铁锁链的一头固定在围绕加拉塔热那亚居留区的城墙最东端的塔楼上。皇帝请求他合作的时候，洛梅利诺无论如何也无法拒绝。这并不是因为他畏惧皇帝的威仪。虽然热那亚官方命令他采取中立的立场，但他作为热那亚居留区的负责人则认为，既然30年前君士坦丁堡曾经经受住了土耳其的围攻，30

年后的今天，君士坦丁堡也可能会经受得住这次围攻。

然而，苏丹很快就会知道防御锁链的一端固定在热那亚居留区的塔楼上。居留区中也有不少居民认为洛梅利诺与拜占庭方面瓜葛太深，因而有所不满。洛梅利诺对米诺托大使和特莱维森羡慕不已，尽管他们境况不同，但率领的却是全体一致站在拜占庭一边的威尼斯人。但羡慕是一回事，他也并无他法。洛梅利诺想，等到苏丹支起帐篷的时候，他最好派使者前去表示欢迎。

位于君士坦丁堡西北部的皇宫里正在召开作战会议，完成金角湾封锁作业后赶来的特莱维森也参加了会议。这种会议从去年年底开始已经不知道开了多少次，但全体与会者都在无言之中感到，今天的会议也许是进入战斗前的最后一次了。大家确认了之前决定的防御分工，无人反对，便迅速结束了会议。

君士坦丁堡城建在一个三角形半岛上，其中的一条边略呈弧形。三角形的底边，即面对马尔马拉海的一边，不仅面对大海，而且正面迎着博斯普鲁斯海峡的湍流和北风，在拜占庭帝国 1 100 多年的漫长历史中，这里从未受到过敌人的攻击。大家认为这次这里也只需在一道城墙上配置少数守兵。负责这个地区防御的是枢机主教伊斯多尔和他带来的 200 名士兵。若有需要，这 200 名士兵中的一半将被调去守卫陆墙，即他们还是预备队。南面则由西班牙领事佩雷 · 朱里奥率领的加泰罗尼亚人的一队人马防御。土耳其的流亡王子奥尔汗及其手下的土耳其人负责把守再往南一带的城墙。

靠金角湾的一侧与马尔马拉海一侧一样，面朝大海，并且只有一道城墙。但这里是博斯普鲁斯海峡涌来潮流的一个死角，同时能免于北风的侵袭，这与马尔马拉海一侧大不一样，从而难以防守。君士坦丁堡以前只有一次被征服的先例，那是1204年第四次十字军东征的时候，从这里发起进攻便是当时十字军成功的原因。

但是，对金角湾一侧的进攻直接关系到能否成功称霸金角湾。横跨入口的铁锁链就是为阻止来自金角湾的进攻而实施的策略。既然把金角湾的防御交给了威尼斯人，这一带城墙的防御当然也要以他们为主体。因此，威尼斯人也承担了码头一带的城墙防御任务。

在拜占庭帝国地位仅次于皇帝的宰相诺塔拉斯率领贵族们负责从那里直到皇宫的下一段城墙。这样的安排反映出皇帝担心希腊人会反对把这个重要区域的防御交给“拉丁人”。金角湾内基督教舰队的总指挥已经决定由威尼斯海军将领加布里·特莱维森担任。

然而，谁都看得非常清楚，唯一面向陆地的一边将会受到敌人主力的攻击。30年前土耳其就曾经从陆上发起进攻。虽说除了皇宫周边是单层外其余都是三层城墙，但这些地方必须配备守军中陆军的主力部队。

围绕皇宫的单层城墙由米诺托大使指挥的威尼斯人防御。特达尔蒂虽然是佛罗伦萨共和国市民，但他过去与威尼斯商人有很深的关系，志愿加入这支队伍。从这里向南，接下去是由佣兵队长朱斯提尼阿尼率领的500名热那亚士兵守卫的地区。因莱卡斯河谷的存在而地势变低的地方的城墙叫作中城墙。这一带由原本打算守卫皇宫的皇帝率领希腊精锐防守。从这里向南地势渐高，希腊人、威尼斯人和热那亚人的队伍各以一个城门为中心承担这一带的防御任务。学生乌贝尔蒂诺参加了由格里提指挥的守卫佩格门的威尼斯军队。

不让同一个民族的人防御同一个地方，而是把不同民族组成的防卫军分成小队并混合起来形成防御体制，这是皇帝提出的方针。他认为这样既可以缓解各民族之间的不和，又能最大限度地发挥各民族的力量。陆海军全军总指挥由皇帝担任，海军总指挥由威尼斯人特莱维森担任，陆军总指挥由热那亚人朱斯提尼阿尼担任，也体现了皇帝的这个意图。不过，尽管指挥官是其他国家的人，但这支混合军队如今却充满了团结一致、坚决防御的气概，倒是显得皇帝的深谋远虑多余了。

连接皇宫的城墙由威尼斯部队守卫，特达尔蒂便属于这支部队。他和骑士两人一起登上了那里的一座塔楼。他被叫来完成一项工作：把拜占庭帝国国旗和威尼斯共和国国旗挂到位于君士坦丁堡最西北端的塔楼上。希腊和威尼斯的这两位骑士对这项工作十分熟练。很快，塔楼上空便高高飘扬起了天蓝色底上印有银色双头鹰的拜占庭帝国国旗和红底上印有金色圣马可狮子的威尼斯共和国国旗。

无论是君士坦丁堡城里，还是守卫陆墙的士兵处，无论是漂浮在金角湾的船上，还是加拉塔的热那亚居留区，人们都能看到劲风漫卷着并排高挂着的这两面巨大国旗。在陆墙前布阵的土耳其军自然也会看到，虽然他们并不想看到。皇帝此前请求同时挂上威尼斯国旗，米诺托大使爽快地答应了。这便向苏丹公然宣告了君士坦丁堡威尼斯居留区的意志：他们将站在拜占庭一方战斗。

守卫佩格门附近城墙的乌贝尔蒂诺昨晚一宿没有合眼。他并没有被派出去放哨。长官命他休息，他便跟其他人一起在内城墙塔楼的一隅躺下，但怎么也睡不着。对这位 20 岁的年轻人来说，这是他亲身参加的第一场战斗。

4 月 4 日凌晨，当鱼肚白的晨光即将开始泻下的时分，他实在憋不住爬了起来，蹑手蹑脚地走到了外面，登上了内城墙，接着又登上了一座控制内城墙要害部位的塔楼。这里离地面的高度已经超过了 25 米。在他的眼睛下方，外城墙延绵相连，外侧还围着外栅栏。外城墙塔楼上还能看到昨晚通宵执勤的岗哨的身影。

就在这时，在凌晨雾霭的笼罩中若隐若现的遥远地平线微微颤动起来。不，他感觉到地平线高高隆起。随着雾霭逐渐淡薄，那道隆起成为一道清晰的线条，掩住了整个地平线，像波浪涌来一般地缓缓靠近。乌贝尔蒂诺第一次见到如此数量的军队。他回过神来时发现，原本没有一个人的身后，不知道什么时候已经站满了人。这些人也都和乌贝尔蒂诺一样，屏住呼吸凝望着迫近的人浪。有情报说，土耳其大部队 10 天前从阿德里安堡出发，这肯定就是那支部队了。

作为侍童，13 岁已经有些超龄了。但对图尔桑来说，这可是他第一次随年轻的主人参加正规战斗。正因为如此，当少年第一次看到君士坦丁堡的城墙在遥远的前方延绵相连时，内心充满了赞叹的情感。这三道城墙可是被誉为地中海世界最为坚固、最易守难攻的城墙啊。

“这样的城墙怎么能攻陷呢？”

图尔桑呆呆地伫立在那里，难得听到的主人的怒吼声让他回过神来。

“扎加诺斯帕夏在干什么？”

没等主人说出“把他叫来”，少年已飞身上马。

同样是有生以来第一次看到君士坦丁堡的城墙，同样被城墙的威仪惊得目瞪口呆，米哈伊尔却与土耳其少年正相反，他的心情沮丧透顶。他和手下塞尔维亚骑兵的骑士荣耀被刚刚传来的苏丹命令击得粉碎。

“已经不再需要骑兵了，你们改编为步兵参战！”

穆罕默德二世还命令他们杀掉马匹！被杀的马匹变成肉块，装进羊皮口袋，放到金角湾深处的水里储存了起来。这些肉不能给只吃羊肉的土耳其士兵食用，而是要给从基督教国家来参战的士兵食用的。塞尔维亚的 1 500 名精锐骑兵就这样在前线被配置到了后方，化作了4 500人的步兵集团，隶属于战斗一开始就一定会被赶到最前线的非正规军团。

图尔桑用不着驱马从金角湾深处迂回到扎加诺斯帕夏布阵的加拉塔背后的山丘了。他刚蹬了两下马腹，就看到扎加诺斯帕夏在士兵乱糟糟的阵中势不可当地飞奔而来，像是要把那些士兵踹飞一般。侍童驱马靠近，要向他传达苏丹的命令。但扎加诺斯帕夏自认为是穆罕默德二世唯一信赖的重臣，他只用眼睛瞥了一下侍童，连缰绳都没有松一下。图尔桑只好慌忙在后面追赶驱马远去的大臣。

苏丹的大帐要比普通帐篷大一圈，用红底金线缝制而成，耀眼夺目。大帐里，穆罕默德二世坐在正中央的宝座上，右边坐着一排大臣：宰相哈利勒帕夏、安纳托利亚军团统帅伊萨克帕夏、欧洲军团长卡拉德贾帕夏。迟到的扎加诺斯帕夏深深地行礼后也坐了下来。苏丹的左边位子上坐的是将军和海军将领、伊斯兰教高级神职人员等。土耳其的首脑团队齐聚一堂。

面对这些父辈重臣，21岁的年轻人似乎根本不想征求什么意见和进言。他只是一个接一个地向他们每一个人发出了简洁的命令，便结束了作战会议。

伊萨克帕夏率领的安纳托利亚军团在君士坦丁堡陆墙从南向北直到莱卡斯河谷这一段布阵。苏丹的大本营放在从这里沿河谷下坡再上坡的起伏地带，以圣罗马努斯城门为中心的一带由哈利勒帕夏指挥的土耳其骑兵和新军军团布阵。卡拉德贾帕夏指挥的欧洲军团对付自此向北从查瑞休斯门开始绕过皇宫下坡到金角湾一带的城墙。给非正规军团的命令是让他们在这两个军团背后布阵。从各军团抽调士兵组成的扎加诺斯帕夏军团在从金角湾北边到博斯普鲁斯海峡一带的加拉塔山丘，即热那亚居留区外侧的地区布阵。

到此为止都是对已在行军过程中下达的命令的最终确认，重臣们只要点头表示领命即可。但当穆罕默德二世说出下面的命令时，他们都把疑惑的眼光集中在了年轻主人的身上。

“明天早晨，全军前进到离城墙 1.6 千米位置。”

土耳其全军今天刚刚按照苏丹的命令在离城墙 14 千米的地方完成布阵，明天又要他们挺进到距墙 1.6 千米的地方。不过，哈利勒帕夏等重臣没有一个人向胡须尚稀的主人询问原因。第二天，重臣们重新支起帐篷。就在这项十分麻烦的工作告一段落，重臣们刚松了口气时，他们又收到了苏丹的第二道命令。

“明天早晨，全军前进到离城墙 400 米处！”

苏丹甚至没有向宰相详述下达如此命令的缘由，只有一刻不离地侍奉在穆罕默德二世身边的图尔桑知道主人的想法。

就在第一次布阵的当天，就在苏丹的大帐已经撑起，其他帐篷还没有完工的时候，有几个热那亚居留区的代表在长官洛梅利诺的带领下前来拜会致意。穆罕默德二世接见了他们。不知道什么原因，他的目光停在了代表中的一个人的身上，要求他最后留下来。不知道是因为这位绝对君主的意外礼遇使这人动了心，还是因为过于思虑自己居留区的存亡，这个热那亚人主动并且诚实地回答了穆罕默德二世提出的问题。据此，穆罕默德二世了解到，拜占庭军中也有一些大炮，但装填石弹点火后，不但石弹发不出去，大炮自身还会爆炸，连安放大炮的城墙都会被炸坏。这个情报表明希腊人的大炮完全无用，这与熟悉君士坦丁堡情况、当时被苏丹待为上宾的一个意大利人——古典学者齐里亚科·德·安科那的说法一致。于是穆罕默德二世才在随后召开的作战会议上接连下达了阵营前移的命令。

然而，既然知道不用担心敌人炮击才去移动阵营，那如果一次性前移到距离400米处，大军布阵也就只需辛苦一次。可是，穆罕默德二世却命令分阶段进行，第一次前移到1.6千米一线，第二天再前移到距离400米的地方。图尔桑也想象不出其中的缘由。不过，皇宫的气氛已经与前任苏丹的时代完全不同了，这一点是明确的。图尔桑觉得，自己的主人与其说是想受到亲信的爱戴，不如说想成为让他们畏惧的君主。唯其如此，从重臣到士兵才会不可思议地像穆罕默德的手脚一样雷厉风行。三次布阵顺利完成，简直让人不能相信这是15万人以上的大军在移动。

前进至距离400米处，城墙的威仪便真正地以一种肉体上的压迫感冲击每个看到它的人。4月7日早晨，苏丹视察了完成最后布阵的全军，图尔桑跟随着他。图桑尔发现圣罗马努斯城门附近的外城墙上有一群军官在向这边观察。人群中有一个人骑在白马上，身上的红色大披风随风飘摆，这人大概就是拜占庭皇帝吧。

穆罕默德二世似乎也注意到了对手，随即毫不畏惧地掉转了黑马的方向，侍童也慌忙跟着拉紧缰绳。

不过，穆罕默德二世既有年轻人的大胆，也没有忘记细心防备。他并没有靠近枪弹和箭矢的射程范围。他在那里观察了一会儿外城墙上的人，又拨马回头。图尔桑不得不再次掉转马头，这时他听到年轻主人自言自语道：

“当上帝国皇帝后得换匹白马了！”

敌军已临城下。从第一眼看到敌军的那一瞬间起，沉重的寂静便笼罩着君士坦丁堡的居民和守军，仍久久无人打破。

到了弥撒的时刻，教堂的钟也不再响起，路上的行人似乎也在尽量不发出脚步声。耳畔只听见一种声音，那是敌军在城外前移阵地发出的宛如风声又难以分辨的混合声音。

很多人站在查瑞休斯门附近的城墙上，屏住呼吸从女墙间望向眼下洪水般涌来的敌军。尼科洛也在这些人当中。他和守军首脑们一样，也不理解为什么敌军要不可思议地分两次前移阵地。他不是第一次见到土耳其兵，但他没法不对敌人队长们那简陋的武装感到惊讶。他们没有一个人穿着铠甲。指挥官尚且如此，兵卒更如同没有装备一般。

相比之下，守军士兵的武装让人联想到西欧的铠甲制作技术展示会。钢铁铠甲闪烁着耀眼的光芒，让人想起白银。士兵们在城墙上站成一排，蔚为壮观。一望便知这些铠甲都是米兰制造的好货。与其说身穿这些甲胄的是威尼斯和热那亚汉子，倒不如说更像是拜占庭骑士。这些铠甲都是经威尼斯和热那亚商人之手，从米兰进口到这个帝国的，而米兰以欧洲第一铠甲产地著称。

尼科洛不愧是医生，时刻保持着理性，并未被精良装备蒙住双眼。眼下成群的土耳其士兵虽然装备寒酸，但却多如蝼蚁，在数量上占有压倒性的优势。他想准确地知道敌军人数究竟有多少，便通过为在最近处布阵的一队敌军计数的方法来推测全军人数。结果他判断，假定有四分之一的军队布置在从这里看不见的加拉塔地区，那么土耳其的全部军队实实在在地有 16 万人之多。

然而，只有米诺托大使和特莱维森等威尼斯人同意这位威尼斯医生的推测，其他人的意见都是“不可能是这个数”。佛罗伦萨商人特达尔蒂说是有20万人。皇帝的心腹弗朗茨也是同样的主张。总体来说，希腊人认为的数目都很大，伊斯多尔枢机主教说不会低于 30 万人，甚至有人说有 40 万人。尼科洛觉得，拜占庭人此刻恐怕还在表现不顾现实的倾向，他心里苦笑着，不再坚持自己的主张。

形势逼着守方首脑尽快对观察敌人布阵时发现的问题拿出对策。谁都能从苏丹大帐的位置预料到敌人会把进攻的主力放到莱卡斯河谷的最低处，即圣罗马努斯门附近一带。担任陆军总指挥的朱斯提尼阿尼率所属 500 名士兵从原定归他负责的地点南下，与皇帝指挥的希腊精锐会合，在这段最薄弱的地带进行防御。因热那亚军队转移而形成的空当由威尼斯军队填补。特达尔蒂一边转移一边在想，原本数量就很少的守军将变得更加分散。

第二天是4月8日，一大早就开始淅淅沥沥地下起雨来。守方不认为敌人会在雨中发起进攻，但还是在指定的防守地区布置了防守部队。可是让人感到震惊的不是枪弹，也不是箭矢，而是很多人和牛在泥泞中开始安装的大炮。尼科洛在距离很远的城墙上眺望着人拉牛拖的大炮安装工程，心里知道那是一项艰难的工作，首先要用巨石打牢基础，然后架上厚厚的木板，再在上面安装大炮。稍有疏忽，沉重的大炮就会在雨中滑动滚下。每次大炮滚下时都能听见惨叫声，不再动弹的人被胡乱地扔在一边后，安装工作再次开始。牛比人更得善待，而大炮又比牛更得善待。这种做法对尼科洛来说不啻一次冲击。

守方也没有只是旁观从这天开始持续了三天的大炮安装作业。他们研究了针对大炮攻击的对策，并立即付诸执行。他们加固了围在外城墙外侧10米处的栅栏，在木栅栏外侧码放了装满皮革和羊毛的袋子，以期多少减弱一些被炮弹击中时的冲击，又在防护栅栏的上面排列摆放了装满泥土的桶，以期多少增加一些栅栏的高度。这些作业不仅使用了士兵，甚至动员了妇女。

可是，仅仅关注巩固陆地防御是不行的。有情报传来，说土耳其海军正在马尔马拉海北上。基督教方面的海军也立即进入了警戒状态。

4月9日，热那亚大型帆船5艘，克里特船3艘，安科纳船1艘，拜占庭船1艘，共计10艘船开始在安装了铁锁链的金角湾入口处内侧防卫。此外，威尼斯加莱舰2艘，威尼斯商用大型加莱舰3艘，拜占庭加莱舰5艘，其他船6艘作为机动部队在金角湾里的君士坦丁堡码头待命。还有其他一些不能作为独立战斗力的小型船也在湾内待命。加莱舰比帆船行动更加自由，因而被用作了机动部队的主力。

相反，沿海链布置的主战力是5艘热那亚大型帆船，这也有冠冕堂皇的理由。5艘大帆船中，1 500吨级的有2艘，700吨、400吨、300吨级的各有1艘。从本国港口的水深方面来看，这些船也反映了大型帆船占统治地位的热那亚传统。而对站在码头上观看的人来说，这些船都像是高耸在海面上的城堡，与200吨级的威尼斯加莱舰并排，外行也都能看出热那亚类型的船肯定适用于防御。不过，这也体现出标榜正确、协调和连续的威尼斯经商之道和与此相反喜好个人主义的、一次性决定胜负的热那亚经商之道之间的区别。

4月11日，君士坦丁堡居民似乎改变了关注的目标。昨天还在观看大炮安装工程，今天他们却爬上城市对面马尔马拉海边的城墙上去观看土耳其舰队了。海军将领巴尔托古鲁率领的土耳其舰队是一支庞大的舰队，竟然耗时半天才在不胜惊叹的人们眼前全部通过。根据尼科洛的计数，土耳其的舰队有加莱舰12艘，大型船70艘到80艘，运输船20艘到25艘，剩下的均为小型船，共计145艘。特达尔蒂所说的数字略少一些。不过在这时，拜占庭人说的数字仍比西欧人多了很多。弗朗茨说有400艘，而多数人认为，即使没有这么多，少说也得有300艘。

“如果相信希腊人的话，这仗就没法儿打了！”

作战会议结束回来后，这句话已经成了特莱维森的口头禅。

已经抵达的土耳其舰队停泊在博斯普鲁斯海峡出口稍进去一点的位置上，只有那里可以很好避开潮流和北风。希腊人称这里为“双圆柱”，必须警惕土耳其人以这里为前进基地，迅速采取行动突破海链。

靠海一侧的战线开始充满紧张感。与此同时，陆上笼罩在一片战前的宁静之中，万事俱备，只等开战。大炮已经安装完毕。金门前2门，佩格门前3门，4门瞄准圣罗马努斯门，3门瞄准皇宫前的卡里加利亚门，共计12门大炮。淡淡的月光映照出被夜雾打湿的沉重炮身。到了深夜，连日的北风冷得让人想不到现在已是4月过半。正在值班放哨的乌贝尔蒂诺在城墙上自己负责的区域来回走动驱寒。他感到，对面3门大炮一直在跟着自己的步伐调整方向，黑洞洞的炮口总是对着自己。这种感觉总也挥之不去。敌人的阵营安静得令人发怵。

4月12日，早晨的阳光开始把温暖洒向大地。晨曦像是信号一般，土耳其军队的大炮一个接着一个开了火。轰隆声震耳欲聋，巨大的石弹劈风飞来，守兵不顾一切地逃开。敌人并没有瞄哪儿打哪儿的本领，延绵不断的高高城墙就是目标，开炮总能打中什么东西。每次炮弹命中防护栅栏和外城墙，周围都会被尘土笼罩。尘土散去，崩塌的栅栏和露出墙心的城墙便会露出惨象。装满皮革和羊毛的口袋没有起到任何作用。

不过，开炮的一方也不是万事顺遂。大概因为基础不够牢固，每放一炮，大炮就会剧烈地左右摇晃，有的还从炮台上滚落下来。可能是操作巨炮更加困难的缘故，即使操作小心加小心，一门大炮一天也只能发射七发炮弹。不过，这七发炮弹对守方造成的巨大损伤超过了一切其他兵器。拜占庭宫廷里没有一个人知道，这就是自己嘲笑着赶走的匈牙利人建造的大炮。而且也没有一个人会想到，这让人心脏收缩的隆隆炮声会持续整整 7 个星期。话说回来，防御的一方根本没有余地去放松警惕。从这一天起，修补白天被破坏的地方便成了他们每天夜里的工作。

然而，在靠海一侧的战线上，基督教徒方面显示出了优势。就在陆上响起炮击声的同一天，土耳其舰队离开基地，朝着金角湾入口处压过来，希冀能够突破海链的防御。守方也在特莱维森的率领下，用船只沿海链建起了铁壁铜墙，严阵以待。土耳其船上的射手们向他们射来了箭雨。紧贴着加拉塔热那亚居留区东侧城墙安装的土耳其大炮又开始轰隆隆地响了起来。土耳其船一靠近基督教徒的船队就会抛过来燃烧的木头。他们还有人抛过来带绳索的钩子，钩住船体，企图爬上船来。但所有这一切都以失败而告终。炮弹不能打出更远距离，不是掉进海里激起水柱，就是命中、击沉自家船只，不起任何作用。燃烧的木头引起的火被船员们熟练地扑灭，箭矢也几乎没有杀伤力。西欧军队的大型船要比土耳其船高出很多，从船上高耸桅杆上的瞭望台射下的箭矢的命中率反倒更高。说到海战，海洋城邦国家热那亚和威尼斯的军队无论是在经验上，还是在能力上都很卓越，打土耳其根本不成问题。实际上，基督教海军为了转入攻势，已经从打开海链的地方来到了外海。土耳其舰队为了避免被他们围歼，只得慌忙逃回基地。

这场海战的结果大大折损了穆罕默德二世的傲气。但他知道，再训斥巴尔托古鲁也提高不了船员的能力。年轻苏丹下令改良大炮，责令乌尔班根据目标重新计算弹道距离。几天后，乌尔班便完成了适合目标的改良工作。设置在相同位置的改良大炮，第二发就命中了正从海链以外的海上返航的一艘船。从此以后，基督教舰队再也不能像以前那样自由往来于海链内外了。

可是，任何人都看得很明白，陆地进攻的结果将决定君士坦丁堡攻防战的胜败。从 4 月 4 日开始包围算起的第 15 天是 4 月 18 日，穆罕默德二世在这天下令发起第一次总攻，准备已经就绪。

尽管守军每天晚上都会进行修复工程，但长达一个星期的炮击还是让外城墙处处露出了墙体，防护栅栏也靠码放装满泥土的大桶才勉强维持着形状。中城墙一带的损毁尤为严重。穆罕默德二世不喜欢让士兵休息，他不顾炮击仍在继续，命令士兵冒着头顶飞过的炮弹连日作业，终于 20 米宽的护城河也多处被填平，几乎与地面高度一样。

日落后两小时，土耳其开始了总攻。与预料的一样，主力照旧集中在中城墙。天空的暮色尚未褪尽，火把映红了苏丹的大帐，漆黑的夜空中升起了一道高高的火焰，这就是总攻的信号。鼓声像草原刮过的风一样传遍四方，威武的号角声响彻天际。10 多万敌兵发出的吼声震撼着大地。城墙内警钟当当当地敲响，宛若悲鸣。守军总指挥朱斯提尼阿尼面不改色。守军人数虽少，但已经按照他的正确指示高效地布置到位，可以充分发挥作用。

苏丹的一次错误判断帮助守方占得了先机。土耳其在进攻时一次投入了过多的兵力，士兵们因此自相挤撞，进退两难。装备充分、士气高昂的守军瞄准敌兵弹无虚发。连续 4 个小时的战斗之后，土耳其方面鸣金收兵。加上自相践踏而死的人，土耳其方面战死 200 多人。而守方的情况是无人战死，军医长尼科洛只需要全力治疗轻伤者。

基督教方面的士兵躺在城墙顶的通道上休息，像是死了一般。他们虽然疲惫至极，但个个表情爽朗。土耳其大军的总攻本来令人窒息，但被他们漂亮地击退。加之海上作战成功，他们心里开始萌生出胜利的希望。再过一会儿，就该像往常一样缓缓响起早晨第一次弥撒的钟声了。仅隔一天之后又发生的一件事，让他们升起了更大的希望。

第五章

海上大捷

攻防战打响两个星期后，一阵强北风向君士坦丁堡及附近一带袭来。3 艘热那亚船满载着罗马教皇出资采购的武器弹药，被钉在爱琴海希俄斯岛的港口动弹不得。3 艘都是大型帆船，不能逆风北上。在土耳其第一次总攻之后，风向逆转，变成了南风。一直等待时机的 3 艘热那亚船迅疾驶向达达尼尔海峡，开始北上。在即将进入海峡时，他们又遇上了正在北上的希腊船。这艘船比热那亚船还要大，是皇帝预先派往西西里采购粮食以备被围城时救急的。所以，在海运能力几乎为零的拜占庭帝国，这是能派出的最大且装备最完善的船，船员也都是百里挑一精选出来的。4 艘船会合一处，驶入了达达尼尔海峡。

也许是因为土耳其海军将全部战船都投入了君士坦丁堡的海上封锁行动，海峡里连土耳其船的影子都看不到。船队顺风顺水，无人干扰地顺利通过了海峡，并且顺利通过了位于海峡出口的土耳其唯一海港加里波利。没有船从港口驶出拦截，也许是密集航行的大型船船队让他们发怵。

4月20日早晨，船队顺利穿过马尔马拉海，从所在位置已经能够远远看到对面的君士坦丁堡。城墙上的瞭望哨很快发现了船队。同时，土耳其监视哨也似乎发现了飘着热那亚共和国和拜占庭帝国国旗并不断靠近的船队。4艘帆船一边小心翼翼地操作风帆，以便更好地利用顺风，一边继续一路北上。

早晨，图尔桑正在洗漱，一个土耳其士兵粗暴地掀开帐篷帘走了进来。图尔桑见怪不怪，他按照士兵的要求，静静掀开了通往主人卧室的帘子。穆罕默德二世似乎已经醒来，但还躺在床上。图尔桑通报有士兵来访，说有紧急情报。

听完士兵简短的报告，苏丹没说什么，回头看了看背后。图尔桑已经站在那里待命，手上捧着洗漱所需要的一切。

从接到报告到走出大帐，穆罕默德二世花了不到10分钟。其间还向几个传令兵发出了指示：全天持续炮击。然后他飞身跃上牵到大帐前的爱马，身后只有图尔桑一名随从。

金角湾深处架起了一座简陋的桥。只有在通过这座桥的时候，穆罕默德二世走得缓慢且谨慎，其他地方他都是快马加鞭。穆罕默德二世驱马赶往扎加诺斯帕夏的营帐是为了命令他尽快带领尽量多的勇士前往“双圆柱”。接着，穆罕默德二世又继续快马加鞭直奔土耳其舰队停泊地“双圆柱”。纯白的大披风与疾驰如风的黑马马背平行着迎风飘舞，直到抵达码头才落到马背上。

穆罕默德二世用低沉但却斩钉截铁的口吻命令前来迎接的海军将领巴尔托古鲁：

“基督教徒的船正在靠近，尽可能把4艘船都给我俘获！如果不能俘获就立即击沉！不论发生任何情况都不允许放过一艘船！”

土耳其没有海军传统，巴尔托古鲁奉苏丹之命赶着组建舰队，自己也是速成的海军将领。但他在组建舰队过程中听取过希腊人的建议，懂得一般的海战战术，也知道容易受风左右的帆船不适合海战。他决定不用靠帆才能行动的船只，而率领其他以船桨驱动的船只出阵迎敌。扎加诺斯帕夏手下的精锐部队也上了大型运输船。船上虽然备有大炮，但最终一定会发展为近身战，由战斗员的人数决定战果。精锐部队不到三个小时便准备完毕。穆罕默德二世率随后赶到的宰相哈利勒帕夏等一干重臣，在热那亚居留区东端城墙附近的海岸上为出阵迎敌的舰队送行，并打算在那里观战。

守卫君士坦丁堡的人们也都紧张地守望着北上而来的4艘船，大气都不敢喘，安静得似乎能听见旁边的人的心跳声。瞭望哨的第一次报告很快传遍全城。不用去守卫连续遭到炮击的陆墙的人们，成群结队地爬到面朝大海的城墙和教堂高高的钟楼上，凝望着海面。皇帝也在固定海链一端的塔楼上须臾不离。他的身边不仅有经常贴身待命的弗朗茨，还出现了宰相诺塔拉斯和伊斯多尔枢机主教的身影。特莱维森站在停泊于海链内侧的热那亚船高高的瞭望台上，他身边站着手拿旗帜的船员，一旦需要出击增援，这名船员可以立即把司令官的命令传达给其他船只。尼科洛在停泊于海链最靠近君士坦丁堡的威尼斯加莱舰上待命。没有比加莱舰更适合实施海上进攻的船了。热那亚和拜占庭并没有法律规定船医必须上船，他们的船上未必有船医可以在出现伤员时进行应急处理。

太阳升上中天的时分，大群蜈蚣般南下的土耳其舰船挡在了正在北上的4艘船的前面。土耳其海军将领迅疾下令降下帆布。基督教徒的船队像是没有看见一样继续北上。博斯普鲁斯海峡的海流从北面过来，被南风刮起，海面起了大浪。土耳其船似乎驶得非常吃力。基督教方面的船员从船侧看着他们，继续北上。土耳其船企图靠近，那4艘船却掠过它们继续前进。土耳其船好不容易靠了上来，却被等候多时的热那亚船逮了个正着，热那亚船员从高高的瞭望台上抛下石头，砸中土耳其人，排列在船舷上的石弓兵射出箭矢，准确地撂倒胆怯的土耳其士兵。双方北上的追击战大约持续了一个钟头。4艘帆船靠近了海岬前端，左转便可进入金角湾。就在此刻，狂风突然停止。4艘大型帆船的帆布呼啦一下瘪瘪地垂了下去。从博斯普鲁斯海峡南流的海流中的一股支流撞到海岬后向北回流，4艘船都被卷了进去。这种现象在南风劲吹后尤为明显。

在君士坦丁堡守望的人们仿佛心脏都不跳了。4艘船无计可施，被冲向北边，一个劲儿地朝苏丹观战的海岸漂去。土耳其舰队也乘着朝北回流的海流逼近了4艘船。

然而，认为无计可施的都是不懂行的观战者。同样是观战者，特莱维森和其他熟悉这一带海域的人则不认为大势已去。4艘船上的船员们也只是在等待抛锚的时机而已。刚到水深20米的地方，4艘大型船便发出了落锚的巨响，这声音响彻海面，压过一切。间不容发，身经百战的船员们没有一个无用的动作，全部进入战斗位置，形成了迎击的态势。

很快，土耳其船靠了过来。他们划着桨，行动自由，因而并未下锚。基督教方面的帆船先是留在以下锚处为中心的海域随潮移动，然后便尽量抱团。土耳其船不让他们抱团，也把战斗力一分为四。5艘加莱舰对付1艘热那亚船；30艘帆桨两用船集中对付另一艘热那亚船；满载士兵的40艘运输船包围了第三艘热那亚船。希腊大船似乎想得到保护而在中央下锚，20多艘土耳其大小船只便将它团团围住。在苏丹穆罕默德二世的眼前，一场伊斯兰教徒与基督教徒之间的海战打响了。

土耳其士兵拼死冲了上来，企图用尖尖的船头冲撞敌人的船腹。再靠近一点后，他们就把带钩的绳索抛向敌船，试图钩住船舷，拖过敌船。他们射出了无数带火的箭矢，甚至不断有人想要顺着桨突入敌船。然而，热那亚船员们的勇气是以熟练的技术为基础的，这时得到了高效的发挥。带钩的绳索钩到船舷即被迅速斩断。点燃的大火也被他们训练有素的行动扑灭。这时土耳其船侧一排排长长的桨反而使他们的行动有所顾忌。因为土耳其水手操船技术不够熟练，己方不同船上的桨屡屡咬在一起，成了热那亚船极好的攻击目标。热那亚船趁此机会，居高临下，向动弹不得的敌船接连不断地发射箭矢，沉闷的声音此起彼伏。不一会儿，土耳其士兵的哀号便响彻海面。

希腊船船员的操作和战斗技术均逊热那亚船员一筹。开始时他们还颇善战，用的武器是装满著名的“希腊火药”[1]的火药桶，因而收到了破坏性的效果。这些火药桶在土耳其船上爆炸，船只瞬间化作一团团巨大的火焰。

然而，土耳其方面占着数量上的优势。士兵是这样，撂倒一个又来一个，新的敌兵不断冲上来。船只也是这样，烧掉一艘又有一艘逼上来。年轻的苏丹没有干坐着。他仿佛是在亲自作战，骑着马踏进了浅滩。马蹚着海水闪着黑光，白色大披风浸湿了，紧紧贴在马肚子上。但他根本不在意，忽左忽右地在海中来回。他一会儿大声呵斥士兵，一会又同样大声地激励他们，发疯似的反反复复。

海军将领巴尔托古鲁即便听不见主人的怒吼声，也应该看得见主人骑着马在浅滩上疯狂驱驰的身影。他决定先放下防御完善且难以攻破的3艘热那亚船，首先用已经陷入苦战状态的希腊船进行他们的血祭。他当即向分散在四个地方的全部船只发出了信

1 “希腊火药”是东罗马帝国发明的可在水上燃烧的一种燃烧剂，成分大致有石油、松香、硫等，详细配方已失传。著名的希腊火（Greek fire）就是使用这种燃烧剂的早期热兵器，主要用于海战。

号。可是热那亚船根据敌船的动向立刻注意到了这个战术变化。

从能否迅速起锚可以判断出航海技术的优劣。在眼下这样的时刻，热那亚船员充分展示了他们的种种能力，连地中海世界数一的威尼斯人都不得不认可。

虽然热那亚船的体型庞大，但起锚速度之快令人惊异。在土耳其船尚未形成队形的时候，3 艘热那亚船已经从左右和船尾紧紧贴上了希腊船的船舷。就连站在远处君士坦丁堡城墙上观望的人都以为海上瞬间出现了一个拥有四座塔楼的高大城堡。在周围的土耳其船看来，眼前像是突然堵上了一座铜墙铁壁。此后，便是自身已成防御墙的 3 艘热那亚船与执拗咬住它们的土耳其舰队之间的战斗。激战在夕阳下继续着。

可是，就在太阳将落的瞬间，风平浪静的海面突然开始起浪。风刮了过来，而且是对基督教徒很幸运的北风。

瘪瘪地挂在那里的帆布眼见得被北风吹鼓了起来。趁此机会，4 艘基督教船紧紧抱成团，以冲开土耳其船的包围，开始向金角湾海链的方向前进。夕阳落下之时，金角湾入口处君士坦丁堡一侧固定海链的绳索被解开，特莱维森指挥的 3 艘威尼斯加莱舰吹着嘹亮的军号从开口处驶出。军号吹得威武雄壮是为了让敌人误以为金角湾内的船只已全部上阵。

夜幕巧妙地掩护了这个大胆的计划。苏丹的怒吼声犹在耳畔，土耳其海军将领已经下令自己的船撤退。他觉得，同黑暗夜色中的海战相比，苏丹的震怒更容易忍受。遵照特莱维森的指示，从历时半日的激战中解放出来的4艘船落下帆布，由加莱舰牵引，在城墙上拥挤的人群发出的欢呼声中进入了安全的金角湾。

这些年来，君士坦丁堡的居民从未如此地欣喜若狂。皇帝也登上刚刚停稳的船只，挨个儿对刚刚结束激战的人说出赞赏和感谢的话语。居民们也个个狂喜，到处在说着土耳其人死亡过万，基督教徒却无一人战死。可这话只能令直接参与救治的尼科洛发出苦笑。土耳其方面战死者约有百人上下，加上伤者也不到500人。而基督教方面则有23人战死，船员几乎半数负伤。诊疗所比其他任何地方都能反映出战斗激烈的程度。尼科洛觉得，诊疗所的工作人员恐怕很快连晚上也没有时间睡觉了。外面在为4艘装满武器弹药和粮食的船只卸货，卸货作业热闹地持续到深夜。

穆罕默德二世面色苍白，一言不发，与其说是愤怒，不如说是屈辱在折磨着他。没有航海传统，没有海军历史，这些统统不是借口，打仗只看结果。何况，敌船再大也只有4艘，数量超过百艘的船扑上去还打了败仗。这百艘船也不都是小船，其中还有40艘只比4艘敌船略小一些的大船。这明显是一场输在操纵技术和海上战斗力上的败仗。

21岁的穆罕默德二世皮肤光滑，平时总是透着血色。那天晚上，他茶饭不思，一个劲儿地灌酒，脸色总是苍白，锐利的目光凝视着一点。哈利勒帕夏劝他回大本营大帐，年轻的主人却不理睬；劝他至少去附近扎加诺斯帕夏的营帐休息，年轻的主人也不回答。无奈，人们在原地临时支起一顶帐篷，除了斟酒的图尔桑以外，任何人不敢靠近苏丹。这名21岁的帝国之主在沉默中度过了整整一夜。

这一夜，年轻人的脑子一片空白。海战失利后他先是下令杀掉海军将领巴尔托古鲁，然后在属下拼命哀求下又饶了他一命，但作为惩戒又下令没收巴尔托古鲁的财产分给新军军团士兵……现在这一切他已经抛之脑后。这时，一位态度冷静、想立即给予忠告的伊斯兰教高级神职人员送来了一封信，他也只是读了一遍后再也没有多看一眼。信上写道，打败仗的责任在于苏丹自己，士兵多数都不是真正的伊斯兰教徒，他们因利益而参战，要让他们打仗只能用战利品去引诱。信上还说，君士坦丁堡必定会如我们所预言的那样拿下，这点不必担心。重要的是苏丹自己要坚定信仰，打心里相信伊斯兰教的教诲和预言。

可是，充满野心的21岁年轻人懂得，自己要做的另有其事，而不是只听神职人员之言。占据着年轻人内心的只有一件事，那就是找到弥补海军力量的劣势并使之转化为优势的方略。

第六章

金角湾失守

4月21日凌晨，土耳其军中的盟国军团接到命令，要他们这一天到加拉塔集合。在这以前，除了总攻以外，他们一直被驱遣进行填埋护城河的作业。米哈伊尔的脑际忽然闪过了一个奇怪的念头，但他并未去深想。昨天海战的战况吸引了人们一整天的注意力，也传到了陆上被安排进行填埋作业的塞尔维亚士兵的耳朵里。他们虽然不能公开说，但这却是很久以来难得让他们心情爽朗的消息。虽然只是命令他们在加拉塔集合且照例没有说明理由，但米哈伊尔已经料到可能是要他们修理破损的船只。他让手下士兵列队，确认了人员，然后从金角湾深处迂回前往加拉塔。

米哈伊尔沿着围绕热那亚居留区的城墙，从外侧绕行到了博斯普鲁斯海峡的岸边，发现苏丹和重臣们正齐集在远离大本营的这个地方，他感到异样，但没有时间让他怀疑。土耳其盟国军团的各队队长被一个个地传去，并被告知了今天一整天的作业内容，然后立即奉命率队前往分工地段，投入施工。米哈伊尔的塞尔维亚军队负责的是从海峡岸边向上倾斜的一部分上坡地段。

作业先从整修道路开始。这条路与热那亚居留区的城墙隔着一小段距离，沿墙而行。土耳其兵在围城后也使用过这条以前就有的道路，不知道为什么现在要对这里的路面进行特殊平整。他们把地面加固到超出人马通行所需要的程度。完工后，其他队的士兵便开始作业，把运来的木材像铺轨道那样铺成两排。米哈伊尔一边监工一边在想，莫非是要把大炮移到这里？

轨道铺设完毕，苏丹带领重臣们来到现场视察、检验工作。所谓检验就是让装有金属轮子的载货台在木制的轨道上滑行，检查轨道下面的地基是否有缺陷。在阿德里安堡觐见以后，米哈伊尔还是第一次近距离见到苏丹。他本以为穆罕默德二世会记得见过自己，可是穆罕默德二世一眼都没看站在轨道旁边的塞尔维亚青年。他所关注的似乎只有轨道完工的状况。检验报告结束后，穆罕默德二世立即头也不回地走上斜坡，前往下一个地点。

第二天是 22 日。天还没亮，非正规军团的士兵们就被叫起来，他们被命令去昨天同一地点集合。不过这一天，等着他们的是完全不同的作业。来到博斯普鲁斯海峡的岸边，看到现场的情景后，米哈伊尔已经察知今天等着他们的工作是什么了。原来这个比自己小几岁的土耳其人是要把舰队拉过陆地，而不是要拉大炮！塞尔维亚骑士的身体像是在颤抖，与其说是因为惊讶，不如说是因为恐惧。

穆罕默德二世不缺人也不缺物，他毫不吝惜地把这些全都投了进来。木制的轨道上抹遍了动物油脂，装有轮子的载货台每两个一组，上面载着从海里拖上来的船，桅杆上还悬着帆。巧得很，风也正从海上刮来。沉重的船只被捆绑在载货台上，由左右成排的牛牵引着，船腹和船尾由众人推着，开始沿上坡的轨道朝山上移动。加拉塔山丘的最高处高达海拔 60 米。划桨手在这里乘上被推到山顶的船，沿着像上坡一样铺就的下坡轨道便能滑入金角湾。

先是比较轻的小型船在上坡的轨道上前行。这时，安放在热那亚居留区东端的大炮开始接连不断地发出轰隆声。炮击是为了把金角湾里船只的注意力吸引到海链那边去。同时，乐队也开始奏起威武雄壮的鼓号乐。这是为了不让居留区里的热那亚人发现船队在转移。

当第一艘船成功拉上山顶的时候，不仅是土耳其士兵，就连身为希腊正教徒的东欧兵中间也响起了混合着鼓掌声的欢呼。看这气氛，与其说这里是在打仗，莫若说像是在玩游戏。船一艘接一艘，数量多达 70 艘。

4 月 22 日，离正午还有一段时间。君士坦丁堡金角湾一侧城墙上的一名哨兵突然发出了胸腔被揪住一样的叫声。其他人忙问怎么回事，他却好像找不到解释的语言，只是用手指着前方喊叫。士兵们朝着他指的方向望去。与此同时，停泊在金角湾里的船上的瞭望兵也发现了这一情况。人们呆若木鸡，说不出话来。顺着他的视线望去，只见挂着红底白色新月旗的船一艘接着一艘地滑进湾里，像是从滑台上滑下来的玩具船。滑进金角湾的船立即划起桨来，形成一道防护栏，保护着后面滑下来的友船。所有船只在很短的时间内全部入水，至少在望着这番光景哑然失语的人看来，这只是一瞬间的事情。然而，土耳其舰队却是不容置疑的现实存在。舰队在恍如白日做梦的人们的眼前编队后驶向了金角湾深处。

两天前还曾因海战的胜利而空前团结的人们面对眼前的不幸，当即开始相互推诿。热那亚人说：

“15 年前威尼斯共和国就曾经在意大利北部通过陆路把舰队从波河运到加尔达湖[1]。苏丹肯定是从土耳其阵营里的威尼斯人那里听说了这事，把它用到了这里。”

1　加尔达湖（Lake Garda）位于意大利北方，在威尼斯和米兰之间，是意大利最大的湖泊。1438 年，威尼斯共和国与米兰公国之间为争夺威内托和伦巴第爆发战争，米兰逐渐控制了加尔达湖南岸的土地。布莱西亚遭到米兰雇佣军的围困而向威尼斯求援，威尼斯决定在加尔达湖给米兰军队以出其不意的打击，从而为布莱西亚解围。为将船只从亚得里亚海经陆路运至加尔达湖北岸的托尔博莱（Torbole），威尼斯动员工人在罗韦雷托（Rovereto）至托尔博莱的山区砍伐植被，移走巨石，铲平道路并铺以木板，在木板上放置圆木棒，修筑了约 20 千米长的运船道路。威尼斯人使用数百名当地人和舰队水手以及 2 000 头牛，将由 33 艘船只组成的舰队沿陡峭山路运到托尔博莱，再使用新发明的绞车等机械装置将船放入湖中。此行动被米兰人发觉后，舰队遭到袭击，威尼斯人战败。但加尔达湖的北面水域为威尼斯人控制，可以向布莱西亚运送粮食和物资，使布莱西亚又坚持了一年。1439 年，威尼斯通过这条道路又向加尔达湖运去了第二支舰队。在 1440 年 4 月的战斗中，威尼斯终于获胜，控制了整个加尔达湖。这一工程被称为 Galeas per montes（运船过山），耗时 3 个月，花费了 15 000 达克特的巨资，是欧洲历史上著名的军事工程之一。

威尼斯人也不服地争辩道：

“我们跟你们不一样，我们对苏丹的态度明确。苏丹也不会把敌国人放在身边。相反，不是一直有加拉塔的热那亚人为穆罕默德二世通风报信吗？如果说苏丹效仿的是1438年的战术，那他不是从土耳其阵营中研究古代的学者或是从医生雅各博·达·加埃塔那里听来的，就一定是哪个不讲忠义的热那亚人告诉他的。

“而且，工程就在你们居留区外面城墙边上进行的，居留区里居然没有一个人发现，这也无法解释，难道不是吗？只能认为你们明明发现了这件事，却没有告诉我们。”

希腊人则在旁观，掩饰着嘴角情不自禁浮出的笑意。对他们这些拜占庭人来说，那帮头戴拥有强大海上力量光环的拉丁人大言不惭地说只有自己才能守住金角湾，现在看着他们的自信动摇，不禁让人感到有点幸灾乐祸。

但是特莱维森司令根本顾不上船上嘈杂的噪声。他在土耳其船尚未全部在金角湾下水前就已感到兹事体大。通信兵当即飞奔到米诺托大使处。米诺托也有同感，向皇帝派出使者请求召开紧急作战会议。然而，宫廷里的一切都已经形成了拜占庭式的缓慢节奏，回话说将于明早召集开会。

守方海军总司令特莱维森决定不再等到明天早上，在司令权限范围内先行动起来。他首先派出一艘小型快速加莱舰，作为侦察船在土耳其舰队附近游弋，了解在金角湾深处下锚的土耳其舰队的动向。同时，他指示沿海链布防的船只，不仅要像以前那样防御来自前方的攻击，以后还要能预料到来自后方的攻击，不能再有只要在金角湾就一定安全的想法。侦察船传来情报，说土耳其军不仅像以前那样在热那亚居留区东端，还在湾内土耳其船队停泊海域附近的岸边也架起了大炮。也就是说，如果轻率地靠近停泊在湾内的土耳其舰队，岸边的大炮就会开火。而且，虽然加拉塔的热那亚居留区有城墙，但城墙外围的东西两端受到土耳其大炮的夹击，如今也不能让人放心了。停靠在热那亚居留区码头的船只以后也必须日夜巡逻了。当天夜里，只有威尼斯人参加的对策研究会开到了很晚。

23 日，作战会议在圣马利教堂召开，拜占庭方面出席的有皇帝和弗朗茨，以及宰相诺塔拉斯等一干重臣。威尼斯方面的与会者则是米诺托大使、特莱维森、狄多、科科和其他四位船长。威尼斯方面除了大使以外，与会者都是大海的弄潮儿。此外，出席会议的还有经常以教皇代理人身份出席会议的伊斯多尔。应邀参会的热那亚人只有陆军总司令朱斯提尼阿尼一人。

与会者提出了各种建议。拜占庭方面有人说，如果能拉热那亚人共同抵抗土耳其，便一定能打赢。可更多的与会者认为，热那亚居留区一直以来维持中立，这不是一朝一夕能够改变的。这个建议因不适合解决目前的紧急事态而未被采纳。

接着有人提出，让军队在加拉塔地区登陆，破坏安装在那里的大炮，火攻金角湾里的土耳其舰队。可是，这个意见也因为不现实而未得到大家的赞同。扎加诺斯帕夏的军团已经陈兵加拉塔，而要有足够数量的战士去对抗他们，就不能不分散市内的防卫军力。而全军只有约 7 000 人，无法分兵。

第三个提议是黑海航线上无人不知的威尼斯船长科科提出的。他主张只能靠小股精锐部队夜袭，趁夜出动少数船只靠近土耳其船并烧掉它们。他还请求让他自己亲自指挥这支敢死队。拜占庭方面对此没有异议。特莱维森司令提出，出于隐秘和迅疾行事的需要，建议此事由威尼斯人单独执行。大家都认为理所应当，并达成了一致，不再通知热那亚人。会议决定于24日半夜实施夜袭。

可是不知哪里走漏了风声，热那亚人还是知道了这件事。24日早晨，他们涌到威尼斯商馆，说很遗憾自己被排挤在外，逼迫特莱维森让他们参加行动。由于打赢了与土耳其的海战，他们自信爆棚。皇帝也总认为，如果热那亚和威尼斯这两大海洋民族合作，共同抵抗土耳其，那将是最强大的援军，于是劝特莱维森满足热那亚人的愿望。特莱维森无权驳回皇帝的请求，于是定下热那亚人带一艘船参战。

可是到了下午，热那亚船员说因日落前准备不出合适的船，要求把行动延期到 4 天后的 28 日。威尼斯方面只能接受。科科毫不掩饰自己的愤怒，认为现在浪费一分钟都是致命的，即使只有威尼斯船，也必须按计划行动。可是事到如今，这也难以办到，依热那亚人的性格，他们不会一声不吭地这样看着。

然而，知道计划的人越多，实施的时间越拖延，暴露的风险也就越大。在这4天的时间里，一个住在加拉塔居留区并暗通土耳其军的热那亚人得知了这个计划。

4月28日午夜过后，一支船队秘密地从金角湾内君士坦丁堡一侧的码头出发了。微风轻吹，月亮藏在云后。威尼斯和热那亚的2艘大船按计划航行在最前面。2艘船都在两边船舷上码放了装满棉花和羊毛的袋子，以防敌人炮击。2艘威尼斯加莱舰紧跟其后。特莱维森乘坐在右侧的那艘船上。像是要把自己隐藏在4艘大船的后面，3艘小型快船有节奏地划着桨，滑行在平静的海面上。科科就在担任夜袭主角的一艘快船上。快船的两侧和船尾装满了松香、硫黄、油料等可燃物，鱼贯而行。黑暗中，只能依靠挂在每条船尾的白布辨认。

领头的2艘大船静静地缓慢前行。2艘加莱舰紧跟在后面，船上的40个划桨手有条不紊地划着桨，平静的海面上波澜不兴。船队刚一出港便见加拉塔居留区的一座塔楼上有光亮闪烁。船队怀疑有人给土耳其军发信号，但却未见对面黑乎乎停在一块儿的土耳其舰队有任何异动，于是他们继续前进。夜袭的顺序是先悄悄靠近敌船，把可燃物抛上敌船后点着火，砍断敌船的锚链，然后逃走。一旦打起来，4艘大型船也可以充分发挥战斗力。

可是，就在距离敌船还有最后一程的时候，科科率领的那艘有72个划桨手的快船可能忍受不了前面4艘大型船的缓慢速度，突然加速，开始超越。快船超越了4艘大型船之后一马当先，并不减速，冲入敌阵。

就在这时，岸上的大炮突然开火。隆隆的炮声密集响起，第三发炮弹击中了科科的船。小型船瞬间化作一团火球沉没了。这种情况下其他2艘快船也根本无法继续进行火攻，只好回撤，企图躲到大船的后面避险。

但即使大船也不可能毫发无伤。两艘大船被击中了好几弹，船员们都在拼命灭火。幸好船舷放有防御袋，大型船才没有受到致命的打击。然而，加莱舰因为船身较矮而没有这样的防御准备。而且敌人的炮击集中在特莱维森乘坐的那艘船上，仿佛敌人知道海军总司令就在上面。终于，两发炮弹命中船体，桅杆折断，船身大幅左倾，海水开始灌入船内。特莱维森命令船员放下小艇。很快，分乘小艇的船员就和特莱维森一起被僚船救起。他们借着黎明前的微光，同追击而来的土耳其舰队进行了一个多小时的海战。随着日出，两军各自回到停泊地。

科科的船被击沉，40名船员游到了岸上，土耳其士兵早已等候在那里。穆罕默德二世命人把全体船员拖到从陆墙上看得见的地方，用残忍的方法处决了他们。基督教徒这边也把在市内抓捕的260个土耳其人排列在城墙上，一个挨一个地砍了头。

然而，夜袭的失败是惨重的。威尼斯损失了1艘加莱舰、1艘小型快船以及近90名熟练船员，指挥官科科也消失在了大海中。

不过，最让守方心情阴沉的是，土耳其舰队长期盘踞在金角湾的可能性已成定局。君士坦丁堡在历史上只被占领过一次，那是在约 250 年前，第四次东征的十字军拿下了金角湾后成功地从海湾这侧的城墙攻进了城里。可以说，控制金角湾是进攻君士坦丁堡的关键所在。

金角湾的制海权并没有完全落到敌人的手里。尽管土耳其船在数量上占有优势，但还不能轻易组织对海战实力卓越的热那亚船和威尼斯船的进攻。威尼斯人认为夜袭的失败缘于热那亚人的背叛。而热那亚人虽然内心害怕真是由于自己人的背叛，嘴上却反驳说失败的真正原因是科科急功近利。两者之间的关系比以前更加恶劣。

到了 4 月的最后一天，穆罕默德二世果断采取行动，打碎了那些自我安慰地说金角湾里的土耳其舰队只会原地待命的人的幻想。在土耳其舰队组成的坚固壁垒的内侧和君士坦丁堡陆墙与金角湾一侧的海墙会合处前的海面上，穆罕默德二世命人用 100 多个空桶和木板架起了一座浮桥，空桶两两一组捆在一起，隔一定距离摆放在两侧，上面再铺上结实的厚木板。浮桥虽在海湾的深处，但横跨金角湾，长度有 500 米，宽度足够 5 个士兵并排通过。而且浮桥处处设有横向突出的大平台，每个平台上都装了一门大炮。

连尼科洛这样的外行都明白建造这座浮桥的意图。加拉塔地区的扎加诺斯帕夏的军队与停泊在“双圆柱”的土耳其海军主力部队之间的联系一定会比以前更加容易。更为重要的是土耳其军可以从浮桥上炮击金角湾的海墙，而海墙只有一道。守方过去一直握有金角湾的制海权，对这一带很放心，从来只是布置哨兵。

但以后这样就不行了。可是守军兵力有限，从哪里抽调兵力成了指挥官头疼的事情。不幸中的万幸是，这时的土耳其兵还不能熟练地在浮桥上开炮，造成的损害尚未使他们不得不立即拿出对策。

威尼斯人和热那亚人不愧都是海洋之民，他们深深地了解大海一侧的防卫不再完整会给防御带来多大的困难。趁夜黑从加拉塔居留区运送救援物资的小船多了起来，志愿参军的“加拉塔居民”的数量也增加了很多。威尼斯船为躲避炮击而逃进没有居留区许可不准靠船的加拉塔码头时，气氛也不像以前那样令人不快了。威尼斯人也闭上了谴责热那亚的那张嘴。幸福有助于人们敞开心扉，而不幸有时也会有同样的作用。

第七章

最后一搏

5月来临。守卫佩格门附近城墙的乌贝尔蒂诺突然想去见见老师格奥尔基奥斯，正巧连续20天的炮击也在这天停止了。巨炮的左右两边各架了两三门大炮，每天都会不厌其烦地发射近百发石弹，那炮声听上去几乎是一个调子。不过，自总攻以后便没有再与敌人发生白刃战，修复被打坏的外城墙和防御栅栏就成了守兵的主要工作。凭着20天的经验，守军也已经摸到了炮击的规律，觉得炮击要来了便会躲避到安全的内城墙，因而无一人死亡，只有几个人被飞落的瓦砾砸中而受伤。守军士兵们不管眼前的炮叫炮，而叫作“熊”。巨炮是大熊，左右的小型大炮就是小熊。

“大熊好像已经筋疲力尽，换新的啦！”

“小熊多了，变成四只啦。”

大家在议论着。他们已经了解了金角湾的战斗，而且有不少人是亲眼所见。但人总不能一直活在紧张状态中。一到5月，乌贝尔蒂诺这个在意大利北部长大的年轻人就想起了故乡布莱西亚麦田上空云雀发出的高亢婉转的叫声。他想告一小段假，威尼斯队长和同事也都同意了他的申请，并未显出厌恶的表情。

要从位于君士坦丁堡西南端的佩格门去格奥尔基奥斯居住的修道院，必须沿着城门前东去的大路行走，走到大约一半时，就会见到从西北面查瑞休斯门延伸过来的另一条大路在这里拐向金角湾方向，再沿此路北上走一大段的路就到了目的地。乌贝尔蒂诺虽然知道这条路，却选择了径直向东北抄近路的路线。这条路穿行在房子与房子之间，路边间或有着小小的菜园。听不到云雀的歌声，菜园里的葡萄树已经结出了绿色的葡萄串。虽说是近路，但也有相当的一段距离，乌贝尔蒂诺再次体验到了拜占庭帝国首都之大。

年轻人进入修道院的中庭，那里的静谧让他感到意外。不是因为修道士们不在，而是已经完全感受不到围城前洋溢着的那种讨论问题的热烈气氛了。修道士们静静地走在环绕内庭的走廊上，或是在菜园里安静地锄地。这让乌贝尔蒂诺瞬间想起了意大利的修道院。

乌贝尔蒂诺推开了格奥尔基奥斯的房门。老师见到他时似乎仍感到惊讶。他并未问“你怎么还在”，而是把刚才一直使用的读书架推到一边，把弟子让到了木椅上。格奥尔基奥斯有一段时间没有见到乌贝尔蒂诺了，一直看上去很年轻的意大利学生这段日子仿佛老了5岁。格奥尔基奥斯不知道该悲还是该喜，盯着弟子看了好半天。乌贝尔蒂诺则为老师一点未变，而且身边没有狂热胡言的希腊人而打心里感到高兴。

“你在哪里把守？”

年轻人回答说在守卫佩格门。老师用低沉的声音缓缓说道：

“你也知道，包围日紧。城里已经开始缺粮。从加拉塔居留区运来的粮食是救命稻草，但也并不是居留区全体居民都同意援助君士坦丁堡。”

乌贝尔蒂诺在威尼斯军队里，很了解这样的情报。他点了点头。老师继续说道：

“今天凌晨来了苏丹使者。他从马尔马拉海那边的码头偷偷上岸，神不知鬼不觉。使者是希腊人，改信了伊斯兰教，改名伊斯梅尔贝格。苏丹提出的投降条件是支付10万拜占庭金币以及皇帝退位。皇帝拒绝了。”

乌贝尔蒂诺并不知晓这个情况。不过，他想起年龄跟自己的父亲相仿的皇帝经常亲自来到他防守的城墙上慰劳守兵，想起了皇帝高尚的风采和温暖的话语，所以他无论如何也不愿意谴责拒绝苏丹要求的皇帝。

后来，老师和弟子都没有再次谈及攻防战的话题。两个人都心知肚明，以后各自都会坚持和以前一样的立场。两人的话题集中在哲学方面。乌贝尔蒂诺尽情地享受着眼下这一小段时光，他的心仿佛又回到自己刚刚在君士坦丁堡住下的那段时间。他离开修道院的时候，晚钟已经敲响。年轻人像往常一样向老师简短道别，老师没说什么，眼睛里充满了温柔的笑意。

拜占庭皇帝又把难题交给了弗朗茨，让他处理居民纷纷开始抱怨的缺粮问题。35 000 位居民加上 3 000 名外国军人，要解决近 4 万人的吃饭问题谈何容易。自 4 月 20 日收到 4 船补给，来自外部世界的援助已经彻底断绝。即使加拉塔的热那亚人会运过来一些粮食，但那也不是白给的。在土耳其人巩固了对居留区以外加拉塔其他地区的统治以后，热那亚人要得到外部的补给也困难起来。君士坦丁堡市内养的牛羊数量有限。在这个季节，菜园的收获也起不到什么作用。

弗朗茨对皇帝说，国家经费不足，只能向富人、教堂和修道院募集捐款，尽量多买小麦粉，给每个家庭配给最低限度的需求。皇帝同意了，这个方案立即付诸实施。捐款的数量远远低于预期，这让皇帝再度陷入忧虑之中，但好在居民们的抱怨声暂时停止了。

这期间炮击仍在持续。“大熊”有时会因为故障或爆裂而沉默，但“小熊”却因补给方便，天天隆隆作响。由于敌军没有进攻，守军也并无伤亡。城墙外传来的隆隆炮声与城墙内教堂报时的钟声形成了奇妙的合唱，有时会让人们暂时忘却敌人大军围城的恐惧。围城时间已达一个月之久。

5 月 3 日这天早晨，皇帝召集威尼斯大使米诺托和特莱维森司令。此时只有弗朗茨在皇帝身边。此时 49 岁的君士坦丁十一世的脸色显得比平时更加苍白，他不时用手抚摸着修剪得很好的胡须，用平时那种真挚温暖的口吻对他们说话。

米诺托大使于1月26日接受了皇帝的请求，派使者回威尼斯请求援军。按照米诺托大使的说法，使者最晚2月之内就该抵达威尼斯了。可是直到开始围城的4月初，他还没有收到威尼斯政府的回复。不过有情报称威尼斯已经开始在国内组建舰队了。

皇帝请这两位威尼斯人派出使者，通知理应即将到来的舰队，现在形势紧急，让他们尽快来到君士坦丁堡。米诺托和特莱维森双双爽快答应。

当天接近夜半时分，一艘载着12名志愿船员的船只滑出了秘密开启的海链。这是一艘小型快船，有两根桅杆，遇到紧急情况还可以划桨。为防被敌人发现，船上挂着土耳其旗帜，船员们也身穿土耳其皮衣，头戴头巾做掩护。他们全都是威尼斯人，成功地躲过土耳其士兵的岗哨跑了出去。快船顺着碰巧吹来的强劲北风，满帆前进，风一般地南下，很快消失在了视线之外。

可是，被封锁在君士坦丁堡的人们对威尼斯发生的事情并不知晓。

首先，米诺托大使派出的使者于2月18日到达威尼斯国内，用时不到一个月。第二天元老院召集会议。外交问题须由元老院审议并做出决议，这是威尼斯共和国的规矩。元老院当天做出了如下决议：

遴选司令和副官指挥15艘加莱舰。威尼斯决定应拜占庭皇帝的请求派遣援军，并于25日将此决议通报罗马教皇、德意志神圣罗马帝国皇帝、那波利国王和匈牙利国王。当然，威尼斯也没有忘记劝告相关国家尽早奋起抗击土耳其。

3月，威尼斯造船厂在战时体制的气氛中对即将奔赴君士坦丁堡的舰只做了进一步的完善，投入了3 000达克特的临时款项。

4月13日，威尼斯元老院通过了给当选司令阿尔维索·隆戈的命令。根据命令，他将率领由15艘船组成的舰队，于4天后的17日出港。舰队首先沿亚得里亚海南下，前往伯罗奔尼撒半岛南端的莫顿，在那里补充物资，然后直奔位于达达尼尔海峡入口处的特内多斯岛。他们将在那里等候由雅各布·洛莱丹司令指挥的来自内格罗蓬特基地的舰队，并归入洛莱丹的麾下。洛莱丹将率领来自内格罗蓬特的舰队、隆戈指挥的来自国内的舰队和来自克里特的舰队，共同奔赴君士坦丁堡。

如果5月20日洛莱丹仍未到达，在充分观察敌情并且可能的情况下，隆戈的舰队可以单独前往君士坦丁堡。抵达拜占庭帝国首都后，舰队归入米诺托大使和特莱维森司令的麾下，作为皇帝的海军参加防御战。但元老院也命令隆戈在5月20日前，即使条件具备也不准前往君士坦丁堡。

如果一切照此命令顺利进行，这支仅加莱舰就超过30艘的舰队就可在首都陷落之前到达，消灭在海链外面巡航的土耳其舰队，并与友军合作横扫金角湾内的土耳其船。这样，金角湾的制海权就能再次回到基督教一方的手中，海上的包围也会破产，君士坦丁堡就有可能从孤立状态中解脱出来。皇帝根据5月3日的情况所做的推测是有道理的。

可是，原定 4 月 17 日启程的由隆戈率领的 15 艘船首先推迟了两天才出发。而且，洛莱丹直到 5 月 7 日才收到下达给舰队的出港命令，让他们必须从内格罗蓬特出发，并于 5 月 20 日前抵达特内多斯岛。但他又不能立即率领舰队直接去特内多斯岛，元老院给他的命令是，首先绕过伯罗奔尼撒半岛前往科孚岛，接当地总督上船后返回内格罗蓬特，在那里等待来自克里特的舰队，然后才可以去特内多斯岛。第二天又来了一道命令，让同皇帝交涉的特使与他们同行。这种做法很符合威尼斯人行事谨慎的风格。特使马尔切洛是在这之后才从威尼斯出发的，在洛莱丹总司令看来，舰队出发的准备工作再完备，只要特使不到就不能出发。这样一来，5 月 20 日前抵达特内多斯岛就只是梦想。尽管隆戈率领的舰队离开莫顿后并没有停靠内格罗蓬特，而是直奔特内多斯岛，但还是比计划晚了 3 天才到。隆戈在特内多斯岛并没有发现洛莱丹的舰队。由于自己晚到，隆戈对是否按原计划行动犹豫起来，最后决定原地等待友军的到来。

土耳其军队从陆上和海上把君士坦丁堡围得水泄不通，里面的人得不到外面的情报，外面的人也不可能知道拜占庭帝国首都吃紧的形势。

在君士坦丁堡城内，人们的动摇越来越明显。敌人的炮击一刻不停。架在加拉塔地区的大炮丝毫不给沿海链下锚的基督教徒的船放松警惕的时间。浮桥上的大炮给金角湾一侧海墙造成的损伤也日渐扩大。在炮击集中的陆上，损害已无法修补。守卫皇宫一段的城墙的特达尔蒂目睹了一座塔楼的上半部分被炮弹直接击毁的惨象。陆墙的损毁以中城墙和皇宫附近的那唯一一道城墙最为严重。体现了拜占庭帝国辉煌历史的君士坦丁堡正在遭受安纳托利亚山地民族的三面炮击。

在这种情况下，威尼斯人和热那亚人再度爆发冲突。威尼斯人本来就对加拉塔居留区坚持中立感到恼火，对之前夜袭的失败也不能忘怀。他们怀疑这帮家伙迟早会抛弃自己逃跑，这种想法挥之不去。于是他们提出，热那亚商船也要同威尼斯商船一样，卸下锚和帆交给皇帝保管。热那亚人自觉受到侮辱，毫不掩饰地反驳道：

“怎么会有那么愚蠢的想法？逃跑不就是抛弃加拉塔吗？我们绝对不会抛弃花了两百多年时间才构筑起的我们的财富、我们的城市以及我们的孩子。居留区是我们生长的地方，就是战斗到最后一滴血，我们也不会抛弃这里！”

都是通商国家，话说到这个份儿上，威尼斯人也就只好沉默了。但对居留区与苏丹之间不断联络的事实，威尼斯人却不会不说一句话就放过他们。热那亚方面反驳说，皇帝事先知晓我们长官的所作所为，这些对皇帝也有好处。

实际上，拜占庭方面也没有断绝与土耳其方面的交涉。正因为关系到居留区的命运，洛梅利诺长官才如此拼命努力。可是，穆罕默德二世提出的条件始终如一，即支付赔偿金和皇帝退位。只有接受这个条件，才能保证居民生命和私有财产的安全。重臣多倾向于接受，甚至有人开口劝皇帝接受。身为陆军总指挥的热那亚人朱斯提尼阿尼更为直率，他说：

“陛下，等待军队来拯救这座不幸的城市是白费工夫。看样子敌人的总攻就在眼前。如果陛下也能考虑和重臣们一样，权且逃到伯罗奔尼撒半岛上去，在那里重整旗鼓，将来再夺回首都，我也会让自己的加莱舰发挥作用。”

皇帝扑簌簌地流着泪水答道：

“衷心感谢你的忠告。这座城市并非你们自己的国家，你们西欧人却为了保卫它而日夜操心。而我，又怎么能够抛弃这些子民呢？不，诸位，我做不到！我选择与他们、与这座城市共存亡。”

这个时候，皇帝还寄希望于威尼斯舰队的到来。在皇帝看来，总司令洛莱丹是他的旧知，他将洛莱丹视为自己人，认为其人品和能力胜过10艘加莱舰。

朱斯提尼阿尼不幸言中。5月7日日落后4小时，土耳其军队开始了第二次总攻。

苏丹没有再犯第一次总攻时的错误。这次总攻只集中在中城墙。这一带不到2 000米，连日遭到炮击，损毁最为严重。苏丹在这里投入了3万兵力。迎战的是直属朱斯提尼阿尼的热那亚士兵和皇帝下属的1 000名希腊精锐。加上伊斯多尔手下士兵的增援，总共不到 2 000 人。土耳其士兵照例拿着爬墙用的带钩绳索、攻城长梯、长枪或弓箭，从护城河明显已经被填平的地方蜂拥而来。

炮声停止了，城墙里响起了告急的警钟。进攻方的军鼓、军号和军笛疯狂奏响。进攻的士兵只想着扒住防御栅栏，米哈伊尔也在其中。第二次总攻的主力是非正规军团，里面有很多人和守方一样是基督教徒。苏丹禁卫军新军军团的士兵拔刀站立在护城河边上，威胁那些因恐惧而后退的士兵，威胁无效则毫不犹豫地将其当场斩杀。米哈伊尔感到，比自己小几岁的那个年轻人让属下士兵害怕自己人更甚于害怕敌人。

守方士兵拼死战斗，攻方士兵也毫不逊色。他们只能前进。被箭矢射中或被步枪击中的人被就地抛下，成为后面士兵的踏板。爬上防御栅栏的人被长枪戳了下来，企图从外城墙破损处攀上城墙的人也被熟练的守军士兵准确的闪击刺死，连声音都来不及发出。

然而，英勇作战的守军士兵面对斩杀不尽的敌兵疲劳不堪。守军没有人员换防，不能从其他防守区域调人过来。南边的佩格门，北边的皇宫，都随时可能成为进攻的目标。即使不发起进攻，土耳其军队也都在城下列队，摆好了阵形，随时可以升起开战的狼烟。海链外的土耳其舰队和金角湾里的土耳其舰队虽然没有发起进攻，但却移动频繁。这里的守军也无法调出。

激战持续了 3 个小时。土耳其军队撂下了无数尸体，却仍不能突入外城墙一步。穆罕默德二世下令升起蓝色狼烟撤退。战死者的遗体被扔在原地。

守军终于松了一口气，很幸运，己方的战死者并不多。士兵们背着战死者和伤员，把他们运到城里后仍然不能休息一下疲惫的身体，一直劳作到了早晨。他们修复倒塌的防御栅栏，用装满泥土的袋子加固外城墙坍塌的地方，作业一直持续到清晨。

从第二天到 5 月 11 日的 4 天里，土耳其军加强了炮击。炮击集中在中城墙中间的圣罗马努斯门一带以及皇宫周围的城墙与金角湾一侧的城墙的接合部。这个时候，由浮桥上的大炮造成的损害已很严重，必须尽快拿出对策。

作战会议在圣马利教堂召开，会上讨论了增加陆上守军的可能性——现在只能挤出兵力了。会议最后决定原来被委以海军总指挥重任的特莱维森登陆作战。一直跟着特莱维森共同行动的威尼斯船员们对弃船上岸大为不满，但听说长官已经接受，便也没有人再反对。特莱维森推荐副官阿维索·狄多为后任，也无人反对。

狄多并没有海军经历，但长期在黑海航线上当船长，对这一带海域了如指掌，甚至不需要使用海图就可以航行。他为人冷静，在船员中人望很高。这些都是特莱维森推荐他的理由。船医尼科洛的顶头上司就此由特莱维森变成了狄多。威尼斯海军将领用布把左臂吊挂在脖子上的布兜里，身穿铠甲，拿着长剑长枪下了船，前往为他确定的守卫地区——皇宫一带的城墙。夜袭时桅杆倒下砸伤了司令官的左臂，尼科洛不放心他的伤势。他想，以后恐怕每天都得趁诊疗所工作的间隙去为他检查、换药。

加强守军差一点就来不及了。那天半夜，土耳其军开始了第三次总攻。这次攻击集中在皇宫附近的城墙，土耳其投入了5万兵力。这些充满生力的新鲜战斗力都是从安纳托利亚军团、欧洲军团和扎加诺斯帕夏所率军团中选拔出来的士兵。士兵生长地不同，但都是土耳其人。他们中间，来自土耳其民族发祥地安纳托利亚的士兵尤为凶猛，已经不能仅用“勇敢”一词来形容。

与他们对阵的是米诺托大使和特莱维森指挥的威尼斯军主力，这支拉丁部队不满2 000人。这里只有一道城墙，虽然高度和厚度与内城墙一样，但在经历了一连4天的炮击以后受损严重，一座城门已经在炮击中完全毁坏，只剩应急的栅栏了。尽管如此，敌人也很难轻易爬上来。敌人可以轻易地接近城墙，但很少有人能靠近守在城墙上的守军士兵。激战在只有栅栏支撑的城门附近展开。守军士兵忙于搬运倒下的战友和杀死涌来的敌人，脸都变了形。

土耳其士兵也同样在拼命。他们不能退却，身后有拔刀等在那里的新军军团士兵。穆罕默德二世对流淌着同样血液的土耳其士兵也是用同样的办法，靠让士兵比怕敌人更怕自己人来提高战斗力。

不过，第三次总攻也没能攻破基督教徒方面的防守。4个小时以后，土耳其士兵退潮般地撤退了。可是，守方这次也遭受了很大的损失。战死者人数是上一次的两倍。谁都能明白地看出，苏丹穆罕默德二世还将继续把攻击的主力投在中城墙和皇宫附近的城墙这两个方向上。可守方却还没有决定性的手段来对付。不仅如此，两天后的一个早晨，把守皇宫周围一个城门卡里加利亚门的士兵发现了一件让人毛骨悚然的事。

土耳其军计划在地下挖掘一条延伸到君士坦丁堡城墙正下方的秘道，并填满炸药来爆破城墙。守方之前并非没有预料到这一点，特莱维森和朱斯提尼阿尼两人在围城开始后的作战会议上就表达过这种担忧。但拜占庭方面很有信心地陈述了自己的主张，说土耳其军虽然人数众多，但却没有士兵具备开挖地道的技术。两个欧洲人也就没有再坚持。

然而，穆罕默德二世完全刷新了土耳其军队的传统战法。安装炸药爆破城墙的想法已经进入他的大脑。不过，这个战术进行得并不顺利。土耳其士兵在“欧洲堡垒”工程中已经做过在地上砌石头的工作，但对在地下挖掘长长的地道，他们却既无技术，也无经验。尽管进行了挖掘，但地道不但没有朝着预定的地点延伸，反而挖到莫名其妙的方向上去，根本派不上用场。于是苏丹命手下将军们寻找有开矿经验的人。不久，扎加诺斯帕夏便来报告，自己所率领的军团中有几个人在塞尔维亚银矿当过矿工。第二天，挖掘地道的作业交到了这几个专家的手上。

穆罕默德二世命令他们开挖一条通到查瑞休斯门正下方的地道。为了不让城墙上的守军发现，矿工们从遥远的土军后方开挖，作业起初很顺利，可是过了一阵儿，他们来报告说似乎碰到了坚硬的岩石层，再也挖不动了。苏丹于是下令向卡里加利亚门附近的城墙挖。那一带是拱卫皇宫的城墙，而且只有一道墙。

矿工们为了不让守军发现，又从很远的后方开挖。城墙上的守军哨兵远远望见土耳其士兵从挖开的洞里往外运土，感到奇怪，并立即上报。守方首脑们接到报告后个个面色苍白，急切之中拿不出对策。他们所能做的就是先不让敌人知道他们已经发现敌人在挖地道，并且寻找挖地道的专家。

很幸运，他们很快找到了专家。朱斯提尼阿尼带来的雇佣兵中有一个德国人，名叫格兰特，以前一直作为普通士兵作战。此时他被恢复了技术员的身份，开始行动，展开了反地道战术。宰相诺塔拉斯也给格兰特提供了一队希腊士兵当手下。

交给格兰特的任务是对敌人的战术做到防患于未然，最好让敌人失去继续进行这个战术的信心。德意志汉子首先从仔细调查城墙外的地表做起。但他出不了城，只能从城墙上用肉眼观察。一旦看到可疑情况，他便立刻推测可能从可疑地点挖过来的地道的位置，从城墙内侧向敌人地道可能出现的方向挖掘地道。

5 月 16 日，发现敌人挖地道仅仅一天之后，事实就证实了格兰特的技术可靠。希腊士兵准确地挖通了土耳其方面的地道，烧掉了支撑地道的柱子，坍塌的柱子压死了好几个敌方矿工。对土耳其来说万幸的是此时尚未安装火药，所以守方的火攻也没有造成更大的破坏。

可是，苏丹不可能一次就被吓住而停止地道战术。此后，格兰特受命指挥工兵队，守城的士兵们也被告知，敌人有任何奇怪行动都要立刻报告。5天之后的21日，他们第二次获得了成功，这大大地鼓舞了守方。这次，进入土耳其人地道的希腊士兵在地道里用燃火烟熏的办法，把敌方的矿工熏了出去。当然，成功后他们没有忘记从城墙内侧填埋已经挖通的地道。

成功让人忘记辛劳。第二次成功让格兰特和手下的工兵心情大好。他们士气大涨，连夜间的黑暗都影响不了他们的视力。从第二天开始一连4天，每天都有一条土耳其军的地道遭到破坏。尝到了六次失败滋味的穆罕默德二世似乎真的放弃了这个战术。格兰特后来仍旧一如既往没有放松监视，但作为技术员他却失业了。

不过，21岁的土耳其年轻人在探索各种可能，他的大脑一天24小时像机器一样运转。格兰特第一次成功破坏地道后不到两天，18日早晨，防守陆墙的基督教徒们看到了一个怪物耸立在眼前，惊讶得怀疑起自己的眼睛。

乌贝尔蒂诺看到怪物竖立在金门与佩格门之间城墙前面，推测它一定是在敌军后方某处制作并趁夜运到护城河边来的。这是一座巨大的塔，骨架由木头构成，高度高于城墙各处的塔楼。塔的四周用牛羊皮蒙住，看不见内部，不过里面肯定藏有楼梯。塔的顶部有箭矢不断射向守卫防御栅栏的守军。

守军尝试放射火箭烧毁巨大的怪物，但事情很不顺利。当天一整天，在这座木塔的射击掩护下，土耳其士兵得以在护城河上连续作业，修建路幅很宽的通路。即便穆罕默德二世采取人海战术，要全部填平宽20米、深1到1.5米、长近5千米的陆地护城河也是一项近乎不可能完成的工程。为了尽快使士兵和木塔靠近城墙，他必须在护城河各个点上修通与地面高度一样的通路。这项工程之前就已经开始，但事实证明，在巨大木塔的掩护下，作业进展得更加迅速。

苏丹的意图如此明确，守军就更不能让他得逞。当天后半夜，一支敢死队悄悄出城，摸到护城河上已经接近完工的通路上，挖坑，装填炸药，点火。事先选定的爆破地点靠近护城河外沿，随着一声巨响，爆炸不仅炸坏了通路，还炸倒了立在护城河外地面上的木塔，木塔燃烧了起来。

中城墙附近和皇宫附近的卡里加利亚门一带接连爆出巨响，腾起火柱。火光映出了土耳其士兵的身影，他们被打了个措手不及，在黑暗中抱头鼠窜。守军士兵们看着这一幕，忘记了疲劳。第二天，唯一一座幸免于焚毁的木塔在守军士兵的欢呼声中被敌军拖去了后方。

然而，除了这次敢死队的成功和格兰特地道反击的成功以外，没有一件事可以让人心情爽朗。考虑到陆上和海上反反复复的激战和不间断的炮击，守方的战死者少得不可思议，但伤员却日复一日地在加速增加。弹药储备即将见底，粮食奇缺，无论用什么办法都已经不可能瞒过人们的眼睛。就连女人们都在说，外来援军是唯一的救命稻草。

5月23日下午，马尔马拉海一侧城墙上的一个哨兵发现了一艘北上向首都驶来的小船。进行海上封锁的土耳其舰队也发现了这艘船，立即出动了数艘土耳其船挡住它的去路。小船巧妙地躲闪着继续北上。海上无风，桨定胜负。追踪而来的土耳其船拼命划桨，但小船在扳舵和划桨方面技高一筹，不容土耳其船靠近。土耳其船见小船不可小觑，从停泊地派出了增援船，但为时已晚。早已等着的海链打开了一个空隙，小船成功地滑进了金角湾。这艘船正是肩负寻找威尼斯舰队的使命，于20天前冲出包围的那艘船。消息立即从码头传遍了全城的各个角落。包括守卫陆墙的士兵在内，人们都以为这艘船是提前一步回来报告支援舰队到来的消息的，内心充满希望。

船长立即被特莱维森和米诺托带到了皇帝面前，甚至没有给他换掉脏衣服的时间。然而他的报告不仅让皇帝，也让在座的守军首脑面色惨白。

这艘威尼斯小型快船安全突围后一直沿马尔马拉海和达达尼尔海峡南下，寻找援军的船只。出了海峡之后，他们非常耐心地一个岛一个岛地寻找，可根本没有看到威尼斯舰队的影子。那些岛上的居民也没有一个人能够提供哪怕极小的情报让他们找到舰队。这次侦察花了两个星期的时间。船长认为继续努力已属徒劳，便集合剩下的11个船员，告诉他们自己的想法，请大家判断下面怎么办。一个船员开了腔，他说：

“兄弟们，我们离开的时候，君士坦丁堡已经每天都在敌人的威胁之下，不知何时敌人就会发起总攻。虽然我们没有说出口来，但都已经感到拜占庭帝国的首都最终将灭亡在惨无人道的苏丹手中，这也是希腊人无能的结果。

“我们已经十分尽职地完成了任务，下面我们应该前往其他基督教徒的国家，因为现在君士坦丁堡可能已经落入了土耳其人之手。”

又有一个船员要求发言，他说道：

“兄弟们，皇帝托付我们去寻找舰队。就算结果不好，我们也照他的旨意坚持到了现在，可是我们的任务并没有到此结束，我们还有向皇帝报告结果的任务。我想，我们应该回到君士坦丁堡去。我们应该回去，这跟首都是否已经落入土耳其之手，是否还在基督教徒的手中没有关系。我们不知道等待我们的是生还是死，但首先我们应该向北转舵。”

包括船长在内，其他 10 个船员都赞成他的说法。表态反对的那个船员在结论出来之后也没再说什么了。就这样，这艘威尼斯小船回到了君士坦丁堡。然而，这 12 名船员并不知道，再过 6 天，隆戈率领的舰队便会抵达特内多斯岛，尽管援军只有这一支舰队。

皇帝向这 12 位船员一一道谢，脸上闪着泪光。沉痛的气氛笼罩着在场的每一个人，所有人都已经领悟到，已经无法继续期待外部世界的救援。

在这期间，敌人的炮击一直在猛烈地持续着。尽管守方拼命修复，但由于受到连续的集中炮击，圣罗马努斯门一带的外城墙损毁严重，已经无可救药，情况令人绝望。虽然遭到“小熊”炮击损毁的地方尚可拼命修复，但如果被“大熊”发射的半吨重的石弹直接命中，一切辛苦都将付诸东流。只有内城墙依然岿然屹立，具有威慑力量。然而，守方没有足够的战斗力可以退守内城墙一线坚持下去。要寄希望于背水一战，守军又已人人神经衰弱，难以为继。在君士坦丁堡的人们听来，当天的晚钟简直像是丧钟。

围城已经持续了 50 天。

第八章

逐渐崩溃的人们

老百姓感觉只有依靠神施恩这一条路了。指望超现实的人都会被其他的超现实之事乱了心智，以前从来无人提起的久远传说开始像真的一样在城内口口相传。

人们想起一个预言，说拜占庭帝国将灭亡在一个与第一代皇帝君士坦丁大帝同名的皇帝手中；又有人说，大帝的立像有一只手指向东方，意思是帝国将被来自东方的人灭亡；还有一个很久以前流传下来的传说讲，帝国绝不会在月亮渐盈的时候灭亡。最后这个传说之前一直在给人们以力量，可是 24 日是满月，以后的月亮就只会渐亏，这又让人们感到恐惧。而且，满月当天的夜里居然发生了月食。黑暗持续了 3 个小时，这对原本就很迷信的拜占庭人来说是最不吉利的征兆，况且月亮还是拜占庭帝国的象征。神已抛弃帝国的想法重重地压在他们的心头，使他们动弹不得。

翌日，人们举着圣母马利亚的画像在君士坦丁堡街头列队游行。除了必须守城的人以外，所有人都参加了游行。可是，正当队伍走到市中心的时候，圣像从安放台上掉落下来。人们慌忙停下队伍，去拾落在地上的圣像。可画在木板上的画像却重得像灌了铅一般，一个人根本拿不动。几个人合力才好不容易把它放回原处。这件事让人们的心变得更加沉重。

然而，凶兆还未结束。当队伍开始继续前行的时候，雷雨骤然袭来。大雨倾盆而下，仿佛无尽的水柱从天而降，道路当即化作河川，队伍根本不能前行。人们争先恐后四散而逃，奔跑着寻找躲避的地方。他们听不见敌人的炮声，耳畔只有雨声不停回响。

第二天一大早起了浓雾。以前在5月底从来没有发生过这种情况。人们纷纷交头接耳，说这场不合时宜的大雾是为了不让人们看到主基督和圣母马利亚离开这座城市。

帝国重臣们再次劝说皇帝放弃这座城市。苏丹也派来了使者，让皇帝选择开城。可皇帝的回答只有一句话："誓与这座城市和她的居民共命运！"

不过在同一天，土耳其阵营里也发生了动摇。围城已经超过50天，君士坦丁堡却仍在坚持。炮击如此激烈而且从未间断，却连一个士兵都未能越过外城墙。有消息传来，称威尼斯的舰队已经离港，说不定明天就到。目睹了迄今为止土耳其舰队的无力状态，没有一个人对届时势必发生的海战抱有乐观估计。此外，还有传言说匈牙利军队将前来增援拜占庭。假如匈牙利撕毁与土耳其之间的协约，派勇将匈雅提率领军队渡过多瑙河，威尼斯舰队再从海上前来驰援，那么16万土耳其军队也将无法专心于进攻君士坦丁堡。26日土耳其军召开的作战会议表现出了一丝担忧气氛。

原本就是在苏丹强令下才受命攻城的宰相哈利勒帕夏肯定不想错过这个机会，他恳切地说道：

“我们应该放弃进攻，解除包围。这是已故苏丹也经历过的事情，撤退绝不丢人。鲁莽才为统率大国者所不可为。西欧各国不可能永远对救援拜占庭帝国摆出一副事不关己的样子：威尼斯共和国已经派出了舰队，热那亚早晚也一定会想起自己是一个基督教国家。土耳其应该趁还可以体面撤退的时候，拿出勇气下决心撤退。”

就处理国家政务的经验而论，在座的人中没有一个人可与老宰相匹敌。他的话似乎强烈冲击了在座重臣们的内心。他们再次望着苏丹的脸，仿佛刚刚发现自己的主人是一个年仅21岁的年轻人。站在穆罕默德二世身后伺候他的图尔桑发现，主人虽然假装冷静，但手却紧紧地攥着，充满了愤怒。

不只是侍童注意到了这位21岁年轻人冷若冰霜的愤怒。扎加诺斯帕夏从位子上站起身来，语气激烈地反驳道：

“众所周知，欧洲诸侯相互争斗，他们没有余力联合起来驰援拜占庭。即使威尼斯舰队到了，他们也没法把我们陆地的士兵都打得落花流水。我们仍然有16万人之多的勇猛的战斗力量。想想当年的亚历山大大帝吧，他率领的士兵数量比我们少得多，但却征服了半个世界！都到这个时候了，不能再谈撤退，只能进攻！”

扎加诺斯的演讲气势如虹，年轻将领纷纷站起身来，表示赞同。会议的气氛自此急转。最后，穆罕默德二世告诉大家，3 天后将进行总攻。这时，已经无一人敢再提撤军了。

苏丹穆罕默德二世已经完全恢复了冷静，向将领们一一发出命令。舰队将从金角湾内外两面向基督教舰队发起进攻。扎加诺斯帕夏的军团进攻金角湾一侧的城墙，苏丹亲自指挥其他军团向全部陆墙发起全面进攻。总攻就这样决定了。

城墙里的人立即知道了这个决定。不知道什么人把好几支卷着字纸的箭射进了城墙。守方的人读着这些文字，闭上了眼睛。

当天夜里，土耳其军大营灯火通明，亮若白昼。城墙上的守军能分辨出敌营中的每顶帐篷，不，就连帐篷旁边的每个土耳其士兵都能看清。军营里到处点着火把，地面上还流淌着点着火的黑色油脂，形成一道火墙。火墙上浮现着苏丹那红底金线的大帐，映照着擂鼓吹笛、匍匐在地向安拉祈祷的一群群土耳其人，真如群魔乱舞一般。直到后半夜，土耳其的营地才陷入沉寂。

第二天是 27 日，炮击持续了整整一天，也许是因为炮兵并不需要斋戒。不需要摆弄大炮的土耳其士兵在大炮后面悠然而认真地准备着攻城长梯和带钩绳索等装备。其间还能看到一群将领簇拥着骑着黑马、身披随风飘扬的白色大披风的苏丹，风驰电掣地飞奔而去，可能是在视察全军。

面对越来越迫近的总攻，基督教方面在岗防守人员的士气也丝毫未减。朱斯提尼阿尼被从炮弹炸毁的城墙上掉落的石块击中负伤，他回到自己的船上接受治疗后立即返回了自己负责的区域。在受损最严重的中城墙上，无时无刻不见皇帝或是朱斯提尼阿尼的身影。

这天夜里，土耳其军营也和前一夜一样，在嘈杂和通明中度过。他们一直闹到半夜，然后进入了沉静的睡眠中。守方的士兵们完成了防御栅栏或城墙的修复后并不离去，而是在城楼一隅假寐。这是守方士兵仅有的休息时间。

翌日即28日，穆罕默德二世见全军布阵完毕，全部进入了预先确定的战斗位置，恩准休息一天。这天连大炮也不再轰鸣。苏丹带着重臣们开始视察每一队士兵，激励他们。不过，穆罕默德二世不喜欢像父亲那样亲自大声鼓舞士兵。他像父亲那样擂鼓集合士兵，把大声鼓励士兵的工作交给了手下的一位将领。这位将领对集合好的士兵说道：

“苏丹阁下满怀深情，攻下城后允许大家抢掠三天。明天的战斗就是实现先知预言的圣战！明天要多抓基督教徒，卖作奴隶，每个人可卖两个达克特。城里的黄金统统都是我们的，你们很快就要成为大富翁啦！用希腊人的胡须为我们的狗编织项圈吧。

“真主至大！生死都是为了献给安拉爱！”

士兵们挥舞着矛和剑高声欢呼响应。苏丹宣布要把君士坦丁堡的所有财宝统统分给士兵们，而这些士兵坚信眼前的这座城市是地中海世界最富有的城市。这对士兵有极大的吸引力，而这立即就可实现。三天的斋戒使他们头脑保持着清醒，这天夜里他们肯定深陷梦乡。

就在同一时刻，米诺托大使也在威尼斯商馆召集全体威尼斯人，向他们发表讲话。为了给大家做出榜样，他没有让自己的妻子和儿子避难。他的发言很简短，只说了这么几句话：

“我们的行动，不管是走向死亡还是有幸生存，出发点都是为了完成基督教徒的义务。我相信，我们不会背叛为祖国而战的思想。祖国将理解并尊重我们所做的决断。战斗开始后，与其逃离岗位，不如干脆选择死亡！”

说完，他用故乡的葡萄酒招待了全体人员。尼科洛在为特莱维森的左臂疗伤，见他的伤势确在好转，多少有些安慰。

那天，君士坦丁堡城内教堂的钟声响了一整天。那钟声不似警钟当当地响得有点神经质，但也不似咚咚地拖着尾音的丧钟。那钟声与平时通知弥撒时的声音一样，但这种不间断的敲法在西欧可是教皇驾崩时才使用的。5 月 28 日傍晚，君士坦丁堡的居民在这样的钟声中默默走向圣索非亚教堂。

自去年 12 月 12 日举行了宣告东西方教会联合的弥撒以来，在 5 个多月时间里，反对联合的人就再没有来过这座首都首屈一指的教堂。也许已经感到这是最后一次弥撒了，人们鸦雀无声地在晚钟声中走进圣索非亚教堂，教堂内巨大的空间挤满了人，甚至很多骑士和贵族都挤坐在平民的座位上。皇帝带领重臣参加了弥撒，“拉丁区”也有威尼斯大使以及其他重要人物出席。仪式由君士坦丁堡大主教、教皇代理人伊斯多尔主持，反对联合的修道士们也前来参加，只是未见格奥尔基奥斯的身影。

耗费了半个世纪的时间，从多次公会议的高端宗教争论到老百姓之间明显的相互憎恶，东方希腊正教与西方天主教的联合问题深深伤害了欧洲世界人民的内心。但在这个瞬间基督教实现了联合。在伊斯多尔“祝福兄弟们”的祈祷声中，人们满怀宗教信仰由衷地拥抱在一起，不管跪在旁边的是希腊正教徒还是罗马天主教徒。弥撒结束后，人们各自回家或回到防守岗位。

年轻的乌贝尔蒂诺感动得热泪盈眶，回到了佩格门。冷静的商人特达尔蒂也忍不住内心涌出某种感情，走向沿皇宫的城墙。只有尼科洛因忙于把诊疗所从商馆搬迁到船上而没有空去圣索非亚教堂。

弗朗茨出席了由皇帝召集的守军重要人物几乎全体出席的会议。皇帝感谢在座全体人员迄今为止的英勇战斗和努力，特别向威尼斯和热那亚的两位意大利人表示了感谢，感谢他们在过去这些天里尽心尽力的工作。皇帝说，最后的决战即将开始，自己将继续完全信任二位。然后皇帝再次转向全体人员继续说道：

“人必须时刻准备着，为自己的信仰和自己的祖国，为自己的家庭和自己的主君而甘愿受死。我们现在面临的情况仍是要为所有这些而赴死。我也决心与子民共命运！”

接着，皇帝走近众人，他说，如果以前自己有什么做得使人生气，就请大家原谅吧。皇帝面颊憔悴，泪流不止，但掩饰不住与生俱来的高贵。大家也都哭着发誓，若为皇帝可以牺牲自己的生命。然后，他们相互拥抱，表达由衷的信任，一如人们在圣索非亚教堂所做的那样。会议结束后，西欧人散去，分别走向指定的守卫岗位。拜占庭的重臣中也有人加入了捧着圣像在城里游行的队伍。

皇帝巡视陆墙的守备情况，弗朗茨紧紧跟随着。巡视完毕，皇帝策马向北，登上了位于皇宫周围城墙最北端的塔楼。

两人的头顶上，拜占庭帝国的蓝底银色双头鹰国旗和威尼斯共和国的红底金色圣马可狮子国旗迎着夜风猎猎飘扬。陆墙外，每一顶土耳其军帐篷前都插着火把，形成了一片光的海洋。这片光的海洋一直延伸到加拉塔热那亚居留区背后。金角湾外的海面上，远远便能望见土耳其船的灯火开始移动。

49 岁的君士坦丁十一世默默地眺望了好一阵。在他身边工作了 20 多年的弗朗茨也默默地站在皇帝身后。皇帝猛地回过头来，把手放在忠诚大臣的肩头，让他去查看城里预备队的情况。到了这个时候，弗朗茨一刻也不想离开皇帝的左右，但他没敢表现出他的内心想法。弗朗茨低头表示领命。他一边走下塔楼，一边暗下决心，要尽快完成任务，然后赶到守卫圣罗马努斯门的皇帝身边去。然而，这却是重臣弗朗茨与自己主君的最后一次见面。

第九章

君士坦丁堡的最后一天

午夜刚过一个钟头，三堆烽火在黑暗中拖着长长的红色尾巴腾空而起，发出了信号，土耳其军投入全部 16 万兵力的总攻开始了。

呐喊声响彻整条战线，总攻的主力照旧向以圣罗马努斯门为中心的中城墙发起进攻。城里的教堂猛然响起了凄厉的警钟声。

总攻由非正规军团的士兵首先打响。5 万名士兵杀到整座城下。他们没有统一的装备，手中的武器也只是长矛、剑以及绳梯。他们拼死往栅栏和城墙上攀爬。守方勇猛善战，土耳其兵不断倒下。与此同时，炮击并未停止，炮弹连同土耳其兵一并炸飞。军鼓和军号在炮声的间隙高声奏响。城里传出女人们祈求神发慈悲的尖声祈祷，仿佛要对抗军鼓军号声一般。

但是，城墙上根本没有时间祈祷。虽然 5 万名士兵的土耳其盟国军团的战斗力较差，但他们害怕背后拔刀督战的新军军团，不会轻易撤兵。第一波总攻于两个小时后结束，土耳其方面受到重创。

当然，穆罕默德二世是在透彻了解盟国军团士兵缺点的基础上确立其战术的。即使是装备不统一、战斗力差的军团也能令敌人疲劳。几乎就在盟国军团撤退的同时，苏丹发起了第二波攻击，根本不给守方以喘息的时间。

人数超过5万、着装统一的土耳其正规军团杀将过来，他们头戴红色土耳其帽，身穿白色军服，作战技能娴熟，队伍丝毫不乱。正规军团拿出半数士兵佯攻整个城墙，拖住守兵，另一半人在中城墙发起进攻。

穆罕默德二世命令持续炮击，即便前方战斗的人也是土耳其人，且同为伊斯兰教徒。圣罗马努斯门附近的防御栅栏中弹飞散，一群企图爬上去的土耳其兵也被冲击力高高地抛上天空。周围尘土飞扬，烟雾蒙蒙，什么都看不见。趁此机会，约200名土耳其士兵成功从外城墙损毁处攻进了城墙，却被不失时机赶到的守兵杀死多半，其余的被逼进了护城河。每次炮击都会掀起尘烟，尘烟散去后，守兵总会发现、杀死并击退土耳其兵，如此反复拉锯。第二波攻击尚未见分晓，第三波攻击已经静静地逼来。

月亮一直藏在云间，只露出微光。苏丹最信任的新军军团士兵共15 000人身穿统一的白色军服，腰束绿色腰带，头戴白帽，步伐整齐地在蒙蒙的夜色中跨过护城河，向城墙靠近。他们不像之前的军团那样莽撞地冲锋，而是形成步兵方阵。他们并不害怕守兵的火铳，有士兵倒下也只是像按计划行事似的把他们推到一边，队形完全不乱，就连右手高高举起的半月刀刀尖都整齐得像一条线。

穆罕默德二世已经不在后方大本营观战，他来到了护城河边，开始铆足了劲儿大声叱咤，激励着从眼前经过的自己从小带大的军团士兵。图尔桑大惊，苏丹所站的地方正在城墙上火铳和箭矢的射程范围之内。图尔桑总是单膝跪地在苏丹身后待命，但现在也顾不得那么多礼节了。为了保护站在护城河河沿上的主君，他叉开两腿，挺立在苏丹前面。图尔桑一直保持着这个姿势站在那里，脑中根本顾不上想自己会有遭到攻击的危险。

新军军团的士兵们在苏丹的激励下勇猛果敢地战斗着。不到2千米的中城墙投入了15 000人的精锐部队。他们分成了几队，一队刚刚冲上去，下一队就已经开始靠近。这种波浪式进攻有规律地多次反复，每次进攻之后爬上城墙的士兵数量都会有所增加。

守军虽然无法轮休，总要迎战新的敌人，但他们一直在激战中坚持着。中城墙遭到敌人的集中攻击，坚守这里的士兵们已经在总指挥朱斯提尼阿尼的建议下锁上了外城墙通向内城墙通道的全部大门，把钥匙交给了皇帝。他们决心死守外城墙一线。这一带已经完全不分希腊人、威尼斯人或热那亚人了，他们团结奋战。朱斯提尼阿尼的指挥果断而勇敢，从他的年龄和他以战争为职业的佣兵队长身份来看实属罕见。皇帝也亲自挥剑砍向企图爬上城墙的土耳其兵。

激烈的白刃战持续了一个钟头。新军军团以勇猛而闻名，被誉为土耳其陆军脊梁。然而在这段时间里，他们居然未能取得进一步的战果。在中城墙一带，敌我双方仿佛旋涡似的忽而肉搏在一处，忽而又散去。旭日升起前的晨曦先是如蒙着一层纱，不久一切便渐渐清晰起来。到这时，激战已经持续了近5个小时。

正在这时，一支从极近处射来的箭矢命中了朱斯提尼阿尼的左下颈。他瞬间呆立在那里。说时迟，那时快，第二支箭又射中了他的右大腿。年轻的将领倒下了，银色盔甲的接缝里涌出了大量鲜血。朱斯提尼阿尼难忍剧痛，发出了呻吟。他让一个跑过来的部下把自己送到船上去。部下知道，通往内城墙和城里的出入口全部上了锁，于是跑到皇帝身边，请求皇帝交出钥匙。

皇帝得知此事后沿外城墙和防御栅栏之间的道路跑了过来，跪在倒在地上的朱斯提尼阿尼身边，握住他的手，请他放弃离开这里的念头。然而，曾经勇猛的将领看见自己流出的鲜血，好像突然变成了一个歇斯底里的孩子，不顾皇帝的恳求，坚决要求撤离火线。无奈，皇帝把钥匙交到了朱斯提尼阿尼部下的手中，他们亲手抬走了热那亚武将。

这个意外必然使朱斯提尼阿尼手下直属的500人产生动摇。他们都是以打仗为职业的佣兵，正因为如此，他们打胜仗勇敢，感到要打败仗时逃跑得也快。他们见自己的队长被抬走，便认为仗也就打到此结束了。热那亚士兵一下涌到抬出朱斯提尼阿尼后尚未关上的出口，皇帝和希腊士兵则拼命挽留。在护城河沿上的苏丹发现了城墙里面发生的这场意外的骚动。21岁的年轻人终于发出以前不曾有过的巨大声音：

“这座城市已经是我们的了！”

新军军团的士兵们为之一振，全军抱成一团向城墙冲锋。他们再也没有被击退。翻过防护栅栏的人一口气攀上城墙。守军开始受到压制，他们蜂拥来到外城墙内侧的通道上，想固守内城墙。占领了外城墙的土耳其兵不断放箭射倒挤满通路的守军士兵。

皇宫一侧的防守也损伤惨重。从城墙损毁的地方杀上来的土耳其兵已经势不可当，守军无法将他们的攻势顶回。一座城门已经崩塌，很多土耳其兵从那里涌入，形势已完全令人绝望。但威尼斯人仍在战斗，直到看见塔楼上飘扬的帝国国旗和威尼斯国旗被人降下后挂起了红底白色新月旗，他们才不得不承认一切已经结束。特莱维森大声命令士兵向金角湾撤退。

皇帝也看到了塔楼上飘扬的土耳其旗帜。他骑着白马来到圣罗马努斯门，想说服自己的士兵们不要放弃抵抗。可是，希腊士兵也看到了红色旗帜，完全陷入了崩溃。人们都在疯狂地夺路而逃。已经完全占领外城墙的土耳其兵像围猎羊群的狼，一个劲儿地捕杀这些逃兵。皇帝感到山穷水尽。跟着他的只有三骑，一个希腊骑士、一个达尔马提亚男子和一个西班牙贵族。四人弃马，打算下马继续战斗。然而周围的混乱状况让他们放弃了战斗。同行的希腊骑士是皇帝的叔伯兄弟，他高喊着“宁死不做俘虏”，杀进了混战的人群之中。

皇帝也脱下红色大披风，拽下了象征帝位的服饰。有人说听到他对自己说道：

“难道没有一个基督教徒来刺穿我的胸膛吗？”

东罗马帝国的最后一位皇帝拔出了剑，消失在蜂拥逼来的敌兵中间，其他两位骑士也跟着被淹没在人潮中。

整个土耳其阵营中升起了狼烟，报告已经突破城墙。晨光已至，狼烟已不若夜晚那样醒目，但土耳其兵仍觉刺眼。全军高声欢呼，涌向城墙。即使在成功坚守的佩格门一带，也没有人会不知道这狼烟的意思，随后开始全线崩溃。人们可以逃去的地方只有漂浮在金角湾上的友军船只。可是，这里比任何地方离金角湾都要远。人们急躁起来，也顾不上去迎击有可能击退的敌人。恐惧主宰了他们。翻过城墙的土耳其兵从内侧打开了城门，又有大量土耳其兵从城门蜂拥而入。金门几乎未受到破坏便被守军放弃了。这个城门是帝国强盛时代的皇帝们每逢胜仗必经过的凯旋之门。土耳其兵从金门涌进城里，没有受到任何人的阻止。

马尔马拉海一侧的城墙在攻防战期间一直没有与敌军正面对峙。在 5 月 29 日这天的早晨它也不可能再置身事外了。看到宣告陆墙已经突破的狼烟之后，土耳其海军不甘落后，立即南下，在面向马尔马拉海的两个小码头登陆。面对码头的城门附近的居民大概已明白抵抗无用，便早早地打开城门投降。土耳其流亡王子奥尔汗及其手下的土耳其人紧靠在南面防守，他们当即被雪崩一样涌来的土耳其兵围了起来。王子及其手下都知道被俘押到苏丹面前后自己的命运。他们与数倍于己的敌人勇敢战斗。最后，王子从马上纵身扑向自己人刺出的剑，中剑身亡。

西班牙领事佩雷·朱里奥及其下属加泰罗尼亚士兵也进行了顽强的抵抗，全军一直抵抗到战死或者被俘。对防守紧靠其北面的伊斯多尔枢机主教而言，问题却没有这么简单。攻防战开始的时候，他见这个地区很少被敌人瞄上，便把很多兵力调去防守陆墙了，因而几乎没有士兵保卫他。伊斯多尔不但是君士坦丁堡的大主教，还拥有罗马教皇代理人的身份。苏丹要追拿的人首先是皇帝，其次就一定是他了。如果主教被俘获并被验明身份，那就等于神在地上的代理人、整个天主教徒的代表罗马教皇成了伊斯兰教徒、土耳其苏丹的囚徒。枢机主教伊斯多尔的目光停在了一个恰巧路过的乞丐身上。

君士坦丁堡很大，不是每个居民都能立即知晓守军全线崩溃的消息。但是，他们看见了自己的士兵们在逃跑，看见了后面追过来的土耳其兵，他们绝望了，不少人向金角湾逃去。希腊人开始向位于城东头的圣索非亚教堂逃去。以前传说，即使君士坦丁堡陷落，敌人攻到了圣索非亚教堂，大天使米迦勒[1]也会降临到大教堂的穹顶上，把敌人赶到博斯普鲁斯海峡东面去。巨大的圣索

1 大天使米迦勒（Michael）是西方神话中四大大使长之一，是上帝身边的首席战士和天使军团的领导者，是正义的化身。他拥有无与伦比的勇气、威力和美丽的容姿。右手持剑、左手拿秤是他的标准形象。

非亚教堂里挤满了逃进来的人。他们从里面关上了巨大的青铜门扉，开始跪下祈祷。

金角湾里的基督教舰队看见皇宫的城楼上高高飘扬的土耳其旗帜，又听见几声狼烟炮响，知道陆墙已被攻破。舰队立即编成决战阵形，以应对可预料到的海链外侧的敌方舰队与金角湾深处的敌方舰队的夹击。可是，此时土耳其船员脑子里想的不再是如何进攻基督教舰队，而是害怕从陆墙入城的友军比自己更早获得战利品。海链外的土耳其舰队从基督教舰队眼前通过，连看都没看一眼，为的是尽快从靠马尔马拉海的码头入城。金角湾里土耳其船上的士兵见扎加诺斯帕夏的军队已经开始从皇宫附近的城门入城，心想自己不能落后，便弃劲敌于不顾，为了尽早得到战利品而朝城门蜂拥而去。

这对金角湾里的基督教舰队来说真是天赐良机，莫大的幸运！代替特莱维森担任舰队总指挥的狄多下令，属下所有船只船头向外靠上码头，以在尽量多地营救逃出城的人的同时可以随时开走。见命令已在逐步执行，狄多便在另一位船长和尼科洛医生的陪同下，乘小船渡过金角湾，去了加拉塔的热那亚居留区。

狄多对前来迎接的居留区长官洛梅利诺说道：

“我想知道，下面你打算怎么办？是留下来战斗，还是抛下这里逃跑？如果热那亚人一致战斗，那我们威尼斯军队也将承诺，与你们共同行动。”

洛梅利诺一副不知如何回答是好的样子。最后的总攻前，苏丹的使者前来让他再次确认居留区保持中立。可是现在说保持中立似乎显得太过薄情寡义。洛梅利诺毫不掩饰一筹莫展的表情，说道：

“请给我一点时间。我派使节去苏丹那里，确认一下苏丹是否愿意不光承认热那亚居留区中立，同时还愿意与威尼斯居留区讲和。”

狄多感到事到如今讲和已完全不可能，他只是做了一个轻蔑的表情，不再说话。

可是当会见结束，三个人再要上小船的时候，他们发现热那亚居留区的所有城门已被关闭。幸好，居留区的热那亚人中有很多人对眼前发生在君士坦丁堡的不幸感同身受，他们打开了城门，三个威尼斯人得以再度登上小船。居留区的码头上，也有很多热那亚人和他们的家属在登船，他们不相信苏丹的承诺，决定逃走。

三个人回到君士坦丁堡这边的码头上一看，这里的营救工作已经达到最高潮。人们源源不断地逃来，原本不太大的码头很快人满为患，甚至有人被挤下了海。船员们仍不失冷静地一个个把他们救上了船。

太阳正逐渐升到中天。码头上的人大多数都上了船，逃来码头的人这时已经减少。尼科洛本该去救治伤员，却呆呆地站立在船尾。那是因为特莱维森不在船上。他在被救出的人群中没有找到米诺托大使和其他几个威尼斯居留区的实权人物，其他船上也都没有见到他们和特莱维森的身影。

正在指挥的狄多判断，为救援而继续留在湾里存在危险。他命令自己乘坐的加莱舰起锚，并向其他船发出信号，命它们跟上自己的船。

然而还有人陆续逃到码头上来。他们见船离港，纷纷跳进海里游过来。船只正在恋恋不舍地慢慢离港，其中一艘船把水里的人全部救上了船。尼科洛乘坐的船也救起了一个正在海面痛苦挣扎的人，这人跳进海里却不会游泳。此人正是佛罗伦萨商人特达尔蒂。人们像死了一般躺在船上，却没有经常在威尼斯商馆见到的那位胡须尚稀的佛罗伦萨学生的身影。这时，特莱维森司令的身影仍旧没有出现在码头上，他可是一位只要在场，周围的人便可放心的人物哪。

狄多的加莱舰一边向金角湾里所有友船发出信号，让它们跟着自己，一边靠近仍然拉着的海链。贴近海链时，两名船员放下小艇，砍断了连接在君士坦丁堡一侧塔楼上的皮绳。被砍断的铁锁链立刻随波逐流，一排支撑铁锁链的筏子漂浮在海面上。

加莱舰穿过筏子的间隙滑向外海。加上来自居留区的船，7 艘热那亚船紧随其后。再后面是莫洛西尼指挥的一艘威尼斯船，接着又是一艘逃出来的威尼斯加莱商船。从别的船上看去，这艘船的航行状况十分勉强。这艘船上被调去进行陆地防守的船员中有 150 多人没有回来，船员不足的船好不容易才离开了金角湾。跟在这艘船后面的是特莱维森的加莱舰。这艘船的缺员情况不似前面那艘那么厉害，但却少了舰长。接着又有两艘热那亚船驶了出来。

最后逃出来的是4艘载着很多希腊难民的克里特船。

金角湾里至少还留着10艘拜占庭船，两三艘热那亚船，加上威尼斯货运帆船，共计应在20艘以上。狄多期待这些船救出晚到的人后再逃出金角湾，他决定在博斯普鲁斯海峡出口附近的海面上再等一小时。然而，不幸的是在这之后再也没有一艘船逃出来。

土耳其舰队随时可能会前来袭击在海上等待友船的狄多的船队。狄多不能忽视这个危险。现在正刮着强劲的东北偏北风，但不知道什么时候就会改变风向。他必须尽快做出决断，趁风向没变的时候最终逃出去。他把这个想法告诉了热那亚船，热那亚船的船员们这样回答道：

“我们的船是大型帆船，只要有风，船就能快跑。我们可以再等等，至少等到太阳落山的时候。”

狄多也知道，这7艘热那亚大型船强于防御，不用去担心。他决定让威尼斯船队先出发。

下午2时许，4艘威尼斯船和4艘克里特加莱舰的三根桅杆都挂上了三角帆，船帆都吃满了强劲的北风。船队开始沿马尔马拉海南下，他们决定了首先去内格罗蓬特，这是失去君士坦丁堡后抗击土耳其的最前线基地。

船只渐行渐远，人们望着逐渐消失在远方的君士坦丁堡，无不感慨万分。就连惯于作战的军用加莱舰船员也都说不出一句话来，人们望着那座渐渐消逝在地平线上的“信奉基督教的罗马人的城市”，没有人愿意把视线挪开。

在君士坦丁堡城里，雪崩一样蜂拥而入的16万土耳其兵毫无军纪，一心抢掠。在被允许抢掠的3天里，每个人抢到的东西全归自己所有。希腊人很快认识到，只要不反抗就能保住性命。

实际被杀的人可能不到4 000人。城里有4万人口，因此死亡人数的比例就攻下大城市而言，在当时也并不算多么令人瞠目。况且，死的人多是在敌人刚刚冲进城时被杀的。土耳其人根本不相信城里能打仗的居然只有不满8 000人，总是觉得城里肯定还藏着大队人马。他们心存恐惧，刚进城时见人就杀。城墙守兵也是因此死了很多人。在城墙附近可以看到这样的惨象：被杀死的人血流成河，道路像被血雨冲过一般。

有传言说那时的土耳其人连杀害自己亲生父母的人都不会杀死，而是选择把凶手当作奴隶卖掉赚钱。如果知道对方不会反抗，他们会毫不犹豫地抓来当俘虏。于是，没有逃走的市民几乎全部成了俘虏。逃进圣索非亚教堂的人也没有反抗，按照手拿半月刀的土耳其兵的命令，被绳子绑成了一串。城里有很多专供修女修行的修道院，土耳其兵没有放过一个。修女中有几个不愿意落入异教徒手中而选择了死亡，投进了中庭的井里。不过，神职人员几乎都很遵循恭顺的美德，遵修道院长之命不抵抗，因而被土耳其兵俘获。不反抗而被杀的只有那些卖作奴隶也找不到买家的老人或吃奶的婴儿。

被俘获的人不分身份和男女一律排成两列，被普通绳子或女人用的丝巾绑成一串。只有在土耳其兵把有姿色的年轻男女从队列里拉出来的时候，才会听到几声哭泣的怒骂。其他时候，囚犯们简直老实得像一群羊，绝望的眼睛不知道在看着什么，任人牵走。

皇宫教堂等自不必说，就连老百姓的家也不能免遭抢掠。土耳其兵争着搬运物品，他们不感兴趣的物品都被当场损坏、烧毁。许多圣像被毁，十字架也被剜下装饰用的宝石后随处丢弃。

穆罕默德二世在自己的大帐中接见来访的加拉塔热那亚居留区的代表和被捕的拜占庭帝国的重臣们，一直忙到晌午时分。他最想知道的是皇帝的下落。

帝国的重臣们回答道：只听说皇帝是在战斗正酣时失踪的。不久，有两个土耳其兵被带上来，说他们斩下了皇帝的头颅并让重臣们看了他们捧来的头颅，重臣们一致认为那正是拜占庭皇帝。穆罕默德二世下令将这颗人头悬在圣索非亚教堂附近的圆柱上示众。那两个土耳其士兵补充说，被砍下头颅的那具尸体穿着缀有鹰徽纹章的袜子。穆罕默德二世并未表现出进一步的兴趣，对他来说，只要知道皇帝已死就足够了。

这一切结束后，年轻的胜利者在帷布后待了好一阵，为入城做打扮。他身披白绸大披风，内着白衣，腰束绿腰带，头戴白色头巾，上面有一颗巨大的绿宝石熠熠生辉，黄金打造的半月刀插在腰带上，金光夺目。

装扮完毕，穆罕默德二世命图尔桑把白马牵到大帐外。图尔桑一直以为，在这56天里，穆罕默德二世总是骑着黑马，胜利入城式上也一定会骑黑马，所以他怀疑自己的耳朵听错了。可一瞬间的工夫他便明白了主人的心思。侍童恭敬地行礼后退了出去，让马夫头目准备白马去了。

下午 2 点刚过，21 岁的年轻人带着大臣、将军和伊斯兰教高级神职人员，在新军军团精锐士兵的护卫下，从查瑞休斯门走进君士坦丁堡。仿佛是要细细品味现在已经属于自己的这座城市，他在大路上悠然地信马由缰，瞥都没瞥一眼那些忙于抢掠的士兵和沉默的俘虏队列。

来到圣索非亚教堂前的时候，穆罕默德二世从马上下来，弯下身子，抓起一把土撒在了自己的头巾上。图尔桑明白，这是平时傲慢的主人在向安拉表示谦逊。

苏丹随后徒步走进了大教堂。曾经挤满教堂的希腊人全都被带走了，只有几个老教士缩在角落里。看到一个土耳其兵正要撬教堂里铺地的大理石，苏丹第一次发出了愤怒的声音。苏丹恩准的是掠夺物品和人，但城市和城里的建筑则是苏丹的战利品。土耳其兵当即被赶走，苏丹穆罕默德二世对刚才蜷缩在胜利者怒吼声中的老教士们只说了一句话："回你们的修道院去吧。"

穆罕默德二世继续往教堂深处走去。他在铺满一面墙的彩色马赛克洪水图前欣赏了一会儿，然后回过头来对大臣们说，要立即把这座教堂改造成为清真寺。如果要改造成清真寺，马赛克画将被最先铲除。

很快有一位伊斯兰教高级神职人员登上讲坛，开始布教：真主至大。穆罕默德二世也走上讲坛，把额头贴在地上，向给自己带来胜利的神献上感谢的祈祷。

做完这些以后，苏丹走出圣索非亚教堂，顺道去了位于附近、已经荒废的旧皇宫，又看了一圈同样荒废已久的古老的大竞技场。然后，他经另一条大路走出佩格门，回到了自己的大帐。在此期间，既没有听见表示抵抗的喧闹声，也没有被征服的人挡在马前。

君士坦丁堡在苏丹穆罕默德二世的面前彻底屈服了。

拜占庭帝国从地球上消灭了，土耳其帝国取而代之。

第十章

尾声

战局接近尾声时，弗朗茨一心想着必须尽快回到主君身边，便下令召集起了城里的预备部队继续作战。君士坦丁堡陷落时，他和身边的希腊兵被蜂拥而来的土耳其兵包围，一起成为俘虏。他的身材毫不起眼，一如他那直爽朴素的性格。他也没有配备与其身份相称的武器。土耳其兵似乎完全没有发现刚刚抓到的这个人不仅是拜占庭帝国的财政大臣，还是皇帝的第一亲信。

弗朗茨被当成了一介士兵，同其他俘虏绑成一串，排成两列后被带到城外土耳其大营分配给了士兵。之后，他们就像一群牲口一样，在成了他新主人的土耳其士兵的帐篷外过了一个月。穆罕默德二世把管理这座刚刚征服的城市的工作交给一位重臣，自己则于 6 月 22 日离开君士坦丁堡回到阿德里安堡。弗朗茨也在长长的俘虏队伍中随胜利者去了阿德里安堡。据说因为囚犯太多，苏丹的白马消失在地平线以后，俘虏队伍的尾巴还没出君士坦丁堡的城门。

在这段时间里，弗朗茨满脑子想得最多的事情就是皇帝遗体的下落。皇帝英勇作战，最后战死的情况也像风一样在囚犯中间流传，没人置疑，但也没有一个人能说得准皇帝遗体的下落。弗朗茨无论如何不能相信，被捧到苏丹面前经希腊重臣们亲眼鉴定的头颅就是皇帝的。他自己已和其他俘虏被绑成一串，不可能去悬在圆柱上的那颗头颅前确认。弗朗茨心想，自己忠心侍奉的皇帝以这样的方式迎来了符合一国之君身份的死亡，君士坦丁十一世无愧为拜占庭帝国最后一位皇帝，只此一件事自己也足可欣慰了。

还有一件事情他放心不下，那就是寻找自己的妻子、儿子和女儿的下落。这几乎是所有当了土耳其囚犯的希腊人的心事。有心人不缺消息，他很快就了解到，妻子已经为其他土耳其人霸占。到达阿德里安堡后，他很快又知道了儿子和女儿的情况，他们在苏丹亲自选定的宫廷用奴隶之列。

弗朗茨成了苏丹马夫头目的奴隶之后，最先要做的事就是赎回自己的自由。居住在仍由希腊人统治的伯罗奔尼撒半岛的人，以及已经处在土耳其统治下的希腊人，都在尽力救援因君士坦丁堡的陷落而成为奴隶的同胞。在开始奴隶生活的第 18 个月，弗朗茨从他们中间的一个人那里借了钱赎回了自己的自由。接着，在了解弗朗茨长年献身工作的人们的大力帮助下，他的妻子也被赎回。

可是，关于儿子和女儿，弗朗茨却得到了悲伤的消息。女儿被送进了苏丹的后宫，不久便死在了那里。他还被告知，14 岁的儿子也因拒绝苏丹的命令而被杀害。

弗朗茨已经没有意义，也没有必要继续留在土耳其人的国度了。他与妻子相伴，投靠了领有伯罗奔尼撒半岛部分领土的拜占庭皇帝的弟弟托马斯·帕里奥洛加斯。他在那里被授予官职，定居下来。1460年，穆罕默德二世征服了这个地方，他便随托马斯逃亡到了威尼斯领土科孚岛。后来几年，他作为帕里奥洛加斯流亡政权的一员，被派往罗马和威尼斯等意大利各国担任使节。1468年妻子去世后，他便进了修道院，过起了修道士的生活，动笔写作《回忆录》[1]直到1477年去世。由于弗朗茨的地位，这份回忆录一直是了解拜占庭帝国最后时日的希腊方面最重要的史料。

弗朗茨认为宰相诺塔拉斯是让自己无比敬爱的皇帝陷入困境的罪魁祸首，心中窃恨。可诺塔拉斯后来的命运却极具别种意义上的戏剧性。

诺塔拉斯率重臣倒戈投降，他的身份，在谁的眼里都是明明白白的。人们传说，拜占庭宰相捧着金币和财宝跪在征服者面前。且不论这是否是事实，当时穆罕默德二世的确厚待了诺塔拉斯和其他投降的重臣，还探望了病中的诺塔拉斯夫人，因此使得诺塔拉斯这名身份高贵的囚犯对自己的命运抱有光明的希望。可是，

---

1 弗朗茨有两部《回忆录》存世，一部名为“*Chronicum Minus*”（《小编年史》），记载1413年至1477年的生活，大体相当于其生活的年代；另一部名为“*Chronicum Majus*”（《大编年史》），包括了整个帕里奥洛加斯王朝的历史。不过有研究指出《大编年史》系后人托伪之作。

似乎有人在苏丹的耳边嘀咕，说诺塔拉斯的儿子是世上罕见的美少年。苏丹很快就派使者前来，命他把儿子交出来。

诺塔拉斯宰相也是皇族，事既至此，他身上流淌着的拜占庭帝国贵族的血液觉醒了。宰相断然拒绝了胜利者的命令。这当即引起了苏丹的不快：全家斩首！为了不让儿子看见父亲死在眼前而产生动摇，诺塔拉斯让前来行刑的土耳其兵先处死儿子。见儿子和同龄的堂表兄弟被斩首后，他自己也把头伸了过去。其他重臣也因此尽皆被杀。不过，穆罕默德二世早已经有根绝帝国统治阶级的想法，这个结局的来临似乎只是时间问题。

皇帝是单身，在其母去世以后，诺塔拉斯夫人就贵为拜占庭宫廷的第一夫人，她病死于被押往阿德里安堡的途中。诺塔拉斯家族幸存下来的只有早在围城开始前就带着财产逃去威尼斯的女儿一人而已。

伊斯多尔枢机主教遭到反对东西教会联合派的憎恨，即使一同参加作战会议，诺塔拉斯也根本不曾理睬过他。他在城破时也成了一名土耳其兵的俘虏。他头部受伤，为疗伤，眼睛以上全都裹着绷带，而且他把自己华丽的装束换成了乞丐的衣服，没有一个敌人注意到他就是苏丹继拜占庭皇帝之后最想知道行踪的罗马教皇的代理人。据传说，那个不幸换上他的华丽的服装的乞丐当即就被砍了头。

事实证明，伊斯多尔后来也很命大。因为土耳其兵希望尽快得到现金，所以他们把包括伊斯多尔在内的一群俘虏押到加拉塔的热那亚居留区去卖掉，因而主教没有被押去阿德里安堡。热那亚人买下这批俘虏后便立即给了他们自由，虽然这些热那亚人似乎并不知道这其中有伊斯多尔。在此后 8 天的时间里，伊斯多尔一直在热那亚居留区里辗转躲藏。但是，苏丹要求居留区投降，居留区归土耳其统治后，主教再次身处险境。

枢机主教装扮成下层希腊人，乘上前往小亚细亚的土耳其船逃了出去。抵达小亚细亚的港口后，一路艰苦旅行，他终于走到了热那亚殖民地福恰。可就在这里，有几个居民认出了他。这地方虽说是热那亚领土，但却是一座漂浮在土耳其领土上的陆地孤岛，这足以让伊斯多尔产生恐惧。他决心逃出去，好不容易雇到一条小船，成功地逃到了热那亚领土希俄斯岛。可是这里认识他的人太多，他仍放心不下，于是向一艘即将起航的威尼斯船求助，搭着这艘船抵达了克里特岛。此时他心里的石头终于落了地，克里特远离土耳其，还是明确高举反土耳其大旗的威尼斯的殖民地。

伊斯多尔在克里特一直逗留到 6 月底左右。他在这里一共写了五封信，向各方通报君士坦丁堡陷落的情况。其中，两封信是给教皇的，一封信是给盟友贝萨里翁枢机主教的，一封信是给威尼斯共和国元首的，最后一封信像是给全体天主教徒的。

一般认为，他于当年 11 月底经威尼斯回到罗马。在罗马，他为组建抗击土耳其的十字军而奔走，可惜没能等到实现便去世了，那正是君士坦丁堡陷落 10 年后的 1463 年。

格奥尔基奥斯不像诺塔拉斯宰相那样消极地反对东西教会联合，而是公开而积极地反对。君士坦丁堡陷落时，他也成了俘虏。每个土耳其兵都知道，教堂和修道院都是财富的所在，所以格奥尔基奥斯所在的修道院也遭到了彻底的洗劫。修道士们忠实执行了格奥尔基奥斯不得抵抗的命令，乖乖地成了土耳其兵的战利品。

在被押往阿德里安堡的途中，格奥尔基奥斯全心全意地激励已经成为囚犯的同胞们，为这些不幸的人祷告。格奥尔基奥斯尽管身上裹着粗糙的教衣，但体格健硕，仪表堂堂，洋溢着高贵的风格，连土耳其兵心里都莫名地感到自己矮了一截，甚至为了满足他要给途中走不动的人和即将迎来死亡的人做临终祷告的请求，解开了他手腕上的绳子。

不过，穆罕默德二世并不知道格奥尔基奥斯究竟是什么立场。他派人四处打探他的下落，却一直没能了解到这个修道士的所在。直到查出格奥尔基奥斯正在阿德里安堡一个富裕的土耳其人家中做奴隶后，苏丹立即派人把他召到面前。

穆罕默德二世想要夺取君士坦丁堡并不是仅因为自己年轻气盛而盲目地想完成其父也未曾有的功绩。这位 21 岁的土耳其年轻人认为，如果想把拜占庭帝国的原有领土即整个东地中海世界全部据为己有，就必须把既是第一交通要塞又是首都的君士坦丁堡弄到手。因而他最想要的就是“那座城市”。

年轻的苏丹已经决定，要把自己缔造的大帝国的首都放在君士坦丁堡，而不是阿德里安堡。因此，只把不善经营大城市的土耳其人移居到君士坦丁堡并不够。无论如何他都需要希腊人，那些在东地中海世界经验丰富的希腊人。

但是，希腊人要进入这座城市，就必须成为苏丹的臣下。苏丹可以承认他们希腊正教的信仰，确保他们的人身安全和自由，作为交换，他们必须最终承认土耳其人的统治。穆罕默德二世确信，能协助自己实现这个想法的合作者除格奥尔基奥斯之外别无他人。

苏丹召见了格奥尔基奥斯，与其说是命令，不如说是恳请他担任君士坦丁堡的大主教。如果当上君士坦丁堡的大主教，就会成为整个希腊人世界的最高精神领袖。格奥尔基奥斯起初似乎相当犹豫，但最终还是决定接受这项艰难的任务。他与苏丹达成了协议：君士坦丁堡人将享有已经处在土耳其统治之下的各国希腊正教徒所享有的权利，承认土耳其的统治，尊重土耳其定期征召年幼的希腊少年进新军军团当兵的习惯；苏丹则保证君士坦丁堡人包括宗教仪式上的自治在内的信仰自由和人身安全。

格奥尔基奥斯自 1454 年 1 月至 1456 年春担任大主教。在此期间，教堂不断地被改造成清真寺，就连大主教的主教堂也得不断辗转迁移。在这种情况下，他不但为维护被强制迁到君士坦丁堡来的希腊人操碎了心，还不断给那些身处土耳其统治之下却依然信奉希腊正教的人写信，提出了很多建议和诉求。穆罕默德二世对格奥尔基奥斯的深厚学识心怀敬意，经常造访他。据说，每次造访时大主教向苏丹说教的基督教信仰原理很快就会被翻译成土耳其语向外传播。

格奥尔基奥斯在1456年夏到1457年辞去大主教职务，进了阿托斯山[1]的修道院。可是他无法拒绝穆罕默德二世的邀请，在1460年到1464年再度担任了大主教。在此期间，他内心仍然一直向往毫无牵挂的修道院生活。自1465年起，他又过上了修士的生活。他于1472年去世，去世时只是一介普通的修士。而在成为土耳其帝国首都的君士坦丁堡，城中林立的清真寺宣礼塔取代了钟楼。

格奥尔基奥斯还写下了不朽名篇《论攻占君士坦丁堡——写给有信仰者的一封信》。

时至19世纪，以希腊人为主体的希腊正教徒摆脱了过去长达400年的土耳其人统治，获得了独立。他们的坚韧不拔证明，格奥尔基奥斯为维护信仰的纯洁和统一不惜亡国的思想要比伊斯多尔为救国而在宗教方面做出妥协亦属无奈的思想更加长久。难道不是这样吗？如果排除了宗教狂热，人们的信仰之情就会变得平淡。但有时宗教狂热反倒比理智在持续维持坚强的信仰方面更为有效。事实上，这样的例子实在太多了。

1　阿托斯山位于希腊东北部濒临爱琴海的阿托斯半岛，面积约为335平方千米，周围散布着20多座修道院，是东正教的圣地，又称“圣山”。阿托斯山禁止任何女人进入，是在希腊享有高度自治的所谓“独立宗教国”。1988年被联合国教科文组织认定为世界文化遗产。

不过，土耳其统治下的希腊正教徒与更加重视殉教愉悦而成为猛兽饵食的早期基督教徒以及因拒绝“绘踏”[1]而被迫赴死的日本基督教徒并不一样。他们会在对信仰不重要的事情上做出妥协，而在其他方面不断忍受，以此坚守自己的信仰。土耳其民族虽是伊斯兰教徒，但在宗教方面他们还是宽容的。格奥尔基奥斯应该敏锐地洞悉了这一点。

乌贝尔蒂诺生于布莱西亚，是格奥尔基奥斯的弟子。尽管他敬重格奥尔基奥斯，但最终还是按西欧人的方式在行动。破城时，他也成了俘虏。从他守卫的佩格门到金角湾距离很远，他如果能走到那里，上了等候的威尼斯船，便能得救。可是在途中，他被一群土耳其兵团团围住。抓到他的土耳其兵是一群一心只想早早地把钱弄到手的家伙，于是把他卖到了热那亚居留区。一个佛罗伦萨商人买了他，两人约定好买他的钱以后由他的父母偿还。

再度获得自由的乌贝尔蒂诺乘船回意大利。但他运气不好，途中遭到伊斯兰海盗的袭击，不是要被卖身为奴，就是要戴着枷

1　日本江户时代的德川幕府自 1612 年起禁止基督教，迫害传教士和信徒，强迫信徒改教。绘踏（えぶみ）即为信徒弃教的一种仪式，让信徒用脚踩踏刻有圣母马利亚或耶稣画像的木板或铜板以示弃教。1635 年以后绘踏发展成为一种制度，在长崎等地，每年正月 4 日至 8 日，当局让各户民众绘踏以甄别其是否为基督教徒，拒绝绘踏者即被视为基督教徒予以逮捕处刑。这一方法也用于测试进入日本的外国人是否为基督徒。直到明治维新时期的 1873 年，随着明治政府对基督教的解禁，绘踏才被彻底废止。

锁在加莱舰上当一辈子划桨手。就在这时，圣约翰骑士团[1]突击了海盗船，使他又一次得救。他在骑士团的根据地罗得岛短暂停留，便经克里特回到了威尼斯。他在故乡布莱西亚只作短暂停留便去了罗马，因为卡布拉尼卡枢机主教招他去做秘书。

他似乎在罗马逗留了3年。在这期间，他创作了题为“君士坦丁堡”的长篇叙事诗。乌贝尔蒂诺亲眼见到了一个帝国、一个文明的灭亡，这给学习古典文化的他留下了强烈的印象，使他不能不以某种形式留下些什么。后来他回到了故乡，教授和翻译希腊哲学，创作诗歌，过着恬静的生活。一般认为，他卒于1470年。

商人特达尔蒂对古典文明之类的话题毫无兴趣，也不特别关心天主教和希腊正教是否联合。但他参与了君士坦丁堡陷落这样的大事件，在希望把情况传播出去这点上，他与其他的“现场证人”并无二致。

城市陷落时，这个佛罗伦萨人惊恐得忘记了自己不会游泳，跳进了大海，反倒因此获救。6天后，他乘船来到威尼斯海军基地所在地内格罗蓬特的港口。威尼斯人在这里协商今后的对策，想回到祖国本土的他不得不等着，便和恰巧逗留于此的一个法兰西

1 圣约翰骑士团，全称耶路撒冷圣约翰医院骑士团，又称医院骑士团，为罗马天主教军事修会，是历史上由教皇组织的三大骑士团之一，成立于1099年。起初主要由意大利骑士组成，保护及救护朝圣者、照料伤患。曾在耶路撒冷建有医院，并以附近施洗约翰教堂的名字命名。该团曾积极参与十字军东征，十字军东征失败后，先迁往罗得岛（1310—1532），后迁马耳他（1530—1798），故有“罗得岛骑士团”和“马耳他骑士团”等称呼，其事迹详见《罗得岛攻防记》。

人聊起了君士坦丁堡攻防战。

这个法兰西人很快把特达尔蒂讲的故事翻译成了法语，寄给了阿维尼翁的大主教。转瞬之间，这篇文章在法兰西人中间广为流传，成为一篇檄文，号召各国以原本有着旺盛十字军精神的法兰西为核心，组成十字军。文章甚至受到教皇尼古拉五世的推荐，发挥了很大作用。所以佛罗伦萨商人特达尔蒂在法兰西要比在祖国意大利更为有名。15 年后的 1468 年，特达尔蒂那简洁且缺乏文学味道的故事经过提炼加工，成为法兰西关于君士坦丁堡陷落的最权威的史料。

我们还能找到特达尔蒂自 6 月 4 日抵达威尼斯至 7 月 5 日离开那里去佛罗伦萨的消息，但没有任何史料能让我们知道他此后的情况。他大概苦笑着在故乡默默无闻地度过了余生，虽然他在法兰西已成了名人。

威尼斯和克里特的船队离开已经不再是拜占庭帝国首都的君士坦丁堡之后，顺着正好刮来的北风满帆全速南下，于第六天早晨进入了内格罗蓬特港口，自此才完全摆脱了被土耳其舰队追击的恐怖。按照总指挥狄多的判断，他们没有去增援准备并不充分的最前线基地特内多斯岛，而是径直来到了安全的内格罗蓬特。狄多并不知道，从威尼斯出发，原计划支援君士坦丁堡的隆戈指挥的 15 艘船就在特内多斯岛上。

人们把内格罗蓬特视为与科孚岛、莫顿和克里特并列的威尼斯为维持其在东地中海制海权而设的最重要的海军基地，但特内多斯岛却是抗击土耳其的最前线基地。本该前去救援君士坦丁堡的威尼斯舰队停泊在港内，像是只等出港命令似的。

此时传来了首都陷落的消息。驻内格罗蓬特舰队总司令洛莱丹接到狄多这些生还者的详细报告后，立即派出快船向威尼斯政府发出了通报。

几天后，逃出来的船把重伤员留在内格罗蓬特。克里特船继续南下回克里特，而只有两艘乘员能经得住至少 20 天航程的威尼斯船出发回祖国。狄多担任指挥，尼科洛在狄多的船上，特达尔蒂则在另一艘船上。

两艘威尼斯加莱舰在伯罗奔尼撒半岛南端的基地莫顿靠港一天，正遇到从勃兰登堡前往巴勒斯坦的朝圣者乘坐的船只。估计这些人一定会把拜占庭帝国这个基督教徒在伊斯兰教徒大海上的最后堡垒灭亡的消息带去圣地。

6 月 29 日，洛莱丹派出的快船在威尼斯靠港。西欧在君士坦丁堡陷落一个月后首次得到了这个重大消息。威尼斯政府当即向各国派出紧急使节，将这则“特别新闻”通报给罗马教皇、那波利国王、热那亚首脑、佛罗伦萨首脑、法兰西国王、德意志的神圣罗马帝国皇帝、匈牙利国王等。需要保护商业权益的热那亚和威尼斯，以及出于宗教原因维护拜占庭的罗马教皇都刚刚决定批准正式的财政支出去救援君士坦丁堡。君士坦丁堡陷落的消息不啻晴天霹雳。没有人会料到那道最坚固的城墙会被攻破得如此迅速。

5 天后，狄多、尼科洛，还有特达尔蒂等“现场证人”来到了威尼斯。狄多当即被内阁会议召去做了详细报告。在随后立即召开的元老院会议上，他又做了同样的报告，还回答了议员们的提问。不过在这个阶段，人员的伤亡情况还只局限于攻防战中的战死者人数。在威尼斯，即使是商船的一个船长，在遇到这种情况回国后，如有要求都有义务做报告。狄多在长达 20 天的航程中，也一定已经写好了详细的报告，事先做了准备。威尼斯政府在收到他的报告后才开始正式研究对策。

威尼斯在这种时候也还是会选择软硬兼施的对策。硬的一手是立即派出紧急使节去内格罗蓬特，命洛莱丹总司令让其舰队保持战备状态，同时命令特内多斯的隆戈指挥15艘舰船返航爱琴海，希望用此举表明一旦土耳其有南下的迹象，威尼斯将为维护其在爱琴海的制海权而不惜一战的坚定决心。进入临战状态的命令也飞一般地传到了科孚岛、莫顿、克里特各海军基地。国内的造船厂正在建造 17 艘加莱舰，但元老院认为这还不够，又决定再新造 50 艘船，并为此通过了决议，为造船临时拨出 52 500 达克特。

然而，威尼斯是以商立国，靠与别国进行贸易而生存，不能一味采取强硬的态度。政府把过去派去洛莱丹身边的特使马尔切洛的谈判对手从拜占庭帝国换成了土耳其，并给马尔切洛加了一道命令，命他立即去见身在阿德里安堡的苏丹，并授予他 1 200 达克特的经费，让他用这笔钱送礼。同时，政府还给了他一道指令，让他告诉苏丹，参加君士坦丁堡攻防战的威尼斯市民均以个人身份参战；作为国家，威尼斯从未想过要破坏与土耳其的友好关系，政府为他们的行为深感遗憾。

威尼斯的当务之急是通过特使恢复与土耳其一贯友好的通商关系。为此，政府甚至允许马尔切洛特使不追讨任何损失，在战斗中战死的人自不必说，威尼斯居留区内的仓库、会馆、滞留在金角湾内被俘获的商船上的货物以及因君士坦丁堡陷落而蒙受的总额高达 40 万达克特的损失，如果能重启通商关系，连这笔巨额损失都可以不必再提。

正如身在国外的每个威尼斯人都确信的那样，即使他们的牺牲因为国家的利益而被湮没于黑暗之中，祖国的人民也不会忘记他们。威尼斯眼下虽然优先考虑了国家的利益，但并未疏于对他们所付出的牺牲做出回报。

就在拨款给苏丹送礼的决议通过 5 天后，元老院决定让威尼斯驻君士坦丁堡大使米诺托的儿子乘坐计划最近起航的阿里蒙达号前往君士坦丁堡，打探大使的消息，如果大使被俘就尽一切可能为其恢复自由。这说明在 7 月 7 日之前，威尼斯政府并未有米诺托的确切消息。

翌日，元老院同样又通过了一个决议，向作为夜袭敢死队队长战死的科科船长的儿子们支付年金，为其女儿支付嫁妆钱，这些均从国库支出。

在 8 月 28 日的元老院决议事项中还能看到这样的决议：米诺托大使的女儿结婚时，国家将支付 1 000 达克特嫁妆钱；如其不出嫁而进修道院，则支付 300 达克特的慰问金。元老院同时决定，每年向陷落时乘威尼斯船逃出来的大使妻子和一个儿子各支付25达克特年金。

这说明在君士坦丁堡陷落两个月之后，威尼斯政府终于确认了米诺托大使已经与他的一个儿子一同被斩首的消息。同时被斩首的还有威尼斯居留区的另外7位实权人物。穆罕默德二世没有原谅堂而皇之地打着国旗抵抗土耳其的威尼斯居留区。

不过，元老院并没有做出决议要向除米诺托以外的7个牺牲者的遗属支付终身年金。这是因为，米诺托虽是贵族却不属于富裕阶级，而其他7人既是贵族，同时也是有名的富翁，元老院将这两者做了区分。在威尼斯共和国，担当国政这一阶层的人被称为贵族，但伴随着这种权利的义务则是必须时刻站在第一线，奋不顾身地为国家而战。

既已形成这种体制，其必然的结果就是元老院不会忘记保证那些船员遗属的生活，因为他们既非贵族，亦非富人。单从得知君士坦丁堡陷落当年年底以前元老院的决议事项来看，我们就可以看到那里面写满了每当消息确认便做出的支出决定、为遗属支出的年金和为赎回被俘人员支出的赎金。也正是根据12月10日元老院的决议事项，后世得以了解到加布里·特莱维森司令的确切消息。

特莱维森在破城时被捕，由于家属支付不起350达克特的赎金，于是元老院在那天决定，从国库中支出这部分赎金。

没有史料显示特莱维森何时回到祖国。但是在第二年秋天站在最前线抗击土耳其的海军将领名单中，我们又见到了他的名字，我猜他应该又重操旧业了，只是“加布里”这个名字是特莱维森家族中男子常用的名字，这位加布里是其他人也未可知。

再说说跟着狄多的船早早回到祖国的尼科洛医生。没有史料显示他此后的经历，也许他会重操医生的旧业。在威尼斯，远距离航行的船只即使只是商船也必须配备船医。在高级船员的名单中，尼科洛·巴尔巴罗这个名字出现的频率并非那么低。巴尔巴罗家族的男性多用“尼科洛”这个名字，因此我们必须充分考虑到这是其他人的可能性，还应考虑到用这名字的人并非船医的情况。不过可以肯定的是，跟随特莱维森一起去过君士坦丁堡的这位尼科洛·巴尔巴罗撰写的《君士坦丁堡攻防战日记》（*Diary of the Siege of Constantinople 1453*）留传了下来。

这篇日记从进入攻防战前的情况开始写起，记录了攻防战过程中几乎每天发生的事情和作者的观察，甚至记有他回到威尼斯国内后才判明真相的事实。从这点上看，这部日记是在回国后一年左右的时间里根据在君士坦丁堡每天写下的备忘录写成的。正因为有了这部日记，后世的人才得以了解君士坦丁堡攻防战每天的进展情况。如果只读尼科洛以外其他“现场证人”的记录，即使我们可以了解攻防战中发生的许多事件，但恐怕连同时代的人也无法准确知晓那些事件发生于哪一天，更遑论我们这些后世之人了。

而且，尼科洛的记述十分准确，这使得他的记录在历史重要性这点上相比其他人的记录格外出色。例如，后世的研究已经证明，尽管这位威尼斯医生并未直接守卫陆墙，但他所记录的有关土耳其军队战斗力的数字却最接近真实。

然而，这份关于君士坦丁堡攻防战最准确、最冷静的记录在当时的普及度似乎非常低，不及震惊了罗马教廷的伊斯多尔所写的信，也不及在罗马知识阶层获得好评的乌贝尔蒂诺的长诗，更不及在法兰西为鼓舞十字军精神而用于宣传的特达尔蒂的故事。在 1837 年作为重要史料被收进威尼斯马尔恰那图书馆以前，这部记录一直躺在巴尔巴罗家族的史料室里睡大觉。因此，于 1783 年完成《罗马帝国衰亡史》的创作，并以君士坦丁堡的陷落结束全书的史学家吉本虽然充分利用了希腊方面的史料，却并不知道尼科洛这部日记的存在。

据说狄多在元老院所做的报告的底本现在已经失传。不过，根据破城时尼科洛陪同狄多一起去过加拉塔的热那亚居留区，以及船医在威尼斯船上有较高地位的惯例，我有充分理由认为，狄多的“报告”应该是在从内格罗蓬特到威尼斯的 20 天航程之中准备的，而同船的尼科洛在报告编写过程中起了重要作用。果若如此，便可推测，至少威尼斯的当政者们读过尼科洛冷静且准确的观察记录。除了两三处可以认为是想法不同的错误和时而爆发出来的反热那亚情感以外，威尼斯的这位船医所写的《君士坦丁堡攻防战日记》是有关拜占庭帝国最后时日可信度最高的史料。考虑到攻防战中热那亚人的暧昧行动，尼科洛的愤慨也并没有超出一份客观的记录所能允许的范围。非但如此，我们还可以说，这反倒有助于生动地传递感情。

朱斯提尼阿尼一直坚持站在攻防战第一线。他虽然年轻，虽然是被金钱雇来工作的佣兵队长，但他却是唯一一个受到一贯反感热那亚人的希腊人和竞争对手威尼斯人确确实实尊敬的热那亚人。然而到了最后时刻，他却因瞬间的迷茫而前功尽弃。

他放弃了战场，被抬回了自己的船上得到救治。他的船逃出金角湾后，与那些决定在海湾外等到日落以救出可能晚到的热那亚难民的船共同行动。在此期间，对于君士坦丁堡陷落时传来的异样气氛，对于海湾里失去逃出机会的友船逐一遭到土耳其兵袭击抢掠的场景，他无法做到充耳不闻，闭目不见。

虽然一直在朱斯提尼阿尼手下打拼的佣兵们并未对自己的队长失去敬爱之心，可是，其他的船员虽也是热那亚人，却对这位著名同胞最后的行为表示出毫不掩饰的困惑。这种态度可比大量失血对自信满满的年轻将领造成的伤害更大。扬帆离开君士坦丁堡 3 天之后，朱斯提尼阿尼在船上离世。

同样是热那亚人，陷落后的不安和无助交相袭来，每天都使加拉塔居留区的长官洛梅利诺痛苦不堪，仿佛跌进了地狱。

5 月 29 日，闻报城墙已被土耳其军突破，他当即向苏丹的阵营派去使节，陈诉热那亚居留区一直保持中立的事实。那天，穆罕默德二世接见了使者，却没有说什么。可是两天以后，穆罕默德二世对应传唤前去的居留区代表下令，命令居留区投降。在形式上，居留区与扎加诺斯帕夏之间缔结媾和协议，以后居留区的行政由居民选出的长老们管理，但一切都须得到土耳其的许可。这只能说是事实上的投降。第二天，洛梅利诺亲自前往，完成了与扎加诺斯帕夏之间媾和协议的签署。第三天，一队土耳其兵跑过来，拆毁了居留区周围的城墙，居留区的人们只能一声不响地看着。200年来，加拉塔的热那亚居留区一直享有比以君士坦丁堡为基地进行通商活动的其他西欧人更加有利的地位，城墙是居留区繁荣的象征。现在，这座城墙消失得无影无踪了，只残留下最高的那座塔楼。

据说君士坦丁堡的陷落给威尼斯居留区造成的损失总额达40万达克特，而热那亚的损失少算也得有50万，如果包括不动产，轻易就会超过百万。威尼斯早已把在东地中海贸易的主阵地转移到埃及的亚历山大里亚，以避开与竞争对手热那亚的抗争。但热那亚却不一样，它把通商的全部力量都投到了君士坦丁堡和黑海方面。拜占庭帝国的灭亡使热那亚的商业活动受到了致命的打击。

穆罕默德二世于1475年成功攻占了卡法。到了1566年，土耳其又占领了希俄斯岛。这相当于把热那亚从东地中海贸易中彻底赶了出去。不过，热那亚船员的航海技术极其优秀，他们的眼光从此转向了西地中海，进而转向了大西洋。这也不能不说是拜土耳其年轻人非凡的征服欲所赐。

虽不能说洛梅利诺富于决断力，但他却是一个坦诚的长官。从此以后，在他的个人生活中便都是一些丧气事。他没有子嗣，原本指望外甥继承家业，可外甥被土耳其俘虏后改信了伊斯兰教。

事实上，在居留区里的热那亚人中，不少商人为了活命而改信了伊斯兰教。洛梅利诺与居留区里有心的同胞一道，为使被抓去做了奴隶的基督教徒们早日恢复自由而绞尽脑汁地筹措赎金。正当其时，自己看走眼的外甥改信伊斯兰教后获得了自由，洛梅利诺不得不放弃这个继承人。洛梅利诺早已超过 60 岁，而加拉塔已经再也没有什么东西值得他留下来了。

本应在攻防战开始前到任的新任长官终于到了希俄斯岛。消息传来，洛梅利诺便离开加拉塔，来到希俄斯，向新任说清诸事，9 月底完成了交接。未久，他便搭船回了国内。没有确切的史料显示他回到国内后的情况。不过，还在希俄斯的时候，他给住在国内的弟弟写的一封长信被保存了下来。信中从居留区的视角叙述了攻防战的情况，讲述了加拉塔的热那亚居留区处境如何困难，以及在这样的困境中居留区里的许多热那亚人为帮助被包围的君士坦丁堡如何尽可能地提供援助。然而结果却是洛梅利诺以及居留区的其他热那亚人和西欧各国一样，都不得不为自己对穆罕默德二世的错误估计而付出代价。

塞尔维亚的骑兵尽管是希腊正教徒，却不得不加入土耳其军参加攻占君士坦丁堡的战斗。可是两年不到的岁月就让他们明白，自己的牺牲全属徒劳。

塞尔维亚按照苏丹的要求提供了 1 500 名骑兵，换来的回报却是 1455 年穆罕默德二世对塞尔维亚的进攻。这一年，被派到塞尔维亚南部诺沃布罗多的米哈伊尔被打来的土耳其军俘虏，跟两个弟弟一起被押送至小亚细亚的土耳其军团。在那里，他们也许是为了生存而改信伊斯兰教，被编入了新军军团。他才25岁，尚年轻，成了军务奴隶，在此后的8年中一直过着新军军团士兵的生活。这个时期，借着灭亡拜占庭帝国的余威，穆罕默德二世的领土扩张政策所向无敌，进展顺利。米哈伊尔也随着土耳其战线的推进每日南征北战。

时间到了1463年，他和军团一起驻扎在波斯尼亚期间发生了一件事。当时，匈牙利国王马加什一世[1]以基督教国家陆军中唯一能与土耳其作战的勇将之名而名声大噪，土耳其军在与其对垒时陷入劣势，米哈伊尔所在的队伍被匈牙利兵包围。米哈伊尔判断这是恢复自由的好机会，便向匈牙利军投降。他也在这一年恢复了基督教徒的身份。

此后他仍旧过着士兵的生活。作为一个塞尔维亚人，他已经没有祖国可回。于是他听从劝告，决定加入匈牙利军队作战，转战于匈牙利、波斯尼亚、摩拉维亚和波兰。1490年至1498年，他在波兰将自己的经历写成回忆录。其时，曾经的塞尔维亚年轻

1 马加什一世（Matthia I Corvinus，1443—1490），匈牙利国王（1458—1490年在位）。其父匈牙利摄政王雅诺什·匈雅提于1436年在与奥斯曼土耳其帝国的贝尔格莱德之战中染鼠疫去世。其后匈牙利国内叛乱，马加什一世于1458年被推举为国王。他登基后平定大贵族的叛乱，统一全国，并在军事、政治、经济和行政等方面实行改革，组织雇用常备军“黑军”，加强法制，改革税制，发展城市工业，推动科学和文化发展，建立了匈牙利最大的图书馆和第一所大学。他对外扩张，多次打败奥斯曼土耳其帝国和神圣罗马帝国，占领了奥地利的大部分地区，建都维也纳，使匈牙利成为东欧仅次于奥斯曼土耳其的第二号强大国家。

骑士也已经年过花甲。由于作者的特殊经历，米哈伊尔的《回忆录》被称为《波兰新军日记》[1]。

人们常常会以某件事为契机，把以往对某个人物的评价做180度的翻转。人们常说穆罕默德二世不够成熟，沉湎于狂妄不羁的野心，充其量能只守住父亲遗下的领土。然而，攻陷君士坦丁堡使他成为一代枭雄。

君士坦丁堡陷落后，威尼斯共和国为了与这个年轻的胜利者改善关系，当即派去了特使马尔切洛。随行的副官兰古斯奇记录了在长达8个月的交涉中留下的印象。

“穆罕默德苏丹22岁，个子高于一般人，身材匀称。他长于带兵，不苟言笑，给人以威严而非亲切的感觉。他谨慎而不为任何偏见所惑，言而必行，行必大胆。

“他渴望亚历山大大帝那样的荣耀，每天让奇里亚科·德·安科纳[2]和另一位意大利人为他读罗马史。他喜好希罗多德[3]、李维[4]、

---

1 米哈伊尔·康斯坦丁诺维奇原著的英文名为 *Memoirs (in Old Janissary)*，又名 *The Diary of the Polishi Janissary*。

2 奇里亚科·德·安科纳（Ciriaco d'Ancona，约1391—约1495），原姓 Pizzicolli，出生于安科纳，意大利文艺复兴时期古文物研究专家。他曾接受罗马教皇等人的资助前往中近东地区游历，收集了大量的古代铭文、手稿等文物。他被誉为文艺复兴时代古铭文学领域最博学、装备最好和工作精良的研究家。

3 希罗多德（Herodotus，约公元前484—公元前425），古希腊历史学家，被誉为西方历史学之父。他年轻时曾长期游历、考察过广大地区，其《历史》（*Histories*）一书是西方第一部较为完备的历史著作。

4 提图斯·李维（Titus Livius，公元前59—公元17），古罗马著名的历史学家，著有历史学巨著《罗马史》（又称《建城以来史》）。

库尔提乌斯[1]等人的历史著作以及教皇传记、皇帝评传、法兰西国王和伦巴第国王们的故事。他会说土耳其语、阿拉伯语、希腊语和斯拉夫语，并熟悉意大利地理。他有一份地图，从埃涅阿斯[2]居住的地方到教皇居住的都城、皇帝宫殿所在的城市、全部的欧洲国家等等，都分别着色，标有记号。

“他对统治有特别的欲望，对地理和军事技术表现出最强烈的关注。他会非常巧妙地对我们这样的欧洲人进行诱导式的提问。

“如此棘手的人物是我们基督教徒今后必须面对的对手。”

不仅如此，这位富于才华的年轻人还经常率领人数超过10万的军队。在当时的欧洲，没有一个国家能够征召如此数量的士兵。

大炮的威力也让西欧的君主们不得不睁眼正视。西欧不是没有大炮。早在150多年前，威尼斯就已经为船只装备了大炮。但穆罕默德二世是第一个关注到大炮的真正威力并充分加以利用的君主。大炮摧毁了号称当时最坚固的君士坦丁堡的三道城墙，没有比这效果更好的示威了。实际上，由于兵力不足，守军只顾得上防守防御栅栏和外城墙，而最为坚固的内城墙却几乎完好无损地保留了下来。

1　昆图斯·库尔提乌斯·鲁夫斯（Quintus Curtius Rufus），古罗马历史学家，生卒年及生平事迹不详，写作年代大约在克劳狄乌斯皇帝时代（41—54）。他只有一部《亚历山大史》（*Histories of Alexander The Great*）的残本留传下来。

2　埃涅阿斯（Aineas），希腊及罗马神话中半人半神的英雄人物，是特洛伊王子安基塞斯与爱神阿佛洛狄忒（相当于罗马神话中的维纳斯）的儿子。传说埃涅阿斯是特洛伊战争中特洛伊的将领，特洛伊失陷后逃往意大利，作为罗马建国的始祖为古罗马人所敬仰。古罗马诗人维吉尔在《埃涅阿斯记》中描述了这段故事。埃涅阿斯的事迹还见于荷马史诗《伊利亚特》和莎士比亚的《特洛伊围城记》等作品中。

不过，当时对情况了解到如此程度的人数有限，大炮这种兵器摧毁了君士坦丁堡的三道城墙的说法传遍了欧洲的各个角落。翌年，威尼斯元老院迅速通过预算大量生产大炮。以威尼斯为首的各国竞相行动，开发这种新式兵器。当然，筑城技术也同时发生了革命。

到欧洲和中近东旅行，无论走到何处，你所见到的城墙和城堡可大致分为大炮广泛使用以前或以后建成的这两类，一眼便能看出这两者之间的区别。城墙比较单薄，高高直立在地面上的属于前者；而城墙比较厚实，高度不很高，建造扎实，像在地上扎根，下半部分向上缓缓倾斜的属于后者。从半腰往下建成缓坡是考虑遭到炮弹直射时能够多少减缓冲击。不用说，罗得岛的圣约翰骑士团和威尼斯共和国最早引进了这种城墙构筑法，它们将会正面迎接土耳其的攻势。

大炮这种新兵器的出现，让从头顶到脚尖裹着钢铁铠甲、靠职业战士的荣誉生存的中世纪骑士阶级彻底跌落到毫无用处的境地。任何人都能学会操作大炮，完全不需要御马、操枪等只有通过长年训练或是有天生特权才能掌握的能力。在组成队形靠人数冲锋的步兵和操纵大炮的炮兵这两种业余团队面前，中世纪战场之花——骑士不得不走向衰亡。

中世纪和近代的区别不仅体现在兵器方面。在对君士坦丁堡是采取进攻还是采取怀柔政策方面，穆罕默德二世与宰相哈利勒帕夏有着对立的态度。但事实证明，对未来的土耳其来说，穆罕默德二世的选择在政治上是正确的。

握有拜占庭帝国的首都意味着可以对曾经的帝国全境主张领有权。对征服者来说，这就如同掌握了恰到好处的大义名分。此外在战略上，拿到既是交通要塞又是主轴的君士坦丁堡也就构筑了把横跨巴尔干和亚细亚的土耳其连成一个国家并加以运作的基础。

前苏丹的左右手、出身于土耳其名门中的名门的哈利勒帕夏在君士坦丁堡陷落 3 天后突然被捕入狱。后与希腊囚犯们一起被押解到阿德里安堡。他在那里又蹲了 20 天的监狱，最后被处以斩首，罪名是私通拜占庭。

由于占领了君士坦丁堡，穆罕默德二世得到了从陆海两面发起进攻的关键据点。他没有浪费时间，让人把君士坦丁堡的教堂一座座地改造成为清真寺，并下令建造托普卡帕宫[1]。他不但让土耳其人，还强迫希腊人和犹太人也都移居城里。为把土耳其帝国的首都从阿德里安堡迁到已经正式更名为伊斯坦布尔的君士坦丁堡来，他在扎扎实实地做着各项准备。同时，在军事方面穆罕默德二世也没有给敌人从打击中重新站起来的时间。

君士坦丁堡陷落 2 年后，穆罕默德二世成功占领了塞尔维亚。第二年，即 1456 年，波斯尼亚也归于土耳其的统治之下。这样，波兰和匈牙利成为抗击土耳其的最前沿。

---

1 托普卡帕（Topkapi）意为“大炮之门”。托普卡帕宫由穆罕默德二世于 1459 年动工兴建，因曾放置大炮而得名。1465—1853 年一直是奥斯曼帝国苏丹在首都的官邸及主要居所，也是举行国家仪式及进行皇室娱乐的场所。

1460 年，帕里奥洛加斯家族的皇弟在伯罗奔尼撒半岛上好不容易保住的地盘也在土耳其大军面前屈服了。

1461 年，又一个有着拜占庭帝国皇统的国家特拉布宗陷落了。至此，黑海南岸完全处于土耳其的统治之下。

1463 年，以前只打陆战的土耳其军打到了海上，目标是爱琴海上的莱斯沃斯岛。土耳其大军登陆，从陆上发起了进攻，有着 200 多年历史的热那亚领土旋即陷落。

接着，土耳其于 1470 年继续沿爱琴海南下，挑战威尼斯的海军基地内格罗蓬特。此战成为土耳其与威尼斯之间战争的开端。这场战争，自第一年土耳其占领内格罗蓬特开始一直打了 10 多年。

1473 年，远征波斯的土耳其军战胜波斯军队后凯旋，企图东西夹击土耳其的威尼斯战略也以失败而告终。

1475 年，土耳其派大军进入黑海，攻占了卡法，使黑海成为土耳其的内海。以卡法为通商根据地的热那亚再度遭到了不可恢复的打击。相反，土耳其打开了通向克里米亚地区的通道。

1479 年，穆罕默德二世挥兵西南，终于把因擅长山地游击战而一直难以对付的阿尔巴尼亚成功地据为己有。除了沿希腊海岸星星点点分布的威尼斯基地以外，巴尔干已完全屈从于土耳其的统治。

到了 1480 年，意大利首遭土耳其进攻。土耳其军在意大利南部的奥特朗托登陆。罗马教皇想象着圣彼得广场马上就会挤满伊斯兰教徒的情形，夜夜不能合眼。不过，第二年苏丹猝死，大军撤走，欧洲人的噩梦结束了。

穆罕默德二世于 1481 年 5 月 3 日率领大军来到亚洲后随即去世，享年 49 岁。据说那次远征着眼于攻占叙利亚、阿拉伯半岛的麦加以及埃及。在欧洲，人们点起火把，放起焰火来庆祝这个“基督教徒的敌人”之死，教堂里挤满了感谢神的人。

穆罕默德二世被形容为“征服者”，但其战绩也并非全部带着成功的光环。他进攻贝尔格莱德遭遇了失败，他也没有攻下罗得岛。然而这一切以及进攻叙利亚和埃及，都在他打下的基础上在他的孙子塞利姆的时代和后面的苏莱曼大帝时代实现了。土耳其帝国并没有在“征服者”死后迅速崩溃。穆罕默德二世比亚历山大大帝多活了将近 20 年，这使他不仅忙于征服，而且还有时间为把征服的地方实实在在地归于自己的统治之下而去完善社会机构。土耳其帝国在 16 世纪中叶的苏莱曼大帝时代迎来了鼎盛期，并一直持续到 20 世纪初。不占领君士坦丁堡便不可能完成这项事业。

侍童图尔桑一直伺候穆罕默德二世到 1460 年。这一年，他被任命为政府内阁——枢密院（divan）的秘书官，接着受命担任土耳其帝国亚洲地区的财政长官，后来又调任欧洲地区的财政长官，再后来他似乎进入了平稳的隐退生活。他的卒年不详，可能在 1499 年前后。穆罕默德二世已在 18 年前去世，土耳其进入了“征服者”的儿子巴耶济德的时代。

这位被冠以尊称“贝格”的侍童写过一部《征服者苏丹穆罕默

德的历史》，并留传下来，写作时间大约是在他进入隐退生活之后。文章的记述止于1487年。这是土耳其人所写的最早的历史记述中的一份。

君士坦丁堡的陷落对欧洲人，尤其是对认为自己出自古罗马的西欧人来说，冲击难以言表。意大利的海洋城邦国家、罗马教廷以及巴尔干等东欧各国的人们与拜占庭帝国有着直接的关系，他们都了解帝国末期的实际情况。但其他国家的人们也都知道几百年来东罗马帝国一直在缓慢衰落的情况。自十字军时代以来，帝国面对伊斯兰教徒的入侵只能采取守势，这一事实通过十字军的幸存者之口在欧洲已广为人知。近半个世纪以来，学者们抛弃帝国去西欧定居，帝国皇帝们每次公会议时都要前来向西欧君主们请求援军，这些已经成为西欧人司空见惯的一道风景。

然而，拜占庭帝国终于从地球上消失的事实不能不让这些人的内心充满无法释怀的郁暗心情。

自古罗马皇帝不复存在以来，西欧不乏自称皇帝之人。但是，他们中间有的人是被古罗马人称为高卢人的法兰克人，其他也都是出自比高卢更加野蛮的地方的日耳曼人。即使拥有神圣罗马帝国皇帝的名号，即使以黑色双头鹰作为纹章，他们也不再拥有古罗马帝国曾经的权威，不再拥有那样的权力。西欧人懂得这一点。正因为懂得这点，西欧人才会在紧迫时与这些皇帝站在一起，而一有机会便毫不犹豫地站到拜占庭的对立面去。对于有如此感觉的人而言，只有拜占庭帝国能够传承古罗马人创造的帝国，虽然其骨子里是希腊。拜占庭皇帝与他们还有一个共同点，即同为基督教徒，而古罗马皇帝却不是基督教徒。在西欧人看来，只有东罗马帝国皇帝才配得上完全意义上的皇帝之名。

拜占庭帝国现在消亡了。帕里奥洛加斯的一位皇族公主嫁给了莫斯科大公，自此以后俄罗斯便自称“第三罗马”。如果说希腊正教的大本营向俄罗斯迁移，西欧人尚可理解，可他们连法兰西人和德意志人做皇帝时的权威都不认可，又怎么会仅凭与公主结婚、仅凭把双头白鹰定为家徽这种理由就愿意承认俄罗斯人拥有皇帝的权威呢？由于拜占庭帝国的灭亡，西欧人第一次感觉到了与母文明古罗马分割开来的痛楚。

关于君士坦丁堡的陷落，与冷静且准确的记录相比，当时的人们更加愿意接受富于感情的诗篇和口述经历，因为他们不是要思考变革由何引起，而是选择了沉浸于对失去事物的悲哀痛惜之中。

双头白鹰已被伊斯兰教的半月刀斩杀。

对西欧人来说，罗马帝国最后的皇帝穿着迎风飘舞的大红披风，骑着白马，永远地消逝在了遥远天空的尽头。

见识城邦

更新知识地图　拓展认知边界

地中海海战三部曲

罗得岛攻防记

ロードス島攻防記

[日] 盐野七生 著

蒋文明 译

中信出版集团 | 北京

图书在版编目（CIP）数据

罗得岛攻防记 /（日）盐野七生著；蒋文明译. --
北京：中信出版社，2020.7（2022.1重印）
（地中海海战三部曲）
ISBN 978-7-5217-1255-1

Ⅰ. ①罗… Ⅱ. ①盐… ②蒋… Ⅲ. ①奥斯曼帝国—
战争史 Ⅳ. ①K374.3

中国版本图书馆CIP数据核字(2019)第270086号

罗得岛攻防记

著　　者：[日]盐野七生
译　　者：蒋文明
出版发行：中信出版集团股份有限公司
（北京市朝阳区惠新东街甲4号富盛大厦2座　邮编　100029）
承 印 者：北京通州皇家印刷厂

开　　本：880mm×1230mm　1/32　　印　　张：6.25　　字　　数：120千字
版　　次：2020年7月第1版　　印　　次：2022年1月第3次印刷
京权图字：01-2019-4657
书　　号：ISBN 978-7-5217-1255-1
定　　价：98.00元（全三册）

序

百科全书对意大利语的“卡带特”（cadetto）一词解释如下：

这是一个诞生于法国加斯科涅地区，中世纪以后传遍整个欧洲的词汇，意思是封建贵族家庭次子及次子以下的男孩。在中世纪的封地制度下，户主地位和财产均由长子继承，由于这一习俗，次子及次子以下的男孩必须在宗教界或军事领域独辟蹊径，开创自己的未来。

但在现代，这一词汇的原意已很少被使用，只留下军事方面的释义——陆海军士官学校的学生，即士官候补生。

这一词汇在英语和法语中都写作“cadet”。

下面要讲述的，是生活在16世纪伊始的三名年轻“卡带特”的故事。

16世纪伊始，西欧试图通过确立与土耳其相同的中央集权制与其相抗衡，因为在半个世纪前，西欧以君士坦丁堡陷落为契机开始被迫直面土耳其帝国。

当时，社会的变动也时常与战争中战术的转变同轨。大炮的威力在君士坦丁堡攻防战中得到了证实，这使之后的战争状况发生了巨大变化，其后在罗得岛攻防战中大炮首次被全面部署。

此外，在这一战役中，与已经实现“现代化”的土耳其军队决一死战的，是被视为中世纪典型产物的圣约翰骑士团。归属这一骑士团的骑士们被要求必须具有贵族血统，同时也必须是将一生奉献给耶稣的修道士。

但是，无论是拉起还是降下历史帷幕，战争的特征总是相似的——争斗双方均为年轻人。罗得岛攻防战的主角们，无论敌我，都是 20 多岁的年轻人。

土耳其的苏丹，后来被尊称为大帝的苏莱曼一世时年 28 岁。

在与其相对的圣约翰骑士团方面，让 · 帕里索 · 德 · 拉 · 瓦莱特同是 28 岁，乔瓦尼 · 巴蒂斯塔 · 奥尔西尼 25 岁，安东尼奥 · 德尔 · 卡莱特刚刚 20 岁。

目　录

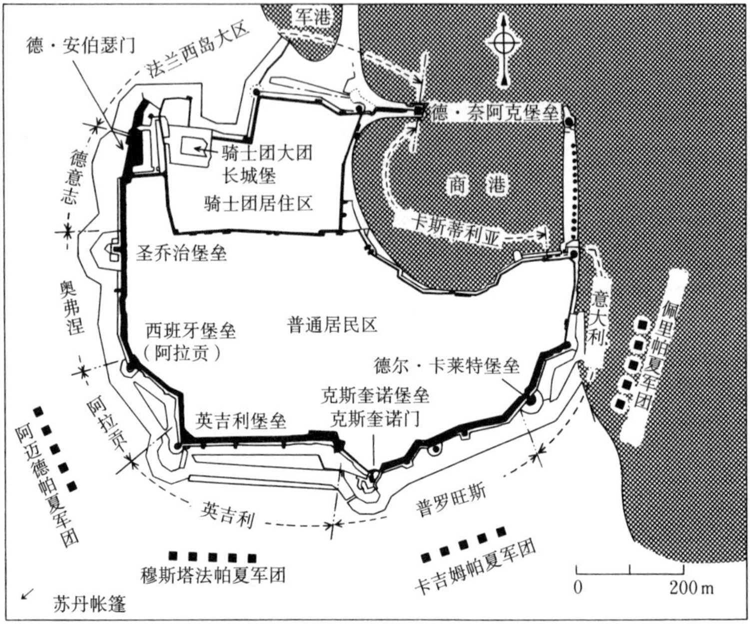

军港
德·安伯瑟门
法兰西岛大区
德·奈阿克堡垒
骑士团大团长城堡
商 港
骑士团居住区
德意志
卡斯蒂利亚
圣乔治堡垒
奥弗涅
意大利
佩里帕夏军团
普通居民区
西班牙堡垒（阿拉贡）
德尔·卡莱特堡垒
阿拉贡
克斯奎诺堡垒
克斯奎诺门
英吉利堡垒
阿迈德帕夏军团
英吉利
普罗旺斯
穆斯塔法帕夏军团
卡吉姆帕夏军团
0
200 m
苏丹帐篷

罗得城区图

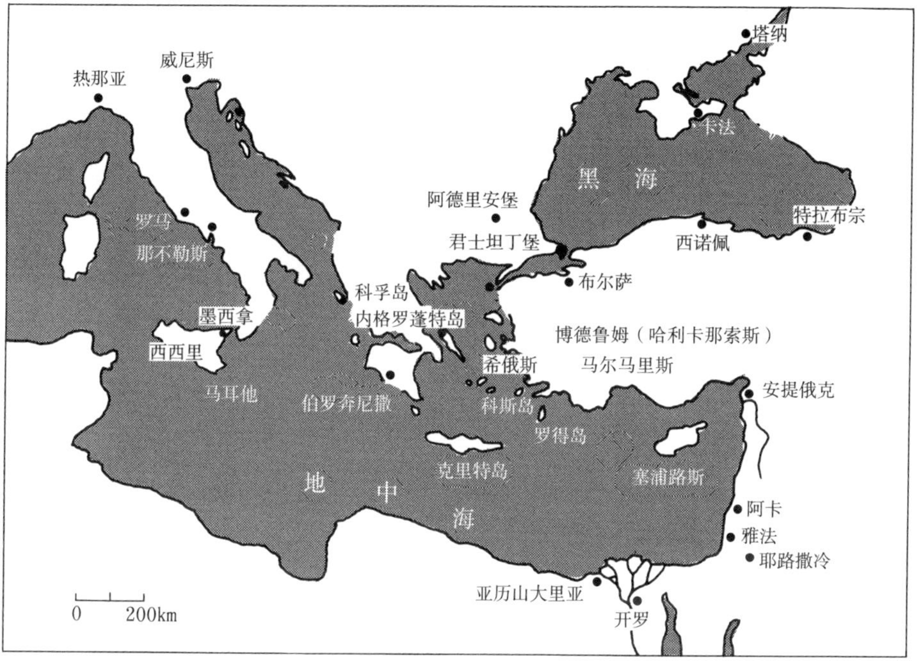

塔纳
威尼斯
热那亚
卡法
黑 海
阿德里安堡
特拉布宗
罗马
那不勒斯
君士坦丁堡
西诺佩
布尔萨
科孚岛
墨西拿
内格罗蓬特岛
博德鲁姆（哈利卡那索斯）
西西里
希俄斯
马尔马里斯
马耳他
伯罗奔尼撒
科斯岛
安提俄克
罗得岛
克里特岛
塞浦路斯
地 中 海
阿卡
雅法
耶路撒冷
亚历山大里亚
开罗
0 200km

东地中海世界

第一章

玫瑰花开的古老岛屿

抵达

1522年4月，一艘大型帆船正沿着位于右舷、辉映在晚霞之中的罗得岛一路北上。

罗得岛南北狭长，宛若一颗漂在海上的果仁，也许是因为其西侧缺乏能够避开爱琴海上春季到秋季处于统治地位的西北风的良港，因此从海上看不到有人居住的迹象。只有郁郁葱葱的树木和粗犷险峻的岩石，以及延绵不断、空无一人的沙滩沐浴在日复一日西下的柔和阳光之中。

虽是逆风而行，但帆船在风帆操作娴熟的船员的操作下一路前行。这是一艘热那亚商船，受根据地设在罗得岛的圣约翰骑士团之托，将武器弹药和小麦运送至岛上。

装载完在米兰购买的武器弹药，帆船从热那亚启航，途经那不勒斯，中间为了购买小麦在墨西拿停靠了一阵。只要是热那亚水手驾驭的大型帆船，即便一个月不停靠任何港口，也可以完成航行。因此，由于货物特殊而无法在威尼斯共和国殖民地克里特岛停靠，在离开墨西拿之后不得不直接驶向罗得岛，也并没有成为多大的不利之处。

只是，由于克里特岛上主要城市都集中在北岸，从其前方的海上横穿而过的话，难免引起威尼斯共和国海上警备队的注意。如果想要避开不必要的麻烦，就只能选择向克里特岛南岸大幅迂回后，再一路北上驶往罗得岛的航路。两者对土耳其态度的不同造成了这种麻烦——与无视来自土耳其苏丹的劝降通牒并进入临战状态的圣约翰骑士团不同，威尼斯共和国并未改变将恪守与土耳其签订的友好条约的决定，并表明将坚持中立立场。

这艘帆船上乘坐着一名带着侍从的年轻人，他就是领地在热那亚附近的菲纳莱的德尔·卡莱特侯爵的次子安东尼奥。他有一头近似黑色的鬈发，一双颜色相同的眼睛，使几近苍白的额头显得格外突出。考虑到年轻人的年龄，尽管其稳重的举止和寡淡的言谈给人留下了与众不同的印象，但作为船长餐桌上长达一个月之久的主宾，也不至于给同桌人造成尴尬。无论均为贸易商人的其他乘客，还是帆船的船员，大家都在不知不觉当中自然而然地习惯了这位不是翻阅书籍就是静静地遥望远方海平面的年轻人。

安东尼奥·德尔·卡莱特无论什么时候都穿着圣约翰骑士团的制服，全黑色的制服上只有胸前缝着一个白色十字架。这不仅是骑士团所属骑士平时的制服，也是宗教场合的正式着装。不过，即便全身紧裹在全黑的制服里，年轻人包在黑色长袜里的柔美腿部曲线还是能流露出20岁的青春气息。

船帆发出了随风飘扬时特有的巨大声响，改变了方向，水手们也变得更加繁忙起来。要想依靠背后吹来的西北风接近港口，三角帆就必须换成小型的帆，四角帆也必须将下面的部分叠起，以减少风的阻力。

此时，在大幅右转舵的帆船左舷，出现了笼罩在一片紫色雾气当中的陆地。海岸线朝着东方延绵不断。这里位于小亚细亚的南岸，已是土耳其的领土。罗得岛与更东方的塞浦路斯岛并列，都处在基督教世界与伊斯兰世界对峙的最前线。尽管罗得岛与对岸的小亚细亚南端隔着大海，但也不过相距18千米。

帆船绕过岛屿北端突出的海角不久之后，又一次右转舵，因为罗得岛首府罗得的港口位于岛屿的最北端。

在地中海，每到日暮时分，海风都会明显减弱。水手们对此了如指掌，会为了在微风吹起的早晨出港、海风减弱的日暮时分入港而计算航行时间。罗得岛的港口也会在这个时刻因船只争先入港而热闹非凡。降低速度的热那亚帆船望着从右边逼向眼前的要塞城堡继续缓缓前行，并在经过城堡时完全收起了所有风帆。由于是商船，因此不会进入被称为“圣尼古拉”的要塞保护下的长方形港口。因为此处是加莱舰专用港，在提起军船一般都指加莱舰的当时，这里换言之就是军港。商船必须经过这一军港，进入位于更深处的半圆形商港。

从红底白十字架的圣约翰骑士团军旗飘扬的圣尼古拉要塞朝着陆地，筑有守护军港的长堤。长堤上整齐排列的一排风车一边发出轻快的声音，一边随风旋转。在海风较大的爱琴海岛屿，为了把小麦磨成面粉，人们往往会利用风力。但在背靠山地的热那亚附近海边长大的安东尼奥，对被称为“米拉斯特尔”的强劲西北风并不熟悉，排列成行的风车在其眼里也成为一道十分新奇的风景线。尽管如此，这个具有敏锐观察力的年轻人早已察觉到，长堤上尽量缩小间隔排列密集的风车，其实也起到了保护进入港口的船只免受大风袭击的作用。

在拖船的引导下进入的商港，是一座宽阔的半圆形港口，里面只留出了停靠船只所需的泊位，其背后由城墙围成了一圈。从停泊处垂直高耸入云的城墙上共有五个城门，分别在坚固的圆塔的守护下敞开着。城墙到了尽头，就又是风车成排的防护堤，因此除了船只进出所需的海域以外，整个港口几乎完全得到了保护，可以免遭海风的侵袭。

从兼有船帆和船桨的加莱商船到纯帆船，港口里有数十艘船只抛锚停靠。如果没有拖船先导的话，甚至都会为不知应停靠在哪里而迷茫。大型船舶横向停靠，小型船只的船头朝外被拴在码头上。热那亚商船横靠在了紧挨商港入口的右侧泊位。

也许是因为城门将在日落的同时被关闭，整个码头因忙于装卸货物而熙攘热闹。在罗得岛的原住民希腊人，以及一眼便可认出是西欧商人的身穿长衣的人群对面，走来一群被套上了锁链的土耳其奴隶，他们身背巨大的袋子，疲惫吃力地行走着。身穿红色盔甲上衣，染着白色十字的骑士们行色匆匆地从其间穿过。

安东尼奥一动不动地伫立船头，满怀新奇地看着这些场景，船长走到他的身边说：

“前来迎接您的各位已经到了。”

听到这话，他朝码头望去，看到了身穿与安东尼奥同样服装的两个男子。

法兰西骑士

两个男子当中的一个，用意大利语表示欢迎，语言平淡无奇却也不失温馨。他也归属于安东尼奥所属的意大利骑士馆。这位骑士热情可亲，讲起了安东尼奥的叔父，即上一任骑士团大团长法布里齐奥·德尔·卡莱特晚年与自己交往甚笃，还说荣耀显赫的卡莱特家族出身的人士能再次来到罗得岛，对意大利骑士馆来说是令人无比喜悦的事情。但知道自己只是替补的安东尼奥，对此只能报以苦涩的微笑。

其间，另一位骑士一直盯着安东尼奥，起先并没有说话，也许他认为健谈爱聊的意大利骑士的话已经告一段落，这才第一次开口说话。他说的是法语。

“我叫让·帕里索·德·拉·瓦莱特，担任骑士团大团长的秘书。”

安东尼奥也自报姓名，他感受到这位可能比自己年长七八岁的法国骑士，属于那种对自己身体里流淌的贵族血液有着强烈自豪的类型。

拉·瓦莱特虽然消瘦，但却是一个谁都能看出其身体既结实又柔韧的高个美男子，脸颊的线条仿佛用锐利的刀刃切割过一样，在给人以威严印象的同时，也充分显示出年轻的气息，细长的眼睛里蕴藏的目光强烈地射向对方，纹丝不动。言谈举止与其说是优雅，不如说是傲慢。不过，他的傲慢收敛在正好可以接受的范围之内，因此也不会给人带来不愉快的感觉。任何初次与其见面的人都会立刻领会这位奥弗涅地区名门出身的年轻人的独特气质。虽说在意大利已经不足为奇，但安东尼奥觉得自己亲眼看到了过去曾在欧洲各地被人们赞不绝口的“纯洁的骑士”之典型。

拉·瓦莱特说，骑士团大团长要见安东尼奥，因此第二天早晨他将前往意大利骑士馆迎接，说完便转身离去。

安东尼奥把行李和侍从留在后面，在健谈的意大利骑士的带领下穿过城门中的一个进入了城内。城内的道路由密集的小石子铺设加固而成。皮鞋鞋底走在上面的触觉与走在意大利小城市的街道上一样。但是，一穿过城门，街道两旁鳞次栉比的店铺便立刻出现在眼前，那种杂乱的热闹气氛，并不是西欧的，而是让人感觉到了东方韵味。而且，街道尽头的广场正面端坐着一座巨大的建筑，也许是因为使用了柔和的沙色石材，其哥特式痕迹十分显著的建筑风格却给人一种有什么地方与纯粹的西欧有所不同的印象。圣约翰骑士团的旗帜在立于这一巨型建筑入口左右的高塔的塔顶迎风飘扬。这一雄伟的建筑正是骑士团设立的医院。圣约翰骑士团与条顿骑士团不同，是一个始于为病人提供医疗服务的组织。

罗得岛也有与西欧同样的习俗——在建筑物上镌刻其主人的家徽。安东尼奥抵达后在意大利骑士馆度过了第一个晚上，那里的大门门板上就镌刻着卡莱特家的家徽。

不仅是意大利，奥弗涅、普罗旺斯、法兰西岛大区、阿拉贡、卡斯蒂利亚、英吉利、德意志也是如此，尽管骑士馆的外观和规模会根据需要做出调整，但内部结构却基本相同。

一层有马厩、武器库、仓库，以及侍从的床铺。从中庭直接可以上达二层，这一层以兼作食堂的大型会议室为核心，周围有许多房间。这些房间都是骑士的居所，来到罗得岛的骑士第一年都必须住在骑士馆里，之后才被允许在城里居住。三层是阿拉伯风格的屋顶。

骑士馆的建筑模式虽然与西欧的修道院有些相似，但营造出的氛围却有所不同。骑士们使用的餐具都是刻有各自家徽的精致银器，房间里排列的床也都被黑色天鹅绒床帏遮掩，上面有银线绣成的精美家徽。就连桌布都同样绣有家徽，尽管其材料通常是薄薄的麻布。

这个夜晚，意大利骑士馆里除了安东尼奥以外，还住着另一个客人。此人不是贵族，出生于北意大利威尼斯共和国属贝加莫，名叫加百列·马尔蒂嫩戈，是一名建筑城墙的专业工程师。安东尼奥乘坐的热那亚商船在绕过克里特岛南岸之前，曾在无人的海角背后停船片刻，就是为了让搭乘小船出逃的这个男子上船。安东尼奥此时全然不知，这名看上去四十七八岁的体格强壮的男子将成为他以后在罗得岛上密切相关、同甘共苦的伙伴，他在第一次就寝的床上一躺下，便立即进入了年轻人特有的健康的睡眠之中。

邂逅

由于是傍晚时分抵达，所以第二天早晨安东尼奥才看到这个岛屿充满了各种色彩，惊喜得整个身体都似乎要颤抖起来。

罗得岛因“玫瑰盛开的岛屿”而得名，据传古时遍地盛开玫瑰，但在1500年后的今日，玫瑰已让出了主舞台，取而代之的九重葛的红紫色，朱槿的深红色，夹竹桃的白色和红色，柠檬的黄色被释放在深绿色的大地上。到了初春，巴旦杏的白花又会像积雪一般覆盖整个岛屿。

空气是温暖的。在海岸会感到明显的海风，一旦进入城墙围绕的城区，也会变成微风。在城中，无论什么样的小路，都会时常有凉爽的微风吹过。即使出汗，也会在意识到汗水沾衣之前风干。

天空一片湛蓝，仿佛只要伸出手指便会尽染其色。靠着天空的映衬，柏树的浓绿显得格外分明。也许因为岛上盛产的石材都是沙色的缘故，城中几乎所有的建筑都呈现出柔和的沙色，虽然岩石的表面裸露无遗，但却不会让人感到粗野。这里是一片南国天地。

古罗马时代，这个岛上曾有与雅典学园齐名的哲学最高学府，西塞罗、恺撒、布鲁图斯，以及后来成为第二任皇帝的提比略年轻时都曾前来这里求学。但其目的也都不只是修得学问，罗马人对舒适环境的需求，比古代任何民族都要强烈。

与前来迎接的拉・瓦莱特一道，安东尼奥・德尔・卡莱特走出了意大利骑士馆。这一天早晨，他没有穿旅行期间一直穿着的西欧风格的黑色短斗篷，而是披了一件同样是黑色，同样在背后缝有一个巨大白十字，又长又宽的及脚斗篷。尽管在南国，但这里的规矩却是要披长斗篷。在凉爽微风的吹拂下，斗篷里总会灌入一些风，并不会让人感到闷热。

铺满小石子的缓坡小路朝向骑士团大团长居住的城堡延伸，从医院的西侧通过。这条路不知从什么时候开始被称为“骑士路”，原因是各国的骑士馆都建在道路两旁。其中有意大利和德意志，平常只被称为法兰西的法兰西岛大区，以及阿拉贡和卡斯蒂利亚同处的西班牙，最后还有普罗旺斯的馆所。此外，医院对面还有一间英吉利骑士馆，造船厂附近建有奥弗涅骑士馆。但这两个骑士馆离骑士路也不远，因此可以说骑士团的主要建筑都集中在这一带，而其核心是建于城区最高处的骑士团大团长城堡。

在“骑士路”上爬坡走到尽头，其左侧坐落着圣约翰骑士团最为重要的教堂，献给圣约翰的教堂。教会正对面是骑士团大团长城堡的正门，是那种最顶端还装备垛口，防守也万无一失的大门，入口还被威严耸立的两座圆塔守护着。穿过城门，是只能容下一人进出的门口，远处可以看到沐浴在明媚阳光里的中庭。法兰西骑士并没有登上在门口左转的阶梯，而是朝中庭方向走去。安东尼奥紧随其后。

中庭铺满平整的铺路石，显得十分宽敞，角落里有两口水井。中庭四周的建筑物上留出的窗口都比较窄小，有一种西欧式的坚硬感觉，但石材的沙色与保护回廊免受阳光直射暴晒的一长串南欧式拱顶的线条，缓和了窗口带来的坚硬感。中庭的一面，有一个直接通往二层、没有扶手的宽幅石质阶梯。

拉·瓦莱特和安东尼奥沿着这一阶梯登了两三级时，两人同时注意到，在阶梯上方，站着一个男子，细细圆柱支撑下的拱顶仿佛成了镜框。安东尼奥不禁停下了脚步，因为阶梯上方的男子朝着他们开始缓缓地走下来。

辉映在银色中的盔甲，将他修长的整个身躯严严地遮住。胸甲的中心可以看到红底白十字。此人右手捧着有羽毛装饰的头盔，左手放在腰间插着的一把长剑上。他可能要去执行军务吧。这是一套最高级别的军装。

亚麻色的鬈发为了方便戴头盔而剪短在脖颈处，晒成浅黑的肤色，微微反衬出皮肤下面的血色。眼睛的颜色是略带浅蓝的灰色，朝这面看过来时，眼中充满了总觉得有一丝讽刺的微笑。

安东尼奥迄今为止没有见过如此俊美的人物。青年走下阶梯，来到距离二人四五级的地方停住了脚步。此前听到的盔甲相触的声音也戛然而止。这个年轻的骑士用法语对拉·瓦莱特说："新来的？"

安东尼奥差一点儿因这种坦率的说话方式笑出声来，但他身旁的法国骑士却用怎么也听不出心情舒畅的语调回答道：

"这位是法布里齐奥·德尔·卡莱特先生的侄子，安东尼奥公子。"

青年的灰色眼睛中略带蓝色，他用似乎十分愉快的笑颜对此回应称："你也是来补缺的吗？我是乔瓦尼·巴蒂斯塔·奥尔西尼。总待在骑士馆里的话，你会感到烦闷窒息，偶尔也可以到我家来玩玩儿。"

然后，他就将钢铁相触时发出的声音留在身后，再次迈步走下了阶梯。缝有白十字的深红色斗篷裹着风在背后飘扬而起，这一身姿深深印刻在回首目送他的安东尼奥的眼里，久久不能消失。

登上阶梯尽头时，拉·瓦莱特停了下来，仿佛已下定决心还是在这里先交代清楚最好一样，一边用特有的略带严厉的视线看着安东尼奥，一边介绍起奥尔西尼的情况。

总的来说，骑士奥尔西尼是一个有许多问题的伙伴。姑且不论暗中行事，他竟然总会毫无顾忌地干出一些荒唐事来，违反圣约翰骑士团所规定的清贫、服从、贞洁这三项原则。不过，即使现任骑士团大团长想给予惩罚，也因为顾虑到他出身于与罗马教廷有牢固关系的罗马大贵族奥尔西尼家，有五代之前的骑士团大团长的血脉，于是无法轻易出手。但是，拉·瓦莱特也没有忘记这样补充一句：

"不过，与敌人相对时，奥尔西尼的勇猛果断堪称一绝！就仿佛死亡与自己完全无关，直接冲入敌阵。甚至土耳其人也都相信只有对这个异教徒，真主安拉是宽宏大量的。”

与骑士团大团长菲利普·德·利尔·亚当的会面并没有可大书特书之处。看上去这个似乎刚过60岁的布列塔尼地区名门出身的骑士团大团长，无论是从体形还是从给人的印象来看，都让人感到如果再给拉·瓦莱特增加30年岁月的话，一定会变成这样的人物。只是，28岁的奥弗涅地区出身的骑士，在堪称狂热信仰的坚定意志力方面似乎略胜一筹。

安东尼奥即将告辞离开房间时，骑士团大团长不经意地用似乎一瞬望着远方一样的眼光对他说：

“你叔父是40年前与我共同抵抗土耳其猛攻的战友。”

他是指1480年罗得岛上，面对土耳其苏丹穆罕默德二世派遣的大军，基督教方面终于坚守到了最后的那场战役。那时土耳其军队攻陷了君士坦丁堡，并以此为开端接连取胜，有所向披靡之势，因此罗得岛攻防战的胜利非比寻常，西欧基督教世界欢欣鼓舞，胜方圣约翰骑士团的声誉一举攀升。在那场战役中，法布里齐奥·德尔·卡莱特和菲利普·德·利尔·亚当都比现在的安东尼奥还要年轻。

结束与骑士团大团长的会面后，告别了秘书拉·瓦莱特的安东尼奥，在另一个骑士的引导下，穿过一个接一个的大厅，从门口左边的阶梯走下后来到了外面。但是，比起刚刚见到的骑士团大团长，大厅墙壁上镌刻的下面这行文字更强烈地留在了安东尼奥的心中。

FERT FERT FERT

这一重复三遍的拉丁单词意为忍耐。

即使不像奥尔西尼那样不拘小节，罗得岛的骑士们也给安东尼奥留下了除了服从以外，似乎并没有怎么在清贫、贞洁方面有所忍耐的印象。如果是这样的话，他们会忍耐什么呢？会如何去忍耐呢？

来到“骑士路”的安东尼奥，用鞋底一个一个地感受着铺满道路的小石头，但并没有行走，而是站立了片刻。

第二章

圣约翰骑士团历史

十字军时代

在耶路撒冷还处于伊斯兰教徒统治下的9世纪中叶，意大利海洋城邦阿马尔菲、比萨、热那亚、威尼斯当中，最早活跃于地中海世界的是阿马尔菲，其富商莫罗为那些从西欧到访圣地的朝圣者修建了兼具医院功能的客栈。后来成为圣约翰骑士团徽章并使用至今的具有八个尖角的变形十字架，最初其实是阿马尔菲的纹章。

但是，这个尚未成为骑士团的组织的领导权，不知何时脱离了以阿马尔菲商人为主的意大利人之手，落到了以普罗旺斯地区出身人士为主体的法国人手中。一个不知其姓，只知其名为杰拉尔的普罗旺斯人在十字军形成前后处于异教徒的统治之下的耶路撒冷，巧妙地经营着阿马尔菲商人开设的医院兼客栈。

杰拉尔的努力因不久之后发生的第一次十字军东征对耶路撒冷的征服而收获回报。将《圣经·新约》的作者之一圣约翰奉为守护圣人的这个组织，终于进入了古籍记载所称的“从圣墓教堂扔一块石头都能够着的距离”，也就是基督教徒统治下的耶路撒冷的城中心。4年后，教皇帕斯夏二世正式承认这一组织——一个服务于宗教和军人，并救治病人的宗教团体。因此，这一组织被称为“圣约翰医院骑士团”。

1130年，教皇英诺森二世对圣约翰骑士团授予军旗。军旗为红色，上面缝有白色十字架，骑士团决定将以前的黑底加白色变形十字架的徽章用于非军事场合，将教皇赐予的徽章用于军事场合。

开始拥有军旗，就意味着从治病救人起家的圣约翰骑士团的性质也逐渐向军事方面倾斜。1119年，纯军事组织的宗教团体圣殿骑士团正式创建，接着，1190年条顿骑士团正式创建，主要宗教骑士团的创建都集中在这一时期。这对居住在巴勒斯坦这片土地上的基督教徒来说，意味着一种迫不得已的方向转变，即用武力夺取的圣地必须用武力坚守。

但是，正因为这些骑士团创建之初都是为了实现骑士精神与修道院精神的融合，因此就不可能成为世俗武士的集团。骑士们放弃了世俗身份，被课以严格的义务，必须遵守与修道士同样的规则——清贫、服从、贞洁。骑士们被禁止娶妻成家，换言之，他们是一种僧兵。

尽管内部组织松散，但在达到夺回圣地这一目的的第一次十字军东征之后，随着第二次和第三次远征，十字军远征的内容也演变为西欧的皇帝或国王亲自率兵讨伐，与此相呼应，圣约翰骑士团的性质也发生了变化，军事性质变得越来越强，而这一军事性质是其他骑士团从一开始就具有的。骑士团的内涵发生了变化。

在欧洲的中世纪，专门以武为生，凭借武力保护他人的人被认为体内必须流淌着与众不同的“蓝色血液”。以往不分“蓝色血液”还是“红色血液”，一律身穿黑色制服的圣约翰骑士团也在这一时代，将手持武器保护基督教徒免受异教徒侵害的阶级，与通过医术保护民众的阶级明确区分开来。从事医疗的人虽然同属骑士团，却不再被赋予骑士身份。创建伊始便被称为理事长的骑士团最高领导人改称为大团长。这是愈加演变为一个军事化组织的佐证。

但是，并非一切都那么顺理成章。从“穷人的仆人”变身为“基督的战士”的圣约翰骑士团，在1099年到1291年的两个世纪间，也曾为其自身生存问题而奋斗。

为了争夺主导权，各个骑士团之间的关系并不融洽，因此可以说几乎没有形成过统一战线，但骑士团的军事力量在巴勒斯坦地区的基督教势力当中，属于不可或缺的存在。他们参加了几乎所有的重要战役，骑士团的勇猛作战使战局完全改变的例子也并不罕见。撰写十字军史，不叙述骑士团的作用是说不过去的。

仅就圣约翰骑士团来说，当时随时都能投入的军事力量也不过约500名骑士和同等人数的佣兵而已。但是，相对于毗邻的巴勒斯坦地区的其他十字军势力，圣约翰骑士团的军事组织有着超群卓越之处，前者的涣散从一开始便暴露无遗，而后者的组织坚固严密，并因将世俗的欲望切换成为神服务这一立场而获得强大的攻击精神。

1187 年耶路撒冷再度落入伊斯兰教徒之手后，巴勒斯坦地区的十字军势力为了存亡而战的多次战役中，与伊斯兰教徒针锋相对的主要就是圣约翰骑士团。伊斯兰教中的狂热信徒相信把基督教徒驱赶到地中海里就是真主的旨意，同时认为所有实现这一旨意的战斗皆为圣战，并为此而冲上前来。圣约翰骑士团则凭借同样出自自身信仰的精神挺身而出，阻挡在前。此时，以狮子之心参加战斗的并不是人称“狮心王”的理查一世，而是以圣约翰、圣殿、条顿为主体的骑士团。

而且，这些骑士团在拥有充裕坚实的财政基础这一点上也得天独厚，不仅巴勒斯坦的十字军诸侯，而且西欧的王公贵族也羡慕不已。

不管怎么说，只要一搭上宗教，就能够轻而易举地筹集到资金，这是在古今东西早已得到证明的事实。

首先，因为是捐给宗教团体，捐款方就有了正当理由，捐助者的亲属也只好同意。尤其就中世纪的宗教骑士团而言，他们会不畏捐躯牺牲，远赴巴勒斯坦与基督的敌人决一死战，当时不能指望比这更名正言顺的捐赠理由了。

第二，由于不允许团员娶妻成家，筹集起来的钱财也没有分散之忧。

第三，就接受捐赠这一形式的增资方法而言，宗教团体尤其独具优势，只要团体本身存在，募捐活动就能一直持续。不知为何，这种团体在财产运作方面十分娴熟巧妙，经常是只增不减。虽然没有染指高利贷的圣殿骑士团那么露骨，但是就短期之内取得的成果来说，无论是动产还是不动产，圣约翰骑士团的财产都深入且广泛地浸透到了整个欧洲。

隶属骑士团的骑士们都自备盔甲，其华贵程度，即使与西欧的王公贵族同坐一席也毫不逊色，骑士团构筑的城堡之威容甚至让耶路撒冷王国的国王都羡慕不已。在圣约翰骑士团和条顿骑士团的医院，无论患者身份都一律提供白面包和高级葡萄酒，床单和睡衣也免费供应。

这种优越的环境与精神层面的攻击性和坚强相辅相成，使这些宗教骑士成为阿拉伯人所说的“卡在嗓子眼儿里取不出来的一根刺”。“基督的战士”的存在，不仅是巴勒斯坦当地，而且是西欧，甚至是连敌人也必须面对的事实。骑士团全体成员宁肯玉碎不为瓦全的奋斗精神，亦是只有那些不用通过自我满足也足以充分确信自我存在理由的人才具有的坚强。1291 年前的时代是宗教骑士团的黄金时代。如果没有骑士们的勇敢战斗的话，伊斯兰教徒们所盼望的“把基督教徒从巴勒斯坦一扫而尽”，肯定在 1291 年之前很早就得以实现了。

难民时代

1291年4月，苏丹哈利勒率领的伊斯兰大军包围了由两道城墙守卫的阿卡。此时距第一次十字军东征征服耶路撒冷已经过去了约200年，理应在巴勒斯坦建立起来的基督教势力也只剩下这一个城镇，人们称之为“圣约翰的阿克里”。

伊斯兰军认为只要把这个城镇攻占下来，就可以让基督教徒葬身于大海，因此战斗异常激烈。与此对峙的基督教军的阵容如下：圣殿骑士团负责守卫北侧，圣约翰骑士团和条顿骑士团承担南侧城墙的守卫工作，东侧的城墙由法兰西和英吉利骑士防守，西侧城墙由通过十字军开辟了通往经济大国之路的威尼斯和比萨的商人把守。

虽然进攻非常猛烈，但防卫军只有死守一条出路，因此抵抗也十分顽强。超过一个月之久的攻防战的激烈程度，与波澜壮阔的十字军运动最后的落幕十分契合。

一位阿拉伯编年史作者曾这样写道：

“伊斯兰军杀死了众多居民，缴获了大量战利品，幸存者全部成为俘虏。接着，在城外将最后一敌兵斩首之后，市区全部被毁灭。”

据说，沦为奴隶遭到贩卖的基督教徒人数实在太多，以至于一个少女只值一枚银币。阿拉伯一方的记录者是如此结尾的：

“就这样，整个巴勒斯坦重归伊斯兰教徒之手，从叙利亚到埃及的海岸地区，所有法兰克人全部被驱逐，这片土地被清洗。真主至大！”

有故国可归的意大利海洋城邦的人还算幸运。但是，200 年的岁月实在太长，生在巴勒斯坦长在巴勒斯坦的移民后代连可以回归的故国都没有。几乎是全军覆没的骑士团排在最后，顶着不期而遇的恶劣天气，拼命爬上并紧紧抓住能够找来的所有船只，穿过惊涛骇浪，落荒而逃，想必十分悲惨。能逃到 300 千米外的塞浦路斯岛的人，只是少数中极少数。身负重伤的圣殿骑士团大团长，以及同样因重伤而苦苦挣扎的圣约翰骑士团大团长让·德·维莱也在这些寥寥无几的幸运者当中。对被推到地中海里的基督教徒们来说，100 年前狮心王理查未加深思熟虑“顺便”征服的塞浦路斯成了暂时的栖身之所。

当时的塞浦路斯岛是一生都与长远目光之类的东西毫无缘分的英国国王理查一世一时心血来潮征服的地方，其统治权已从此前的拜占庭帝国移交给西欧基督教势力，但圣殿骑士团的统治却不尽如人意。在巴勒斯坦尚有牢固根基的圣殿骑士团，也许并没有不辞辛苦、专注于统治此地的心思，他们以 10 万达克特的价格将塞浦路斯卖给了从法兰西流落到巴勒斯坦的一名小贵族吕西尼昂。自那以后，这个家族就一直统治着此地。

包括肯定已对过去的轻率之举追悔莫及的圣殿骑士团在内，从阿卡逃难而来的难民们，以塞浦路斯国王的所谓房客的身份，被允许在此地逗留。难民们即便得到同情，也不会受到欢迎。塞浦路斯国王并没有允许骑士团拥有土地，因为他害怕自己的土地和财产被侵占和窃取。在这种状态下，骑士团被迫面临创建以来的最大危机。

经受考验的时刻

诞生于中世纪的骑士团，即圣约翰、圣殿、条顿三大骑士团和众多小型骑士团，都在以下信条上基本保持一致。

第一，有义务为基督教徒维护以基督复活之前的坟墓，即圣墓所在的耶路撒冷为中心的圣地一带，并对其进行防守，以免遭受异教徒的攻击。

第二，有义务保证居住在圣地的基督徒以及到访圣地的朝圣者的安全。

第三，治疗在为保卫圣地的战斗中负伤或生病的基督教徒。

第四，搜寻在这些战斗中成为敌方俘虏，沦为奴隶遭到贩卖的基督教徒，为使这些人恢复自由付出努力。

在塞浦路斯蜗居的骑士团显然无法履行所有这些目标。虽然在一定程度上还可为第四个目标付出几分努力，但作为难民，骑士团缺乏资金，面对一味哄抬赎金价格的伊斯兰教徒，援救被囚禁人员的活动也无法如愿以偿地开展。虽然骑士团以塞浦路斯为落脚点，多次向西欧各国派遣使节，主张结成旨在重新光复圣地的十字军，但在几乎半个世纪间，王公贵族们似乎把圣地的防卫全部交给了骑士团，自己则热衷于在西欧扩张自家势力，回复骑士团的要求也只是反复闪烁其词。西欧的注意力已经远离巴勒斯坦。塞浦路斯的“难民们”只能感觉到孤立无援。

失去了其存在目标的组织，已几乎不可能阻止自我毁灭的快速步伐。只有通过重新找回以前的目标，或者顺应新的环境，并由此获得新的目标，才可以将这种不可能变为可能。

首先，小型骑士团仿佛自我消亡一般地回到西欧后逐渐消失。条顿骑士团也回到了西欧，以后便专心于普鲁士的殖民化。

而最悲惨的命运等待着圣殿骑士团。这个骑士团在法兰西的强大财力和广阔领地，引起了热心于强化王权的法兰西国王的注意。决心将所有这一切据为己有的法兰西国王，开始着手摧毁圣殿骑士团——以异端邪说，以及秘密结社的罪名。即使现代历史学也没有得出国王对圣殿骑士团的谴责是否有事实依据的结论，但圣殿骑士团因染指高利贷业而与伊斯兰教徒有过接触一事却是事实，这方面的一些情况可能被用于编织罪名。许多骑士遭到拷打，或被处以火刑，1324 年圣殿骑士团因其大团长被处以极刑而完全毁灭。

财力据传不及圣殿骑士团，但也有相当积蓄的圣约翰骑士团为何能逃脱毁灭的命运呢？揭示其原因的确切史料并不存在。据说可能是多亏了“阿维尼翁之囚”时期的教皇克雷芒五世，他为法王摧毁圣殿骑士团提供过帮助，其对王权的妥协态度在当时是出了名的。但是，比圣殿骑士团更擅长顺应环境的圣约翰骑士团的方向转变，对这个骑士团得以继续生存有一定的帮助，而这一点也是事实。

被迫在塞浦路斯岛过着难民生活的圣约翰骑士团的骑士们，不久之后就在塞浦路斯用船代替了在巴勒斯坦驰骋的马。骑士们虽然仍以伊斯兰教徒为攻击对象，但已将职业转为海盗。而且再次将创建当初开展的事业，即开设医院救死扶伤推到了前台。对圣殿骑士团的毁灭略感良心受到谴责的西欧王公贵族们，因此而完全无法染指圣约翰骑士团。

但是，无论是想为治病救人竭尽全力还是想通过海盗事业取得成功，只要留在塞浦路斯，被国王的方针支配的房客身份就不会有变化。在巴勒斯坦时代，圣约翰骑士团曾在各地拥有治外法权的领地，其中包括被誉为世间存在的最坚固的要塞城堡克拉克骑士城堡，即使在现代它也是十字军留下的最佳城堡。圣约翰骑士团比任何人都深知建立一个根据地的重要性。他们十分渴望拥有成为根基的自己的城堡。

使其成为可能的绝好机会，在逃到塞浦路斯的第 15 年，以完全偶然的形式降临。一个名叫维诺利的热那亚海盗来到了塞浦路斯，他向圣约翰骑士团提出建议：联合开创一项事业。

向罗得岛进发

这个男子以某种理由从当时已进入衰落期的拜占庭帝国的皇帝手中成功借到了科斯岛和莱罗斯岛，他还想再加上罗得岛，把其近海一带的岛屿全部征服。但是，他没有足够的军事力量达到此目的，因此打算跟逐渐取得成功的同行圣约翰骑士团在舰船和兵力两方面联合。条件是骑士团每年向维诺利支付从成功征服的土地上获取的收入的三分之一。面对如此利益，当时的骑士团大团长富尔克·德·维拉雷当场表示同意。

1306 年秋天进行的第一次进攻，因遇到罗得岛合法拥有者拜占庭驻军的顽强抵抗而以失败告终，但骑士们一心想建立起能够作为根基的城堡，他们的斗志并不会因此而受挫。后来经过多次远征，终于在 1308 年完成了对罗得岛的征服。虽然拜占庭帝国提出了抗议，但一个没有足够军事力量能重新夺回失地的国家即使抗议，也只不过是说说而已。另一方面，西欧对此则表示极大赞赏，认为对十字军运动来说，出现了新的基地是一件美事。教皇也发出诏书，承认了骑士团对罗得岛的占有。

能够重新拥有根据地的圣约翰骑士团是否信守承诺，一直向热那亚海盗支付年收益的三分之一不得而知。从“基督的战士”以往的行为来推测，可以认为热那亚的海盗被骑士们巧妙地彻底欺骗了。

但是，夺取罗得岛战役所耗资金大部分来自威尼斯银行的融资，这笔钱尽管花了 20 年，但最终得以全部偿还。这并不是因为在当时地中海两大竞争对手热那亚和威尼斯当中，圣约翰骑士团对威尼斯更有亲近感。与认为个人是个人，无论好坏放任倾向都较强的热那亚共和国不同，威尼斯认为，本国市民的利益受损就是共和国的利益受损。威尼斯海军在东地中海海域具有明显优势，与他们为敌的愚蠢之举，对好不容易拥有根据地的圣约翰骑士团来说，是绝对不能做出的行为。

圣约翰骑士团从塞浦路斯的借住之处迁移到成为“家园”的罗得岛，其全面搬迁是1310年结束的。从这一年起，骑士团的第二个时代拉开帷幕。骑士团自此以后被称为“罗得岛骑士团”。拜占庭皇帝也只好承认这一既成事实。这是与法国烧毁圣殿骑士团骑士之躯的烈火依然熊熊燃烧同一时期的事情。

第三章

基督之蛇的巢穴

远古的罗得岛

位于爱琴海的东南，与小亚细亚几乎相连的罗得岛，仿佛是一个从西南朝着东北摆放的橄榄球。整座岛的面积不到 1 500 平方千米，即使丈量岛上最长的地方也只有 80 千米，宽度最大的地方只有 38 千米。岛上虽然有一道像脊骨一样的山脉，但即便是高山也只有一座 1 200 米高的山峰。在耕地面积方面，罗得岛全无优势可言。

从古代起，这里就作为气候理想之地而远近闻名。在城中，即使最冷的 2 月，气温也不会低于 10 摄氏度，哪怕是最热的 8 月，只要在背阴处就很少会超过 25 摄氏度。夏天的最高温度也不过是在阳光下达到 30 摄氏度。虽然 11 月到次年 4 月被认为是雨季，但不会有阴雨连绵不断的情况。雨水多是短时强降雨型，倾盆而下，骤然而止。地中海地区的风始终都在变换方向，而只有罗得岛近海十分难得地刮着类似季风一般方向相对固定的风。从春天到夏天，会刮起被称为“米拉斯特尔”的西北风，秋天和冬天不是刮起被称为“西洛克”的东南风，就是刮起被称为“利贝乔”的西南风。炎热季节刮的是凉风，天冷后会刮来暖风，因此罗得岛的气候被誉为“甜美”也理所当然。水资源也因以山脉发源流出的众多溪流而丰富充沛。如果说这个满目郁葱的罗得岛还少点儿什么的话，可以说只缺小麦。但只在需求量大的时候，才会面临小麦短缺的情况。

良港都集中在岛上从北到东的地带。位于岛屿最北端的罗得，以及位于岛屿东侧中央的林多斯从古代开始就被认为是主要港口，尤其是罗得，无论什么时代都是首府。

仿佛是地中海乐园的这个岛屿，肯定不会安坐海上而不被人虎视眈眈地盯上。仅以进入信史时代以后为例，自约公元前1500年来自克里特的移居者在岛屿北部居住下来以来，与爱琴海的其他岛屿所经历的历程基本相同，罗得岛也经历了希腊民族的变迁。

从公元前800年左右开始，只是因为处于对当时的商业航路来说绝好的位置，罗得岛与附近的小亚细西岸的伊奥尼亚城市以弗所、米利都、哈利卡纳索斯并列，作为重要通商基地而尽享繁荣。来自罗得岛的移居者所建设的地中海沿岸移民城市也不在少数。

但是，正因为是浮在海上的岛屿，在与大陆相连的伊奥尼亚各城市在公元前5世纪遭到波斯攻击之际，罗得岛幸免于难，并未归于波斯的统治之下。拥有船队的罗得岛也参加了雅典倡议的反波斯同盟。即使在全希腊分裂为斯巴达派和雅典派的时代，罗得岛也能一边周旋于这两大领袖之间，一边保持独立。只是在亚历山大大帝时代，也许是因为对手的力量压倒性地强大，罗得岛率先选择站在了马其顿一边。

但是，罗得岛最辉煌的时代，可以说是从亚历山大大帝死后开始的。与埃及之间密切的贸易关系为这个东地中海小岛带来了可与埃及的亚历山大里亚和西西里的锡拉库萨相媲美的繁荣。被认为是古代世界七大奇迹之一、横跨罗得港入口处的太阳神巨像也是这个时代建成的。

这个铜制巨像因公元前 227 年的强烈地震而坍塌。古代世界的七大奇迹是指埃及的金字塔等令人叹为观止、觉得依靠人的力量和技术不可企及的巨大人造物，因此罗得岛也肯定曾具有当时的最高技术水平。

当时的罗得岛人不仅技术高超，而且在艺术方面也精湛卓越。现在存放在卢浮宫美术馆的“萨莫色雷斯的胜利女神”，据说就是公元前 2 世纪的罗得岛人所作，梵蒂冈博物馆的雕像“拉奥孔和儿子们”，据推测也是罗马时代工匠对罗得岛人作品的模仿。现在罗得岛的美术馆也遗留着一些代表古希腊高品位的精美艺术品。这些失散在各地的艺术品让人认识到，在 2 000 年间，罗得岛艺术对欧洲的影响。

但是，罗得岛的名声，也以尤利乌斯·恺撒等古代罗马帝国的贵族子弟为求学深造而到访的公元元年前后为界限，此后开始逐渐衰落。罗马帝国治下的罗得岛，在公元395年罗马帝国分割为东西两部分之际，归属于东罗马的拜占庭帝国。那之后，罗得岛从历史舞台上消失了很长时间。进入10世纪，意大利海洋城邦商船的往来变得频繁之后，罗得岛也没有摆脱时而成为拜占庭的直辖领地，时而与威尼斯结盟，时而又把港口租借给热那亚的状态。这个小岛不得不随着拜占庭势力的沉浮而飘摇不定。

然后，1310年，罗得岛被圣约翰骑士团征服。到了这个时候，过去曾有过高等文明的罗得岛人，即使面对以当时完全称不上是高等文明之主的法国人为主体的圣约翰骑士团，也没有资格以文明人自居了。

迎来骑士团

将分散在整个罗得岛的居民全部加在一起也不会超过5万人，但即使被相当于这一人数百分之一的宗教和习俗都迥异的骑士团占领，原住民希腊人也从未揭竿而起。也许有人会对此感到不可思议。显然，仅凭当时的罗得岛的文明已经没落这一点，是无法解释清楚罗得岛民为何顺从骑士团的。

在15世纪后半叶大国主义兴起以前，也就是成功地有效利用人口数量的社会体制确立之前，即使统治阶级人数屈指可数，但只要确保了统治方式并加以灵活运用的话，就可能进行在以后的时代无法想象的长期统治。

有些群体能够以屈指可数的人数，在从本国紧急调遣援军会用时过长、耗费巨大的偏远地区构建贸易军事基地，并能出乎意料地长期加以维持。这样的群体并不仅限于威尼斯和热那亚这样的海洋民族，塞浦路斯王国、被逐出巴勒斯坦之前的十字军势力亦复如是。这个时代在罗得岛获得根据地的圣约翰骑士团，也只需考虑“统治方式”便可成功维系其领地。

此外，罗得岛的原住民希腊人迎来的统治者也并非满脑子盘算如何盘剥的人，毕竟骑士团本来就财源滚滚。刚刚征服岛屿的时候姑且不谈，一旦在西欧的资产运作所产生的收益切实转来，就完全无须指望当时的罗得岛人为自己创造收入。而且，骑士团在西欧的资产也确实一帆风顺地不断增长。在条顿骑士团远赴波罗的海沿岸地区，圣殿骑士团已经毁灭的如今，融合骑士精神和修道士精神，能与异教徒相对抗的组织，就只剩下圣约翰骑士团一个。虔诚之人的捐赠和遗产转让，均集中于圣约翰骑士团也理所当然，因为毕竟只有圣约翰骑士团至今还停留在东方，坚持与伊斯兰开展游击战。尽管实际上与海盗没有任何不同，但在当时西欧的大多数人看来，这并不是什么严重问题。

总而言之，如果说罗得人必须忍受统治者的话，他们遇到了非常合适的统治者。首先，统治者同为基督教徒而且十分富有。其次，统治者在从事他们必须进行的事业时，绝对需要被统治者。

罗得岛的周边散布着许多小岛。掌控了罗得岛的圣约翰骑士团从这些邻近的弹丸小岛开始，成功地将科斯岛和莱罗斯岛纳入势力范围。而且，他们还成功地将位于小亚细亚西南端，但并非岛屿的哈利卡纳索斯的海港城市变为领地，当时此地早已不用这一古代名称，而被改称为博德鲁姆。还有一个时期，他们甚至占领了小亚细亚的重要城市士麦那，尽管后来被帖木儿帝国重新夺回。之所以这样做，是因为如果想以罗得岛为根据地，袭击在近海航行的伊斯兰船只，这些都是必不可少的。

因为在各个岛屿上构筑的要塞起到了监视瞭望的作用，当时还郁郁葱葱的这些岛屿为船只的建造提供了所需的木材。实际上在不到半世纪间建立起来的圣约翰骑士团的势力圈，位于正在不断扩张势力的伊斯兰新兴国家土耳其与伊斯兰既成势力中依然强大的埃及的连线上，而这一位置对骑士团来说再合适不过，但对敌人伊斯兰教徒来说却糟糕透顶。在这之后的150年间，颇具讽刺意味的是，土耳其在东地中海世界的统治持续扩张，在罗得岛上的圣约翰骑士团也在不断壮大。

使这一趋势成为定局的是1453年拜占庭帝国的灭亡和1517年土耳其对叙利亚和埃及的征服。这两次由土耳其军队取得的具有划时代意义的胜利，将东地中海变为土耳其帝国的内海，而正因为如此，在这一内海中独树一帜的罗得岛就更令土耳其感到棘手。过去在巴勒斯坦曾是“卡在伊斯兰嗓子眼儿里取不出来的一根刺”的骑士，自转移到罗得岛以来，也一直是土耳其人眼里的“基督之蛇”。罗得岛对伊斯兰教徒来说，就是蛇群盘踞的巢穴。

通过传统的航海术为这些“蛇”，也就是变成海盗的骑士们提供帮助的，是罗得岛原住民希腊人。因为是曾在领地里拥有根基的贵族出身，骑士们在战争方面具有他人望尘莫及的自信，但如果说到掌舵驾船的技能的话，没有航海传统的骑士们也就没有了自信。此外，只要是贵族，就不能与那种类似商人的行为有牵连。因为继承了“蓝色血液”的人，被认为应该专心于对男人来说最高贵的工作，即战斗。

就这样，在圣约翰骑士团统治的罗得岛及其近海的岛屿，统治阶级与被统治阶级的利害关系奇妙地变得一致。此外，自西欧基督教势力成为统治者以来，西欧的商船在罗得岛的停靠也显著增加，逐渐变为常态。虽然热那亚船最多，但在这个岛上定居的普罗旺斯和加泰罗尼亚商人也有所增加。犹太人居住区的形成也给商业活动带来了活力。罗得岛从古代世界崩溃后的长期低迷之中，开始逐步站立起来并前进，尽管步伐仍然很小。

重启构筑巢穴

被称为巴勒斯坦地区最坚固城堡的克拉克骑士城堡的所有者正是圣约翰骑士团，他们在罗得岛开始构筑的要塞城市也坚如磐石，其坚固程度在这个岛屿曾为其繁荣而引以为豪的古代都没有出现过。

港口也分为军港和商港，两者均得以不断扩建和完善。与城墙为了应对兵器的进步和战术的转换而反复改造、日臻完善的理由相同，港口的建设和完善也没有终点。从失去对巴勒斯坦的控制权时起，罗得岛的圣约翰骑士团就已肩负起在最前线与伊斯兰相对抗的重任。这意味着他们都要进入战时体制。

整个罗得岛随时都处于战时体制，就等于左右这一岛屿去向的骑士团也命中注定地要建立起适于战时体制的组织。从十字军时代起军事色彩已经相当浓厚的圣约翰骑士团，在迁往罗得岛后，朝着进一步加深军事色彩的方向一路迈进。

骑士团按照骑士们的母语，分为各自独立的军团。意大利、英吉利、德意志骑士分别构成一个军团。虽说条顿骑士团已撤到普鲁士盘踞固守，但当时依然存在，因此在德意志军团里南德意志地区的贵族子弟居多。西班牙人虽然起初是一个军团，但不久就变成两个军团，一个由包括葡萄牙出身者在内的以卡斯蒂利亚人为主的西班牙人组成，另一个由包括纳瓦拉和加泰罗尼亚在内的阿拉贡出身者组成。称呼也随之改变，前者被称为卡斯蒂利亚军团，后者被称为西班牙军团或阿拉贡军团。从十字军时代开始提供绝大多数骑士的法兰西，进入罗得岛时代之后，其优势也没有变化，分为三个军团。它们分别是平时只称为法兰西军团的、由法兰西岛大区出身者组成的军团，普罗旺斯军团以及奥弗涅军团。这些军团的成员人数有多有寡，即使是分割后，法兰西人的三个军团和西班牙的两个军团在数量上的优势并没有动摇过。各个军团分别拥有类似总部的骑士馆，法兰西的三座和西班牙的那座骑士馆尤其宽阔雄伟。

这些军团都由可被称为军团长的骑士馆长率领。八个骑士馆长，骑士团大团长和副大团长，加上负责罗得岛宗教事务的枢机主教等人，组成了圣约翰骑士团的最高决策机构，也就是可被称为参谋总部的委员会。由于这一委员会拥有罢免骑士的权力，因此可以说也兼有立法、行政、司法的职责。此外，从骑士团在西欧的资产的运作，到对居住在以罗得岛为核心的周边岛屿和基地的人们的统治，均由这一委员会掌管。

各骑士所属的骑士馆都隶属这个委员会。设在圣约翰骑士团领地内的要塞的指挥官和军船的舰长，均从可以说属于士官阶层的这些骑士当中任命。西欧资产的运作是上了年纪的骑士，即退役骑士的工作。但是，随时都处于战时体制的罗得岛的骑士们因战争而丧命的不在少数，能在年老后回到西欧的寥寥无几。由于处于可以从西欧补充“新兵”的体制下，远在东方的圣约翰骑士团骑士的平均年龄任何时候都相当年轻。

以上这些人都是士官。他们是必须具备有贵族血统这一条件的骑士。由于是宗教骑士团，因此骑士们与修道士一样要发誓恪守清贫、服从、贞洁这三原则。当然，他们被禁止娶妻成家。在以罗得岛为根据地的东方的圣约翰骑士团，骑士的人数为500~600人，即使明知敌人将发动全面进攻，人数也不会大大超出上述范围。

虽然也有身在西欧，一次也没踏上过罗得岛土地的骑士团成员，但他们几乎全都是具有强大实力的王室和大贵族的子弟，大多也是枢机主教等罗马天主教的高层神职人员。比如美第奇家族出身、当时的教皇利奥十世的表弟，后来也成为教皇的朱利奥·德·美第奇枢机主教，也是未曾与伊斯兰教徒战斗过的圣约翰骑士团的骑士。

在这些骑士的下面，有属于下级士官阶层的骑士们的侍从和罗得岛原住民船员，以及在医院工作的医师。这些人当然没有继承贵族血统的必要，而且也不用与骑士们一样起誓。骑士们也有义务一周在医院服务一次，但在当时的贵族当中几乎没有人会立志学习医术，即便在身为天主教宗教团体的圣约翰骑士团，专职的医师也多是犹太人。

骑士团的通用语言虽然是当时欧洲的通用语言拉丁语，但会议上使用的却是法语和意大利语。由于法兰西出身者人数居多，使用法语就理所当然，使用意大利语则是因为负责为骑士团供给物资和运输的主要是意大利商人，此外，在战时体制下负责不断建造城寨和维修工程的技术人员当中，意大利人占绝对多数。当然，在各个骑士馆里，骑士们都分别说着自己的母语。

医院

正如有医院骑士团的俗称，医疗事业是圣约翰骑士团的招牌。在罗得岛齐整修筑的医院也是仅次于骑士团大团长城堡的雄伟建筑，运营医院的最高负责人不是来自法兰西就是来自普罗旺斯或奥弗涅的骑士馆长，也就是传统上由法兰西人兼任。顺便一提，英吉利骑士馆长兼任骑兵队的最高负责人，意大利骑士馆长兼任舰队的最高负责人，这些都是成规。

阿马尔菲的商人们当初在耶路撒冷建设医院的目的是为到访圣地的朝圣者提供治疗服务，进入十字军时代以后，又加上了另一个目的，即为那些在保卫圣地免遭异教徒侵害的战斗中负伤的战士疗伤，转移到罗得岛以后，尽管原本使这两个目的形成的环境因素都有很大的变化，但也依然持续了下来。

13世纪末西欧基督教势力完全失去巴勒斯坦以来，有一段时间朝圣也曾中断，但不久之后，威尼斯等西欧各国开始策划以朝圣为目的的集体旅行。伊斯兰教徒一方面达到了把基督教徒驱赶到地中海这一目的，另一方面也无法对朝圣者在圣地花的钱无动于衷，双方就此达成了妥协。往返于西欧与巴勒斯坦之间的朝圣船可以安全地将病人就近卸下，且距离巴勒斯坦较近的地点，便是罗得岛。

1489年塞浦路斯岛被威尼斯共和国吞并，此后西欧的船只也必定会在塞浦路斯停靠，但在此前的150年间，罗得岛上的医院对西欧人来说，一直是一个在偏远之地病倒时，能够接受最安全、最高水平医疗的机构。朝圣者当中，包括王公在内，在社会上具有显赫地位的人不在少数，因此对罗得岛的医院及其经营者圣约翰骑士团来说，悉心提高医疗质量和医院环境的舒适度，也是一种足以收回成本的投资。处于伊斯兰教徒统治下的耶路撒冷，虽然被允许设置修道院，但只能用于朝圣者的住宿，难以兼具治病救人的功能。

而且，虽然保卫圣地的意义已经失去，但如果基于保卫基督教徒免受异教徒暴力这一意义的话，骑士团第二信条——为被异教徒伤害的基督教徒疗伤完全保留了下来。

圣约翰骑士团的船只看到伊斯兰的船只就会予以攻击，但目的并不只是杀死或俘虏船员、击沉或没收船只、抢夺船上货物。土耳其的船只使用基督教徒奴隶充当划桨手的情况较为常见，因此骑士团也就有了将这些人从枷锁中解放出来的大义名分。为实现这一大义而倒在疆场的战士，对宗教骑士团圣约翰骑士团来说，就是保卫基督教徒免受异教徒伤害的战士。再说，骑士团的骑士们也有接受充分医疗的权利。

基于这些理由，罗得岛的骑士团医院不仅建筑外观壮丽雄伟，而且用当时的医疗水平来衡量，医疗品质也出类拔萃。据说其水平之高，甚至达到了能与其比肩的只有威尼斯本国医院的程度。

专属的医师团队由两名内科医师、四名外科医师组成，护士由每周必须前往医院义务工作一天的骑士们承担。顶棚高大、空间宽敞的大房间里摆放着大量单人床，最多可以容纳一百人。每张床的周围都可以挂上布帘。患者的随身用品，以及朝圣者携带的大量行李，用不着塞到床下或堆放在床边，因为沿着大房间一边的墙壁，有一大排能用作仓库的小房间。此外，医院还有为患者服务的食堂。每天早晨，在大房间中央的小小礼拜堂，会为患者们举行弥撒。医院另外还有七个单人病房。

无论患者的贫富，治疗一律免费，住在单间也不用交房费。餐饮也全部平等且免费，套餐包括白面包、葡萄酒、肉类、煮蔬菜，就当时的水平而言可谓相当豪华，而且就餐时还可以使用麻织桌布和银制餐具。这些都是过世骑士的遗物，因此桌布和餐具都装饰着西欧屈指可数的名门望族的徽章。此外，二楼还有一个与病房连通的，虽然不大但却可以在南国浓郁的绿荫下享受散步乐趣的庭院。如此，医院因兴旺而必须时常扩建也是理所当然的了。

医院内部严禁赌博，甚至禁止大声喧哗。虽然允许探视，但实际上并没有那么多会给其他患者带来困扰的探视者。朝圣途中病倒在遥远东方岛屿上的人一般没有能立即赶来看望的亲属，因在战斗中负伤而躺在病床上的骑士，也同样没有家人探视。

“基督之蛇”

作为招牌的医院就这样一帆风顺地经营下去，而另一个本行海盗业，也毫不逊色地一路兴旺发达。

这是由于随着东地中海西欧势力的衰退，取而代之的土耳其势力不断延伸，罗得岛近海越来越成为东西交流的“主要街道”。从土耳其帝国主要港口君士坦丁堡或加里波利启航的船只，如果想前往叙利亚或埃及的话，无论如何都必须经过罗得岛近海。由于距离也较近，从航海方面的各种理由来看，这是最自然的选择。

而且，土耳其人既不是贸易民族也不是海洋民族，因此希望尽量一直沿着海岸航行。他们大多数时候都把航海交给土耳其统治下的希腊水手，而希腊人又是只习惯于特定海域的民族，在这一海域随时都要能看到爱琴海岛屿的身影。他们无法像热那亚人和威尼斯人那样，即使在什么陆地也看不见的海域也能沉着地航海。因此，从土耳其的港口出发后，他们会尽量沿着已成为土耳其领土的小亚细亚海岸南下，行驶到爱琴海尽头，就只好进入地中海。但是，在那里却有罗得岛顽强地守卫着。

而且，罗得岛近海属于在地中海较为罕见的季风海域，每个季节都会刮起方向一定的海风，因此大气清澈、天空晴朗的时间较长，航行视野绝好。此外，由于处在爱琴海的延长线上，海水深度也较浅，少量的风也会轻易掀起海浪。海潮也有从南朝北流动的部分，时速为 0.5 海里到 2 海里。这些也并非什么大不了的恶劣条件，但只要土耳其船不是海盗船，其航海能力还是逊色于西欧船只的。与此相反，掌控骑士团船只的，是从孩提时代就对这片海域了如指掌的罗得岛人。

在战术转换为从船上相互炮击的特拉法尔加海战以前，提起海盗，就意味着接近并登上敌船，在船上展开白刃战的海战。只要接近敌船，剩下的就与地面战没有多大差异。只有与敌人的战斗，方可显示出流淌着“蓝色血液”的圣约翰骑士团骑士们的存在理由。罗得岛人巧妙娴熟的驾船技术与骑士们的勇猛果敢相辅相成，土耳其船闻风丧胆也理所当然。而且，越是随时被迫面临战斗的战士就越是强悍。在这一点上，圣约翰骑士团也保持住了作为战斗集团的理想状态。

圣约翰骑士团的海军力量无论是量还是质，都不能与威尼斯共和国相匹敌。在量的方面，也不及非海洋民族的土耳其和西班牙。但是，他们没有扩展战场的必要。只要把守好岛屿的近海，猎物就会自己送上门来。此外，旨在充分利用这一海域的要塞和基地，已选择战略要冲建设而成。船只也能在当天返回港口，因此与远航的船只不同，无须装载多余之物，反而能搭乘更多的战斗人员。船只的大小只有威尼斯的三桅大型加莱舰的一半左右，但桅杆数量却相同。只考虑到用于罗得岛近海的战斗而建造的这种快速加莱舰，是圣约翰骑士团海军的主力，可以轻易驶出 4.5 海里到 7 海里的时速。

还有一点，圣约翰骑士团的军船也不同于威尼斯和热那亚的加莱舰。意大利的海洋城邦一般不在船上搭载大量专门参加战斗的士兵，为了让划桨手在接近敌船后也作为战斗人员发挥作用，他们使用了并非奴隶的自由民，与此相反，骑士团的划桨手大多是被俘后沦为奴隶的伊斯兰教徒。因此，骑士团的船只不能像意大利船那样让划桨手坐在上层甲板。他们在甲板的下面增设了顶棚较低的一层，把划桨手拴在这里排列的木制枷锁上，让他们划动船桨。这是为了避免在接近敌船时，从背后遭到同为伊斯兰教徒的划桨手们的威胁。在这一点上，骑士团船与使用枷锁将基督教徒奴隶拴在一起，让他们划桨的土耳其船相同。

通过各个岛屿上的要塞逐一升起狼烟传递的信号传到罗得岛时，4 艘一组的船队便会立刻出发。一艘船上一般有 100 名桨手，20 名水手，50 名骑士。

首先，两艘船快速从靠近的敌船旁边驶过，绕到猎物背后。接着，其余的两艘堵在敌船的正面。这样形成夹击后，尽可能地让己方船只接近敌船。当敌船和己方船只的船桨咬在一起时，就向敌船投掷“希腊火”。

当然，土耳其船也不会仅只一艘游荡而来，基本上都是四五艘组成一个船队，有时也有近 10 艘结队而行。圣约翰骑士团方面也根据瞭望哨传来的情报，增加或减少派遣的船只数量。根据不同情况，既有己方两艘对敌方一艘的时候，也有一艘对一艘的对决。即使这样，驾船技术和战斗能力均十分出色的骑士团船只也足以让土耳其船闻风丧胆。飘扬在桅杆顶端的红底白十字旗在伊斯兰教徒的眼里，简直就像是恶魔的宣示。

通称为“希腊火”的火器，据说是拜占庭人的发明，巴勒斯坦时代的十字军也对其进行过广泛应用。它由硝酸钾、硫黄、铵盐、树脂等混合制成，但混合的比例是机密，即使现代也不得还原。

“希腊火”的使用方法也多种多样。有将其装进铜制的长筒，点火后对准敌人，如同现代的火焰喷射器那样的用法；也有放在陶制圆坛里向敌人投掷过去，类似手榴弹的用法；除此之外，还有装入同样的陶制坛子之中，通过导火索将其点燃，然后投掷过去的炸弹式使用方法。拜占庭人似乎还有从装在船头的动物形装饰口向敌方喷火的用法。圣约翰骑士团的船只没有采纳这一用法。这可能因为一旦风向不对，自己的船只就面临被火焰吞噬的危险。

无论是哪种使用方法，只要将这一“希腊火”投在敌方船只上，当时的木制船只的甲板、桅杆、船帆就都会立刻被火焰吞没。骑士团用这一方法让敌人陷入混乱，然后让身披钢铁盔甲的骑士们冲入敌阵。尽管其战马早已被剥夺，但这一战术对中世纪骑士们的战斗精神来说，似乎再合适不过。

虽然圣约翰骑士团一次也没有装备过大舰队，但他们通过小舰队进行的彻底的游击战术，切实地取得了战果。土耳其船只被烧，船员不是被杀就是被俘，船客全部被扣为人质，而且如果想获得自由就必须用巨额赎金来交换。船上的货物也被抢夺一空。如果土耳其船想避免这一命运，就只好依靠大舰队的护航。但是，并非海运国家的土耳其实际上没有足够能力为每一支在“主要街道”上航行的船队配备大舰队。而且，使圣约翰骑士团的这一海盗行为正当化的是攻击异教徒，以及解放被套在异教徒枷锁中的基督教徒这两件事情。

但是，由于他们对伊斯兰教的憎恨过于矢志不渝，因此与原本应该志同道合的基督教徒的关系，有时会变得十分不妙，尤其是与由于身为贸易国家而只好采取现实路线的威尼斯共和国之间的关系。

有一年，发生了一起事件，正在北非沿岸航行的威尼斯船只遭到了有时也去远征的骑士团船只的袭击，不仅被拖到罗得岛，作为船客搭乘在船上的10名阿拉伯人还被当作奴隶贩卖。这是在1453年君士坦丁堡陷落导致拜占庭帝国灭亡之前，土耳其与威尼斯尚未陷入对立关系的时代所发生的事情。得知此事的威尼斯政府指出，无论信仰如何，保证乘客安全是让人们乘船一方的义务，因此紧急命令驻扎在克里特岛的威尼斯舰队出动。挤满罗得岛港入口的威尼斯军船将炮口对准了港口城墙，并质问骑士团是交还阿拉伯人还是开始交战。威尼斯船与乘客一道得以归还。

但是，到了15世纪后半叶，威尼斯共和国也迫不得已与土耳其进行过两次战争，在其间的和平时期，圣约翰骑士团也公然袭击威尼斯商船。因为在骑士团看来，与异教徒缔结协约的基督教徒是比异教徒更可恨的存在。可是，正因为彻底坚持了这一做法，圣约翰骑士团在失去巴勒斯坦以后，也能继续具有作为宗教骑士团的存在理由。而且，不仅是精神方面的理由，也由于这样做有助于接受土地和财产的捐赠，因此他们形成了适应自身发展的生存方式。

威尼斯共和国依靠贸易生存，圣约翰骑士团却没有开展贸易的必要。通过舍弃依靠贸易的生存方式，他们生存了下来。

这样一来，热那亚衰退之后，威尼斯和骑士团就成为在东地中海与土耳其相对抗的两大势力，而两者的关系也变得不再单纯。

威尼斯的豪门贵族家庭中，没有一个人参加圣约翰骑士团。这也是因为骑士团一方不承认以做买卖为根基的所谓“贵族”身体里流淌着“蓝色血液”，但同为城市贵族的美第奇家族却有人参加，热那亚人也有很多。威尼斯政府也不允许国民加入圣约翰骑士团。

但是，对选择像威尼斯共和国那样的生存方式的国家来说，没有比把某一势力作为敌人更愚蠢的行为了。威尼斯经常在形势允许的时期公然地，在形势不允许的时期背地里满足着圣约翰骑士团的要求。但是，骑士团一方却在其愿望背地里得到满足的时候，几乎没有察觉。欺骗敌人首先必须欺骗己方的高超技巧，似乎不是中世纪继承“蓝色血液”的人所应具有的。

征服者穆罕默德二世

对于据守在罗得岛的骑士团，不断扩充势力的新兴国家土耳其并非对其束手无策、置之不理。苏丹穆罕默德二世一直热衷于称霸地中海世界，以至于在1453年将拜占庭帝国推向灭亡，把首都迁至君士坦丁堡，宣布取代拜占庭帝国。1480年，他为征服罗得岛而派出10万大军。圣约翰骑士团在大团长皮埃尔·德·欧比松的指挥下选择战斗到底，经受住了长达3个月的攻防战的考验。由于苏丹没有亲临督战，将军们的战术出现了破绽，加上瘟疫袭击了土耳其军，600名防卫军才幸而得救。

这一战在土耳其看来并非有多大不光彩，也没有导致士气衰退，对圣约翰骑士团来说，却是相当于必须追溯到300年前巴勒斯坦时代的极具价值的胜利。他们面对连拜占庭帝国和海洋女王威尼斯也无法战胜的土耳其，成功地将其击退。西欧各国仿佛是重新认识到罗得岛骑士的存在一样，庆祝了这一对基督教世界来说令人称快的壮举。德·欧比松甚至获得了历代骑士团大团长都没能如愿得到的枢机主教地位。在西欧，捐款和志愿骑士的激增更是自不待言。

但是，难以想象土耳其会就此收手。这之后的40年间，骑士团一直专心于增强防卫能力。其中，从1513年到1521年担任骑士团大团长的意大利人法布里齐奥·德尔·卡莱特，在君士坦丁堡陷落后，为了防备已成为攻城武器主力的大炮，在彻底改变城墙建筑的过程中立下了汗马功劳。正因为出身于当时的技术先进国意大利，他对只凭武勇决一胜负的时代业已结束一事颇为理解。

圣约翰骑士团之所以能够享受40年相对平稳的时期，只不过是因为土耳其在此期间没有认真地把注意力放在罗得岛上而已。

这是因为在穆罕默德二世的儿子巴耶济德时代，他不得不专心于巩固父亲所向披靡征服而得的巨大版图，穆罕默德的孙子塞利姆实现了土耳其民族的夙愿，即对叙利亚、阿拉伯、埃及的征服。1517年完成的这一大征服并将麦加纳入版图的土耳其，在精神方面也成为伊斯兰世界的盟主。对实现了地中海完全内海化的他们来说，进攻眼中钉肉中刺罗得岛的时机终于到来。

浮现在这一“内海”的基督教徒要塞有两个，即塞浦路斯和克里特岛，这两个岛屿由海军力量依然强大的威尼斯共和国掌控。另一个要塞罗得岛在大国土耳其看来，是一个只由一小撮男人把守的岛屿。而且，与不做海盗的威尼斯不同，征服罗得岛也可以说是打击海盗行为。而且，由于对手是高举十字架冲上前来的僧兵，因此伊斯兰的正义百分之百能够行得通。1520 年，成为土耳其苏丹的苏莱曼终于下定决心要征服罗得岛。

对已经感觉到必须与在西面崛起的哈布斯堡王朝相对抗的年轻苏丹来说，“基督之蛇的巢穴”已是不能再允许其存在的东西。即位一年后就远征匈牙利，并成功征服了贝尔格莱德的苏莱曼一世的目光，朝向了罗得岛。

苏丹苏莱曼一世

如果就从无做到大这层意义来说，准确而言，苏丹穆罕默德二世并不是开创者。但就导致拜占庭帝国灭亡，给土耳其民族指明今后的方向这一意义来说，还是应该认为他是第一代。而且，由于在巴耶济德、塞利姆之后才是苏莱曼苏丹，因此后来被尊称为大帝的苏丹苏莱曼，严格地说也不是第三代。但苏莱曼在所有意义上，都是一位具有第三代要素的苏丹。

曾祖父穆罕默德二世 19 岁即位时，为了防患于未然，阻止夺嫡之争，开创了杀害弟弟的先例，由于祖父巴耶济德在这方面的疏忽，弟弟之一杰姆发动了叛乱。虽然叛乱得以镇压，但巴耶济德尝到了杰姆潜逃到罗得岛的痛苦滋味。

圣约翰骑士团大团长考虑到将这个自己送上门来的贵重人质

放在罗得岛，也会给土耳其进行攻击的借口，于是将他送到了自己的祖国法兰西。后来，教皇迪波吉亚（亚历山大六世）接受了法兰西国王的“转让”，因为他认为杰姆可以作为防止土耳其进攻的盾牌。就这样，土耳其的王子在罗马过着优雅的人质生活，但在身处君士坦丁堡的哥哥巴耶济德看来，当然最好是让他消失。苏丹给罗马教皇发出了这样的信函：

“土耳其帝国的苏丹想到弟弟沦为人质，处境可怜，连日来一直烦恼悲伤，并认为想方设法解救不幸的弟弟应合骨肉之情，并终于得出了一个结论，这就是让杰姆从世上所有的痛苦中得到解脱，将他送往其灵魂可能更能得到平安的黄泉。

“如果教皇您能这样做，我将给您支付 30 万达克特的谢礼。”

由于教皇迪波吉亚以花钱如流水而闻名，因此这笔逼近美第奇家全部财产的巨额报酬一定充满了魅力，令其十分渴望。但他也是一个罕见的富有政治考量的人，深知人质越放就越有价值。土耳其的流亡王子避免了被投放“迪波吉亚之毒”的命运。只是，在数年之后，他被侵入意大利的法兰西国王强制要求随行，在前往那不勒斯途中因罹患疟疾而丧命。

也许下一代苏丹塞利姆认为再也不能重复这一丑闻，即位之后不久就指使人将两个弟弟和他们妻儿共十七人杀害。但是，他的儿子苏莱曼因为只有姐妹，男丁仅一人，因此避免了要坐在沾满鲜血的御座上的命运。

也许是反映了这些情况，25 岁即位的苏莱曼从即位之初就希望获得“立法者”和“秩序支配者”的名声，而且还喜欢自己时常对此进行宣示。虽然决意要征服罗得岛，但不宣而战却不是他的性格。1521 年，他给接替死去的法布里齐奥·德尔·卡莱特，刚刚就任骑士团大团长的菲利普·德·利尔·亚当写了一封亲笔信。

与西边哈布斯堡家族的卡洛斯相比，苏莱曼在教养方面的确出类拔萃，他用漂亮的拉丁文写就了一封信。信里列举了这一年，即 1521 年之内土耳其军取得的胜利，并陈述他们征服了这些得到充分防守的美丽城市，杀了众多居民，让所有幸存者沦为奴隶，最后还写道，希望圣约翰骑士团的大团长也鉴于长年近邻的关系，庆祝我的胜利。

当然，骑士团大团长懂得这一优雅的信函背后的用意，但他也是流淌着“蓝色血液”之身，因此回信列举了骑士团一方以伊斯兰教徒为对手取得的战绩，并希望苏丹一道庆祝。

苏莱曼又一次寄来亲笔信。但是，这次措辞却十分直率。

“特命令足下立即交出岛屿……我将赐予足下与手下骑士们带着骑士团的贵重物品，一起离开岛屿的权利。”

这之后苏丹又写道，如果圣约翰骑士团希望留在罗得岛的话，也可以得到允许，只是必须作为苏丹的臣下。57 岁的骑士团大团长对此连回信都没有写。

宣战信号就此发出。

第四章

开战前夜

工程师马尔蒂嫩戈

在意大利骑士馆起居的安东尼奥·德尔·卡莱特，开始了与在热那亚附近的修道院时完全不同的生活。

作为骑士加入圣约翰骑士团的人，一般要先过上长达三年的修道院生活。惯例规定，在作为基督的战士开始活动之前，必须先作为基督的仆人，度过为神奉献的俭朴而平安的数年。安东尼奥之所以一年就结束了这种生活，是因为被急于增强兵力的罗得岛征召。

但是，安东尼奥到达罗得岛后，本应等待他的新骑士必须经历的常规训练也因骑士团大团长亲自下达的命令而延期。

常规训练就是乘船参加对伊斯兰船只的攻击行动。不是演练，而是立即让他们面临实战，可即便是从年幼时就习惯于武斗的

“蓝色血液”之主，也很少有人经历过在船上的战斗。但是，在罗得岛，“海盗”就是他们的工作。

尽管如此，安东尼奥接到的命令竟然是当翻译。他被命令在同船而来的那个威尼斯人与大团长等骑士团高层之间承担沟通工作。大团长和使用各语种的骑士馆长并非不懂意大利语，而且那个威尼斯人也多少懂一些法语和德语，只不过他说的意大利语不是威尼斯官方语言，而是该国威尼托地区的方言，因此其他国家的人很难听懂。

而且，骑士团大团长似乎希望能准确理解这人语言中的任何微妙用意。因生长在离法兰西边境较近的利古里亚，所以可以灵活使用法语的意大利人安东尼奥于是被召来担任翻译。

正如骑士团大团长说的“一个词也不想漏掉”，在安东尼奥看来，虽然这位客人并非“蓝色血液”之主，也不是骑士，但可能比 10 个骑士，不，比 100 个骑士的到来，都更让人盼望。出生于威尼斯共和国的属地、意大利北部贝加莫的这个人，是专攻筑城的工程师。

他的名字是加百列·塔迪诺。由于出生于贝加莫郊外的马尔蒂嫩戈，据说在建筑工程师的世界只被称为马尔蒂嫩戈的情况较多。年龄在 45 岁出头，不是贵族。个子虽小，但体格健壮。

据说他二十几岁时曾在威尼斯共和国陆军担任技术军官。在因为与所有国家为敌进行交战，而使威尼斯陷入困境的 1509 年的“康布雷同盟战争”中，他参加了被德意志神圣罗马帝国皇帝马克西米连一世军队包围的帕多瓦的防卫战。三年后，他又担任转为攻势的威尼斯军的先锋，参加了对布雷西亚的进攻。这时候马尔蒂嫩戈负伤成为俘虏，但一年后因交换俘虏而获得释放，威尼斯政府将他任命为拥有步兵部队指挥权的特别职务上校。特别职务的内容当然是城堡建设。他又以特别职务上校的身份在意大利北部参加了三年战斗。

到了1516年，威尼斯元老院决定，把这位特别职务上校派往威尼斯在爱琴海的最大基地克里特岛建设要塞。自那以后的5年里，马尔蒂嫩戈一直专心于格拉布扎、卡内亚、苏达、雷西姆农、坎迪亚、史宾纳隆加等地城堡的建设和强化，这些名副其实的连一只蚂蚁也无缝得入的坚固城堡沿着北岸，将由西到东一线防守得严严实实。

在克里特岛的工作即将迎来第6年的某一天，一个法兰西人秘密地访问了他在克里特首府坎迪亚的家。这个还十分年轻的男子自称名叫拉·瓦莱特，他说自己是圣约翰骑士团的骑士，从罗得岛来。接着，他对威尼斯的筑城工程师说起让其不禁大惊失色的话来。

拉·瓦莱特捎来了骑士团大团长希望聘请马尔蒂嫩戈担任罗得岛城塞技术总监的口信。但他并没有说那些冠冕堂皇的说辞。何止如此，他还告诉对方土耳其军的来袭可能将无法回避，一旦战斗打响，防卫一方大概将不可避免地要艰苦应战。而且，关于圣约翰骑士团对异教徒取得的种种辉煌战绩等，他也只字未提。

他只是用平淡的口吻非常明快地表示，罗得岛需要优秀的筑城工程师。但正是因为如此，他点燃了威尼斯工程师作为一名技术人员的灵魂之火。

长期身处对土耳其最前线基地克里特岛的马尔蒂嫩戈深知，土耳其苏丹试图彻底扫除圣约翰骑士团的决心比以往任何时候都要坚定。而且，他服务的威尼斯共和国早早就表明了既不偏袒土耳其也不偏袒骑士团的中立立场。实际上，克里特总督根据本国政府的指令，拒绝了来自圣约翰骑士团的在克里特岛招募佣兵和购买军粮的要求。虽然身份是工程师，但马尔蒂嫩戈毕竟也是威尼斯军队的一员，而且还担任上校，因此如果接受骑士团的聘请，就相当于违反国家的方针。最优先考虑共和国利益的威尼斯，也以绝对不允许本国国民损害国家利益而为人所知。他从一开始就知道，即便向总督提出申请，也不会得到允许。尽管如此，并没有明确的指令说拥有威尼斯国籍的筑城工程师不得与圣约翰骑士团合作。但是，罗得岛防卫战已无法避免，而其防守在技术方面将交由自己负责，此事不可能不刺激到马尔蒂嫩戈的职业灵魂，让他一时感到技痒。

威尼斯的工程师有一个独特的地方，即无论是筑城工程师或造船工程师，他们的工作并非在设计和建造完成的阶段就已经结束。造船工程师还要登上开赴海战的船只，对航行中和战斗前后的修理和维护负全责。筑城工程师也一样，攻防战期间更需要他们的技术的情况屡屡发生。时常会出现一个工程师随机应变地处置，甚至能左右战局的情况。

罗得岛的城塞并非马尔蒂嫩戈设计。但3年前被骑士团聘请，负责大规模改建工程的工程师与马尔蒂嫩戈一样，也是威尼斯工程师，即维琴察出生的斯科拉。因斯科拉而彻底改变的罗得岛的城塞，在当时的地中海地区因无与伦比的坚固而享有盛誉。城堡今后将交由自己负责。这一想法甚至让已经步入壮年的马尔蒂嫩戈的内心也不得不被甜美而苦涩的热情打动。

年轻骑士独特的劝诱似乎终于获得成功。工程师说，那就只好当逃兵了，意思是要离开现在负责的工作。拉·瓦莱特就像事先已经料想到会发生此事一样点点头说：

“我来安排船只停在卡内亚近海。您必须自己搞到一条小船。”

马尔蒂嫩戈回答说可以借考察格拉布扎城堡的名目，乘船驶出卡内亚港。他们决定将马尔蒂嫩戈的两个助手也带走，这样对隐瞒逃脱以及在罗得岛的工作都有好处。

逃脱付诸实施是在大约两个月过后。这两个月间，马尔蒂嫩戈一想到逃亡可能被发现，以及即使成功，但在事后暴露之际，威尼斯政府将给予可怕的惩罚，就坐立不安、夜不能寐。

接上他和两名助手的船正是安东尼奥搭乘的那艘热那亚船。即使知道已经脱离危险，马尔蒂嫩戈也身心疲惫，以至于在船上整整两天卧床不起。

但是，有一个情况工程师全然不知。他和两名助手被接到热那亚船上之后不久，一名传令官从卡内亚的城堡驱马疾行，一路向东报信，在坎迪亚接到此信的克里特总督下达命令，让一艘快船带着紧急报告赶往威尼斯本土。

采用绝密形式的这一报告被送达威尼斯共和国的谍报机构十人委员会的委员长手中，这一委员会也是秘密决定最重要事项的机构。文件这样写道：

“特此报告，技官加百列·塔迪诺·迪·马尔蒂嫩戈已成功安全逃亡。”

深谋远虑

这正是威尼斯的高明之处。

威尼斯共和国是一个通过与他国开展贸易而生存的国家。如果所有国家都采取与威尼斯相同的经济体制，国际关系就应该只循经济规则而动。但现实很难如此。领土型国家陷入困境时也可以自给自足，因此无法理解需要与他者共生的威尼斯式生存方式。他们会断定，那种认为即使信仰有别也不会给经济关系带来任何障碍的想法，是满脑子只想着赚钱、没有节操的民族才有的。但另一方面，伊斯兰方面毫不掩饰对基督教国家的侵略意图却是现实，因此对威尼斯式生存方式进行谴责的一方也有一定的道理。

此外，16 世纪初期也是西欧的主导权从威尼斯式意大利城邦国家决定性地逐渐向法兰西和西班牙等领土型大国转移的时代。在此国际环境下，威尼斯这样的国家要想生存下去的话，就不能对任何事情缺乏慎重考虑。这就是贸易依赖型国家的宿命，对此类国家来说，外交考量关系到国家的存亡。

1453年爆发君士坦丁堡攻防战时，君士坦丁堡的威尼斯居留区接受皇帝的请求，站在了拜占庭帝国一方，高举国旗公然对土耳其进行了抗击。但是，拜占庭帝国灭亡之后不久，土耳其成为君士坦丁堡的新主人，而威尼斯继续在君士坦丁堡设立了威尼斯居留区。他们还派遣了希望能维持两国贸易关系的特使，甚至还让特使声称，参加攻防战的威尼斯市民都是以个人身份参战的，作为国家对此深感遗憾。

但是，在参加攻防战的威尼斯人当中，谁都确信他们的死不会全无价值。实际上，他们的牺牲的确不是徒劳无功的。君士坦丁堡沦陷后，具有千年辉煌历史的东罗马帝国宣告灭亡。取而代之的是土耳其帝国，地中海实际上的势力版图一举变得有利于伊斯兰文明，已不是预想，而是现实。但是，在那场战斗中，高举国旗抵抗的西欧人，只有威尼斯人。威尼斯共和国一方面把这一事实运用在针对以罗马教皇为首的西欧各国的策略上，同时也在恢复与异教徒国家土耳其之间的贸易关系方面投入了全力。如果君士坦丁堡的威尼斯居留区像热那亚居留区那样，始终坚持不明不白的态度，就完全不可能像这样走钢丝。事实证明，后来热那亚在恢复与土耳其的经济关系方面，完全落在了威尼斯后面。

伊斯兰使基督教徒的帝国灭亡这一事实，对西欧的基督教徒来说，也是一件令人遗恨万千的大事。对于在鲜血尚未擦干时，就与导致流血的对手握手言和的威尼斯，西欧可能不会轻易饶恕。在西欧基督教国家纷纷谴责的巨大声浪中，威尼斯肯定没能摆脱孤立。对威尼斯这样的国家来说，孤立是绝对不该有的奢侈，因为孤立意味着经济关系的断绝。威尼斯之所以能避免断绝，是因为在君士坦丁堡攻防战中流淌的鲜血当中，也有威尼斯人的一份。

驻扎在克里特岛的一名工程师的“逃亡”也不过是威尼斯共和国外交考量的产物而已。

既然已宣布保持中立，这种时候当然最好不要采取刺激东方“他者”土耳其的行为。但是，土耳其的攻击目标是罗马天主教会直属圣约翰骑士团的根据地罗得岛。如果以处于中立立场为由对此弃之不顾的话，将会刺激以教皇为首的西欧各国。

在克里特采购粮食和招募士兵，威尼斯都没有允许。因为这种事情是非常引人注目的行为，想欺瞒过土耳其是不可能的。但是，隶属威尼斯军的一名工程师以自己的意愿脱离军队，参加罗得岛攻防战则无关紧要，因为可以对土耳其方面解释说他是自行逃亡的，而对西欧则可以辩称威尼斯是以这种形式秘密参战的。

攻防战之际绝对需要筑城技术专家，当时要论这方面的技术，威尼斯是西欧名列第一的先进国家。马尔蒂嫩戈在东地中海威尼斯最大基地克里特的技官当中是级别最高的，即使与数艘满载粮食和士兵的船相比，他也是毫不逊色的“援军”。

我们也可以认为，圣约翰骑士团的骑士拉·瓦莱特访问克里特一事本身，可能就是沿着威尼斯巧妙设计的路线而为的。只要是威尼斯，就有可能干出此类事情，但却没有能够证实这一点的史料。

但是，马尔蒂嫩戈本人是以冒死的决心逃脱出来的，而且长年因背叛祖国的悔恨而痛心疾首。他也许亦是认为要想欺骗敌人首先就必须欺骗自己人的威尼斯式外交的“牺牲品”之一。

“骑士伯父大人”

虽然没有贵族血统就几乎不被当作人看是骑士团的传统，但骑士团对待威尼斯工程师的殷勤和诚恳，却完全背叛了这一潜规则。

骑士团大团长利尔·亚当和各骑士馆长只字也不想漏掉地倾听着马尔蒂嫩戈说出的每一句话，甚至为此弯下贵族气质十足的修长身躯。而且，工程师也用那种对自己的技能充满自信的人所特有的简洁明了的词语，说出准确的观察结果和分析意见。安东尼奥的工作就是将这些话翻译成法语。

骑士团将这项工作交给安东尼奥，并不只是因为这个年轻人懂得威尼托方言和法语两种语言，这也出于一种温情，想让已故战友、上一任骑士团大团长法布里齐奥·德尔·卡莱特的年轻侄子了解其伯父未竟事业之伟大。

实际上，一开始考察城墙，安东尼奥的内心就第一次清楚地感觉到了仅凭“骑士伯父大人”这一称呼便在卡莱特家尽人皆知的伯父的存在。

安东尼奥只在10岁时见过“骑士伯父大人”。教皇儒略二世召集的拉特朗大公会议的警卫工作由圣约翰骑士团负责，当时担任骑士首领的就是法布里齐奥。这一大公会议结束后，虽然只有几天，但伯父曾在菲纳莱的城堡里逗留，他就是那时候见到伯父的。

不过，当时的伯父法布里齐奥几乎看不出有将领风度，言行举止也非常儒雅，简直像一名学者，这让10岁的安东尼奥大失所望。虽然被问起时，伯父也会讲述与伊斯兰教徒进行白刃战的情况，但这也似乎是在讲别人的事情，期待故事能令人捏一把汗、动人魂魄的人们，肯定会大失所望。

但是，身为侯爵的父亲让“骑士伯父大人”见自己的三个孩子时，已决定长子将继承家业，三子将从军，次子安东尼奥被介绍说有朝一日会继承伯父的事业，这位圣约翰骑士团的骑士用和蔼的目光朝侄子看了一阵。虽然还是个孩子，但安东尼奥在伯父逗留期间用餐时，一直被安排坐在伯父身边。

第二年，即1513年，在菲纳莱恬静的海边城堡里，法布里齐奥接到被选为骑士团大团长的通知时，卡莱特全家都大吃一惊。

谁都没想到那个伯父竟会处于统帅地位，率领欧洲名门望族出身、英武帅气的骑士们。因为圣约翰骑士团传统上法兰西人势力较强，因此当选骑士团大团长的人大多是法兰西人，人们也习以为常。这是意大利人时隔40年再次就任大团长。而且40年前的意大利人骑士团大团长是奥尔西尼家族出身，对罗马数一数二的奥尔西尼家族来说也许理所当然，但对热那亚附近的一个侯爵家族来说，被认为是划时代的事件也不足为奇。罗马教皇送来了祝福之辞，全家人那年的话题也始终都是关于骑士团大团长伯父大人的。

但是，这一值得骄傲的话题，也随着岁月的流逝而渐渐不再被人们提起。法布里齐奥·德尔·卡莱特从 1513 年到 1521 年担任骑士团大团长，这期间由于土耳其没有发动攻击，因此也没能立下显赫战功，让喜讯远传欧洲。不知是从什么时候开始，在菲纳莱海边的城堡，他不再成为话题。时隔许久再次被人提起是在伯父的噩耗传来的那一年。19 岁的安东尼奥已成为一名身穿胸前绣着一个白色十字架的圣约翰骑士团法袍的骑士。

一年后的今天，安东尼奥第一次详细了解到伯父是怎样利用担任骑士团大团长那 8 年任期的。环绕罗得城区的城墙，就是伯父在已被欧洲忘却期间所取得的业绩。安东尼奥的胸口第一次因自豪而几乎迸裂，即使走在身旁的工程师马尔蒂嫩戈的眼睛随着对城墙的环视，开始因赞叹而闪闪发光，安东尼奥也良久没有察觉。

要塞城市

罗得岛首府罗得的城墙并不像日本战国时代的城下町那样，只为纯战斗人员据守而围建。它效仿欧洲许多城市，环绕整个城区，目的是为了将非战斗人员，即普通市民的居住地带也纳入守护范围。

由于城区北部一带集中了骑士团大团长城堡，以及医院和武器弹药库，因此这一带建有与其他区域相隔的石墙，但要以此为后盾进行防守的话，就显得过于简陋，总觉得它只起到了把私人区域与其他区域分开的作用。因此，提起享誉地中海世界的罗得岛城墙，一般都指环绕整个城区的城墙。

粗略估计城墙全长有 4 千米。但是，由于战略要冲部位有大幅延伸出来的部分，因此要包括这部分的话，就可能超过 5 千米。按照长年以来形成的习惯，圣约翰骑士团的八个军团分别负责一定的区间。他们被规定负责平时的建设和加固与战时的防守。

由北开始，从把守商港入口的德・奈阿克堡垒，通过军港泊位前方绕到骑士团大团长城堡北侧，到位于稍微靠南的德・安伯瑟门为止的城墙长达 800 米，由法兰西岛大区出身者聚集的法兰西军团承担。由于三代之前的骑士团大团长德・安伯瑟下令进行加固而得名的德・安伯瑟门是朝着陆地一侧开启的仅有的两个城门之一。虽说是城门，但其建筑结构十分坚固复杂，甚至足以起到要塞的作用。

从德・安伯瑟门到圣乔治堡垒的 200 米是德意志骑士的负责区域。虽然与法兰西军团的负责部分相比显得特别短，但这并不因骑士军团的人数而定，而是因为德意志骑士负责的区域面朝大海、地势较低，不适于进攻，骑士团将罗得岛作为根据地以来的两百年间，一次也没有遭到过敌人的正面攻击。相反，从德・安伯瑟门开始的区域是一片高地，从暴露在敌方攻击之下的概率来说，属于不在一个层次上的危险地带。

实际上，城墙的建筑本身以德·安伯瑟门为界线而有所不同，这一点连对筑城技术一窍不通的安东尼奥也看得出来。到德·安伯瑟门为止，环绕在城墙外侧的墙壁较窄，立于内侧的城墙属于严格遵守传统建筑方式修筑、垂直高耸的类型。站在城墙上的通道眺望时，即使敌人已布下战阵，也可以在远处尽收眼底。但是，由于城墙的作用也包括让靠近它的人感到威胁，因此就这一点来说，以高度更加突出的骑士团大团长城堡为顶点的这一带城墙，充分发挥了其作用。尤其是对那些从海上逼近的人来说，肯定能受到震慑。

以德·安伯瑟门为界线，城墙的面貌逐渐有所不同。这一带墙壁还比较高，被称为垛口的城墙上的锯齿间距较小，适合于使用弓箭和石弓进行防卫，但不可能架设大炮。城墙的厚度也较小，不过 4 米左右。只有护城河又深又宽。德·安伯瑟门与外侧的地面由一座跨越护城河的石桥相连接，石桥本身由三个拱形构成。

在几乎呈直线向南延伸的长长的城墙中部，坐落着圣乔治堡垒，上面仿佛装着一个被切成一半的八角形。从这个大幅向前延伸的堡垒到西班牙（阿拉贡）堡垒的 300 米城墙，是奥弗涅军团驻守的区域。到了这一带，城墙的厚度远远超过了 10 米，高度也明显降低。垛口的间距也较大，完全可以部署小型大炮。直线延伸的城墙表面还有另一个向前凸出来的堡垒，不但可以阻止正面的攻击，而且还与西班牙堡垒一起形成左右夹击之势，可以对付从侧面而来的敌人。

从西班牙堡垒开始到英吉利堡垒为止的200多米城墙，是阿拉贡军团骑士们的负责区域。这一带护城河的宽度达到100米，护城河之中有另一座外墙阻挡，因此是双重防守。而且，这一外墙还与英吉利堡垒相连，其结构可以轻易保证防卫能力的增减。

从英吉利堡垒向东几乎呈直线延续到克斯奎诺堡垒的400米是英吉利军团的负责区域。这一带也在百米宽的护城河中间立有一座外墙。虽然这一带的城墙被外墙保护，但与向内侧凹陷的阿拉贡负责的城墙不同，它被暴露在外侧，因此无论英吉利堡垒和克斯奎诺堡垒如何从左右两侧进行掩护，400米长的城墙还是无法全部顾及。因此，此处的城墙表面共建有四个向前延伸出来的堡垒，可以弥补直线城墙的不利。英吉利堡垒有一座跨越护城河的桥梁，但它只在平时使用，是一座紧急时刻可以收回城堡内部的吊桥。

从克斯奎诺堡垒到德尔·卡莱特堡垒为止的500米是普罗旺斯军团的负责区域，德尔·卡莱特堡垒以下令建造者之名命名。克斯奎诺堡垒在严实坚固的建筑风格方面可与德·安伯瑟堡垒相媲美，因为通往城墙外的两个城门中的一个是在此处敞开的。普罗旺斯骑士们守卫的城墙不是连续的直线。但是，这一带的城墙共有三个向前延伸出来的圆形和多角形的小堡垒，完全可以弥补因不具备阻挡在护城河中间的外墙而造成的不利。

从德尔·卡莱特堡垒到在东面守卫商港的堤防是意大利军团

的负责区域。城墙长达400米，这里也与立于护城河之中的外墙形成双重城墙。而且，德尔·卡莱特堡垒的建筑形式完全超越了此前的筑城常识，如果说高耸入云是此前的堡垒特征的话，这一堡垒正好相反，给人以虽然较低，但却稳固扎根于大地的印象。这座500年前的建筑以现代眼光来看，与其说是堡垒，不如称之为地堡。垛口也主要以部署大炮为目的建造，因此又低又厚，甚至让人感到即使受到雨点般的密集炮击也能岿然不动。

这种类型的堡垒在当时是首次尝试修筑。安东尼奥只会感叹，而专家马尔蒂嫩戈则似乎在低声哼哼了一声后，便陷入了良久的沉默。

环绕商港外围的城墙有800多米长，是卡斯蒂利亚军团的负责区域。土耳其海军虽在量上具有压倒性优势，但在质上却比较脆弱，不具备从海上发动攻击的能力。运送陆军是他们的主要工作。为此，靠海一侧的防守只要不被封锁就没有问题。而且，从土耳其海军操舵驾船的技术来看，也没有必要担心会遭到封锁。因此尽管城墙是大炮出现之前那种又薄又高的形式，也无须担忧。

也由于这一因素，从守卫靠海一侧城墙的卡斯蒂利亚军团和法兰西军团抽调出来的骑士组成了一支游军，在敌人的攻击必将集中的陆地一侧城墙需要援军时，可以随时派往。这一骑士队的指挥官由骑士团大团长亲自担任。因此按照圣约翰骑士团的战术，他们是命中注定要时刻站在第一线的游军。

这天夜晚，在骑士团大团长城堡顶层一个面朝大海的大房间里，从天花板吊下来的铁质大蜡烛台的蜡烛全部被点燃，屋内灯火通明，置于房间中央的木制长桌周围摆放着十二把椅子，只等着有人就座。

在考察城墙的过程中，马尔蒂嫩戈很少自己主动发表意见，除了仔细倾听说明以外，只提出一些问题，但这次轮到他说话了。在持续到正午的考察结束后，这位威尼斯工程师下午一直在居住的意大利骑士馆度过，画了许多图纸，这些图纸被带到这里，摞在了桌子上。

在灯光照射下发光的桌子正面，坐着骑士团大团长利尔·亚当。马尔蒂嫩戈被安排在大团长的对面就座。翻译安东尼奥坐在工程师左侧的座位上。其他座位上坐着七名骑士馆长。大团长的左侧是卡斯蒂利亚骑士馆馆长兼副大团长达尔马，右侧是大团长秘书拉·瓦莱特，后者一如既往地表情严肃。圣约翰骑士团最高决策机构的所有成员无一缺席，全部准备倾听专家的意见。

大炮对城墙

“在我看来，这是一座壮美绝伦的要塞，超过了我的耳闻。”

一席人员因工程师的这句话而弛缓放松下来，这一点连安东尼奥也能感觉出来。马尔蒂嫩戈一边慎重地选择着每一个词，一边继续发言。

“尤其是估计可能遭到敌人攻击地带的城墙，使用了最新技术，非常出色。我们筑城工程师几十年前就提出的建议能得到如此彻底实施的例子，在我们威尼斯共和国也尚不存在。”

这虽然挑动了平常与威尼斯共和国关系并不融洽的圣约翰骑士团高层们的自负心，但爱国者马尔蒂嫩戈又加了这么一句：

“毕竟我们共和国拥有众多的领地，有时候不能只考虑到一个城塞。”

在这一时代，威尼斯的筑城技术也被认为是最先进的，德意志、法兰西、西班牙都热衷于聘请威尼斯的工程师。罗得岛的城堡能够得到威尼斯工程师中的一位，而且是能力非凡的一位的高度评价，骑士们面露喜色也在所难免。因为在土耳其大军来袭逐渐成为现实的当下，要想凭借以 600 名骑士为核心的数千名防卫军迎击敌人，就只能依靠城墙。

1453 年君士坦丁堡的陷落，无论对东方或西方来说，都是一个历史性事件，它成为迫使各国进行军事和社会大变革的开端，但正因为这种变革具有划时代的意义，因此不会立刻在第二年就呈现出明显的效应。痛感改革必要的人，甚至在事件刚结束后不久便有几人。但是，要想立即将其兑现，此人若不是拥有绝对权威和权力的专制君主，便绝不可能。

君士坦丁堡攻防战的第一决定因素，是土耳其苏丹穆罕默德二世对大炮的灵活运用，这是当时就有许多人认识到的事实。这一战役的仅仅两年之后，锡耶纳出身的意大利筑城建筑师就出版了论述契合大炮时代筑城技术需要的专业书籍。列奥纳多 · 达 · 芬奇也在15世纪末设计过能承受大炮攻击的城塞，以建筑世家著称的桑加罗家族也发表了几个试行方案。但即使这样，到实际建成这一类型城塞为止却花费了半个世纪，其中有几个原因。

第一个原因是土耳其海军力量薄弱。攻陷君士坦丁堡之后，土耳其帝国军事进攻的主力，有一段时间被用于对付北方的陆地攻势。而南面的爱琴海地区在这期间并不会感受到土耳其的威胁。

第二个原因是，在与土耳其针锋相对的西欧基督教势力当中，处于最前线的威尼斯是一个共和制国家。共和制与专制不同，将提案变成决定需要花费一定的时间。而且，用适合大炮时代需要的筑城技术改造威尼斯当时所占领的从亚得里亚海到爱琴海的众多基地城塞，是一项巨大的工程，需要大量的资金和漫长的时间。这类似一种方向转换，所以仅凭一个委员会的决议很难推动有关进程，必须以国家决议的形式做出决定。为达到此目的，只有少数人觉醒还远远不够，决策者中要有至少过半数的人理解这一宏伟事业的必要性。但是，多数人往往是不到危险已迫在眉睫，就不愿觉醒。

因此，威尼斯筑城技术的决定性方向转变直到15世纪末才得以实现。从这一时期开始，威尼斯也开始招聘意大利其他国家的技术人员，并借此努力提高本国的技术水平。首先经受考验的是与土耳其“接壤”的塞浦路斯和克里特岛上的城塞。

在东地中海地区，罗得岛与威尼斯一同处于对抗土耳其的最前线，而岛上的圣约翰骑士团则情况有所不同。

骑士团必须守卫的领地并不像威尼斯那么辽阔而众多。除了罗得岛以外，只有周边的三四个小岛。此外，他们也不是共和体制。因为骑士团大团长及其手下不到 10 人的最高委员会拥有所有事务的决定权，而且，许多时候都是骑士团大团长的意志直接成为决策。与元首只拥有 2 000 票中的 1 票的威尼斯相比，骑士团是一个非常能够“灵活机动”做出决策的组织。

即便如此，改革也未能顺利取得进展。其原因之一是土耳其军没有立即将目标朝向罗得岛。只要危险没有波及身边就不会觉醒，这一点即便是骑士也完全相同。

事实上，1480 年穆罕默德二世突然派遣大军袭来时，罗得岛的城墙还是那种垂直高耸的薄型墙壁，垛口也较窄，只能容下一个射手防守，直线连接的城墙由高塔把守要冲部位，这是以君士坦丁堡的城墙为典范，大炮出现以前的城墙。之所以仅凭这一城墙就可以成功防守是因为当时苏丹并未亲临现场督战，土耳其将领们都因害怕承担决策失误的责任而始终采取消极战术，而且军中还暴发了瘟疫。而今天，就连被看作骑士精神化身的法国骑士，也不认为沿用从前的城墙是明智的决定。

德·奥布森和德·安伯瑟这两位骑士团大团长没有被这次胜利冲昏头脑，在他们的指挥下，罗得岛在战斗结束后不久便开始进行城墙加固。在圣约翰骑士团，无论是新建还是加固，在城墙和堡垒上镌刻下令施工者的家徽是一种习惯，德·奥布森和德·安伯瑟的家徽因此随处可见。

但是，尽管他们两人的热情有迹可循，但对城墙的改造却没有超出加固的范围。这可能是因为无论如何也无法从以往的城塞概念中脱胎换骨吧。虽然罗得岛的城墙变得坚固了，但还是浓厚地残留着中世纪城堡的影子。要想使其发生彻底的改变，也许就必须等候当时最实用主义的民族意大利人了。

法布里齐奥·德尔·卡莱特在1513年到1521年的8年中担任骑士团大团长。他似乎在就任之后不久便开始策划进行根本性的改革，这一点几张遗留至今的备忘录给予了证明，但得以正式着手实施，是在其就任5年之后，可能这5年被用来筹措资金吧。从遗留在威尼斯的建设费用结算表中可以看出，建设城塞这一事业，需要即使在当时也会让人瞠目结舌的巨额费用。

骑士团大团长德尔·卡莱特通过名副其实的三顾茅庐之礼，聘请了在威尼斯也大名鼎鼎的筑城工程师巴西里奥·戴拉·斯科拉。当时还是土耳其也没有明确表示有攻击圣约翰骑士团意图的时代，因此与土耳其之间曾有过几次友好往来的威尼斯也没有为派遣本国优秀工程师而大伤脑筋的必要。只要不涉及外交问题，威尼斯共和国是一个在这类“技术援助”方面比较宽容的国家。因此，工程师斯科拉也能在光天化日之下抵达罗得岛，并在岛上停留3年。

工程师斯科拉的改造方案完全是革命性的。面对改造图纸，许多法兰西骑士都表示，依靠这么不成体统的城墙完全没有心思作战，甚至还向骑士团大团长德尔·卡莱特表示了抗议。

以君士坦丁堡的城墙为代表，以往的城墙都是高耸在地面的类型，与此相反，斯科拉设想的城墙与其说是搭建，不如说是挖掘更合适。以往是尽量从高处对付处于低处、在地面布阵的敌人，但现在却改为无论防守方还是攻击方，都在基本相同的高度进行对峙。将两者隔开的护城河也变得比以前更深更宽了。也就是说，有一种即使受到炮击也能顽固地贴在地面的感觉。这一改革在敌方攻击势必集中的陆地一侧的城墙得到了最大胆的实施。这是由于骑士团判断，如果土耳其军队袭来，其他部分的城墙仅凭现状就足以进行防守。

工程师斯科拉没有彻底拆毁旧城墙。他削减了城墙的高度，有效地利用了因此产生的沙土和石材，再加上新的石材，大幅增加了城墙的厚度，西侧和南侧的城墙上可用于通行的通道宽度竟达到了 10 米。被誉为世界上最坚固的城墙的君士坦丁堡内城城墙的通道宽度，也不过只有 5 米。但即使这样，斯科拉也并没有满足。他让人在足有 10 米厚的城墙内侧，又加了一道用于支撑的墙壁。这是一种从城墙的上面往下伸展的斜坡石墙，以此从内侧来支撑城墙。除了建有沿着城墙下降的石阶的地方，奥弗涅、阿拉贡、英吉利、普罗旺斯、意大利各军团负责防卫的城墙全都通过这一方式从内部得到加固。

给人以典型的中世纪感觉的高塔也没有被拆毁。但这些塔也被削减高度，处于战略要冲位置的塔还用石材进行了坚实的加固。

垛口在意大利语中被称为蕾丝，这是因为它们在城墙上就仿佛是蕾丝的花边一样呈锯齿状相连。但这种中世纪的建筑形式，到了斯科拉手中，就被变成只能直译为“大蕾丝”的大型垛口城墙。剩下的就只有被判断为没必要进行改造的地带。改为“大蕾丝”的好处是即使遭到炮击，垛口也不会被打得七零八落。

此外，在护城河宽度大大增加的阿拉贡、英吉利、意大利各军团负责守卫的城墙前面，斯科拉还让人在护城河中建造了一道相当于外墙的石墙。敌人离内城墙太远的话，虽然城内安全，却不适合于给他们造成打击。首先在这一外墙进行防守，形势不利的话再撤回内墙据守。每堵外墙分别建有通往附近堡垒的通道。从西班牙城墙前的外墙可以逃到英吉利堡垒，守卫英吉利城墙前外墙的士兵，紧急时刻可以从英吉利堡垒撤退到克斯奎诺堡垒，在那里转为主城墙的防守力量即可。意大利军团防守区城墙前的外墙则与德尔·卡莱特堡垒相通。

从敌人可能会布阵的城墙外地面计算，护城河也有 20 米深，宽度从外墙计算，也有 20 米。只要拥有这一深度和宽度，即便是采用人海战术的土耳其军，也应该无法轻易填埋。虽然君士坦丁堡的护城河也有 20 米的宽度，但深度只有 1 米，因此易被填埋。尽管如此，将护城河的宽度无限拓展，在战略上也是不利的。任由敌人置身于射程之外，在战斗中无法令人心安。对无法因陆地相连而获得优势的骑士团来说，长期的据守是无论如何也要避免的情况。

罗得岛的护城河无法引入海水，因为城堡所处的地方地势平缓，与海平面落差不大。如果仍然试图为了灌满水而进一步挖掘的话，就会有水灌入城区的危险。

但是，工程师斯科拉进行的最突出的改造，用军事术语来说是可称为“菱堡”的、从城墙表面大幅向外延伸的部位。

我之前一直把这种菱堡翻译为堡垒，但这完全是一种意译。因为菱堡没有从城墙独立出来，据词典解释，堡垒属于与城墙相隔建起的小规模的城堡。

但是，如果使用菱堡一词，就会带来过于现代的语感效果。在讲述攻防战时，使用英吉利菱堡或圣乔治菱堡这样的词汇，总会觉得有点不适合叙述16世纪初期的事物。而且，我在拙著《君士坦丁堡的陷落》中使用了“塔”这个词，但由于后述的理由，君士坦丁堡的菱堡与罗得岛上的菱堡在性质上大为不同。

此外，罗得岛的“菱堡”几乎起到了堡垒性作用。只要其不被攻破，城墙就不会陷落。因此，希望各位读者可以理解为，它是一种通过“堡垒”的形式，在延绵相连的城墙上对重要地点进行保卫的建筑。

也就是说，在君士坦丁堡的城墙上，每隔40米就排列着一个四角形高塔，而在罗得岛人们废除了这一形式，取而代之的是将大堡垒大幅向前延伸的建筑格局，而且在各兵团负责区域里各设一个。在君士坦丁堡攻防战中，塔的作用只是在高处从四角进行把守，但它并没有成为防守的关键。

相反在罗得岛，以多角形模式向外伸出的堡垒在防守中扮演了关键角色。因此，各军团分别防守一座。实际上攻防战一开始，各军团的指挥官，即罗得岛上的各骑士馆馆长，便据守在各自的堡垒里进行指挥。军团旗也一直在堡垒上飘扬。

但是，仅凭一座堡垒，是不可能顾及短至200米，长逾400米的一整段城墙的。为此，城墙基本上每隔100米就配置了一个小型堡垒。而且因为四角形堡垒能够顾及的方向有限，所以这些小堡垒都采用了多角形或圆形。

这些改革肯定是因为可以弥补必须以少胜多的圣约翰骑士团的不利之处，才得以采纳的。尽管如此，这之后100年西欧筑城技术的历史，也可以说是这种“菱堡”进步的历史。

法布里齐奥·德尔·卡莱特是在留下16世纪初期最高水平的城塞之后去世的。

工程师马尔蒂嫩戈从专家角度对罗得岛的城塞进行解说之后，这样说道：

“如果只是应付大炮的攻击的话，我觉得罗得岛的城墙可以说完美无缺。只要对我在图纸上标注的几个地方进行补充和加固，可能就足够了。

“但是，土耳其肯定会使用地雷。他们在君士坦丁堡也曾试图使用地雷，不过因为当时军中没有擅长挖掘坑道的技术人员而作罢。但是，现在他们已经设立了这方面的常备专家团队。”

马尔蒂嫩戈并不是说工程师斯科拉忽视了应对地雷。作为同行，他很快就看出来斯科拉早已对地雷攻击有所准备，并对此从内心惊叹不已。

大幅增加护城河深度本身，就是为了给在城墙下挖掘坑道的敌兵造成困难，斯科拉还在贴近主城墙内侧环绕挖掘了一圈1米深的沟道。这是为了己方能够在此通过声音，判断出敌方是否在进行地下挖掘作业。如果还能准确判断出敌方工程的目标在什么位置的话，便可以立刻朝着那个方向，从己方挖掘坑道。如果正好遭遇，就能击退敌方，然后把整个坑道炸掉即可。土耳其军不会再次挖掘已被察觉的坑道。

马尔蒂嫩戈的建议，在这方面也没有超出补充和加固的范围。他只是说地下的沟道只有1米深不够，还需要加深，还要在沟道上覆盖房顶一样的盖板。理由是如果照现在这样让沟道上面开放的话，敌方的炮击会使沙土和石块从天而降，早晚会把沟道填满，那样就无法继续监听敌军动向。

以骑士团大团长为首的圣约翰骑士团高层全面接受了威尼斯工程师的建议，并决定从第二天起就启动补充和加固工程。工程的总指挥由马尔蒂嫩戈担任。而且会议还决定，工程所需的人员、材料、费用均按马尔蒂嫩戈的要求提供。关于城墙，这个流着“红色血液”的人，被授予了可以随意做出决定的空白委任状。威尼斯工程师对此表示感谢之后说：

“即使再难以攻破的城防，时间也总是攻击方的友军。”

圣约翰骑士团在这方面并不是没有对策。苏丹苏莱曼一世宣战之后不久，他们就分别向罗马教皇、法兰西国王、西班牙国王派出请求派遣援军的特使。但是，随着时代的更迭，西欧也在派遣基督教联军“十字军”方面发生了变化。

1453年的君士坦丁堡攻防战是战争改变历史的良好事例。这是一场伴随历史性变革的战争，迫使各国进行了战术的全面改革，被灵活使用的大炮催生了后来的筑城技术，也因敌方大军投入而使各国向强大君主国时代过渡。1522年的罗得岛攻防战，成为在这两个方面全面受到70年前发生之事影响的首场战争。但是，在西欧很少有人察觉到这个南方的岛屿上正在发生的事情。

罗马的骑士

那个夜晚后，安东尼奥·德尔·卡莱特从翻译工作中解放出来。城墙的补充和加固这样具体的施工作业，一旦开始后就失去了进行复杂沟通的必要。哪怕马尔蒂嫩戈凭借那带着威尼托口音的意大利语，以及在克里特岛逗留期间学会的马马虎虎的希腊语，还有半瓶子醋的德语和法语，在指挥施工作业时也全无障碍。

即便如此，安东尼奥也没有参加新来骑士在抵达罗得岛时必须面对的“海盗之行”。这是因为骑士团认为，为了防范正在逼近的土耳其的攻势，连一艘船也不能浪费，并且还在不久之前停止了对土耳其船的袭击。挂着圣约翰骑士团旗帜的船只早晨驶出港口，傍晚又回到港口，但只是为了对周边海域进行监视。最近也很少能看到土耳其船的身影。对水平线上开始密布的战云，伊斯兰教徒也是同样敏感。

但是，罗得岛上却充满了活力，甚至可以称之为喧嚣。在商港，每天都有好几艘满载粮食和弹药的包租船驶入。在军港，为维修保养军船而敲响的铁锤声直到日落时分也不绝于耳。在陆地一侧，身为罗得岛居民的男人们都被动员起来，进行维修和加固城墙的作业。马尔蒂嫩戈作为技术专家过着十分充实的生活，他一回到意大利骑士馆便像死了一样倒头即睡就是最好的证明。

骑士团的高层成员都面临尚待解决的问题，连日来特别忙碌，没有官职的年轻骑士除了一周要去医院义务工作一天以外，并没有其他什么受到约束的工作。盔甲和武器的保养都由自己从出生国带来的侍从负责。很多骑士都利用这一“空闲”时期提高剑术和石弓技术，而在这种情况下，看不到奥尔西尼的身影，让安东尼奥颇感好奇。

自第一次为了去见骑士团大团长而前往其城堡，在通往中庭的阶梯上见到奥尔西尼的那个早上以来，他一直没有见过那个罗马的年轻骑士。想起当时他说的“有空来玩”这句话，安东尼奥打算去拜访一下这个口碑总不太好的人。

找到乔瓦尼·巴蒂斯塔·奥尔西尼的住所，对刚到罗得岛不久的安东尼奥来说，比料想的要难。即使被允许在骑士馆以外的地方居住的资深骑上，也大多数在各国骑士馆集中的区域租房居住，但只有奥尔西尼没有居住在那里。苦苦寻找之后，安东尼奥终于到达了目的地——城区中与骑士馆区域距离最远、夹在意大利守卫队和商港之间的一角。这一带没有罗得岛本地的希腊人，居民主要是为了做生意而在罗得岛逗留的意大利人，以及只要是地中海世界就肯定无处不在的犹太人。

奥尔西尼的家是带着一个绿荫浓郁的中庭，虽然很小但却十分舒适的罗得岛风格的房子，罗得岛特有的清爽微风，在家里任何地方都能温柔地轻抚在身。为安东尼奥开门的是奥尔西尼从罗马的领地带来的沉默寡言、看起来十分实诚的老侍从，两人曾在意大利骑士馆见过面。

石阶从中庭通往由细长圆柱优雅支撑的二楼回廊。罗马的年轻骑士背靠一根圆柱在等待。这一天他并没有穿戴银光闪烁的盔甲。宽松的白麻衬衫随意地插在苗条的黑色连裤袜里，胸前的扣绳没有系上。对于奥尔西尼这种轻松随意的接待，安东尼奥必须以不满的情绪抑制不知为何会产生的内心动摇。

罗马的骑士为客人指了一下放在回廊里的一把椅子。意思似乎是说，坐吧。然后，他自己也把脚伸开，横坐在了此前似乎一直躺在其上的土耳其风格的低矮长椅上。上半身由坐垫支撑，只有双腿长长伸展开来的这一坐法，让安东尼奥想起了在意大利经常可以看到的伊特鲁里亚时代墓棺上的雕像。

“听说你刚从那些大人物手下解放出来，没有感觉无聊吧？”

安东尼奥不禁露出了微笑，奥尔西尼似乎把这当成了他的回答。就在此时，安东尼奥听到身后有人说着低沉音乐般的希腊话。他转过身来，看到一名女子端着一只装满在罗得岛谁都会喜欢的柠檬蜂蜜水的水罐站在那里。这就是奥尔西尼总是口碑不好的原因。连安东尼奥这样涉世未深的年轻人也能看出这女人是偶然到访还是一直住在这里。发誓将恪守贞洁、服从、清贫的宗教骑士团骑士与女人住在一起的话，招人议论也理所当然。

并不是说每个骑士都严守这一誓言。谈得上严守的只有服从这一条。就清贫而言，在西欧名门望族子弟聚集的圣约翰骑士团看来，罗得岛上现在的生活就是清贫的。与身在西欧的哥哥和弟弟们在王宫和自家领地的日常生活相比，罗得岛上的骑士生活对他们来说，的确完全值得用清贫之名相称。此外，虽然不允许娶妻成家，但与女人秘密私通却得到默许。当然，这也必须秘密行事，公然与女人同居等行为，其他骑士谁也不会为之。

住在奥尔西尼家的女人，是出生于罗得岛的希腊商人的妻子，据说其丈夫数年前去了君士坦丁堡之后就杳无音信。她与奥尔西尼的关系从两年前开始成为人们的传言。其丈夫的亲属视这个女人为家族之耻，据说自那以后，她就无法住在希腊人居住区了。这些都是安东尼奥数日后从奥尔西尼的侍从那里听说的。传言似乎在侍从们之间传播得更快。

女人将浓密的黑色鬈发盘在后颈处，五官分明、相貌清秀，不同于意大利女人，她的神色相对于温柔，更能感觉到一种坚强。但是，她将水罐中的饮料倒进银杯时，苗条身躯的微微倾斜显现出令人惊叹的优雅。举止也没有卑贱和粗鲁，属于那种十分自然地知道自己应在何处的人所具备的，她以浅浅微笑接待客人的做法，解救了有点不知所措的安东尼奥。听说她与25岁的奥尔西尼的年龄相仿，或许稍大一些。确实，如此毫不勉强、极其自然的男人和女人的组合，安东尼奥迄今为止还从来没有看到过。与甜美的快感一道，安东尼奥感到，刚刚开始出现的困惑正明显地稀释。

从第二次开始，年轻人便再也没有带侍从前往。虽然有时他也与奥尔西尼在房间里交谈，但大多时候是像第一次相见时那样，直到暮色覆盖周围为止，都在回廊上度过。即将入夏，无论什么时候造访，希腊女人肯定都在，离家外出办事似乎是奥尔西尼侍从的活计。

正因为同出生于意大利，而且所属团体和级别相同，两个年轻人之间没有缺少过天真单纯的话题，但可能是第三次造访时，奥尔西尼曾不经意地看着安东尼奥，问过这样一句：

“你觉得西欧会派援军吗？”

安东尼奥不知如何作答。在意大利骑士馆，任何人都只说仿佛援军早已从欧洲港口出发之类的话，他本人也无法完全消除这种模糊的不安。

“援军不会来。因为西欧所处的状态不允许向这个南方岛屿送来援助。我们只能在被抛弃的情况下战斗。”

安东尼奥对此无话可说。罗马的骑士用除了和蔼以外没有其他词可以形容的眼神看了他一眼之后，一边把视线转移到耸立在中庭的柏树上，一边继续说：

“待在这里的话，可以获得从罗得岛的商港直接传来情报。它们不同于那些经过骑士团大团长城堡传给我们的消息。

“因为圣约翰骑士团是得到教皇认可的正式宗教团体，所以我们处于罗马教皇的直接管辖之下。请求派遣援军，也得首先由骑士团向教皇派遣使节，接受这一使节的教皇会给各位王公贵族发出亲笔信要求他们参加，王公贵族们各自提供的士兵在教皇旗下集结，并被送到罗得岛。这是正规的做法，因为以击破异教徒为目的而建立的十字军经常是根据这一程序结成的。无论某一个国王怎样对十字军精神充满热情，并真的具有派遣军队的能力，但只要教皇不允许，就无法作为十字军投入实际行动。这是不同于普通领属国防卫的地方。

“我想你也知道，教皇利奥十世陛下去年 12 月初突然去世。可能谁都没有料想到他会在 45 岁时就死去，因此整个梵蒂冈因这个美第奇家族出身的教皇的突然去世而惊慌失措，估计也是事实。据说枢机主教们完全没有为选举谁担任下届教皇做好准备，因此过了一个月才终于召集枢机主教会议。

“但是，没能进行准备工作造成的恶劣影响导致了有望当选教皇的枢机主教之间的分裂。即使多次召开选举教皇的秘密会议，也没有一个枢机主教能获得当选教皇所必需的三分之二选票。就在这种时候，可能有谁在万般无奈之下提到了一个因远在天边而来不及出席会议的枢机主教的名字吧。提名者可能还说，这个人，既是学者，又是一个十分清廉的人。认为谁都可以当选，唯独不能让竞争对手当选的两派枢机主教，最后一起投给了这个外国人，对了解意大利人之间缺乏协调性的人来说，这一点并不难想象。就这样，我们全体天主教徒拥有了一位只知道他曾做过皇帝卡洛斯家庭教师的荷兰教皇。

“但是，新教皇在其任地西班牙接到这一通知后，没能立即启程前往罗马。因此，他虽然在今年2月初已正式宣布接受选举结果，但至今还待在西班牙。宣布接受教皇一职的同时，他还宣布天主教会正面临着两大课题，一是对付路德派的运动，二是旨在结成十字军的基督教各国的统一。但在戴上教皇的三重冠之前，他还不是正式的教皇。加冕大典将在罗马的圣彼得大教堂举行。在此之前，罗马教皇只好席位空缺。也就是说，将持续什么也做不了的状态。

“据说，在西欧，新教皇通过哪条线路从西班牙前往罗马已成为一个敏感问题。

“神圣罗马帝国皇帝卡洛斯希望让其领地的民众举国欢庆，祝贺自己少年时代的家庭教师荣升教皇，并借此名目推荐了从自己领地的西班牙经由海路，前往同是自己领地的低地国家，再从那里通过也是自己领地的德意志，进入意大利的路线。但是，皇帝的真意可能是不想让教皇陛下通过与自己关系恶劣的法兰西国王的领土，因为按照礼仪，法王肯定想与教皇陛下会面，而皇帝却不想赋予竞争对手与新教皇亲密相处的机会。

“据说，英吉利的亨利八世也向新教皇陛下派遣了使节，推荐他从西班牙通过海路途经英吉利，并从那里前往低地国家。当然，法兰西国王弗朗索瓦一世也推荐了经由法兰西的路线。

“新教皇陛下好像已决定从西班牙通过海路前往热那亚，从那里再经由海路抵达罗马外港奥斯蒂亚的路线，因为这是一条既不会拒绝神圣罗马帝国皇帝、英吉利国王和法兰西国王的善意，也不会得罪其中任何人的路线。但是，他还没有出发。因为没有海军的罗马教廷至今也派不出迎接新教皇的船只。照此状态发展下去的话，天主教会连什么时候才能迎来新主人都不得而知。

“但是，如果罗马存在一位从心底里希望消灭异教徒的教皇，你认为情况会发生变化吗?”

“我不认为。因为我觉得，现在的罗马教廷，无论谁成为主人，从两年前将路德派逐出教门开始公然启动的针对路德派的行动，已被认为是比任何事情都重要的课题了。”

“是的。对教皇陛下来说，这一课题的解决绝不允许拖延。即使在被称为新教的路德派势力还没有渗透的国家，神职人员和普通民众都产生了动摇。哪怕像我这样总爱讽刺挖苦的人当了教皇，可能也不得不面对这一课题。应对异教徒土耳其军队，无论如何也会是次要的。

“而且，我们还碰上了欧洲各势力的重新整编期，运气不佳。

“直到不久之前，欧洲局势分布如下：西班牙因阿拉贡和卡斯蒂利亚两位君主的结合而逐步趋于统一；法兰西在欧洲中央集权化进展最大；因对大陆的野心被粉碎，英吉利国内统一的进程反而顺利推进；各选帝侯势力雄厚，因此尽管拥有神圣罗马帝国皇帝这一立于各国国王之上的人物，但在中央集权化方面德意志却处于落后地位；意大利分裂为米兰、威尼斯、佛罗伦萨、罗马教廷和那不勒斯。这些国家之间的状态虽然不能被称为平衡，但除了平衡之外也没有其他适当的表达方式。

“这一切开始一点一点地发生变化，现在正好要发生决定性的变化。

“这一变化首先已经因东面土耳其的动向所形成的刺激而发生。君士坦丁堡陷落引起的拜占庭帝国的灭亡，给予了土耳其民族‘继承’拜占庭帝国全境这一大义名分。对其进行超水平充分利用的土耳其现在已成长为一个大帝国，其疆域北逼维也纳，东跨底格里斯河与幼发拉底河，接近波斯，南围红海，西盖埃及到阿尔及利亚的北非全境。

“要想对付来自东方的强大攻势，西欧也只能凭借大国主义来对抗。在时代的要求如此开始牢固集约起来的时候，卡洛斯的登场正好与此相重叠。

“6 年前的 1516 年，其外祖父西班牙国王费迪南死后，卡洛斯即位，成为西班牙国王。卡洛斯的父亲，即神圣罗马帝国皇帝的嫡子腓力英年早逝，他从父亲手中继承了低地国家，因此成为低地附属国家的西班牙的国王。但是，一切并没有就此结束。3 年前的 1519 年，神圣罗马帝国皇帝马克西米连去世。因此，哈布斯堡家族直系的卡洛斯也开始统治德意志和奥地利。

“这是作为神圣罗马帝国皇帝的查理五世、作为包括新大陆在内的西班牙国王的卡洛斯一世之诞生。由于生于1500年，今年是22岁，所以期待这个大帝国因他的死而瓦解是不现实的，除非命运女神故意过分使坏。由于土耳其的现任苏丹苏莱曼也只有28岁，因此也难以指望土耳其因他的死而瓦解。

“而且，被哈布斯堡从左右夹在中间，戒备心越来越强的法兰西国王也是20多岁的年轻人。因为是在1515年21岁时即位，所以法兰西国王弗朗索瓦一世今年与苏莱曼同岁。此外，英吉利国王亨利八世今年31岁。

“卡洛斯、苏莱曼、弗朗索瓦、亨利不仅都年轻，并且更是英明杰出的君主。这样的话，不难想到欧洲各势力的格局必然会重新整编，而且变化的速度会越来越快。

“实际上，卡洛斯与弗朗索瓦的对决，已经以意大利为舞台开始进行。那不勒斯以南的意大利已变成西班牙的领地，双方正在争夺以米兰为中心的意大利北方的领属权。佛罗伦萨共和国也在法兰西的保护伞下维持着徒有其表的独立状态。在这种形势下，实质上的独立国家，在意大利就只剩下威尼斯共和国。而威尼斯也有其难处，如果必须应对意大利内部的复杂形势，就不得不努力避免在东地中海与土耳其冲突，为此即使对罗得岛见死不救，对他们来说，可能也是迫不得已的选择。

“这就是我们生下来所要面对的世界，是欧洲的俯瞰图。在这一现状下，即使有人呼吁帮助圣约翰骑士团讨伐异教徒，但又有谁会远征到这个南方的岛屿呢？虽然在以意大利为舞台展开的战斗中，西班牙和法兰西两军一共有5万兵力被动员起来，但国王们也不会考虑派遣哪怕十分之一的兵力驰援这里。我们虽然与他们同属一个时代，但与能呼风唤雨、左右事态走向的他们不同，我们只能孤军奋战到最后，死在这个南方的岛屿上。”

这场交谈过去一个月之后，安东尼奥出海了。

希腊的大海

安东尼奥加入了一个团队，他们受命于骑士团大团长，对圣约翰骑士团附近各个岛屿的城塞进行最后的检查。由5名骑士组成的这一团队，队长是乔瓦尼·巴蒂斯塔·奥尔西尼。安东尼奥觉得自己大概是在奥尔西尼的举荐下被安排进来的。

团队一行乘坐的快速加莱舰离开罗得岛的军港后，立即向西转舵。过了一阵后，加莱舰又改向西北。这一带海域的确符合爱琴海（多岛海）的名字，上一个岛屿刚从水平线上消失，下一个岛屿就会逼近眼前。从罗得岛航行了100多千米后，骑士团领地最北端的莱罗斯岛开始靠近。

莱罗斯岛上的城塞常驻着5名骑士。来自罗得岛的一行人的任务是将这5人和只有20人的希腊士兵与武器弹药一道撤出这座岛屿，转移到位于约50千米以南的科斯岛。莱罗斯岛本来的任务是在发现从君士坦丁堡南下的土耳其船队时，立即通过岛岛相传的烽火狼烟通知科斯岛，因此城塞本身并没有坚固到能经得住大军攻击的程度。为此，骑士团高层判断，加强科斯岛的防卫对己方更为有利。

奥尔西尼和安东尼奥乘坐的船只没等转移工作结束就先一步驶向了科斯岛。科斯岛远远大于莱罗斯岛，但这一岛屿的防守也与罗得岛一样，集中在岛屿尽头的港口和与其相接的城塞之中。从这一岛屿的港口到对岸小亚细亚的西端只有 10 千米的距离。但是，这 10 千米的海域正是大多数从君士坦丁堡前往埃及和叙利亚的船只的必经之路。

正因为是战略价值如此之高的海峡，圣约翰骑士团从 100 年前，就将科斯岛对面小亚细亚的一块土地纳入囊中，尽管只是极小的一块。虽然距离科斯岛港口有 20 千米，但这一带最好的港口博德鲁姆有一座坚固的城塞。在博德鲁姆和科斯岛沿岸行驶的土耳其船，如果是小船队的话，只需驻扎在这两个港口的船只就可以将其收拾。如果遇到大船队，则从科斯岛沿各岛传递消息，将猎物正在接近的情报传到罗得岛。对土耳其商船来说，如果没有大舰队护航的话，几乎不可能安然无恙地通过罗得岛近海。

在 1517 年征服埃及后将东地中海纳为本国内海的土耳其看来，罗得岛附近海域肯定让他们有一种一群个头虽小却有剧毒的毒蛇竟然敢在自家院子里建起巢穴的感受。

结束了在科斯岛的工作，团队一行向博德鲁姆驶去。对骑士团来说，与小亚细亚陆路相连的唯一基地博德鲁姆，不仅拥有这一带最强的城塞，而且还齐备了能够停泊多艘军船并配有造船厂的港口。

博德鲁姆正是圣约翰骑士团拥有的仅次于罗得岛的基地。因为该基地除了袭击土耳其船之外，还有一件只有博德鲁姆才能做到的事情。落入土耳其人之手，在小亚细亚各地被迫过着奴隶生活的基督教徒因好运而成功逃脱的事例并不罕见，这些人会逃往博德鲁姆。圣约翰骑士团执行了作为宗教骑士团的重要任务，他们将这些逃来的基督教徒保护起来，先将他们送到罗得岛，再送回欧洲。

在正驶向博德鲁姆的加莱舰的舰桥，安东尼奥产生了希望抓住时隔许久两人偶然在一起的机会，与奥尔西尼交谈的想法。因为在此之前，他一直忙于跟管家们开会，没有能够单独私下聊天的氛围。奥尔西尼也与在微风吹过的自家回廊里愁容满面地说话的他判若两人，变成一个干脆利落地发出各种指令的指挥官。对说出了这一点的安东尼奥，罗马的年轻骑士回答说：

“每一个人都有死得有价值、死而无憾的权利。而让人们抱持着这种信心，则是身居他们上面的人应尽的义务。”

这一天的晚饭过后，又有一次两人可以单独在一起的机会。这次是奥尔西尼约安东尼奥去城墙上散步。博德鲁姆的城塞以伸出海港入口处的形式建成，因此沉入眼前黑暗夜幕中的只有大海。旁边的海面上，渔船点起灯火，有的缓缓而行，有的似乎停滞不前。海面像浇了一层油一样纹丝不动。登上城墙时能感觉到扑面而来的海风。遥远的前方，细小零碎的灯火聚成一团，微微闪烁。

可能是科斯岛上的灯火吧。只要按照灯火信号查看，似乎可以读解出信息。

二人登上了固守城塞的塔楼之一，这座塔楼通称为英吉利堡垒。由英吉利骑士们承担博德鲁姆的防守工作已成为惯例。安东尼奥还在玩味刚才就占满脑子的想法，甚至一时忘记了站在身边的奥尔西尼。

安东尼奥一直在想今天早晨离开的科斯岛是被尊为医学之祖的希波克拉底的出生地，而自己现在站着的博德鲁姆是被尊为历史学之祖的希罗多德的出生地。博德鲁姆古代被称作哈利卡纳索斯。从哈利卡纳索斯稍微朝北，就是米利都，再往北走是以弗所。继续往北的话，就可以到达特洛伊古战场。在即将到特洛伊之前，如果把目光朝向大海，古代抒情诗人的岛屿莱斯沃斯岛应该浮现在那里。

年轻人在古代希腊世界畅想游玩，因奥尔西尼的声音而回过神时，有一种仿佛2000年被强制收回一样的淡淡不快。安东尼奥虽然喜欢奥尔西尼，但对朋友在这方面毫无兴趣感到不满。

“土耳其军从君士坦丁堡出发后，会渡过博斯普鲁斯海峡进入小亚细亚。从那里经过布尔萨后沿着小亚细亚南下，会来到士麦那。从士麦那再继续南下，就可到达马尔马里斯，他们会把与罗得岛只有50千米距离的马尔马里斯作为正式的前沿阵地。因为马尔马里斯的港口位于地形复杂的港湾深处，即使我们的快速船也无法对其进行攻击。

“另一方面，以运送兵力到罗得岛的运输船为主体的土耳其海军从君士坦丁堡出港后，将通过达达尼尔海峡来到爱琴海。然后将沿着小亚细亚海岸南下，通过前方的大海进入马尔马里斯。如果苏丹亲自挂帅的话，他只会走海路，因为坐船旅行更轻松。不管怎么说，毕竟大舰队要通过前面这片狭窄的海面，因此要想用5艘左右的军船阻挡，就只会落得被一脚踹开的下场。

“土耳其军也不会在攻占罗得岛之前，为攻占小基地而耗费时间。他们大概会对科斯岛和博德鲁姆岛视而不见，只是从旁驶过。如果罗得岛陷落的话，再怎么死守小基地也没有意义。因此在科斯岛和博德鲁姆部署防守兵力纯属徒劳无益。现在罗得岛哪怕一兵一卒、一枪一弹都求之不得，因此人员和物资应从这些小基地的城塞全部撤出。”

安东尼奥问好友为什么没有就此向大团长进言。

“我当然进言了。可大团长却回答说‘我们可不能让伊斯兰教徒在先辈们长年死守的岛屿插上他们的旗帜’。

“但是，他并没有完全反驳我的想法。守卫罗得岛以外各基地的骑士们都接到了命令，让他们在接令时立即放弃城塞，赶去参加罗得岛的防守。防卫战打响两个月之后，即使充满骑士精神的法兰西骑士，也会对不到30人的援军感到十分珍贵。”

大吃一惊的安东尼奥问，攻防战会持续两个月之久吗？奥尔西尼回答说：

“如果两个月就能结束的话，那对我们来说，将以可喜的成果告终，但我可不这么认为。”

由于口气平静，声音低沉，如果不是顺风，就连贴身之距的安东尼奥也不会听到奥尔西尼的回答。

东进

两天后的清晨，骑士们乘坐的加莱舰离开了博德鲁姆。这是为了驶过科斯岛，穿过罗得岛前方的海域，驶往浮现于再向东 100 千米海面的卡斯岛。那里的城塞相当于骑士团领地最东端的基地。也就是说，从莱罗斯岛至卡斯岛，是圣约翰骑士团拥有制海权的海域。

从设在船尾的舰桥眺望时，昔日的哈利卡纳索斯正好逐渐在晨曦中露出雄姿。

在港口附近的山丘上，可以看到一个半圆形剧场，它呈扇形张开的观众席石阶朝着大海。不知是希腊时代建造，还是在那之后的罗马时代修建的。无论如何，在那个时代，地中海世界的这一带，在所有意义上都是十分繁荣的。安东尼奥还想起，过去这一带被称为伊奥尼亚，是哲学的诞生地。用小船也肯定能相互来往的狭窄一带，现在沉浸在晨曦中的海上通道，过去它还曾被称为地中海的“市场”，曾是先进文明地带，这在年轻人看来简直难以置信。

徜徉在怀古之情中的年轻人这时才察觉到，不知是什么时候回到舰桥的奥尔西尼正透过围绕着舰桥的木格窗看着自己。罗马的骑士似乎看穿了安东尼奥的内心，他用笑意中充满讽刺意味的目光，看着这个比自己小5岁的同袍。此时，安东尼奥也对自己与奥尔西尼之间有不能共享的东西感到了一丝不满。但是，罗马的骑士似乎连年轻人的表情里略微流露出的不满都能感知到。年轻人立即着手要将朋友的心吸引过来。

“现在要去的卡斯岛也可以说是圣约翰骑士团的监牢。犯了罪或违反了骑士团纪律的人要被流放到这座岛上。尽管没有真的监牢，但在这个什么也没有的小岛的城塞干活，就是一种惩罚。

“我也被送去过一次，但却毫无悔改之意，大团长对此也惊讶得无可奈何，不到半年就把我又叫回来了。现在待在那里的人个个都敢违反纪律，所以是一群快乐的家伙。”

安东尼奥不禁发出了笑声，他也对此有所耳闻。奥尔西尼能回到罗得岛，并不只是因为骑士团大团长对他毫无悔改之意惊讶得无可奈何。因教皇的母亲是奥尔西尼家族出身，乔瓦尼·巴蒂斯塔·奥尔西尼与当时的罗马教皇利奥十世属于远亲关系。与利奥同样，另一名美第奇家族出身的“顽劣分子”朱利奥既是枢机主教，也是圣骑士团的骑士。他虽然是一名从未经历过修道院生活，也从未与伊斯兰教徒刀枪相见的骑士，但收到了这个美第奇枢机主教声称领会了教皇旨意写的亲笔信时，即便是骑士团大团长也不能疏忽怠慢。流放离岛本来应该是一年，但他不到半年就被召唤回来。

但是，奥尔西尼并不是一名只因恶行而惹是生非的骑士。非凡的才华迟早都会得到承认。尤其是圣约翰骑士团时刻都处于临战体制。在这种状态下，才华得到承认并被启用的机会也就比平时来得更快更多。他被任命为这次检查的指挥官，也不过是自然而然的事而已。

卡斯岛位于接近小亚细亚南岸的地方，此地被认为最靠近敌人的领土，与对岸可能只有 5 千米的距离。从灯火寥寥无几的这座岛上的港口向对岸眺望的话，可以看到对岸的灯火星罗棋布，难以计数。

奥尔西尼给这座岛带来了骑士团大团长的命令，要求全部人员悉数撤出。这是因为对岸的敌人领土也不过零星的几个村落，即使有确保制海权的使命，但将 20 个骑士部署在这座小岛，如果没有流放意图的话，就全无意义。这时候连土耳其船的影子都看不见，觉得枯燥难耐的骑士们得知能回罗得岛自然喜出望外，撤退工作旋即结束。剩下的就只是回到罗得岛了。这里是执行检查基地的任务的最后一站。

离开岛屿的加莱舰朝向正西。但是由于波嫩泰（西风）太强，即使是船帆和船桨兼用的快速加莱舰，也不但不快速，而且不停左右摇摆着沿锯齿形线路前行。在这种情况下，因为必须不停地改变三根桅杆上张开的三角帆的朝向，所以水手们一直忙于操作船帆，担任指挥的舰长也不能待在舰桥休息。安东尼奥和奥尔西尼也因此能有较多时间独处。

行将灭亡的阶级

安东尼奥·德尔·卡莱特与乔瓦尼·巴蒂斯塔·奥尔西尼之间，尽管亲缘关系比较远，但也不能说没有血缘关系。奥尔西尼家族与美第奇家族是联姻关系，美第奇家的女儿玛达莱娜与四代前的教皇英诺森八世的侄子弗朗西斯科·西博结婚。玛达莱娜是佛罗伦萨共和国事实上的君主、享有盛誉的伟大的罗伦佐（罗伦佐·德·美第奇）的女儿，也是前教皇利奥十世的妹妹。

教皇英诺森八世除了弗朗西斯科·西博以外，还有一个侄女特奥德丽娜，她与热那亚的富豪乌佐蒂马雷结为夫妇，所生的一个孩子佩蕾塔嫁给了阿方索·德尔·卡莱特。也就是说佩蕾塔是安东尼奥的母亲。因此，奥尔西尼与安东尼奥，通过15世纪末君临意大利的名门望族中的两个，即美第奇家和西博家，有了亲缘关系。

但是，当安东尼奥将此告诉奥尔西尼时，罗马的年轻骑士大笑起来，很长时间都没停止。

“如果说这是亲缘的话，奥尔西尼等家族，就必须说与稍有名望的全欧洲的所有家族都有亲缘关系。”

尽管如此，他好像是在安慰因生气而脸色难看的安东尼奥一样，又补充了一句：

“你会觉得我们家族所采取的联姻政策，今后也将具有与以前相同的意义吗？我可不会这么认为。以往遍布亲缘网络的做法，曾具有保证我们家族独立的意义和效用。但今后就不同了。虽然联姻政策仍旧会持续下去，但这只能沦为像我家这样的家族，在大国君主属下苟延残喘下去的生存对策。

“卡莱特家族成为侯爵，是不是最近的事情？”

“家父阿方索被神圣罗马帝国马克西米连一世授予了侯爵爵位。”

“奥尔西尼家族有许多分支，是各个地方的伯爵或侯爵，但本家依然只被称为男爵或主人，还没有加入宫廷贵族之列。但是，这也是迟早的事情吧。”

（38 年后，奥尔西尼本家被授予公爵爵位。）

安东尼奥也了解曾经势力强大的奥尔西尼家族的历史。如果要列举意大利最有名的家族，奥尔西尼家不但能进入前五名，而且也许能争夺第一或第二，在这样的家族面前，卡莱特家族根本就不算什么。

罗马具有代表性的贵族从 12 世纪以来就是奥尔西尼家和科隆纳家，在罗马南部拥有领地的科隆纳家，与以罗马以北广阔地域为地盘的奥尔西尼家，也因动辄相互冲突而远近闻名。13 世纪教皇派与皇帝派发生争斗时，两家也处于敌对关系，奥尔西尼家支持教皇派，科隆纳家则支持皇帝派。两个家庭都曾出过教皇，与这种显赫家族之间的关系，也是让历代教皇最为烦恼的问题。两家传统上都热心于跟整个欧洲的名门望族联姻，因此无名之门出身或身为外国人的教皇，就不得不为如何与这两家打交道而煞费苦心。

商人出身的美第奇家在富可敌国的基础上希望得到“名望”

时，长子会从奥尔西尼家迎娶妻子。总而言之，罗马教廷永远会有一名叫奥尔西尼或科隆纳的枢机主教。这就意味着家族中即使出不了教皇，也随时都有教皇预备队员。不但罗马教皇，甚至连西欧的王公贵族也都对两家的联姻持欢迎态度。唯一的例外是威尼斯共和国的贵族，因为威尼斯认为，为了维护本国的独立，不与他国有势力者混血对自己有利。

奥尔西尼和科隆纳两家在与欧洲各地显赫家族的联姻政策以及在罗马教廷内部结成联盟的政策方面，取得了难分伯仲的丰硕成果，但是，就针对宗教骑士团的渗透而论，奥尔西尼家的运气略胜一筹。

从奥尔西尼家向圣约翰骑士团输送本家族男丁的时期开始，科隆纳家与圣殿骑士团的关系开始变得亲近，但14世纪初期圣殿骑士团的灭亡也将科隆纳家在这方面的势力渗透政策摧毁。自那以后能称得上宗教骑士团的组织就只剩下圣约翰骑士团一个，而在那里，奥尔西尼家族已经深深扎下了根。奥尔西尼家还在15世纪后半叶出过一个骑士团大团长。

奥尔西尼家族对各方面的渗透远远没有因此而结束。家族的许多男丁甚至还作为佣兵队长深入意大利等西欧各国的军队。只是，当时的佣兵制度是，队长带领自己的部下，以完整团队的形式签署佣兵合同，因此奥尔西尼家族中以此为生计的，多是拥有较小的领地、半独立的分支。他们都不再自称奥尔西尼，而往往以领地的地名相称，比如丘里伯爵或皮蒂利亚诺伯爵等。如果是本家担任佣兵队长，整个奥尔西尼家族将与身为佣兵雇主的罗马教廷、威尼斯或那不勒斯国王结盟，也就必会具有政治意义，但分支担任队长的话，就不必过于费神。这样缔约和解约都比较自由，因此对雇用方来说也比较方便，而受雇一方也有不少有利之处。当时也是佣兵业作为一个实实在在的盈利行业完全行得通的时代。这种势力渗透的手法，科隆纳家族也没少使用，因此两个家族在这方面也一直是竞争对手。

但是，即便如此强大的奥尔西尼家族，也会有出现衰退迹象的时期。因为即使奥尔西尼家族和科隆纳家族都拥有辽阔的领地，但这些领地都在罗马教廷国家之内。所以当强力主张加强教皇权力的人物登上宝座时，就会影响到奥尔西尼家的利益。比如波吉亚家族出身的教皇亚历山大六世认为，要想加强教皇的权力，就要将这些行动起来随心所欲的家族一扫而光，他把自己的儿子切萨雷安置在兑现这一愿望的位置上。由于切萨雷也才能超凡，因此对豪门贵族来说，厄运可谓雪上加霜。就是奥尔西尼家族，也处于行将崩溃的边缘。整个家族的两个主要男性领袖被判处死刑，奥尔西尼出身的枢机主教也必须忍受牢狱之灾。来到罗得岛成为骑士的巴蒂斯塔，也是在被波吉亚军队包围的城中出生，后来在流亡生活中度过童年时代。

但是，1503 年波吉亚的极速衰落也给奥尔西尼家族带来了起死回生的机会。由于下一任教皇儒略二世的女儿与奥尔西尼家的男子结婚，奥尔西尼家族再次成功地恢复了对罗马教廷的渗透力和影响力。在儒略二世之后就任的教皇利奥十世，是嫁给美第奇家的克拉莉绮·奥尔西尼生下的孩子之一。

这些情况众所周知，在热那亚附近海边城堡长大的安东尼奥也知道。正因为如此，奥尔西尼家族至今尚无日落西山的迹象，而属于其直系的巴蒂斯塔周边飘荡的忧愁，无论如何都只能给人以莫名其妙的感觉。罗马的年轻骑士对安东尼奥的这种疑问报之一笑之后，如同讲给年少的弟弟那样缓缓道来：

“构成威尼斯或佛罗伦萨统治阶级的城市贵族属于另类。他们虽然被称为‘尊贵的人’，却并没有称号。相反以领地为根基的贵族，分为杜卡（duce，也译‘公爵’）、马切赛（marchese，也译‘侯爵’）、康特（conte，也译‘伯爵’）、巴罗内（barone，也译‘男爵’）等。这些称号源自罗马帝国灭亡后统治西欧的拜占庭帝国皇帝和其他西欧的国王。

“当初按照拉丁语式发音被称为杜克斯（dux），意大利语里的杜卡（duce）是皇帝或国王的第一级官僚，负责领属国内不同区域的行政和军事，也就是地方长官的名称。到了法兰克族的统治下，虽然做同样的工作，但负责相对较小区域的长官被称为康特。此外，偏僻地区的长官因守卫边境（marca），被称为马切赛（marchese）。

“但是，从词源来看，具有‘自由人’之意的巴罗内却唯独并非因是皇帝或国王的臣下而获得的称号。他们当中有的人拥有自己的领地，在那里拥有征收地租的权力和司法权，甚至拥有铸造货币的权力，只要把征收的一部分地租上缴本地区名义上的主人皇帝或国王即可。

“如果只限于意大利的话，在伦巴底人统治所及的意大利北部和中部康特和马切赛较多，但在与此不同的意大利南部，却长期是巴罗内的天下。德尔·卡莱特家是马切赛，而奥尔西尼本家是巴罗内。奥尔西尼家的分支里有很多康特。即使这样，在14世纪之前，无论意大利北部还是南部，巴罗内维持了与其他宫廷贵族档次截然不同的地位，虽然君主捉襟见肘，但应属于其手下的男爵们却腰缠万贯的情况并不稀奇。

“君主想发动战争时，可以召集领国内的巴罗内，但却不能对他们发号施令。两者之间纯粹是对等的人通过契约得以成立的关系。君主违约时，巴罗内当然拥有退出战线的权利，而且发出挑战，向君主宣战也被认为理所当然。

“在意大利南部，这种状态在14世纪之后也持续了一段时间，当时领国内拥有最高权威和权力的机构，是巴罗内们聚集的会议，通常是一年召开两次。在这里担任议长的是君主，而这并不意味着他是更加杰出或拥有最高权力的人物，只不过是同等人士当中排名第一的人而已。这一时期的巴罗内虽然还遗留着对君主的誓言，但那只是一种十分可笑的东西。

“‘我们巴罗内中的每一位都与您拥有相同的价值，我们聚集在一起的话，必定拥有比您更大的价值。因此，虽然我们向您表示忠心，但这也只限于您尊重我们的权利以及我们迄今为止所享

有的特权时，如果这些得不到兑现的话，忠心誓言将不复存在，而且这也是必定的……'

“据说全体成员会在君主面前一起大声朗读这番誓言，封建君主的内心大概也难以平静吧。这被力争建立强有力的中央集权型统治体制的君主看作无政府状态也在所难免。

“但是，削弱巴罗内力量的动向在意大利南部也逐渐趋于活跃。察觉到这一动向的巴罗内们也开始巩固防御体制。两者发生明显的冲突就是以‘巴罗内的叛乱’而闻名的1460年那不勒斯国王费迪南与领国内的巴罗内们之间的战争。获胜的是费迪南。在那场战争中，奥尔西尼家族的一个分支也蒙受了相当大的打击。当时已不再是大家一起大声朗诵那个可笑誓约的世道了。中央集权的波涛无论在什么地方可能都无法躲避。

“不过，只有罗马情况稍有不同。这是因为其他国家的君主都是世袭，而罗马的教皇却只限一代。这就意味着君主会换代，而巴罗内却一成不变。

“但是，幸好有教廷国家这种特殊存在，今后即便是奥尔西尼和科隆纳这样的豪门贵族希望在罗马或罗马周围保持其势力，又能有多大的意义呢？科隆纳家族的男丁们早已形如卡洛斯的臣下。因为佣兵队长如果长期服务于一个君主的话，不成为其臣下反而不可思议。我们家族也将无法抗拒这一大国主义的波涛，只能成为某一个地方大君主的臣下，被授予贵族称号，守护徒有虚名的仅有的领地。过去那种‘自由人’将逐渐消失，奥尔西尼之名也会被分配在宫廷贵族的某一个地方，苟延残喘地存活下去吧。

“由于步兵集团的崛起，骑士的优越地位也正在逐渐丧失。随着大炮的出现，连战争的方法都发生了变化。通过发挥保护居民免受外敌侵害的作用，得到居民的尊敬，拥有统治领地权力的巴罗内也被君主剥夺了以往的使命，早已不能保持领主的地位。我们背负着一个正在消失的阶级的最后一代人的厄运，而这一阶级正从两个方面逐渐消失，即如果没有贵族血统就不允许加入的圣约翰骑士团，以及逐渐失去领主地位的贵族。

“这样的我们却要与通过人海战术和装备大炮而变得十分强大的土耳其军作战，这不是讽刺又是什么呢？即将消失的阶级总是在与新崛起的阶级进行斗争之后败下阵来的。”

安东尼奥觉得被迫面对了现实。德尔·卡莱特家族即便不如奥尔西尼家族，但也是从400年前开始在热那亚附近的萨瓦纳拥有自己领地的领主。从大约100年前开始他的家族也无法保持与邻近大国之间的争斗毫不相干的立场，必须时而接近米兰公国的主人斯福尔扎，时而与热那亚合作处于同盟关系，终于在30年前，家族被逼到了如果不旗帜鲜明就将面临存亡危机的状态。安东尼奥的父亲阿方索就是在这时候加入了德意志的神圣罗马帝国皇帝臣下的行列，被授予了侯爵称号。

安东尼奥忽然觉得法国骑士拉·瓦莱特的坚定目光令人羡慕，他不仅不怀疑自己的贵族血统，而且也不怀疑圣约翰骑士团相对异教徒的存在理由。

安东尼奥和奥尔西尼乘坐的快速加莱舰在归程即将结束时骤然加速，大概是划桨手们也来了劲头。出现在西方水平线上的罗得岛迅速逼近，越变越大。安东尼奥看到传说中的林多斯神殿遗迹时，船舵转向北方。照此沿着罗得岛海岸航行，进入首府的港口，是自东而来的船只通常经过的航路。在林多斯山丘上闪烁着白色光芒的古代希腊圆柱下面，设有骑士团的城塞，安东尼奥一边想自己可能已经不会有在那里工作的机会了，一边仰望着城塞。

在进入罗得岛之前，加莱舰再次改变了方向，从船上可以看到城区的后方升起了浓烟。也许是起火范围很大，烟雾几乎遮住了一半天空。安东尼奥正在想究竟发生了什么事情，却因站在一旁的奥尔西尼的话而放下心来。他说为了防备敌人的来袭，正在放火烧毁城墙外侧的荒地和农田，甚至农民的房屋。必须让敌人必将布阵的整个区域变得毫无遮掩，连一棵树都不能剩下。

“云雀失去了鸟巢，一定不知所措吧。”

从奥尔西尼口中说出的这句话让安东尼奥露出了微笑。现在已是6月，而战斗发生在春季到秋季是惯例，因此告知土耳其军决定性动向的情报，肯定已送到了骑士团大团长的面前。

第五章

1522年夏

战云迫近

即使是平常因利益至上而频遭骑士团谴责的热那亚和威尼斯的商人，在伊斯兰教与基督教间爆发大规模战争时，于情于理也会站到自己信仰的宗教阵营中。这是因为他们通过意识到自己是天主教徒，进而想起了自己是西欧人，而同为基督教徒，却无法指望信仰希腊东正教的希腊人和亚美尼亚人会有此类自觉。新教徒的态度也同样冷淡，而此时德意志和荷兰的商人尚未登上地中海的舞台。因此，说起为圣约翰骑士团提供情报的人，指的就是身为天主教徒的西欧商人。

平素做生意时不管何种宗教来者不拒的这些商人，每逢东地中海战云密布、航运停止便做不了生意。但只要自己的国家不是战争的参战方，即便他们的船只在土耳其停靠，负责打理分店的当地代理人还可以继续开展日常业务。虽然圣约翰骑士团从未像威尼斯共和国那样，拥有独立的具备高度情报收集能力的机构，但每当与土耳其的对决迫近时，他们却并不缺乏此类情报。这也是其宗教性质带给骑士团的优势之一。通过这些西欧商人提供的消息，骑士团无须特意派出间谍，也能对土耳其军的规模和动向了如指掌。

在土耳其帝国首都君士坦丁堡（伊斯坦布尔）前方的海面上，旨在攻占罗得岛的土耳其海军于1522年6月1日集结完毕。有一种说法称一共有700艘船，但西欧商人提供的情报则显示有300多艘。从以往土耳其海军的规模来推测，300艘可能比较接近现实。

舰队在海盗首领科尔特古的率领下，直奔罗得岛。缺乏贸易传统的土耳其民族缺乏组织海军的能力，面临全面战争时，一般会让海盗首领担任指挥官。在科尔特古的指挥下，1万名士兵乘坐300艘船，沿着马尔马拉海向达达尼尔海峡驶去。每一艘船上的船员人数之所以较少，是因为运送大炮和其他攻城武器才是这支舰队的首要目的。

土耳其陆军于同一时期在博斯普鲁斯海峡的亚洲一侧集结完毕，其人数多达10万。从巴尔干地区征集、由土耳其统治下希腊东正教徒组成的一队矿工在队伍中格外显眼。苏丹与这些经陆路而行的士兵们一起行军。苏丹由具有帕夏尊称的全体大臣随侍。土耳其宫廷倾巢而出，全员参战。

但是，敌军不只这些。因5年前的征服而纳入土耳其统治下的叙利亚和埃及也派出200艘船和10万兵力随后加入战线。这相当于40年前发动进攻时的兵力的两倍以上。进攻在大帝国土耳其看来只不过弹丸之地的罗得岛，却要动员如此庞大的兵力，这不得不令人感慨28岁的苏丹苏莱曼对此次战役的雄心壮志。

从大帝国土耳其的面子来说，绝对应该借此机会彻底扫除“基督之蛇的巢穴”。

6月1日从君士坦丁堡出发的土耳其舰队穿过达达尼尔海峡进入爱琴海之后，首先在莱斯沃斯岛停靠，装载了补给物资。从这里到罗得岛海域，能够让土耳其大舰队停靠的港口也只有士麦那一处，而士麦那近前的海域，坐落着已经宣布保持中立的西欧热那亚辖下的希俄斯岛。

从士麦那伸延的小亚细亚的陆地与希俄斯岛之间虽然是海洋，却只有10千米的距离。如同填埋了这一狭窄的海域一样，300艘船组成的土耳其舰队一举从中穿过。而整个希俄斯岛仿佛鸦雀无声。

经过这一海域后，就进入了圣约翰骑士团掌握的海域。土耳其军对骑士团辖下各个岛屿的兵力十分清楚。虽然土方每一艘船的海战能力逊于对方，但多达三百之众却完全是另一回事。海盗科尔特古也许是想初试锋芒，他违背了苏丹的作战计划，临时决定对科斯岛展开进攻。守卫在城塞的骑士们激烈抵抗，想一举攻占似乎并非轻而易举，于是不久之后土耳其军就放弃了进攻，舰队继续南下。6月26日，属于土耳其舰队前卫的船只出现在罗得岛前的海面上。

与舰队同时出发、沿陆路而行的陆军主力用了不到1个月的时间就抵达了马尔马里斯的港口。接下来他们将沿着小亚细亚的西岸一路南下。由于是在本国领土内通过，因此也无须担心与居民发生摩擦。而对远离主要通道、位于半岛边缘的博德鲁姆，他们仿佛视而不见，完全没有搭理。攻击骑士团设在博德鲁姆的城塞，等于浪费时间和兵力。只要攻陷罗得岛，科斯岛和博德鲁姆自然都会陷落。因为有苏丹同行，作战计划得以严格落实到细微之处。10万大军几乎没有发生任何意外，在马尔马里斯完成了再次集结。这支舰队是赶来运送兵员的，剩下的只是等待运送大炮、攻城器以及武器弹药的舰队的到来。

迎击的圣约翰骑士团也没有做出不必要的举动。从西北方向接近罗得岛的土耳其舰队，从罗得岛港口前迂回，在沿着岛屿南下5千米左右的沙滩上卸下大量大炮和攻城器械，骑士们也没有采取妨碍行动。敌人即使包括水手，也只有1万兵力。另一方面，防守罗得岛堡垒城市的兵力为：

骑士，不到600人。

佣兵，1500多人。

可以参战的罗得岛居民，3000人。

接下来的战术中骑士团可能只有这些兵力可以调动，因此不允许有一兵一卒的浪费。

结束了将武器、帐篷以及军粮运送上岸的任务后，土耳其舰队接着又往返于马尔马里斯和罗得岛之间，开始运送兵员，即使在这一阶段，他们也未受到骑士团方面的阻碍。300艘船到底还是一支浩浩荡荡的大军。如果骑士团不想让敌人从大海一侧进行封锁，哪怕一艘船的损失都必须慎重对待，所以不敢贸然出击。

就这样，在西北风不断增强的整个7月，罗得岛上城镇中的居民一边远眺着满载士兵的土耳其船在用足有人手腕粗的铁链封锁的军港和商港入口外侧的大海上穿梭，一边日夜为迎接切实逼近的守城之战而忙碌。

无论是守城之战，还是与土耳其军的战斗，对安东尼奥来说都是第一次经历。

他首先惊叹于城内的居民似乎增加了一倍。但实际上绝对人数只是略有增加，不过在道路和广场上走动的人数的确多于以前，因此感觉人数增加了一倍。增加的人不是援军，而是因为出于战略需要，房屋和田地都被烧毁于是进入城内避难的农民。与他们一道，羊和鸡等家畜、家禽也进城避难，甚至连狗都不例外，因此占据堡垒城市南半部分的普通居民区的喧嚣，简直就像过节赶集那么热闹。

如果只看光脚到处乱跑的孩子们以及动物，就会觉得迫近的守城之战仿佛是谣传。当然这种喧嚣并没有波及骑士团建筑集中的北半部分，但将骑士团区域与普通居民区隔开的薄薄石墙上的几个门，平常白天都是敞开的。偶尔会有羊因迷路而误入骑士团区域，追赶它们的穿着寒酸的孩子们会用好奇的目光盯着过往的骑士们看，而这一情景会让安东尼奥浮现出微笑。尽管即将遭受最大规模的异教徒进攻，但人们可能难以改变日常的生活吧。此时的安东尼奥觉得自己的人生也许会在20岁结束，而这些情景能为他带来心灵的拯救。在执行任务的空闲时间，他多次访问了位于居民区的教堂。这并不是为了祈祷，因为这些教堂无论隶属于希腊东正教还是天主教，都被当作临时住所分配给了进城避难的农民们。

但是，一到夜间，紧张的空气就会支配整个城镇。骑士团区域和普通居民区之间隔离石墙上的门会全部关闭，各个骑士馆前，以及医院、武器库、大团长城堡前，都升起了大量火把，任何试图靠近的人都会暴露无遗。在实施宵禁的普通居民区，除了为建筑物石墙上凹陷处安放的圣像供奉的长明灯以外，其他地方都是一片漆黑，连照亮道路的灯火都没有。由20来个士兵组成的巡逻队时而通过此处。平常，直至深夜也亮着灯光的小酒馆被命令必须在日落的同时闭门关张，这一命令是在20天前发出的。

6个月前为求援而派出的使节一直没有带回喜讯，在此情况下，骑士团大团长再次向西欧派遣了使节。西班牙骑士被赋予说服罗马教皇和皇帝卡洛斯的任务，法兰西骑士被赋予说服法兰西国王的使命。还有两个骑士被派去与分布在全西欧的圣约翰骑士团骑士见面。他们携带着告知根据地的危机，进行总动员的命令，而且被赋予尽可能地大量筹措武器弹药和军粮，并将其运送到罗得岛的任务。被任命为使节的骑士分别乘坐小型快速加莱舰，启程赶往各地。虽然是三更半夜出航的，但没有船只遭到土耳其船只的阻碍。

但是，西欧是这样度过1522年之夏的。

罗马教皇为出席将在罗马圣彼得大教堂举行的加冕典礼，正在西地中海上航行。

这一年1月9日被选为新教皇的哈德良六世，于7月8日从西班牙出发；7月17日停靠热那亚；8月28日抵达罗马的外港奥斯蒂亚；8月31日圣彼得大教堂才举行了加冕典礼。就这样，新教皇至少在不伤各方面子的前提下，婉拒了皇帝卡洛斯、法兰西国王弗朗索瓦一世、英吉利国王亨利八世的“好意”，抵达了罗马。

因此，堪称新教皇施政方针演说和枢机主教会议上的宣言，要进入9月才能进行。教皇哈德良六世宣布，他希望加以解决的问题有两个。

一、确立以迎击土耳其进攻为目的，全体基督教国的联合体制。

二、直接应对以德意志地区为核心正在兴起的新教运动。

新教皇也明确表示，为了解决基督教世界的这两个重要课题，有意积极说服各王公贵族。

但是，这些王公贵族则热衷于他们之间的战争。

作为神圣罗马帝国皇帝统治德意志和低地国家，并以西班牙国王的身份统领包括新大陆在内的西班牙的卡洛斯，与法兰西国王弗朗索瓦一世进行对决的地点是意大利。这一年4月，在米兰附近的一场战斗结束后，卡洛斯的优势变得具有压倒性。法兰西国王放弃了米兰，热那亚也从法兰西统治下过渡到西班牙统治下。由于西班牙已经获得了那不勒斯和西西里等意大利南部城邦国家的统治权，西班牙与法兰西传统上围绕意大利的争执到了这个时期，终于在西班牙的绝对优势下，出现似乎能暂时告一段落的形势。

接着，英吉利国王亨利八世与卡洛斯的同盟在6月成立。7月，萨福克公爵率领的英吉利军在诺曼底登陆。但拥有英明非凡的君主弗朗索瓦一世和欧洲最肥沃耕地的法兰西，不会那么轻易地屈服于哈布斯堡家族。尽管如此，法兰西被迫处于守势却是不争事实。

报告土耳其兵临城下，请求派遣援军的圣约翰骑士团使节，被派往这种形势下的欧洲。只有罗得岛上的圣约翰骑士团才是“东地中海上最后一座基督徒堡垒”，在西欧无论哪个君主都这么认为，但想法和付诸行动之间，不见得任何时代都能直线相连。

7月28日土耳其全军在罗得岛的登陆，以苏丹苏莱曼的登陆而告完毕。

帐篷成群

10万土耳其军分为六个军团，分别完成了布阵。从城墙上眺望过去，可能土耳其军事先就已经决定了如何部署，就10万兵力来说，调动过程井然有序。

在意大利骑士守卫的城墙前紧贴护城河边缘的平地上，佩里帕夏率领的军团已经在此安营扎寨。在普罗旺斯骑士负责守卫的城墙前面，卡吉姆帕夏的军团支起了一列列帐篷。在英吉利骑士守卫的城墙外的一片平地上，穆斯塔法帕夏属下的士兵们列阵待命。在阿拉贡骑士防守的城墙对岸，阿迈德帕夏军团的帐篷已经布满。阿亚斯帕夏指挥的军团是游军，他们在德意志骑士防守的城墙前布下了阵，但帐篷的位置远离护城河。阿古拉帕夏率领着耶尼切里军团的 15 000 名战士，在奥弗涅骑士防守的城墙前布阵待命。这是因为苏丹的帐篷被支在这附近的最高处，即阿拉贡城墙前的山丘上。属于苏丹近卫军的耶尼切里军团，每次战斗中都会在距离苏丹最近的地方布下军阵。

防守方根据土军阵形就可以判断出敌人试图对堡垒城市的哪个部分集中攻击。土耳其军中四名大臣分别负责指挥进攻由意大利、普罗旺斯、英吉利、阿拉贡骑士分别防守的城墙。8 年前骑士团大团长法布里齐奥·德尔·卡莱特预料有变，并下令改建的那部分城墙，现在恰恰横在了土军攻势的前面。

问题是，从 70 年前的君士坦丁堡攻防战来看，筑城技术虽然取得了进步，但攻城方法在这 70 年里也并非毫无发展。

骑士团战士只要登上城墙，就能清楚地看到苏莱曼的大帐。苏丹的帐篷力压其他，无比豪华。它完全超越了西欧人关于帐篷的概念。整体闪烁着金黄色的帐篷并不是单体，而是由几个帐篷连接重叠而成。里面有许多隔开的房间，从士兵们往里搬运的大量物品来看，内部布置得几乎与君士坦丁堡的托普卡帕宫内部一样舒适。与首都的皇宫生活相比，帐篷里可能只缺一个郁金香盛开的中庭和据说由300名美女组成的后宫吧。土耳其人相信与异教徒的战争全都是献给真主安拉的圣战，所以绝不会把女人带到战场。

虽然与苏丹的帐篷相比远远逊色，但大臣们的帐篷也都豪华奢侈，十分显眼。

意大利城墙前的佩里帕夏的帐篷为绿底，上面也许绣了一片金色的刺绣，宛如悬挂着织锦缎子一样美不胜收。普罗旺斯城墙前的卡吉姆帕夏的帐篷为蓝底，上面的银色刺绣在阳光下闪闪发光。英吉利城墙前的穆斯塔法帕夏的帐篷颜色鲜艳，也许是因为他迎娶了苏丹的妹妹，具有高贵的身份，红底上布满了金色的刺绣。阿拉贡城墙前的阿迈德帕夏的帐篷，是天蓝色的布料上绣着银色和紫色的刺绣。在这背后山丘的高处，苏丹那金黄色的帐篷拔地而起，帐篷顶上装饰着金色的新月。

各个队长的帐篷也丰富多彩、十分美丽，但没有金丝或银丝的刺绣。点缀在这些美丽帐篷之间的士兵帐篷是与土地同样的颜色。从城区最高处的骑士团大团长城堡的高塔上望去，城墙外地面上布满了敌人的帐篷，10万敌军的规模，此时才第一次沉重地在胸中震荡。

7月最后的几天，城墙上的骑士们是在观看护城河对岸地面上土耳其军部署臼炮和大炮的作业中度过的。呈圆形石臼状的臼炮，部署时巨大的炮口微微朝上，而炮口的大小略有不足，但炮身长度令人印象深刻的大炮，部署时则炮口直接对准城墙。由于这两种炮都十分沉重，因此搭建炮台也非易事。土耳其士兵仿佛对城墙上的骑士们视而不见一般，在默默地工作着。从城墙到土耳其人进行作业的对岸，距离有 40 米。这是步枪和弓箭派不上用场的距离。骑士一方的大炮被部署在各个堡垒上。从堡垒到对岸比较近，但土耳其士兵也并不愚蠢，他们没有在堡垒前面进行作业。

7 月最后一天的日落之前，土耳其一方用弓箭向英吉利堡垒射去了一封信函。这封带有苏丹封印的箭书，很快就被送到大团长手中。当天晚上大团长亚当就把全体骑士召集到城堡中庭，并在大家面前亲自宣读了苏丹的信函。苏丹宣称，圣约翰骑士团无视再三的劝降建议，没有给出具有常识的答复，在此情况下，苏丹苏莱曼别无选择，只好以明天早晨为期发起进攻。

骑士团大团长宣读完信函后表示，我们也希望以契合圣约翰骑士团身份的方法来迎击敌人。这意味着全体骑士明天早晨要从头到脚进行正式的武装，在城墙上列队迎击敌人。28 岁的苏莱曼喜欢遵守法律和礼仪，身为贵族集团的圣约翰骑士团在这一点上也十分相似。其实，两者都只在对自己有利的情况下才会发挥骑士精神，其他情况下就会若无其事地将其忘记。

攻防战开始

8 月 1 日，正如苏丹所预告的那样，罗得岛攻防战正式打响。

首先由攻城方的大炮进行的炮击打下头阵。好像是为了测试一般，从意大利城墙开始，土军按顺序对普罗旺斯、英吉利、阿拉贡城墙进行了一番炮击。防守方也有60名骑士身披在朝阳下闪着银光的盔甲，在城墙上一字排开，迎战敌人。虽然为了竞相显示自己家族的名声和财力，骑士们的盔甲形状各有不同，但装饰在胸甲红布上的白色十字，以及从盔甲肩膀处延伸、遮盖身体的红底大斗篷上十分显眼的白十字则完全相同。长矛尖端在阳光下闪烁着光芒，各个队伍都有五颜六色的军旗飘扬。似乎是要与苏丹的帐篷针锋相对，在阿拉贡城墙上方，身后飘扬着圣约翰骑士团军旗的大团长亚当迎风而立，在炮击中纹丝不动。

土耳其士兵似乎被这一情景震慑住了。城墙上从头到脚裹着钢铁盔甲的士兵，让对峙者感到了一种超越一个人之存在的强大压力。排列在城墙上的圣约翰骑士团的骑士们，给土耳其士兵们留下了守军远远超过600人的印象。

但是，让人们感到最能体现中世纪特色的身披盔甲的骑士，只有在其用武之地，能够尽享策马驰骋之自由时，才可以充分发挥其威力和能力。在无法使用战马的城墙上，其威力也难免减半，但威吓效果另当别论。

只是，被迫在炮弹横飞、烟雾弥漫的情况下震慑敌人，即便是骑士，要想做到纹丝不动，想必也并非易事。也许是因为土耳其的炮兵们还不熟悉地形，第一天的炮击在没有造成任何损失的情况下结束。只有炮火发射造成的烟雾夸张地四处弥漫。

罗得岛的城墙之所以与以往的城墙相比具有先进性，是因为采纳了不同于以往筑城法的理念，不是高筑，而是深挖。因此，防守方和攻击方要隔着挖得又宽又深的护城河，以几乎相同的高度对峙。实际上，防守方处于略高的位置，但这一高度差已在计算之内。

因为城墙采用了特殊的建筑方式，所以城头高度相同，但都朝着里侧形成了倾斜。从侧面来看，是缓缓的斜坡，在直接面对炮弹攻击时，可以将打击力度几乎减半。无论主城墙还是外墙，面对敌方的一面都是越往下走，倾斜程度越缓。这也是为了减轻炮弹的打击力度。

当时无论是臼炮还是大炮，炮弹都是磨成球体的石块，因此并不是炮弹本身在击中的瞬间发生爆炸，而是根据击中瞬间的打击力度，给打击对象造成破坏。击中时的力度越大，破坏程度也越大，因此如果遭受炮击的一方能成功地减轻直接击中那一瞬间所产生的打击力度，就可能摆脱以往那种在大炮面前束手无策的状态。

而且，就罗得岛的城墙而言，在炮弹可能直接击中的地点，如护城河中和城墙内侧都填满了软土。这样的话，无论怎么直接飞过来，沉重的炮弹都只会埋入地表，最多不过引起尘土飞扬而已。

此外，如果攻击目标像君士坦丁堡的城墙那样高高筑起，延绵不断的话，炮手只要正确掌握炮弹的射程和抛物线角度，就可以集中炮击某个点。但在罗得岛，由于放置大炮的位置与目标的高度基本相同，抛物线太短，难以计算，同时直接击中时产生的破坏强度，就只能取决于迅猛落下的那一瞬间所产生的力度了。在攻防战初期，这种设计大大减轻了防守方对出了名的土耳其大炮的威力的恐惧。居民、佣兵、骑士都变得士气高涨。城里热闹非凡，以致忘记了在踞城而守这一现实。连小孩子都认为，只要这样就能坚守下去。

几天之后，发生了一件让守城方士气更加高涨的事情。受命必须从大海一侧对罗得岛进行封锁的科尔特古指挥下的土耳其舰队，在试图攻克位于军港和商港之间的圣尼古拉要塞时失败。

这个要塞是40年前土耳其军进攻时的主战场，这次的主战场转移到了陆地，大海一侧的任务只是进行封锁。但是，只要圣尼古拉要塞作为要塞继续发挥其作用，军港和商港就无法被完全封锁。20个法兰西骑士和50名士兵一旦从要塞看到土耳其船只靠近，就立即让大炮喷出火焰。木制小船根本承受不了炮弹。在商船和军船两方面都没有传统和经验的土耳其的船只，总体来说特征就是体积小，制作粗糙。

即便能躲过炮弹，用石弓射来的火箭也非常可怕。在射程距离以外的海面上用船组成连环进行围堵这样的本领，从航海技术的角度看，对土耳其船来说也是不可企及的。在罗得岛港口外的海域，水深偏深，完全不可能抛锚停船。而且，尤其是夏季，被称为米拉斯特尔的西北风刮起来势头强劲，稍有闪失，船就可能被吹到军港或商港的某个角落。实际上，有一艘土耳其船就是因为舵手的失误而瞬间撞到了堵在海港出口处的铁锁上，被骑士团俘获。骑士团还通过对送上门来的敌船船员的审讯，得到了重要情报。

由多达30艘船组成的土耳其舰队试图从大海一侧对罗得岛实施封锁事实上已经失败，但他们也并没有让三百之众的船只无所事事地闲游。

这些船大多都每天往返于罗得岛与小亚细亚的马尔马里斯港，运输能让10万大军停留在陆地，专心进攻所需要的一切物资。即使土耳其军伙食之差早已臭名昭著，但要满足10万大军之胃口，也是一大难题。而且，罗得岛本来就小麦产量偏低，平时都需要进口。以羊为主的家畜也已悉数转移，离罗得城区较近的农民已进城避难，对于偏远地区的农民，骑士团也事先通知他们前往土耳其人难以攻击的山区避难。此外，淡水也没有，为了不让敌人使用，附近的水井和山泉都被填埋。土耳其军必须从外部运来所有物资。

但是，苏莱曼似乎早已考虑到这些情况并制订了相应的作战计划。土耳其的船只也早已准备就绪，只要罗得岛能与小亚细亚以小麦产地远近闻名的马尔马里斯建起补给线，就会要什么有什么，那里既有水、小麦、羊肉，也有炮击用的石块和火药，只要装上船即可。感到物资开始短缺时，很容易就可以进行补充。

于是，苏莱曼没有将兵力派往山地较多的罗得岛全境筹措水或小麦，而是选择了往返于海上50千米的航线，进行穿梭运输的方法。虽然满载堆积如山的炮弹石块，但由于是顺风，从马尔马里斯返航比较容易。28 岁的苏丹认为，与其吓唬敌方土地上不大可能顺从的农民，向其征收物资，不如让自己人采购后将其运来，这样效率更高。

这与圣约翰骑士团高层的预想截然不同。防守方以为，在这次战役中，土耳其也会像 1480 年一样，不得不在罗得岛内筹措军粮。因此，他们预想的是，攻防战拖的时间越长，军粮的短缺就会越严重，就像 1480 年那样，由于粮食质量的下降和缺水而导致瘟疫暴发，最后土耳其迫不得已解除包围，撤退回国。但是，这次敌人却制订了不会轻易重蹈覆辙的作战方案，并正在实施。攻防战时间拖得越长形势越不利的，是防守方。

在立即召开的高层会议上，与会者讨论了是否应该采取切断土耳其运输路线的作战方案。

英吉利和意大利骑士馆长建议，让骑士团的军船出港，利用逆风攻击驶往马尔马里斯的土耳其船。圣约翰骑士团的海军，传统上由这两国的骑士们负责。

但是，侦察船带回的情报使骑士团判断，形势并不那么乐观。因为他们了解到，土耳其船也许事先料想到了会出现这一事态，因此采取了约 20 艘船组成一个船队一同航行的方式。在这种情况下，必须对骑士团拥有的所有船只进行总动员，或者连科斯岛和博德鲁姆基地的船只也动员起来参加攻击，才能取得预期的效果。

即使如此，英吉利和意大利的骑士们依然主张应该执行这一作战方案，但这时候表示强烈反对的是法兰西的骑士们。无论是法兰西岛大区、普罗旺斯，还是奥弗涅的骑士们都坚决反对也将科斯岛和博德鲁姆的兵力尽数派往战场这一作战方案。法兰西人在夺得土地时会热情高涨，而到了需要放弃时却会变得非同一般地神经过敏，即使成为圣约翰骑士团的成员，这一点也没有变化。

由于未能达成一致，土耳其军的运输路线没有受到任何妨碍，一直顺畅无阻。尽管迎来了30艘敌船，但骑士团的自尊心却由于依然能与科斯岛和博德鲁姆保持联系，在罗得岛内甚至还能与林多斯取得联系而得到了满足。

物量作战

苏丹苏莱曼并没有因陆地炮击的低效和失误而惊慌失措。

他发现8月初的炮击之所以只扬起了烟雾和尘土而没有取得显著成果，其原因在于大炮的位置，因为大炮不得不放在低于防守方的地面，尽管双方的高度差微不足道。于是为放置大炮而搭建高大炮台的工程开始了。木制的炮台结构不但要承受大炮本身的重量，还必须经得住发射瞬间所产生的冲击。也许是为了在搭建大量炮台期间也不让战线处于停歇状态，炮击有几天集中在了此前一次也没有遭受过土耳其军炮击的德意志城墙和奥弗涅城墙。

这一带的城墙，几乎未经法布里齐奥·德尔·卡莱特的改建，城墙高高耸立，垛口间距也较小，防守方无法使用炮器。但是，由于护城河的深度和宽度都与其他地点相同，因此炮击的效果并不显著。即使这样，也出现过射来的圆石块击中直线高耸的城墙正中，嵌入城墙里并留在那里的情况。

直到8月中旬，炮台建成，土耳其军的大炮排列在了从防守方看去明显增高的地方。虽说是盛夏，但在罗得岛，来自大海的西北风从头顶穿过城区，也会吹进土耳其军阵营。即使在土耳其军到来之前骑士团已把树木砍倒，把房屋拆毁，没留任何遮挡阳光的东西，但这一带并不是裸露的岩地。在罗得岛，如果盛夏阳光照射在岩石上，地面上的人会感觉酷热难耐，但这里却是土地，即使气温上升到近30摄氏度，但只要有风，烈日当空下作业的艰辛也会大幅缓解。

即使炮台明显升高，也并不意味着炮击的命中率加倍，但苏莱曼采取了以数量弥补的策略。火药和圆石块无论怎么耗费，也能得到足够的补充。炮台高度增加的同时，炮击的次数也大幅增加。而炮击次数增加，击中的次数也会增加。首先，英吉利城墙前的外墙开始变得千疮百孔。但是，土耳其军还没有下到护城河发起进攻。攻击开始后防守方仅有一名骑士和数名佣兵战死，几乎是唯一的损失。这些人都是在防守英吉利城墙外墙时牺牲的。

即使如此，防守方的士气也未见衰落，反而不断高涨。

8月的最后一天，无视土耳其海军的监视，一艘船驶入了罗得岛的港口。这是一艘来自那不勒斯的船，上面虽然只有4名骑士和少数佣兵，但却装满了大量弹药。设在意大利的圣约翰骑士团的支部召集人员，筹措物资，送来了这艘援助船。这给防守方带来了远远超出所载人员和物资的巨大满足。因为最重要的是，它证明了土耳其海军实施的海上封锁并无实效，同时也带来了西欧并没有忘记罗得岛这一希望。但是，得知此事的苏丹震怒，受命担任舰队指挥的科尔古特被绑在桅杆上遭受鞭笞，直到被抽打得皮开肉绽。

秋天

但是，进入9月后，土耳其军逐渐开始积极进攻，他们通过大炮和地雷，从地上和地下两方面发动了攻势。

当时所谓的地雷，其实并不是将爆炸物埋在地下，有人在上面通过时会爆炸的武器，而是指当土耳其士兵在地下挖掘通往城墙下的坑道，抵达城墙正下方时，在坑道里填满炸药，然后引爆。君士坦丁堡攻防战时，土耳其军也曾想采取这一战法，但当时他们当中还没有人拥有足够的技术能把坑道准确地挖到目标地点。但是，后来巴尔干地区因土耳其的进攻而被纳入其统治之下，由于可以使用该地区十分发达的银矿业的技术人员，土耳其军工兵队伍的技术水平有了飞跃性的提高。另外，要在深度达20米的护城河横挡在眼前的地下挖掘下去，就必须从很远的后方开始挖起。从后方挖掘需要众多劳工，但也有难被防守方察觉的优点。

9月3日，在英吉利城墙前的外墙下面，第一次发生了地雷爆炸。与此同时，针对这一地点的炮击变得更加激烈。接着，自攻防战开始以来，敌军第一次涌入护城河中。

负责这一带进攻的穆斯塔法帕夏来到了护城河边缘指挥作战。外墙的三分之一因爆炸而被炸飞，露出了满目疮痍的地表。爆炸后暴露出来的坑道，宽度足有两米。

防守方撤回了主城墙。他们的战术是，尽量将越过倒塌的外墙后蜂拥而至的土耳其士兵引至近前，用步枪和石弓准确地射杀。法兰西和卡斯蒂利亚军团的骑士们也赶到敌军集中攻击的英吉利城墙，增援英吉利军团。

这一天，穆斯塔法帕夏将归其指挥的 2 万兵力全部投入了战斗。防守方的兵力还不到敌方的十分之一，但骑士们却独具优势，因为他们不但是精锐之师，而且随时都处于战时体制之下。没有什么人比习惯于战斗的士兵更强。敌军的第一次大举进攻以日落为号，以土耳其军的撤退而告终。土耳其方面的丧生者为 200 人左右，防守方仅损失了 3 名骑士和少数士兵，而且都是负责外墙防守的人，不是在地雷爆炸的瞬间被炸飞，就是被倒塌的泥土埋没。

但是，敌军在没有被察觉的情况下，挖掘了足有 2 米宽的坑道，这一事实让防守方痛感必须尽快采取应对地雷的策略。

由工程师马尔蒂嫩戈设计制订，并早已准备就绪的作战方法得以实施。为此，居住在城区的老人、妇女、儿童都被动员起来。他们分别配有一个马尔蒂嫩戈设计的器具。这是一种结构极其简单的器具，只将一张鞣薄的羊皮撑开后像单侧鼓面一样贴好，然后在表面挂上几个软木球，只要用它对着环绕城墙内侧的带屋檐的沟道壁，就可以捕捉到地下微弱的声音，使软木球触及羊皮发出声音。也就是说，它是一种原始的声波探测器。居民们都积极地配合。事实证明，孩子们的耳朵最能发挥作用。

通过这一战术，仅在9月骑士团就探测到12个地雷，并沿着己方挖掘的坑道，成功地在爆炸之前将地雷拆除。由于土耳其军是在炮声震天的白天挖掘坑道，因此防守方可以利用夜间。之前提出的给沟道安装盖板的构想不但可以防止孩子们被炮击造成的坠物伤害，而且还在免受炮击声烦扰、探知敌军挖掘坑道作业方面，取得了超出预想的成果。

但是，防守方并不能防住所有的地雷。此外，进入9月中旬后，土耳其军射来的炮弹超过了一天100发，臼炮平均一天有12发落在意大利、普罗旺斯、英吉利、阿拉贡的各段城墙。防守方的死伤人数虽然少于土耳其，但也在逐渐增加。阿拉贡和英吉利城墙前的外墙尤其受损严重，已不可能在那里继续部署防守兵力。

尽管如此，向护城河延伸出来的5个堡垒全部健在，骑士们最大限度地使用骑士团的独特新兵器，将试图爬上城墙的敌军士兵驱赶下去。新兵器是希腊火的改进版，一种从长筒尖端喷出火焰、可被称为原始火焰喷射器的东西。但它也有不能长时间连续喷火的缺点。不过只要预备大量的同一兵器，无法使用时用新的代替，这一缺点也可以得到弥补。而且，土耳其士兵的装备是轻装，大部分人连钢铁胸甲都没有穿戴，因此如被火焰吞没，性命难保。

但是，一直骁勇善战的防守方准确获知敌情的方法已被阻断了许久。对必须在遭遇围困的状态下战斗的人来说，这是最大的难处。在敌军抵达罗得岛之前对敌情了如指掌的骑士团高层，自敌军在城墙前结束布阵的7月底以来，已有一个半月没有获得过任何新情报了。在高层会议上，全体与会者一致承认获取情报十分必要，并讨论了对策。

其中一人指出，让某个身为罗得岛居民的希腊人潜入敌营的方法根本不值一提，大家也对此频频点头。毕竟希腊人在罗得岛属于被统治阶级，根本无法指望他被俘后为了作为“外来者”的骑士团宁肯选择死也不肯交代所知道的一切。而且，被策反为土耳其方面的间谍，并送回来的危险，也不能说完全没有。土耳其军中有许多同为希腊人的士兵，尽管他们是土耳其统治下的希腊人。无论从种族还是语言角度来看，希腊人都最适合作为间谍潜入敌营，但使用他们的想法必须放弃。可是也没有别的办法，因为西欧人的身材和外貌太容易暴露身份。

潜入敌阵

最终选出来潜入敌营、收集情报的是两名意大利出身的骑士。一名是意大利南部普利亚地区的贵族，在过去曾作为古希腊殖民地而繁荣的那个地区的男子中，有不少人具有如今在希腊人中都十分罕见的从额头笔直延伸的鼻子。而且，他皮肤偏黑，眼睛和头发都是黑色，即使说自己是希腊人，可能也很少有人怀疑。锦上添花的是，这名骑士还能说一口流利的意大利语。

另一人选是奥尔西尼。谁都确信，如果是奥尔西尼的话，即使暴露被捕，也会宁肯选择死也不会开口，他此前与土耳其兵战斗时所表现的勇猛果敢，也是众所周知的事实。而且，骑士团大团长的发言也发挥了巨大作用，他说如果派奥尔西尼前往的话，他会凭借其优秀的观察力把所有该看的东西无一遗漏地看在眼里后返回。但是，这名年轻的罗马骑士也有许多不方便之处。首先，他有亚麻色的头发和略微泛蓝的灰色眼睛。而且，西欧年轻人特有的即使晒黑，皮肤下面的血色也总会显露出来的肤色，也是一个问题。

被告知这些的奥尔西尼爽朗一笑后暂时回家，大约一个小时后又回到了高层会议的会场，看到其身姿的人们都哑然失声，没说出一句话来。因为罗马大贵族出身的骑士摇身一变，成了一名希腊下层居民。波浪状的亚麻色头发变成了黑褐色鬈发，能让人看到血色的晒得浅黑的皮肤变得肮脏黝黑。虽然略微泛蓝的灰色眼睛依然如故，但反而具有一种效果，让人感到他不是土耳其人，而是有希腊血统的黑海沿岸地区的男子。

奥尔西尼选择的穿戴也很破旧，不知是从哪里找来的，看起来好似在希腊船上干粗活的人的衣物。大家都佩服有加，并决定让奥尔西尼担起这一重任。但是，他在敌营期间，一句话都不能说，因为他不太擅长说希腊语。说话一事，只能交给普利亚的骑士。

乔装打扮的二人趁着夜色坐上小船，悄悄地从海港出口滑行而出。划船的是长年在骑士团船只上干活的6名希腊水手。他们也接受了重要的任务——把两名骑士送到罗得岛东岸，然后继续南下抵达林多斯基地，在那里等待两天，于第三天夜晚，回到两名骑士下船的海岸，接上完成任务的两人，重新回到罗得港。这是一项难度很大的工作。他们也像两名骑士那样，扮成了希腊的下层民众。只是，小船升起的是土耳其的旗帜。

土耳其军似乎已决定，攻防战持续得越久，炮击的数量也相应逐日增加。

不仅是吐出火焰的炮口数量不断增加，而且每次发射的间隔也大幅缩短。阿拉贡城墙前的外墙已变成一堆石头和沙土，英吉利城墙前立着的外墙只残留下不到三分之一。即使如此，主城墙也依然健在，没有一个敌兵能爬上来。这是因为主城墙没有受到地雷的伤害。但是，没有任何人会怀疑坑道已挖得到处都是。此前一次也没有遭到地雷伤害的意大利城墙前的外墙，也终于被地雷炸飞了一半。

在骑士团大团长城堡最顶层的大房间里，高层人员全部到齐。如果被派出去潜入敌营的两名骑士能安然返回的话，今晚就是他们返回的时间。按事先约定，二人乘坐的小船一抵达港口，他们就会直接赶到这个房间进行汇报。但是，等待的时间十分漫长。即使烛台的蜡烛燃尽后换成了新的，二人也没有回来。担任夜哨值班的安东尼奥，也一边在意大利城墙上来回走动，一边等待奥尔西尼返回。在送出两名骑士执行危险任务的意大利骑士馆，即使夜已过半，每个房间也依然亮着灯火。

带回的报告

当第二根蜡烛化为一小堆蜡，火苗即将熄灭时，两名骑士终于出现在焦急等待的人们面前。两人都浑身脏得无须再乔装打扮，似乎疲惫不堪，力量消耗殆尽。奥尔西尼开口说道，返回时间之所以大大晚于计划，是因为从敌阵的劳工宿舍逃出的困难超出预计。

由于手中没有武器就会在敌军士兵中十分显眼，因此二人决定混入劳工群中，劳工们空着手也会被召集，接着就被分配工具开始干活。他们作为劳工，一边干活一边对敌人进行了观察。

汇报主要由在骑士团地位较高的奥尔西尼进行，普利亚出身的骑士只是在奥尔西尼要求证实，或者其他人提问时才做出回答。

虽然已经筋疲力尽，但罗马年轻骑士的口吻却一如既往，就像是在说他人的事情那样不被感情支配，时而只是微笑，时而甚至要发出愉快的笑声。

首先，没有被任何人怀疑就潜入敌营的二人，加入了黎明到来的同时就被喊醒的一支劳工队伍，由于这些人来自不同地方，相互间语言不通也属正常，在这种情况下，即使奥尔西尼不会说希腊话，另一人虽会说希腊话却不会说土耳其话，也无须担心被看出破绽。联想到土耳其帝国领土的广袤，这一点也不难理解。

二人潜入的第一天，是在沙滩上从事紧急修建船只码头的施工作业中度过的。据说这并不是新建码头，而是对地基不稳导致坍塌的已建码头进行加固。工兵们在黎明到来的同时被驱赶着工作，然后又在日落的同时回到破旧的帐篷里睡觉。配给的伙食只有黑面包和一盘水煮蔬菜，没有肉和水果。据说被当作工兵使用的人许多都是从多瑙河流域征来的。施工期间因有土耳其士兵的监视而没有自由。晚上也没有自由，因为沿着海岸搭建的帐篷外边，半夜会有一队土耳其士兵巡逻。土耳其似乎对这些属于本国臣民的人，也没有忘记采取防止逃跑的措施。

潜入敌营的第二天，二人在黎明到来、全体列队之前，成功地混入了在英吉利城墙前布阵的穆斯塔法帕夏的阵营。在这里，他们也加入了一群工兵的队伍。这队工兵被迫为埋设地雷而挖掘坑道。

坑道从土耳其军阵营的遥远后方，从护城河边缘量起至少有100米的距离开始挖。首先，挖一个洞，洞口呈缓坡，然后从那里直线向城墙下挖掘。二人说由于太危险，他们没能查出城墙全境下面到底有多少个正在挖掘的坑道，因为施工一直在手持刀剑的土耳其士兵的监视下进行。即便如此，二人证明仅在英吉利城墙一带，就肯定有十多条坑道正在挖掘，其中一条的目标只会是英吉利堡垒。得知此情时，连奥尔西尼也感觉到在冒冷汗。敌人似乎计划用地雷把地堡一样坚固的堡垒连根拔起。

对此，骑士团大团长没等汇报完毕，就用眼光示意两名骑士稍等一下，然后把视线射向了在座的马尔蒂嫩戈。只需射去视线，对威尼斯的工程师来说就已足够了。他立即把桌上的纸片聚集起来，开始用标尺在上面划线。这是为了测算从阿拉贡城墙和英吉利城墙两地开始，同时挖掘两条坑道会有怎样的结果。经过测算，这两条坑道会在敌军朝着英吉利堡垒方向挖掘的坑道抵达堡垒之前与其交会。在图纸完成之前的这段时间里，谁都没有开口说一句话。

工程师马尔蒂嫩戈把画好的图纸递给了大团长秘书拉·瓦莱特。这时候也无须说明，瓦莱特的一名部下立即跑步前往意大利骑士馆，将图纸交给在那里寄宿的马尔蒂嫩戈的两名助手。因为事先就准备好人员和器具，以便在不测事态下也能立即投入工作，被认为是参加攻防战的工程师需具备的常识。

知道这一点的大团长亚当看到图纸离开房间时，也许暂时放下了心来，他催促奥尔西尼继续汇报。奥尔西尼重新开始汇报，像此前一样，他一边说一边时而征求同僚的证实。

意外的发现

第二天夜晚，两名骑士觉得，如果到日落为止一直挖掘坑道的话，就无法避免将与其他工兵一道在阵营外侧排列的小屋里歇息，因此他们决定在施工作业结束前从那里逃出。因为他们知道，工兵们住宿用的小屋夜间会从外面被上锁。

二人推着搬运沙土的手推车，横穿支有苏丹帐篷的阿拉贡城墙前的敌营，成功潜入了奥弗涅城墙前的耶尼切里军团帐篷排列的区域。他们在那里扔掉手推车，混入了从事炮台搭建作业的一群人当中。二人决定当天晚上在在这一带干活的工兵们的帐篷里度过一夜。也许是因为这里稍微远离土耳其军集中攻击的区域，工兵用的帐篷也支在离前线很近的地方。这样的话，肯定有利于侦察敌军的前线。二人混入了尽量靠近前线的帐篷。那个晚上，他们装着无法入眠，因忍耐不住酷热而出来乘凉的样子，趁机进行了侦察。

接近夜半时分，意外出现了。奥尔西尼首先发现，在黑暗中耸立于正前方的圣乔治堡垒上面，有什么东西在闪光。他立即告诉身边的同僚。在四只眼睛盯着的方向，确实有闪光的东西。光以相同的间隔，连续闪了五次。二人都没有再怀疑。有什么人从圣乔治堡垒上面，给土耳其军发出了信号。他们等了片刻，但这之后再也没有出现闪光。在二人躲藏的帐篷与护城河之间，而且是在离护城河很近的地方，支着耶尼切里帕夏的帐篷。一个土耳其士兵从那里跑出，迅速奔向苏丹帐篷所在的方向，这些二人也清楚地看在眼里。

有奸细！在城墙的内部，有敌人的奸细。大房间的空气一瞬之间紧张得完全凝固。

二人第三天用了一整天，冒着危险从敌营中穿过，好不容易到达远离敌营、事先约定的海岸，被焦急等待在那里的小船接上后返回了罗得港。虽然奥尔西尼将回程的细节一一道来，但谁也没有在听。圣约翰骑士团高层的脑子都被奸细占据了。大团长对结束汇报的两人道了一声“辛苦了”，但口吻也简直像是心不在焉。

必须立即采取应对奸细的措施！大团长亚当没有听取出席者的意见，而是独断地决定了调查奸细的负责人。对平常即使自己的主意已基本形成，也会首先听取同僚意见的亚当来说，这种情况十分罕见。亚当本人也没有察觉到自己做了平常不会做的事情。

调查任务被交给了英吉利的骑士威廉·诺福克。这名英吉利骑士是圣约翰骑士团的海军指挥官，因此也出席了这天晚上的高层会议。谁都没有对这一任命提出异议。

成熟老练的骑士诺福克在罗得岛的长年生活中，不仅学会了说希腊语，而且还掌握了相当程度的土耳其语。土耳其语是他在战争中被俘并被人当作奴隶卖掉，作为加莱舰的划桨手被逼干活时学会的。而且由于长年担任舰长，他已十分熟悉如何驱使在船上干活的罗得岛岛民，并在他们当中具有很高的威望。没想到骑士团内部会有通敌的奸细，因此会议认为当务之急是首先要获得希腊人群体的情报。

最后，大团长对全体与会人员叮嘱说，今晚在这里所说的一切都绝对不能对外部泄漏一个字。搜查奸细的工作也在严格保密的情况下进行。与会人员谁也没有睡觉，立即回到各自的负责岗位。此时，黎明的白光已从面朝大海的窗口射进，照遍了大房间的每个角落。

浮在海上的火山

秋天的气息已飘荡在南方岛屿中，守城之战即将进入第三个月。但是，从那天晚上开始的3天时间里，罗得岛的城墙遭遇了迄今为止从未见过的大量炮弹和地雷雨水一般的袭击。

这是一轮涵盖意大利、普罗旺斯、英吉利、阿拉贡等南侧城墙全线，完全没有间断的炮击。而且，地雷也时不时地在半夜爆炸。防守方已变得夜晚也不能减少人员了。

防守方的防地雷对策也陷入了山穷水尽的地步。无论怎样准确地探知到敌方的坑道，也敌不过凭数量占有优势的攻城方。面对敌方动用人海战术的进攻，从己方朝敌方坑道方向进行的挖掘作业也无法跟上敌方新开挖坑道的速度。而且，为对付地雷而在城墙内侧环绕挖掘的沟道也在城墙本身的损毁愈加明显的时候，遭到了崩塌的石块和沙土从天而降的袭击，甚至砸坏了盖在上面的盖板，以至于不能再让孩子们在里面藏身。而且，马尔蒂嫩戈设计的坑道探测器，也因为连夜晚都有地雷爆炸声而无法发挥作用。

这3天炮击的激烈程度足以让据守在城墙内侧的人们因恐惧而颤抖，但也同样会让身在外部世界的人担惊受怕。防守科斯岛和博德鲁姆基地的骑士们也驾船前来观察情况。他们说，从海上眺望，罗得岛仿佛一个突然出现在大海上的火山一样，被滚滚浓烟和阵阵爆炸声覆盖。这3天，城墙一共遭受了1 500发炮弹、12枚地雷的袭击。

谁都预见到了炮击结束后土耳其军的总攻。

无论是什么战役，土耳其军都会像事先规定好的那样采取同样的战法。首先，让数量发挥优势，带来铺天盖地的炮击，摧毁防守方的守卫。同时为了设置地雷而挖掘坑道。地雷作战初见成效时，就立刻进一步加大炮击的力度。接着，一旦准备就绪，就迅速发起投入全军的总攻。在即使被认为是西欧最强君主的卡洛斯也只能投入2万兵力的时代，只有能够轻易调集10万大军的大帝国土耳其的一国之主，才可以采取这一战法。

而且，总攻前的3天被规定为休息时间，目的是为总攻做准备。这3天，除了炮兵和工兵，其他士兵只被安排了擦拭武器一类的简单工作。他们还被命令要尽量休息身心。与此相对，伙食分量锐减，士兵几近绝食。在总攻开始之前，如果精神不能为了总攻而逐渐振奋起来的话，就不是伊斯兰战士。因为对他们来说，针对异教徒的战斗，被认为是最能幸蒙真主安拉的恩典，最荣光闪耀的机会。

但是，土耳其军里任何时候都有占全军三分之一的非伊斯兰教徒。他们大多是土耳其统治下的希腊东正教徒，在这个时代对被征服地区的居民的不同宗教相对宽容的土耳其人，还不至于也要求这些人在为真主安拉献身前达到精神高度振奋。尽管如此，在必须以近似绝食的状态下度过3天这一点上，非伊斯兰教徒也要遵守。

熟知土耳其军战法的这些人，即使没有被下达命令，也对总攻的到来确信无疑。只要总攻开始，他们首先会被驱使到最前线。这也是土耳其军的传统战法。

总攻开始

9月24日，太阳升起之前，土耳其军阵营响起了由笛子、大鼓以及军号演奏的乐曲。从英吉利城墙前敌阵开始的奏乐，迅速蔓延至普罗旺斯、意大利、阿拉贡城墙前一带。乐曲号令攻击，这一天陆上防卫线几乎全线受到了敌人的攻击。此前的两个月，敌人发动了五次攻击，但每次要么针对意大利或者普罗旺斯城墙，要么就是针对英吉利或阿拉贡城墙，涉及全线的攻击还是第一次。

城墙的内侧也响起宣布防卫战总动员的警钟。城内所有教堂的钟声响彻云霄时，不只是骑士和佣兵，连居民中被选为参战人员的男人们也跑步奔向事先定好的位置。负责靠海一侧防守的卡斯蒂利亚和法兰西的骑士们也加入了陆地一侧城墙的防守。他们留下的空缺，也已决定由停泊在港口的西欧商船的水手们填补。

这一天，可以从城墙上清楚地看到，有一顶略小的金色帐篷，在位于战线正中央的克斯奎诺堡垒前的地面上被高高支起。这可能是苏丹观战用的帐篷。4名大臣都骑着威武雄壮的阿拉伯战马，来到了各自负责区域的护城河畔，在马上发号施令。骑士团大团长现身城墙上，立于红底白十字的大旗旁。

敌人的总攻，由基督教徒构成的非正规军团发动的攻击打响。在此之前的两个月，正是这一军团被迫挖掘坑道和实施其他土木作业，他们的服装和武器都没有统一，从护城河畔被推入河里攻过来，是因为除了前进没有其他选择。在他们的身后，拔刀而立的耶尼切里军团士兵正等待在护城河边，如果有人因胆怯而后退的话，他们手中的大刀会毫不犹豫地斩向逃兵。

炮击暂时中断。能听到的只有敌兵发出的声音，不知是惊叫还是呐喊。无休无止大量涌入的土耳其士兵转瞬之间就填满了护城河。他们从外墙残垣断壁的间隙中穿过，被不是来自前方而是来自后方的恐怖驱赶着不断前进。抵达城墙脚下的人架起事先准备的云梯，试图顺着云梯往上攀登。无法使用云梯的士兵则像壁虎一样，贴在城墙上开始往上攀爬。

防守方的应战冷静而准确。武器弹药和人都容不得丝毫浪费。必须将敌兵尽量引到近前再进行攻击。守卫堡垒的士兵们也一边几乎横着身子，一边将城墙上成群的敌兵击倒。

到了阳光的暖意增加的时候，非正规军团接到了撤退的命令。他们在军号吹响的同时开始撤退，身后留下了近 3 000 具尸体。

顾不上死者和伤者，土耳其军马不停蹄地开始了第二次攻击。这次是装备和武器均保持统一的正规军团的土耳其士兵。他们使用的攻城器可不是像云梯那样简单的东西。但这些攻城器一装到城墙或堡垒的墙壁上，防守方就立刻使用“火焰喷射器”将它们烧掉。在以正规军为对手的防卫战中，防守方使用了在陶制小坛里放入火药的“手榴弹”。没有穿戴钢铁盔甲习惯的土耳其士兵很难抵挡火焰。全身化作一团火的士兵，连自己人都唯恐避之不及。

但是，正因为是苏丹的正规士兵，他们不会一味地盲目袭来。作战方法保持统一，军规也遍及整个部队。而且，最可怕的是5万这一数字压倒了防守方。

敌人的旗帜插上了西班牙（阿拉贡）堡垒的消息，在城墙上迅速传开。骑士团大团长立刻率领游军，赶往西班牙堡垒。与此同时，另一份情报说，爬上意大利城墙的敌兵正与己方展开白刃战。10米宽的城墙通道上，挤满了来去匆匆的骑士们。

土耳其方面大概也看到了英吉利堡垒和西班牙堡垒之间的防守开始崩溃。他们在这里投入了耶尼切里军团的15 000名士兵。在这一带的攻击中，2万名土耳其士兵和耶尼切里的15 000名士兵都由穆斯塔法帕夏调遣。

整个战线都持续着白热化的攻防战，但还是耶尼切里军团加入的战线战斗最为激烈。标示骑士团大团长居所的红底白十字骑士团军旗，也翻卷到一角后不再飘扬。耶尼切里军团被称为土耳其军的脊梁，他们的勇猛顽强没有辜负美誉，达到了惊人的程度。

耶尼切里军团由土耳其统治下基督教国家的男子构成，他们都是七八岁时通过强征被迫改信伊斯兰教后，在集体生活中被培养和锻炼成战士的。这些士兵不能娶妻成家，也不允许拥有自己的房子。他们追随的只有真主安拉，以及其在地上的体现者苏丹。土耳其军精锐部队耶尼切里军团的强大之处，就在于他们没有双亲、没有妻子，只与苏丹相连的心理状态。他们有着比土生土长的土耳其人更狂热的信仰——正因为不是天生的伊斯兰教徒，他们反而潜意识里觉得必须更多、更强烈地显示自己现在是伊斯兰教徒。在伊斯兰教徒与基督教徒进行对决时，对使用他们的一方来说，这种狂热的信仰是最能有效发挥作用的。

这一天的战斗持续了6个小时才终于结束。罗得岛的城墙最终还是支撑了下来。敌军撤退后的护城河堆满了尸体。据说土耳其方面仅死者就有1万人。防守方的死者为350人，伤员多达500人。伤者中也包括安东尼奥·德尔·卡莱特。在还沐浴着阳光的护城河中，土耳其士兵开始运送死者和伤员。防守方此时没有射出一支箭。无论是城墙上还是堡垒上，刚刚结束激战的士兵们像死了一样躺在那里不愿动弹。没有一个人为胜利而欢呼。

在帐篷里，面对垂头跪着的6名指挥官，苏丹苏莱曼暴跳如雷。他痛斥说，总攻失败的责任在于穆斯塔法帕夏。苏莱曼喜欢被人称为“立法者”“秩序的君主”，28岁的年轻人一直保持着自重，迄今为止行事慎重，正因为如此，他也确信无疑地认为这一天的总攻应会一举将胜利收入囊中。但是，在长达两个月的慎重准备之后，投入二十倍于敌方的战斗力，结果却如此悲惨。以往一直要求自己一定要和善待人的苏莱曼，此时也似乎想起了谁才是最高权力者。尽管穆斯塔法帕夏不仅是宰相，而且还是妹夫，但也无法不让他承担战败的责任。

穆斯塔法帕夏被判死罪。认为死罪太过严酷，并请求刀下留人的卡吉姆帕夏也同时被宣布为死罪。

对此，全体指挥员尽管颤抖着身体，但还是提出了异议。大家坚持主张的理由是，如果大臣中最年长的卡吉姆帕夏和宰相穆斯塔法帕夏被处死的话，战线就会崩溃。苏莱曼接受了这一理由。但是，虽然卡吉姆帕夏被允许照旧留在战线，但穆斯塔法帕夏被降职为叙利亚总督，第二天清早就离开罗得岛，带领20艘船赴任。

比苏丹年长1岁的亲信和好友、原是希腊人的易卜拉欣被任命接替穆斯塔法帕夏。虽然宰相暂时空缺，但1年之后就任宰相的也是这个易卜拉欣。

负伤

安东尼奥·德尔·卡莱特倒在意大利城墙上。这名用石弓向爬上城墙的敌人射击的年轻人，被不知是从什么方向飞来的枪弹狠狠击中肩膀后晕眩趔趄起来。虽然枪弹没有穿透钢铁盔甲，但被击中瞬间的冲击也几乎击垮了他。就是这一瞬间的无防备被敌人抓住了机会。爬上城墙的敌兵，冲着晕眩趔趄的他猛扑上来。

敌兵左手拿着的短剑刺进了正要仰面倒下的安东尼奥的右大腿根部。灼烫的疼痛穿透了下半身。但他无暇感觉这一剧痛，因为土耳其士兵的脸，盖在了安东尼奥的钢铁头盔上细细开出一条缝隙的眼睛近前。看到敌人右手拿着的弯刀的刀尖在阳光中闪耀时，他觉得一切都完了。钢铁盔甲只在穿戴它的人有行动自由的时候才能发挥效果，一旦失去了行动自由，盔甲的重量和制作的精巧反而于己不利。保持一定距离战斗时有利，但却不适合与扑到自己怀中的敌人进行搏斗。

但是，已经死心的安东尼奥下一个瞬间看到的是，刚要把弯刀砍到自己脖子上的敌兵突然僵硬起来，并沉重地倒在了左侧。接着，不知是谁拖着安东尼奥的身体在城墙上的通道上行走，然后又将他拖下通往内侧的石阶。到了城墙下面，他才知道拖自己的人是谁。那个人用熟悉的声音命令一名士兵将安东尼奥送往医院，原来那个人就是奥尔西尼。

不断有伤员被送进医院，连中庭都被挤满。尽管如此，身穿盔甲的安东尼奥被运到环绕中庭的回廊里躺下。在这里的话，虽是秋天也能晒得到阳光。穿梭于伤员之间为他们疗伤的一名医生来到了安东尼奥身边。在此之前，沉重的盔甲已被脱下。从伤口溢出的血液浓浓地染在了灰色的连裤袜上。医生命令护士将其剪开，并开始验伤。也许是因为出血过多，安东尼奥不记得之后的事情。

他在病床上苏醒。病房是单间，身边站着自己的侍从。因过于担心，侍从满面愁容地看着他。由于剧痛，安东尼奥整个下半身好像僵硬了一般。高烧让他觉得头脑迷迷糊糊，对什么都无法清晰地正常思考。

他想起了母亲。安东尼奥的母亲名叫佩蕾塔，18岁时生下他。虽然谈不上美丽，但佩蕾塔属于那种气质美人。她也很有修养，安东尼奥幼年时期的教育是由母亲进行的。她还是一名体现了生命活力的女人，只要她走进一个房间，就会把整个房间变得欢快起来。德尔·卡莱特侯爵夫人是热那亚社交界的一枝美丽的花朵。有这样的女主人，连用人都感到骄傲。

母亲有三个儿子，除了安东尼奥，还有比安东尼奥大一岁的长子乔凡尼，以及比安东尼奥晚两年出生的马尔克。她不是那种偏爱其中某一个儿子的母亲，但是，对于三人中长得最英俊、性格也温和的安东尼奥，母亲是亲手将其抚养长大的。母亲甜美且柔软的芳香，有时候也会让成长中的安东尼奥感到困惑，但有一阵子感觉不到的话，又总是会觉得缺少了什么东西。对父亲和兄弟感觉不到多少乡愁和思念的安东尼奥，只对母亲佩蕾塔偶尔难以抑制地产生她不在自己身边的强烈意识。但与其说这种意识来自心中的空白，不如说是来自肉体的空白。

奥尔西尼来看望安东尼奥的时候，已经快到傍晚时分。因听到盔甲相互摩擦时发出的声音而睁开眼睛的安东尼奥，看到了一动不动，仿佛把病房门变成画框一样地站在那里，还没有换下盔甲的朋友，后者左手捧着摘下的头盔和同为钢铁制的手套。通过因为客气而躲在房间角落的侍从前面，罗马的年轻骑士走近了床边，可能是为了更靠近床上的安东尼奥，他单膝跪在了地上。盔甲相互接触时的轻微金属声，又在一瞬间充斥伤员耳边。

“医生都说了，没什么大事。”

贴近眼前的奥尔西尼面带微笑。他可能还没有清洗身体就来到了这里。脸和盔甲都被还留在上面的泥土和敌人溅起的血弄脏。混合着汗水的酸甜的气息把安东尼奥也裹卷在里面。安东尼奥没有说一句话，用依赖一样的眼光看着好友。

笑容从罗马的年轻骑士脸上消失，他用略带浅蓝的灰色眼睛报以温和的微笑。他伸出空着的右手，轻轻地触及了一下安东尼奥的额头。触及的手顺势滑过头发并在那里停留了片刻后，盔甲再次发出声音，好友站了起来。

“我明天再来吧。”

然后，他就离开了病房。年轻人一边听着盔甲相触之声远去，一边感觉到自己沉入了过去从未有过的安详的睡眠里。

马尔蒂嫩戈倒于沙场

刚进入10月，土耳其军的攻势就变得更加猛烈。涵盖整个战线的总攻早已不足为奇，反复发动的总攻，间隔也变得不到10天。这期间，防守方也不得休息。光是应付敌方大炮和地雷，时间就会似箭般过去。虽说是应对，但也并无卓有成效的方法。只是默默地对坍塌的部分进行修复作业。如果有人有时间想一想这么做到底能有多大作用的话，就会明白这绝对是不能长久的努力。

尽管如此，居民们还是愿意积极配合。对土耳其军占领家园的恐惧一刻也没有从他们心中消失。虽然动机不同，一个是为信仰和荣誉，一个是为了生存，但骑士团和普通居民的利害却是一致的，因此，骑士和佣兵都能集中精力投入战斗。妇女们准备好修复城墙和堡垒所需的材料，并运送到施工现场，男人们进行实际施工作业。一切都在工程师马尔蒂嫩戈的直接指挥下进行，考虑到其困难状况，居民们的沉着冷静着实令人惊叹。正因为如此，马尔蒂嫩戈的负伤，对防守方来说，是连骑士团大团长都大惊失色的巨大打击。

马尔蒂嫩戈说如果戴上沉重头盔的话，无论进行观察还是下达指令都不方便，因此没有戴，结果在 10 月 11 日中午过后，他的右眼被敌人的箭头射中。

只需拄拐就能行走的安东尼奥来到病房前的回廊时，看到从一楼入口处慌忙走进一群人，他们运来了一名伤员。由于围在周围的人实在太多，从二楼的回廊上看不出伤员是谁。但安东尼奥觉得大概是骑士团中身居高位的骑士吧。这是因为将他送来的那些人特别慌张，分散在甚至溢满中庭的伤员之中的医生们一起汇聚到了伤员身边。这名伤员并没有暂时被放在一楼的回廊上，而是立即沿着从中庭伸展上来的楼梯，被送进二楼的单间之一。被运至楼梯时，安东尼奥看到，这名伤员只穿着胸甲，胳膊和双脚都没有钢铁盔甲保护，他觉得对一个高位骑士来说，这很不正常，但却没有想到伤员竟然会是乘坐同一艘船抵达罗得岛的威尼斯工程师。

不到片刻，骑士团大团长亚当带着几个骑士来到了病房，本来就表情严肃的脸变得更加严峻。这时候，整个医院都知道了工程师马尔蒂嫩戈负伤的消息。他的右眼血肉模糊，失去了原有形状。医生们都说已不可能再恢复视力，只是没有生命危险。

但是，这位威尼斯共和国市民，而且并非贵族的筑城工程师的精神力量，足以让那些在西欧具有最高贵“蓝色血液”的骑士也惊叹不已。此时在安慰人的并不是骑士团大团长，而是马尔蒂嫩戈。而且，这个威尼斯男子从第二天起就让病房变成了工作的地方。

在半张脸被绷带包裹并躺在床上的工程师身边，时刻都有两名助手中的一个守候，在马尔蒂嫩戈的吩咐下画图或起草指令书。另一个助手受托在现场亲自指挥。每次一出现损失，就有汇报情况的人员飞奔而来。马尔蒂嫩戈的病房成为医院中最忙的病房。安东尼奥从回廊的对面观察着这番光景，心中充满了惊叹和敬意。

即使他的精神力量能有一定的弥补效果，但马尔蒂嫩戈负伤所引起的损失还是显露了出来。而且，时日越长，损失造成的空洞就越大。

10 月 20 日还发生了一件糟糕的事情。阿拉贡城墙的损毁十分惨重，在石块和沙袋都不够用的情况下，防守方用紧急制作的木栅栏进行了加固，结果转瞬之间就被土耳其士兵付之一炬。如果马尔蒂嫩戈在的话，即便咬紧牙关，也肯定不会无谓地投入力量去做那种徒劳无功的事情。

罗得岛城墙遭受的损失愈加严重，已经远远超出了马尔蒂嫩戈在病房里费尽心思、想方设法所能及的范围。而且，雪上加霜的是搜查奸细的秘密行动竟然朝着意外的方向展开。

叛徒

由英吉利骑士诺福克在绝密情况下展开的调查，到了10月26日，总算结出了果实。几个可疑人物之一终于露出了马脚，而且是在试图向敌营发射箭书时被人赃俱获地抓住的，因此证据确凿，无法狡辩。

现行犯是在骑士团医院工作的一名犹太医生。

犹太民族自从失去祖国以来，从地中海世界流散到欧洲各地，无论何时何地，都没能摆脱异邦人的境遇。在任何时候都可能遭到迫害和驱逐的情况下，势必会选择即使只身逃出也可以在第二天重操旧业的职业。犹太民族在子女的教育方面重视医生等知识性行业，也是这一倾向的典型表现。而且，如果这种选择能够长期、持续、有意为之的话，产生优秀人才也就只是一个时间问题了。整个中世纪和文艺复兴时代，如果从医生阶层中剔除犹太人的话，这一阶层本身也就无法成立。这一点无论是基督教世界还是伊斯兰教世界都并无二致。

圣约翰骑士团是一个医疗和军事双管齐下发展起来的组织。承担军事任务的是骑士，但医疗任务却不得不依赖骑士以外的人。

当时西欧屈指可数的名门望族的子弟完全没有立志成为医生的想法。在类似威尼斯那样的国家，不存在以拥有土地为基础的统治阶级，依靠工商业做成大事的城市贵族的子弟当中，时而会有立志行医的人，但这些人属于例外。在这种状态下，高举基督教旗帜的宗教骑士团医院的医生全部为犹太人，也完全不足为奇。这些犹太医生是因为技能得到认可而在骑士团医院获得工作的。无论医生信仰哪种宗教都不是问题，而且假如将其视为问题的话，医院也无法成立。

但是，犹太人就是再才华出众，也不会被安排担任军务。由于他们没有以身相殉的祖国，因此得不到信任。在圣约翰骑士团，军事上的事务也没有一项能被医生们知晓。

尽管如此，箭书上还是写明了从骑士团所拥有的弹药到可使用的大炮数量等情报。因此只抓到一个现行犯当然不够。

被拷打的犹太医生坦白还有同伙，而且声称自己并不是主谋，只不过是一个跑腿的而已。他只是接受一个人的指令，将这个人给予的情报传递给敌人而已。他指称的这个人是一个名叫迪亚斯的男子。

迪亚斯被捕后立即被拷打。他是葡萄牙人，也是在骑士团地位仅次于大团长的卡斯蒂利亚骑士馆馆长安德烈·达尔马的侍从。迪亚斯在拷打开始后不久便交代了。他说确实曾多次将信函送到犹太医生手中，但都不过是因为接受了主人的命令，自己连信的内容都不知道。

到了这一步，骑士团的高层都大惊失色。可耻的奸细竟然是自己的伙伴之一，而且是骑士团中位居第二，每次都必定会出席高层会议的人物。圣约翰骑士团的骑士将贵族的骄傲和消灭异教徒的使命感当作存在依据，而这名骑士竟然会暗中勾结基督教的敌人土耳其。这一切都将骑士们推进绝望、愤怒、悲伤的深渊。

10月28日，达尔马被逮捕，并被带到伸向大海的堡垒、圣尼古拉要塞最顶层的房间里。在那里，他接受了审讯。但是，这名葡萄牙骑士一句话都没说。虽然也施以拷打，但却没能改变其沉默的态度。达尔马一句话也不说，简直就像是认为说什么都等于徒劳一样。他也不争辩。迪亚斯几次被带来在他面前反复坦白，但此时，他只会说一句：

“你这个胆小鬼！”

对达尔马不利的证词很多。

有人说，在他还是一名中层骑士的时期，与现任骑士团大团长亚当一起，被委以指挥舰队的任务，那时候，由于战术上的问题，两个人的意见经常不合。此外，还有人做证说，在亚当当选骑士团大团长的选举中，达尔马曾是实力雄厚的竞争者，但选举落败时，曾听到从他口中漏出这样一句话：“亚当将是以罗得岛为根据地的圣约翰骑士团的最后一个团长。”这个葡萄牙骑士的态度和举止中平常就有排斥他人的地方，也因其封闭的性格，在骑士当中没有什么威望。

但是，没有任何确凿的证据。可他保持沉默的态度，却不能不刺激因城防战而早已消耗惨重的骑士们的内心。

11月3日，高层会议做出决议，对三人全部处以死刑。决议规定，医生和侍从处以绞刑，骑士处以斩首。

11月4日，在骑士团大团长城堡前的广场，三人被执行死刑。三人中最后一个被执行死刑的达尔马拒绝了神父奉劝的最后一次忏悔，作为一个基督徒在没有得到祝福的情况下死去。直到最后，他也只字不说。

但是，并不是骑士团的全部成员都对这一判决表示信服。由于没有反证，大家都保持了沉默，但还是有几个人无法排除内心的疑惑，觉得他是否当了奸细值得怀疑。其中之一，就是奥尔西尼。他来到病房时，安东尼奥在确认房间里只有他们两人之后，曾小声问过他对此事的看法。罗马的年轻骑士用沉静的视线扫了一眼安东尼奥的脸后，终于说了一句：

“不知道。”

三枚叛徒首级都朝着敌营的方向，被挂在了他们与敌人暗中勾结时使用的场所圣乔治堡垒的前面，身躯则被大卸八块后烧毁。显示土耳其方面如何看待此事的史料一份也没有留下。

南方的罗得岛也正在逐渐进入雨季。

献给基督的死

在圣约翰骑士团，无论战死、病死，还是下落不明，骑士的名字都不会留在正式记录里。只会留下在何月何日，有几名骑士魂归基督身边的记录。例外的只有骑士团大团长，其他人即便是高位骑士，也往往连名字都不会留下。他们的家属会接到通知。骑士团可以打造墓碑，但这不是骑士团的正式义务，只不过是家属和朋友进行凭吊的表现形式而已。而且这也只能在平时得以实现，遇到战时，只要战争没有结束，一般无法做到。虽然罗得岛上至今还遗留着一些骑士的墓碑，但它们都属于那些倒在战场后有幸让人为其立碑的骑士，而许多骑士没有墓碑。

这一惯例有其缘由，因为圣约翰骑士团的骑士们被认为与修道院的修道士一样，都是为神和基督奉献一生的人。如果是为基督而死，身后留名反而属于不敬。放弃姓名成为神的仆人，死时也必须无名。

死去的骑士生前使用、刻有西欧屈指可数的名门望族家徽的银质餐具，以及同样绣有家徽的漂亮桌布和床套，会送往医院供患者使用。但这些物品也总有一天会因耗损而无继续使用。到那时，它们过去的主人在岛上的痕迹也会永久消失。

在圣约翰骑士团，即使有很多人死去，也常常不会被正式记录下来。这是因为留下记录这一行为对此类人来说并没有特别重要的意义。

留下记录是为了以后能以某种形式让其发挥作用。正因为觉得可以发挥作用，才会产生详细记录的愿望。意大利的城邦国家威尼斯、热那亚和佛罗伦萨之所以留下了当时最准确、最翔实的史料，其理由并非希望能为后世的历史研究发挥作用。对贸易、金融、工业是经济基础的这些国家来说，获取最新信息和情报也至关重要。这是因为人们普遍认为，从信息和情报的积累这一观点来看，将信息和情报准确记录并保留下来是最为重要的事情。在这些国家，连看上去似乎毫不相干的事情都记录在案的做法，是人们的秉性。

另一方面，像圣约翰骑士团这样的组织是与经济理论完全无缘的存在。财政基础来自受赠的不动产和由此获得的收益，以及海上劫掠异教徒船只所带来的收入。成为其一员也被认为是贵族子弟值得骄傲的选择，因此也不是那种通过劝诱和招募而增加成员的组织。而且，如果放弃姓名是其原则的话，记录就更加没有意义了。这种情况下，后世的历史研究者只有通过其中某一个人留下的私人记录，才可以把此类组织的成员看作一个个人追寻其足迹。

没有贵族血统，尤其没有身为封建君主的贵族血统，就没有资格成为团员的圣约翰骑士团，也不可能准确掌握在攻防战中究竟有几个骑士战死，几个骑士幸存。也许会有人想，如果有一个威尼斯人参战，或一个佛罗伦萨人加入的话，情况可能不同，但这些商人国家的人没有资格成为骑士。马尔蒂嫩戈出生在威尼斯共和国属贝加莫，并不是地地道道的威尼斯人。安东尼奥·德尔·卡莱特也是热那亚附近拥有土地的贵族，没有商人血统。尽管如此，这二人虽然无法与详细记录了君士坦丁堡攻防战的威尼斯医生相比，但还是通过私人信件的形式留下了记录。

再说，留下记录是因为会思考明天，哪怕是无意识地思考。思考明天也是精神健全的表现。圣约翰骑士团也许是一种从创设之初就一直没有这种意识的组织。

进入 11 月后，随着时间的推移，土耳其军攻势的猛烈程度也在逐日增加。

在罗马，虽然新教皇哈德良六世已经加冕，但依然处于连枢机主教会议都无法顺利召开的状态。因为鼠疫蔓延，枢机主教们都逃到了郊外的别墅。虽然教皇在罗马努力工作，但谁都不会理睬这个没有后盾、身为外国人的教皇。西欧的君主们也借着教皇形同虚设而为了自己的利益相互争斗。

这时候，从克里特岛出发的威尼斯的援助船秘密抵达罗得岛。威尼斯已宣布保持中立，就只好装扮为私人商船运送军粮。这给了防守方极大的鼓励，但这艘船也带来了一个不幸的消息。

这个消息说，响应骑士团总部的号召，由英吉利支部筹措并送出的船只满载武器弹药，在行至伊比利亚半岛时遭遇风暴，船上的货物和作为援军登船的全体英吉利骑士与船一道沉没。除此之外的威尼斯船只，无论是刚刚出发的还是正在航行的，均没有进一步消息传来。

即便如此，11 月 22 日，工程师马尔蒂嫩戈还是出院了，时隔 6 周重归战线。但是，此时罗得岛城墙的毁损已经到了令人极度绝望的状态，以至于连他的重归也无法使形势得到好转。安东尼奥也养好了伤，并已于 11 月初重归战线。回到战线的这个年轻人看到的，是在已经崩塌一半的外墙上布下阵营，并向城内实施炮击的敌人。

第六章

1522年冬

动摇的人们

无论在地中海还是欧洲大陆，冬季都被认为是不适合作战的时节。冬季的地中海世界即使几乎不下雪，也会下雨。一般认为适合作战的季节是从春季到秋季，即使是旱季，也有遭遇瘟疫的危险。大军压境，因暴发瘟疫而在一日之间解除包围的例子也不在少数。即使这样，可能也比在雨中作战稍微好点吧。以往几乎完全没有出现过进入冬季仍然继续作战的情况。

骑士团方面也把希望寄托在这一点。他们预测进入冬季后就会下雨，风也会变成南风或西南风，大海也容易波涛汹涌。炮击会更加困难，土耳其军往来于罗得岛与小亚细亚的运输补给也不会像夏季那么顺利。如此一来，土耳其军的物资也会短缺，因为他们派出的可是10万大军。没有什么办法可以简单地弥补短缺，土耳其军就只好为继续封锁而留下海军，陆军会撤到小亚细亚，在那里等待春天的到来。而在这期间，防守方则可以修复城墙，也可以期待援军的到来。

但是，28岁的苏莱曼希望借此机会一决胜负的意志格外坚定。他似乎对防守方的实际情况非常了解。罗得岛的气候十分“宜人”，即使下雨也是短时强降雨，只要稍加忍耐，泥泞的土地即可变干。在蒙受雨水之害方面土耳其军也与防守方一样，他们苦于加固炮台，而防卫军则面临修复城墙的困难。考虑到8月、9月、10月、11月这4个月给防守方带来的人员和城墙两方面的损失，苏丹希望一决胜负的意志，也没有与手下将军们的意志相悖。在继续战斗这一点上，土耳其全军意见统一。

骑士团方面也在每天的战斗中察觉到了土耳其方面的这一方针。11月即将结束时，骑士们和士兵们搭乘的船只一艘接一艘地从罗得岛以外的骑士团基地进入罗得岛的港口。他们是此前一直守卫在科斯岛、博德鲁姆和林多斯的人。骑士团大团长终于下达了命令，因为他已无法掩饰对大本营罗得岛防守危机的紧张。派往西欧请求救援的船只也几乎是一个月送出两次的节奏，但回应他们的请求并抵达罗得岛的只有来自那不勒斯的两艘船。

即使在不时下起的大雨中，土耳其军的地雷也没有停止爆炸。雨后的修复作业变得更加困难。修复工作已经无法仅由罗得岛居民承担，骑士和士兵也开始帮忙，结果后两者在没有解除疲劳的情况下继续参战。

从俘虏口中得知，土耳其方面的死者已超过了5万，但防守方的“血液”也在不停流失，战斗力切实在减少。从进入全面防守的7月算起，已经过去5个月。如果是从攻防战开始计算，是4个月。如此长期踞城而守，而且是将普通居民留在城内的守城战实属罕见，以至于谁都想不起曾有先例。粮食是照着可以守城一年的估算储备的，因此这方面还没有危机，但武器弹药的短缺已经十分明显。而且，精神层面的疲劳也已无法遮掩。尤其是得知土耳其军完全无意冬季休战，人们心中紧绷的一根弦似乎在一瞬之间就被切断。

土耳其军反复发动的总攻已多得如果不经过一阵思考，任何人都无法说出准确数字的程度，在11月29日进行的此类总攻结束后的傍晚时分，一封箭书从敌营发射过来。这是苏丹写给罗得岛居民，劝说他们投降的亲笔信。信中警告说，如果再抵抗下去的话，就必须做好陷落后被屠城的精神准备。

12月4日，这次不知是什么理由，土耳其阵营中的一个热那亚人举着白旗，下到奥弗涅城墙前的护城河中，大声喊叫着说希望与骑士团大团长交谈。接着，他对着出现在城墙上的亚当说，苏丹奉劝您为了拯救居民的生命，接受保持尊严的投降机会。大团长的回答只有一个字：滚！

12月6日，这个热那亚人再次出现，这次他说想把一封信交给身在防守方的一个叫马特奥的热那亚人。城墙上的士兵回答说，把信递过来便可。绑在箭头上的信并不是写给马特奥的，而是苏丹写给骑士团大团长的亲笔信。内容与两天前热那亚人口头传达的一样。亚当没有写回信。

12月8日，从距离敌阵最近的圣乔治堡垒逃往敌营的一名阿尔巴尼亚佣兵站在护城河对岸高声喊道，希望把苏丹写给亚当的亲笔信交给防卫军中的一个人。这次，防守方连只需递信便可都没有说。自此以后，无论是城墙还是堡垒，一律禁止与敌营中的人说话。

但是，居民中出现了动摇。劝降信被送来期间，攻击也没有中断。跟往常一样，炮击和地雷以及城墙上的白刃战继续进行，炮击和地雷的进攻像忠实地执行详细计划一样，而白刃战如今甚至已有司空见惯、习以为常的感觉了。

罗得岛城区的居民分为三个部分。他们分别是身为天主教徒的少数西欧人，占据多数的希腊东正教徒，以及遍布地中海世界的犹太人小集团。

属于少数派的天主教徒当中大半是热那亚人，其余是法兰西、西班牙以及威尼斯的商人。虽说是西欧人，但他们多数都是祖辈在这个岛上居住百年以上，并以此为根基，通过在东方的贸易而生存的人。相对于祖国，他们感到与罗得岛的联系更加密切。他们也与希腊人和犹太人有共通之处，即并没有与圣约翰骑士团骑士们相同的赴死的理由。

居民们因骑士们曾保护自己免受伊斯兰教徒的侵害而为防守提供大力帮助。因此，在这种保护已经不确切的现在，为防卫提供帮助的理由也已不复存在。当时的统治阶级和被统治阶级的关系，只有在这一基础牢固时期才能够发挥作用。

此外，在希腊人和犹太人看来，在被辽阔的土耳其帝国吞并的土地上，也有继续安居乐业的同胞。苏丹不喜欢无谓的暴力，是一位一旦做出承诺就必定信守的君主，这一口碑给开始倾向于投降的人提供了理由。居民们的这一心态变化，通过他们中间的权威人士，传达给了罗得岛希腊东正教的主教。

12 月 9 日晚，在骑士团大团长城堡召开了高层会议。外面是狂风暴雨。除了平常的出席者以外，这一天晚上还有罗得岛的天主教总主教与希腊东正教主教，以及两名居民代表出席。

两名代表之一是希腊人，也是全岛最大的地主。另一个是在威尼斯属贝加莫出生的美利斯，他从很年轻时起就居住在罗得岛，最近十几来年全面掌管骑士团的财政。他还负责前往西欧各地收集骑士团拥有的不动产所产生的收益，还负责出售骑士们劫掠土耳其船时夺取的货物、支出加莱舰建造费用、购买武器弹药和小麦等，可以说所有财政事务全部由他承包。在这个对骑士团内部情况了如指掌的人面前，充满骑士精神的豪言壮语只会引起嘲笑。也许正是因此，高层会议的讨论按理说即使出现感情用事的激烈辩论也理所应当，但这次却在不可思议的冷静气氛中进行。

希腊东正教的主教就居民们的心情进行了说明。他说，如果骑士团坚决不接受开城劝告的话，居民们就打算自己与苏丹谈判。美利斯也补充道，居民们求和的决心已坚定到不可能推翻的程度。

接着他又说道，苏丹提出的保持尊严的投降可能是只要防守方提出要求，就将被允许离开罗得岛的意思。他本人没有心情留在将被纳入土耳其统治下的罗得岛。美利斯的想法代表了已在罗得岛长期定居的其他西欧人的心情。

但是，只有一个人用坚定的口吻主张抗战到底。他就是奥弗涅的骑士、大团长秘书拉·瓦莱特。他的抗战理由是，如果放弃罗得岛的话，即使想生存下去，骑士团的存在理由也将不可避免地严重受损。

圣约翰骑士团的结构与罗马教廷十分相似。大团长的任命，要经过严格且堂堂正正的选举，遵守少数服从多数的原则，但一旦定了下来，则所有最高决定权均归于大团长。与当选前后均由少数服从多数原则支配的威尼斯共国元首相比，这一点完全不同。虽然圣约翰骑士团也进行讨论，但最后却是由大团长做出决定，其他人都要“服从”其命令。正因为如此，越是有强烈责任感的大团长，苦恼也就越深重。

骑士团大团长亚当沉默了片刻。这期间没有人发言。但是终于打破沉默的大团长没有直接对两种截然不同的意见进行回答，而是下令对现状下的防卫能力以及得到来自外部支援的可能性这两个方面进行客观且准确的分析，并展开调查。他还说，希望在充分进行研究之后，再做出决定。这天夜晚的会议就此结束。风暴似乎已经平静了许多。

圣约翰骑士团被迫面临这 200 年来从未考虑过的选择。他们可是认为其生存理由是与异教徒战斗的骑士团。如果想完成这一使命，此时就只有玉碎，也就是无视居民的意愿，哪怕只是骑士团，也坚持战斗到最后的一兵一卒。自将罗得岛作为根据地以来，从没有人想过有一天会发生在逼迫下与伊斯兰教徒交换协约，保全性命继续存活下去，这样不光彩的事情。即使是骑士团，偶尔也有过与土耳其人和平相处的时期。但那只是签订合同，进口罗得岛短缺而小亚细亚多余的小麦，或是交换俘虏的时候，属于无须感到亏欠对方的关系。

圣约翰骑士团被迫做出与迄今为止屡遭蔑视的威尼斯共和国同样的选择。威尼斯人是一群没有节操的家伙，为了赚钱可以毫不顾忌地放弃作为基督教徒的尊严——每当威尼斯与土耳其签订和平条约时，骑士团总会这样加以谴责。对威尼斯共和国的船只，哪怕是商船，骑士团也会像对付土耳其船那样发动袭击，抢夺船上货物，向乘客索取赎金。骑士们一直认为，与土耳其交换协约的人即便是基督教徒，也与基督的敌人一样。而如今，骑士团却落得想要存活，自己就必须沿袭这一做法的地步。现在他们再次想起了宗教骑士团中只剩下圣约翰骑士团这一事实。凭借与伊斯兰为敌而生存的人们不得不为之苦恼的就是这一点。拯救居民的性命，在他们看来只不过是一个次要问题而已。

不知是知道还是不知道城墙内部产生的动摇，苏丹决定继续实施亲笔信攻势。

12 月 12 日，两个似乎身居高位的土耳其人站在了陆地一侧两个城门中的一个，即从克斯奎诺堡垒穿过护城河连通外部的大门之前，声称希望递交苏丹的亲笔信。防守方将攻防战期间严密封闭的大门打开了一条细缝。两名骑士从中走出，与两名土耳其人相对而立。土耳其人将信函交给了骑士，骑士手持信函进入门内，城门像此前一样再次被牢牢关闭。

阅读了亲笔信后，骑士团大团长召集了高层会议。额外的出席者除了两名居民代表和希腊东正教主教以外，与上次一样，还有各骑士馆的副馆长。

亚当在会议上宣读了苏莱曼亲笔信的全文。信上开出的开城条件是，只要本人愿意，骑士团的全体骑士和居民将被允许安全地离开罗得岛，如果拒不开城的话，在城塞陷落时，屠城不可避免。

大团长下令进行的武器弹药和军粮储存量调查已有结果，粮食还可满足数月需要，弹药却连一个月都无法坚持了。高层会议的气氛已开始向开城方面倾斜。

和平的尝试

骑士团大团长提议说，先向敌人提出休战 3 天。在休战期间会议选出了两名特使。一个是奥弗涅骑士，据说是骑士团中希腊语说得最好的人。另一个是奥尔西尼。因为与意大利贸易城邦关系密切，土耳其高官中会说意大利语的人不在少数。据说苏丹苏莱曼本人不但懂希腊语，而且也理解意大利语。派遣特使一事在深夜决定后，立即被通告给土耳其军。接受特使的通知，也于当天晚间送到。

第二天，即13日，穿过时隔5个月打开的德·安伯瑟门，两名骑士进入土耳其军营中。与此同时，阿迈德帕夏的侄子和另一名土耳其高官作为人质从克斯奎诺城门进入城墙内。他们被带到位于克斯奎诺门上面的房间，要在这里被关到前往土耳其军营的两名骑士回来为止。出使的两名骑士被带到大臣之一阿迈德帕夏的帐篷里。阿迈德帕夏在苏莱曼的指示下，负责实际推进关于开城的谈判。

也许由于胜利就在眼前，阿迈德帕夏从容不迫、礼节周到地款待了两名骑士。而且，不知为何他似乎特别欣赏奥尔西尼，谈判结束之后也留下两人，直到深夜也没有放他们去睡觉。

席间，两名骑士获知，土耳其军的阵亡者在这4个多月间竟然多达44 000人。而且，几乎同样数量的人因病或因事故丧生。据说仅地雷就使用了53发，炮弹使用了85 000发。对此，就连平时沉着冷静的奥尔西尼也不得不瞪大了眼睛。土耳其大臣介绍说，只有苏丹的坚定意志才能在蒙受巨大损失的情况下，使攻防战得以继续进行。苏丹亲临战场，到底还是发挥了相应的效果。

12月14日，两名西班牙骑士代替回到城墙内的两名骑士，前往土耳其军营，他们只是起到在休战期间充当人质的作用。

奥尔西尼与另一名骑士带回来的条件，在立即召开的高层会议上被讨论。苏莱曼声称，如果开城的话，将严格遵守以下条件：

一、骑士团拥有将所有希望带走的物品带出岛外的权利，其中包括圣人遗物、军旗、圣像。

二、骑士们拥有与自己的武具和私有物品一道撤出岛的权利。

三、如果搬运这些物品只靠骑士团拥有的船只不够用的话，土耳其海军将提供必要的船只。

四、撤离的准备期限为12天。

五、准备撤离期间，土耳其全军承诺将从战线后退1英里。

六、这期间，罗得岛以外的所有骑士团基地全部需要开城。

七、仅限今后3年，允许罗得岛居民中希望离开该岛的人自由撤出。

八、对决定留在岛上的人，将免除今后5年成为土耳其统治下非土耳其人义务的地租。

九、留在岛上的基督徒将保持完全的信教自由。

十、与迄今为止土耳其帝国的惯例相反，作为特例，允许居住在罗得岛的基督教徒子弟不被征为耶尼切里军团的预备军。

会议的气氛已经清楚地向开城倾斜。后半部分对居民的承诺，被希腊系居民近乎欢喜地接受，关于前半部分的条件，尤其是第一和第二条，由于没有要求解除武装，因此甚至那些骑士馆的老兵也认为是不失体统的投降。但似乎只有骑士团大团长不想点头认同。正好在此前后，又有一艘满载救援物资的威尼斯船秘密地进入港口。这期间，休战的期限徒然而过，没有达成任何结论。两名土耳其人质被从克斯奎诺门中送出，作为人质的两名西班牙骑士被土耳其军送了回来。

尽管如此，土耳其军还是多等待了一天，但于12月16日重新开始了炮击。防守方也应战了。到底是经常处于临战体制下的圣约翰骑士团，骑士们英勇作战，似乎忘记了曾与敌人进行过和平谈判。但是，接受召集、充当战斗人员的居民与4天前相比显著减少。

17日，攻防战也持续了一天。同一天，又有一艘来自克里特岛的小船进入港口。但这艘船捎来了骑士团意大利支部的一封信，信上告知，被骑士团大团长看作唯一希望的两艘那不勒斯船的准备工作毫无进展，什么时候能够出港还不得而知。

死

12月18日，激战以早已被摧毁一半的阿拉贡城墙为中心，在整个战线再次展开。但土耳其军的攻击与和平谈判之前完全不同。他们在把自己的士兵送进城墙时，也没有停止对同一城墙的炮击。即使己方士兵受到来自背后的炮击，被炸得血肉横飞，炮击也一直在持续。

耶尼切里军团也被投入战场，在骑士团大团长的命令下，守卫其他城墙的骑士们也赶往已成为激战中心的阿拉贡城墙进行增援。意大利城墙调派了10人，安东尼奥和奥尔西尼也在这10人当中。

骑士团大团长也率领游军站在第一线。在整个战线中，只有阿拉贡城墙朝着内侧大幅凹进，因此如果这里被攻破的话，将面临敌人一举攻入城内的危险。

战斗一直持续到了下午。护城河里堆满了土耳其士兵的尸体，耶尼切里军团的士兵们踏着它们从破损的开口处爬了上来。此时步枪和弓箭都派不上用场。城墙上持续着只使用刀剑的激战。

接近傍晚时分，炮弹击中了展开白刃战的城墙顶部，而且是两发炮弹落在了同一个地点。用石块和沙袋堆积加固的那个地方瞬间彻底崩塌，升起了滚滚浓烟。安东尼奥也是被炸飞的一个，飞扬的尘土落下后，他看到了在石块和沙土之间死伤的大量敌兵。安东尼奥的盔甲中的右臂部分不知被炸飞到了哪里。也许由于炮弹的打击太过猛烈，这一带被不似战场的寂静笼罩。

趔趔趄趄地站立起来的安东尼奥首先想起了右手曾握着的长剑。它落在了 3 米开外的地方。安东尼奥将长剑捡起，重新握在手中时，第一次想到了奥尔西尼。他想起了总是在自己身边像平时一样从容不迫地与两名耶尼切里军团士兵战斗的朋友。好不容易开始清醒的头脑立即被可怕的想象占据。

年轻人已经什么也不再想。他在已化为石堆、一片狼藉的城墙上，像到处乱爬一样寻找着朋友。奥尔西尼在 10 米开外一个石堆的背面。左半身被埋在石堆里。尽管如此，他还是对赶来的安东尼奥的呼叫声微微地点了点头。

安东尼奥开始扒石块，每扒开一块就扔到一边。虽然他分秒必争，但奥尔西尼的脸色在此期间出现了明显的变化，两眼已经无法睁开。因炮击而四散的石块砸伤了他的下半身和脊骨，被挤压的钢铁盔甲刺进肌肉里，从石堆中获得自由之后，罗马的年轻骑士全身血流不止，流成一片的红色血液将下面的土地染成了黑色。

安东尼奥感到无能为力，什么也做不了。但是，他只想为朋友脱去压迫身躯的盔甲。将下半身和上半身的盔甲全部脱去后，奥尔西尼虽然已奄奄一息，但还有呼吸。安东尼奥用双手轻轻地抱起了摘下头盔后一头亚麻色头发的朋友的头。他觉得，这时候朋友好像有一瞬间把眼睛睁开，看了自己一眼，然后微微弯起右唇角，最后露出了与平时相同的微笑。这微笑对了解他的人是无限地和善，而对不了解他的人，就只能被认为是讥讽。亚麻色的头发无力地摇摆低垂，罗马的骑士结束了 25 岁的生命。

短暂的寂静被两军士兵再次响起的呐喊声打破。安东尼奥轻轻地把朋友的头放下，挥起长剑冲向了敌军。

这时，年轻人才在长达近 5 个月的攻防战中第一次感到了从心底喷发出的对土耳其士兵，以及对命运的愤怒。

激战在日落时结束。土耳其军留下了大量战亡者，如潮水般撤去。幸存下来的人将城墙上土耳其士兵的尸体全部抛进护城河里。己方的死者被抬下后放在城墙的内侧，阵亡骑士的遗体分别由侍从用手清洗后，穿上骑士制服，安放在圣约翰教堂里。平时也是这样，在总主教主持弥撒后，骑士们将被埋葬在教堂地下的墓地。除了脱不开身的骑士，骑士团全体成员都要出席下葬弥撒。

成排的遗体横卧在教堂的地面上，安东尼奥也是围绕遗体站立着的骑士之一。

但是，年轻人并没有聆听总主教的祈祷声。他只是看着横卧在大约 1 米以外的奥尔西尼的遗体。

平常总是略带红色的嘴唇，现在已变成土色。但是，在安东尼奥眼里，土色在他的凝视下似乎逐渐恢复了红色。

他想起了自己因伤住院时的情景。因高烧而迷迷糊糊的安东尼奥突然感觉到脖子似乎与什么有了碰触。年轻人在浅睡中神志飘忽，他舍不得在醒来后失去这种碰触，任凭其持续下去。他知道这是谁。与其说是知道，不如说是希望就是那个人，因此他不想挪动身体的任何部分。片刻过后，奥尔西尼的嘴唇从安东尼奥的脖子移到胸口之后，才终于离去。这时候，安东尼奥才想说些什么。但在说出之前，话就被激烈的吻挡了回去。从这一天开始，20 岁和 25 岁的年轻人之间，开始了只在两人之间才有的感情交往。这对安东尼奥来说是第一次体会到的人生的一面，其美丽甚至达到了之前一次也未曾尝到过的程度。

教堂中的安东尼奥用左手紧握着一样东西。这是在侍从清洗奥尔西尼的遗体时，他趁侍从不注意，从朋友脖子上取下的。这是一个女人用的小十字架，同僚当中肯定没有一个人知道奥尔西尼总是将其佩戴在身，片刻不离。由细小红宝石组成红色十字的这支十字架，是奥尔西尼的母亲在他 20 岁启程前往罗得岛时送给儿子的。据说母亲在此后不到两年就离开了人世。安东尼奥并不是为了自己而偷拿十字架。他决定将它送到一个人手中。

葬礼结束后，安东尼奥没有返回意大利骑士馆，而是一个人沿着圣约翰教堂旁边连接城区的小路一直行走。奥尔西尼生前居住的房子紧闭房门，里面全无有人在的迹象。但安东尼奥还是用力敲响了房门上的铁环。不久之后，房门从内侧打开。那个希腊女人站在那里。从笼罩女人全身的悲伤气氛来看，安东尼奥感觉到她已经得知了奥尔西尼的死讯，可能是侍从通知的吧。希腊女人的表情十分生硬，似乎是要拒绝对她内心的窥探，而且，眼睛也没有因泪水而倍显柔弱。安东尼奥这时候才想起自己也一次都没有落泪。

年轻人默默地将左手紧握的东西拿到她眼前。女人也默默地将其接过。她关上了房门，到最后也一言未发。

第二天的 19 日，土耳其军的攻击也没有停止。这一天不仅是阿拉贡城墙，英吉利城墙和意大利城墙上也展开了白刃战。骑士团大团长也站在最前线亲自指挥。即使这样，敌人的飞箭和子弹也连边都擦不上，人们对此议论纷纷，猜测他是不是承蒙了神的特别保佑。

在意大利城墙，敌人的攻击都集中在了德尔・卡莱特堡垒上。敌我双方在战斗中都只有手中的刀剑作为唯一依靠。激战即将过去 3 个小时时，防守堡垒的骑士们看到，在堡垒下面通往外墙的通道上，一名骑士堵住去路，与一群敌兵迎面相对。

大家都觉得他太过鲁莽，但却没有将其唤回的手段。堡垒下的大门紧紧关闭，那个骑士是怎么出去的不得而知。由于炮击声，从堡垒上面喊话下面也根本听不见。不知是何方人物的那个骑士，只身一人站在了敌人中间。

土耳其士兵没用多长时间就把手持长矛的那个骑士围在了中间。长矛挥向空中，敌兵朝着骑士蜂拥而至。堡垒上的人们不禁闭上了眼睛。土耳其士兵散开的时候，身披盔甲的骑士已经不能动弹。

这一天，土耳其军撤退的信号罕见地在正午之后不久便响起。守卫意大利城墙的骑士们焦急地等到土耳其士兵远去后立刻打开大门，朝倒在地上的骑士飞奔而去。当安东尼奥和另一名骑士想从两旁将牺牲者抱起时，阵亡骑士的头盔脱落下来。无论是安东尼奥还是另一名骑士，甚至附近的其他骑士，当大家看到钢铁头盔下出现的脸时，视线当即凝固，无法移动。因为尽管浓密的黑发被高高盘起，但这毫无疑问是一张女人的脸。安东尼奥立即认出了她，周围的骑士们似乎也知道。谁都没说一句话。从将要脱下的沉重胸甲前，一支小小的红宝石十字架脱落而出。

开城

这一天夜晚，骑士团大团长终于对苏丹提出的有条件的开城要求做出了回复。骑士团大团长的决定很快被送达土耳其大营。

20日，一名骑士和两名居民代表为确认条件进入了敌阵。攻击得以暂停。在护城河里，土耳其士兵正在进行将己方死者搬运出去的作业。对此，城墙上没有射出一枪一箭。

12 月 21 日，两军达成一致，先暂时休战 3 天。作为休战的保证，防守方的 25 名骑士和相同人数的居民被留在土耳其阵营。土耳其方面有耶尼切里军团的 400 名士兵在解除武装的情况下进入城区。

谈判与上次一样在阿迈德帕夏的帐篷中进行。防守方由两名骑士和两名居民代表负责谈判。苏丹苏莱曼表示，无意取消上次所提条件中的任何一条，因此谈判顺利结束。投降文件的签字在阿迈德帕夏的帐篷中进行，土耳其方面的代表是阿迈德帕夏，防守方的代表是接替被处以死刑的达尔马就任副大团长的奥弗涅骑士。这一天是 12 月 25 日。

但是，这天夜晚，罗得岛城内出现了虽然短暂但不该发生的混乱。城内的 400 名耶尼切里军团士兵开始抢劫居民的家产。尽管被解除了武装，但他们毕竟是土耳其精锐部队，被称作“四百骑士”的集团。即便不会受武器的威慑，可对居民来说，同样也是一种威胁。但是，骑士团大团长并没有派出骑士将他们镇压。他直接向苏丹抗议说此举违反了条约。苏莱曼也表示抗议理所当然，并下令让耶尼切里军团的士兵立即回营。士兵们走出城墙外的同时，被留在土耳其阵营内的 25 名骑士和相同人数的居民也回到了城墙内。

这天夜晚，土耳其军遵守承诺在战线 1 英里外支起了帐篷。

12 月 26 日早晨，大臣阿迈德帕夏的使节秘密访问了骑士团大团长城堡。他是来建议大团长亚当去见苏丹的。

亚当接受了这一建议。

这天下午，亚当身穿圣约翰骑士团的正装，骑马穿过德·安伯瑟门及护城河上的石桥，前往土耳其阵营。骑士团大团长从头到脚裹在银光闪闪的钢铁盔甲里，身后跟随着同样骑在马上的年轻法兰西骑士拉·瓦莱特，后者手中高举着红底上染有白十字的圣约翰骑士团的大军旗。在瓦莱特后面，分成八个骑士队，各个骑士馆长和副官级别的年轻骑士身穿骑士正装骑马前行。队伍当中也有安东尼奥。骑士们盔甲的胸部均有红底白十字，头盔的顶端有五颜六色的羽毛在风中飘荡。大团长率领下的一行 18 人，都身披红底上缝着白十字的大斗篷，将马背大幅遮住。

装束华丽的骑士一行，受到了土耳其士兵们目瞪口呆的迎接。土耳其人难以相信，在长达 5 个月之久的攻防战中坚守下来的敌军战士，居然像昨天刚从西欧抵达的那样鲜亮华丽，如此威风凛凛。他们想象的是筋疲力尽、垂头丧气地骑马前来的脏兮兮的惨败者形象。土耳其的士兵们不由自主地让开了路。骑士一行在这种气氛中朝着金光闪闪的苏丹帐篷缓缓前行。

在帐篷前，阿迈德帕夏和苏莱曼的亲信易卜拉欣出面迎接。骑士们从马上下来，跟在阿迈德帕夏身后进入了帐篷。

帐篷里面比想象的还要宽敞。似乎以中央的大房间为核心，周围环绕着一圈小房间。苏莱曼坐在大房间正面镶嵌着大量金银的土耳其式豪华矮椅上，见到骑士团大团长进来，苏丹起身迎接了骑士一行。

胜者与败者

28岁的土耳其帝国君主是一名仪表堂堂的高个儿男子。没有立领的土耳其服装，让脖子显得比实际更长，苏莱曼的脖子虽然较长，但并不消瘦。只是，也许因为纯白的丝绸头巾太沉或者个子比普通人高，稍显驼背之处让人感觉到几分亲切。

由于脸庞偏瘦，层层叠叠的头巾显得十分般配。土耳其人特有的大鹰钩鼻也存在感十足。也许因为年纪尚轻，土耳其式嘴边胡须略短，相对于威严，更能让人感到典雅。眼睛不是细长的波斯式，而是又大又黑，像在表示内心的温暖一样显露着亲切感，生气勃勃、炯炯有神。

服装与其说是美丽，不如说是奢华。拖到脚边的长衫是肯定使用了大量金丝织成的锦缎，从宽阔的袖口可以看到的内衫是绿色天鹅绒。系住内衫的一排纽扣也是无比精巧的黄金工艺品。在白色丝绸制成的头巾正中，足有一颗鸡蛋大小的祖母绿宝石熠熠生辉。

安东尼奥惊讶得直发呆，因为从小被人灌输的土耳其人非常野蛮的观念，与眼前这个人怎么也无法匹配。但是，让西欧年轻人从内心感到惊讶的是这之后展现在眼前的情景。

苏莱曼给骑士团大团长让座后，自己也坐在了土耳其式矮椅上。骑士们站在了大团长的身后，阿迈德帕夏、卡吉姆帕夏、佩里帕夏这三名大臣站在苏丹的左边，易卜拉欣站在了右边。

谈话用希腊语进行。一名骑士将大团长的法语翻译成希腊语，而易卜拉欣本来就是希腊人，其他土耳其人也似乎基本上都懂希腊语，尤其是苏丹本人也可以用希腊语对话。

苏莱曼表示向真主安拉、先知穆罕默德以及麦加的圣石发誓将遵守条约的所有条款。骑士们用如同在听基督徒骑士发誓一样的坦诚，聆听了这个异教徒的宣誓。年轻的苏丹还表示，如果撤出的期限太短，还可以延长。骑士团大团长回答说，感谢这一好意，但我们不想无谓地延长时间。

胜者与败者之间的对话不可能亲切地持续长久。简短的会谈即将结束时，苏莱曼一边静静地看着骑士团大团长的眼睛，一边说：

“我胜了，但尽管如此，对于必须把您和您属下这样勇敢而仗义的人逐出家园，我无法不从内心感到悲伤。”

骑士团大团长怀着百感交集的心情看着这位年轻的战胜者，但最终还是什么也没有说。

苏莱曼向骑士一行每人赠送了一匹红色天鹅绒。18 名骑士经过出城时穿过的德·安伯瑟门回到了城墙内。

12 月 29 日，苏莱曼实施了事先已通告骑士团大团长的罗得岛入城计划。苏丹骑马前行，其前后左右有 100 名耶尼切里军团的士兵担任护卫。他只带了易卜拉欣一人，并没有携同大臣们一道入城。而且，从克斯奎诺门进入城内的苏丹只是在这里到商港之间的道路上走了一个来回，而没想进入骑士团大团长城堡和各骑士馆集中的俗称骑士区的区域。

可能是大帝国之主的强大自信，以及胜者对败者的体谅，使这次入城与以往胜利者的入城截然不同吧。年轻的苏丹让人传达指令称，对败者蔑视者将被处以重刑。这一指令得到了严格的执行。

离去的人们

决意离岛而去的人们携带物品和行李前往商港，繁忙的装船作业使商港呈现出 6 个月没有见过的热闹景象。因为只是居民就有 5 000 人已做出决定，哪怕沦为难民也要撤出罗得岛。其中只有少数人已制订好能寻找到落脚处的计划。即便是骑士团，在沦为难民这一点上也完全相同。

要让 5 000 人和他们的行李上船，至少需要 50 艘船。但是，踞城而战 6 个月的罗得岛已没有这么多的船只。没能搭乘上热那亚、威尼斯、马赛商船的人和行李，只好利用土耳其海军提供的船只。土耳其船承诺将把这些人和行李运送到威尼斯属克里特岛。人们自然都希望尽量搭乘西欧的船只或罗得岛人的船只，商港因此混乱。

在军港，尽管性质有所不同，但混乱却同样存在。这并不是因为要装载骑士们的物品。如果为此，就不会花费很多时间。比这更重要的是，既然被允许在保持军人尊严的情况下投降，武器和武具就必须全部带走。但只有大炮，土耳其没有允许他们带走。

但是，骑士团拥有在巴勒斯坦地区活动时收集到的圣人遗物。这些圣人遗物是从不得已放弃巴勒斯坦的时候起，到将根据地设在罗得岛，与骑士团同呼吸共命运的圣物，离开罗得岛之后，在得到现在还不知在何处的下一个根据地之前，这些圣物与骑士团一样，也失去了安居之地。收在一个精美绝伦的银制容器里的圣约翰的右手、耶稣曾被钉在上面的十字架的木片、钉在十字架上之前被戴在头上的耶稣受难荆棘冠的两根木刺、圣女欧斐米的圣髑，以及十分灵验的老圣像，这些都是圣约翰骑士团的珍宝。圣人遗物被安放在了骑士团大团长乘坐的旗舰圣马利亚号的客舱里。

珍宝、武器、军旗以及骑士们的物品装船后，还要让伤员上船。能走的靠着同僚的肩膀，不能走的被人用担架抬着上了船。

所有这一切结束时，已是12月的最后一天。出港定于第二天的1月1日。出港前一天的早晨，骑士团大团长为了进行撤离时的寒暄而访问了苏丹的帐篷。苏莱曼备好了保证全体离岛人员在土耳其帝国内通行安全和自由的通行证，等待大团长的到来。这一天，大团长与苏丹相对而坐的时间超过了上一次。

后来大团长评价苏莱曼时曾指出：

“他才是真正的骑士。”

1523年1月1日，大气令肌肤感到寒冷难耐，但天空却万里无云、一片湛蓝。如同罗得岛脊梁一样的山脉的最高峰也被一层薄雪覆盖。

在军港，骑士们开始登船。在商港，居民当中的第一批已于前一天夜晚登上了总计 11 艘的船只，并等待出发，这 11 艘船中也包括飘扬着热那亚、威尼斯、法兰西旗帜的船只。除此之外，决定离开的人将在土耳其船准备就绪后搭乘上去，紧随今天出发的船只。前来送行的人们和被送行的人们在船上和船下相互诉说着难舍难分之情。

在苏莱曼的关照下，军港没有出现土耳其士兵，由于出发的人都是在这座岛上没有亲属的骑士团相关人员，因此送行者寥寥无几。骑士们默默地登上了预备好的船只。安东尼奥一瘸一拐地拖着右脚。他被土耳其士兵的短刀刺到骨头，虽然伤已治好，但还是要拖着腿行走。能用自己双脚行走的骑士今天也穿着圣约翰骑士团的正装。

在军港的停泊处，25 艘船整装待发。1 艘大型运输船，14 艘一根桅杆的小型加莱舰，3 艘两根桅杆的大型加莱舰，7 艘具备三支桅杆以及四角帆与三角帆两种船帆的战斗用帆船，这是离开罗得岛的骑士团可以使用的船只。对 200 年来一直拥有这一带海域制海权的圣约翰骑士团海军来说，这一数量只能用“太寒酸”一词来形容。几艘船被用于居民的撤离，还有 10 艘左右的船要想与以后不知去向何处的船队同行，令人担心的因素实在太多，因此只好将它们留在造船厂。

骑士团大团长和总主教乘坐的圣马利亚号是一艘具有二根桅

杆的战斗用帆船，体积明显大于其他 6 艘。舰长是英吉利骑士威廉·威士顿爵士。这艘领航船驶出了港口。

紧随旗舰，其他船只也一艘接着一艘地离开了停泊处。不知是谁在敲打，罗得岛城墙内所有的教堂同时响起了钟声。

离开停泊处的各艘船都在桅杆上挂起了圣约翰骑士团的旗帜，呈三角形的红底白十字旗在风中高高飘扬。船舷上整齐地排列着同为红底白十字的骑士盾牌，盾牌背后是手持长矛站立着的骑士们。这也是骑士团奔赴战场时的例行做法。防护堤上的风车发出嘎啦嘎啦的声音。

以旗舰为排头的船队正要通过守卫军港入口的圣尼古拉要塞前方时，要塞里响起了阵阵炮声。这是苏莱曼下令鸣放的礼炮。骑士们默不作声地盯着渐渐远去的罗得岛，谁都没有说一句话，只是久久地站立在船上。

这是 200 年来他们的家园，现在他们即将离开这个玫瑰花盛开的古老岛屿。站在圣马利亚号船尾的军号手为回应钟声和礼炮开始演奏。军号声高高升起，沿着海面传向远方。无论是来到这座岛上还不到一年的新骑士安东尼奥，还是并非骑士的马尔蒂嫩戈，他们都与两眼紧盯着远去的罗得岛的骑士们有着相同的内心感受。

船队的第一站已定为克里特岛西端的哈尼亚港。这是因为克里特岛所属的威尼斯共和国将哈尼亚城区的几座建筑提供出来，用作难民们暂时落脚的地方。病人也被允许收容在当地的医院里。

以后呢？这之后的目的地还没有决定。

但是，在辽阔的土耳其帝国构筑于其属国的院子里，虽小但却凶猛的“基督之蛇的巢穴”终于被铲除了。这是付出巨大牺牲后取得的成果，但对土耳其人来说，即便如此，所获也十分丰厚。从帝国首都君士坦丁堡出发，无论是前往遥远的叙利亚和埃及，还是前往阿拉伯半岛的麦加朝圣，再也不用担心途中会遭遇袭击了。

可是，28 岁的胜利者此时还没有察觉，自己在发扬了甚至超越法兰西贵族的骑士精神之后，竟然放过了“蛇群”中毒性尤其强的一条年轻的蛇。

尾声

流浪时代

从圣约翰骑士团成为“难民”开始，骑士团大团长亚当作为一个组织的领袖才真正发挥出其卓越的领导才能。

暂时在克里特岛的哈尼亚落脚的难民中，西欧人陆续回到了各自的祖国，多数罗得岛人逐渐离开哈尼亚，留在克里特其他地区或前往爱琴海的各个岛屿寻求定居地。因此，没有发生类似阿尔巴尼亚落入土耳其统治下时，威尼斯共和国苦于到处寻求难民接受点那样的事态。问题在于圣约翰骑士团被迫寻找愿意接受他们的地方，所谓接受并不是接受骑士个人，而是接受骑士团这一组织本身。

最初，骑士团大团长还希望从西欧各国得到军队，并借此来光复罗得岛。在克里特岛逗留的3个月间，他曾热衷于向罗马派出使节，请求教皇提供帮助。但是，虽然诚实但缺乏政治实力的教皇哈德良六世只能通过召开枢机主教会议才可以做出决议。虽然略有政治力量但不诚实的美第奇枢机主教也是圣约翰骑士团的成员，可他根本不想为现任教皇提供帮助，躲在佛罗伦萨不愿出来，对骑士团大团长派遣的使节也总是做出含糊其词的答复。

4月，圣约翰骑士团转移到西西里岛的墨西拿。克里特岛是威尼斯领地，威尼斯共和国不想让总跟自己的温和路线唱反调，满脑子里只有强硬路线的圣约翰骑士团一直留在威尼斯领地内。

但是，骑士团在墨西拿也没能长久停留。因为西西里岛属于西班牙国王统治下，身为国王臣下的西西里总督对骑士们的根据地要设在西西里岛表示十分为难。骑士团被迫与圣人遗物和军旗一道过起流浪生活，他们去过热那亚，在尼斯逗留过一段时间，还在意大利中部的维泰博停留过。这期间，骑士团大团长亚当亲自走访西欧各国君主，持续呼吁他们为光复罗得岛而结成十字军，但君主们却完全没有这个心思。罗得岛沦陷5年后，1527年，发生了一起大事件，神圣罗马帝国皇帝兼西班牙国王卡洛斯的军队攻占教皇御座所在的罗马，烧杀抢掠。当时的状态令各国根本不可能考虑十字军问题。

醒悟到只能放弃光复罗得岛的骑士团向君主们提出请求，希望他们最起码能在其他地方另给一个根据地。他们请求说，给他们西西里岛的什么地方都行，撒丁岛的一部分，或者科西嘉岛的什么地方也可以，实在不行，厄尔巴岛也可以。可是，这些都没有实现。

“马耳他骑士团”

但是，到了 1530 年，卡洛斯想起自己的属国当中有三个浮在地中海的岛屿，即马耳他岛及其附属的两座小岛。皇帝也许认为，如果是马耳他岛的话，送给骑士团也无妨。谈判得以成立，条件是一年上贡一只猎鹰作为地租。但是，只要骑士团把马耳他作为领地，就属于西班牙国王的臣下，将有义务攻下北非的的黎波里。

这清楚地表明了卡洛斯打算如何利用圣约翰骑士团。同时也是西班牙国王的卡洛斯曾有野心想把阿尔及利亚和突尼斯等北非地区变成自己的领地。而且，让圣约翰骑士团驻守马耳他也可以保护自方的船只免受以那一带为根据地祸害周围地区的海盗的侵害。海盗们得到了缺乏海军力量的土耳其帝国的认可，被允许拥有作为根据地的土地和港口，行使主权，条件是，战时必须加入土耳其海军与其共同作战。

但是，如果将无论如何都属于西地中海的马耳他岛作为根据地，就再也无法声称处于针对异教徒的最前线。罗得岛是真正的最前线，但在马耳他，对手是海盗，只能成为卡洛斯的帝国看门狗。

骑士团大团长也对此心知肚明。但如果拒绝这个提议，就不知在何时何地能得到根据地了。即便存在理由是击退海盗，也是必要的。因为拥有根据地并恢复存在理由是防止骑士团灭亡的唯一途径。

1530 年，被赶出罗得岛 8 年之后，骑士团迁往马耳他定居。

但是，对习惯和熟悉玫瑰花盛开的古老岛屿的骑士们来说，马耳他岛足以让他们彻底失望。

首先，气候十分恶劣。由于全岛都是秃山，冬天的严寒和夏天的酷暑都痛苦难耐。这是一座好像被人忘却的岛，居民只有1万多人，几乎都是文盲，说的是阿拉伯语的方言。这可能是500年前纳入阿拉伯统治之下的历史与距离北非较近的位置所致。在贫穷的居民中，少数上流阶层是统治西西里岛的西班牙裔，他们能说一点西班牙语、意大利语和法语。总而言之，在马耳他岛完全无法期待罗得岛温暖的气候、以绿色为底色的丰富色彩以及到处弥漫的文明的留芳遗香。

但是，骑士团迁往马耳他一事，导致各队都有数名骑士退出骑士团。这些人的主张是，在马耳他岛，圣约翰骑士团会失去存在理由。他们认为只充当卡洛斯的看门狗是一种耻辱。在过去讨论罗得岛是否应开城的会议上，以此为由主张彻底抗战的拉·瓦莱特则留在了骑士团。也许在这个法兰西的年轻骑士心中，深深地印刻着与他同龄的土耳其胜利者的身影。

骑士团大团长在移居马耳他岛4年后，在这座岛上去世。大概从这时开始，马耳他岛的情况逐渐发生了变化。

圣约翰骑士团在马耳他岛必须一切都从头构建。在罗得岛定居前，岛上已经有拜占庭时代的遗迹，骑士团起初只是对遗迹加以利用，随着时间的推移和经费的落实，通过增建、改造或加固，建成了地中海最强的城塞。相比之下，这种模式在没有任何古代或中世纪遗迹的马耳他岛就无法复制了。但是，在圣约翰骑士团的骑士们看来，而且从当时的常识来看，没有城塞的生活方式简直不可想象。荒岛马耳他所拥有的几乎可以称为唯一的有利之处，是有几处仿佛将岩石锐利地凿开了一样的海湾。如果进行妥善建设的话，应该能变成在地中海也屈指可数的良港。

骑士们在没有任何人居住的一带开始建设要塞。这次制订计划并指挥实际施工作业的也是意大利筑城工程师。亚当去世的时候，要塞建设还处于好不容易刚刚起步的阶段。但是，他之后的几代骑士团大团长均承袭了亚当的思路，并全力以赴使其得以光大和发展。1557 年，移居马耳他岛 27 年之后，海湾一带的要塞建设已经完成了一半。骑士团的计划是将伸出海湾的全部八个半岛逐个建设成要塞。在骑士团的财政状况也不如以前那么充裕的马耳他岛时代，这可不是能在短期内完成的事业。

与骑士团一道离开罗得岛的工程师马尔蒂嫩戈没有参加马耳他岛的要塞建设。但他并没有与骑士们分道扬镳。

在罗得岛攻防战中负伤，右眼总是戴着眼罩的威尼斯工程师在骑士团撤出罗得岛后，被骑士团大团长亚当封为骑士。这是对他在攻防战中所做贡献的回报，作为一个没有“蓝色血液”的人，这实属罕见。由于他也是为了参加获得马耳他岛的谈判而被派遣到卡洛斯身边的骑士之一，因此可能有一段时间曾与成为难民的骑士团共同行动。

但是，他没有去马耳他岛，而是推荐了几位工程师前往马耳他岛。马尔蒂嫩戈本人则在卡洛斯的请求下，作为筑城工程师留在了西班牙。在圣塞瓦斯蒂安用堡垒防守要冲地点的形式建成西班牙第一座城塞的人就是他。这之后，他回到意大利，曾在帕维亚、热那亚、那不勒斯的城塞负责增建和修复工程。此外，他还长途跋涉前往荷兰的安特卫普，与另一名意大利工程师一道负责那里的城市防卫计划。

马尔蒂嫩戈在1544年死于威尼斯。直到去世的数年前，他都以为祖国没有原谅他擅自前往罗得岛。但是，这位威尼斯国籍的筑城工程师还在罗得城区向土耳其军开城前的1522年，留下了一封写给故乡弟弟的信函。信中表达了对不知威尼斯共和国如何看待自己擅自前往罗得岛的行为的担心，并详细叙述了攻防战中土耳其军的炮击和地雷。

复仇

1557年，接替死去的前任骑士团大团长，新当选圣约翰骑士团大团长的人是让·帕里索·德·拉·瓦莱特。罗得岛时代还不到30岁的骑士，此时也已63岁。但是，这个被誉为“无比纯粹的法国骑士、毫无掺假的加斯科涅精神之主”的人，即使年过六十，长年练就而成的钢铁般的身体和精神也没有衰弱。他对消灭异教徒，尤其要对迫使圣约翰骑士团撤出罗得岛的土耳其进行复仇充满激情。

对此激情进行充分发挥的机会，在他就任骑士团大团长8年之后终于到来。1565年，土耳其为攻占马耳他岛派来大军。马耳他岛攻防战由此打响。此时土耳其的苏丹仍是在罗得岛见过拉·瓦莱特的苏莱曼。但是，已被称为大帝的苏莱曼此时也年过七十，鲜有亲临战场的机会。进攻马耳他岛的任务由臣下负责，他自己则待在君士坦丁堡开满郁金香的托普卡帕宫没有出动。相反，与苏丹同岁的拉·瓦莱特却身先士卒地站在了前线。从罗得岛攻防战算起，这是时隔43年之久，土耳其帝国与圣约翰骑士团的“再会”。

1565年春，土耳其军号称集结了2 000艘船（这一数字怎么想都有过度夸张之嫌），用地中海历史中从规模上说空前绝后的大舰队运送5万大军，从君士坦丁堡启程开往马耳他岛。总指挥是那个穆斯塔法帕夏。他在罗得岛攻防战中因对总攻失败负责而被降职为叙利亚总督，但也因在之后的波斯战役和匈牙利战役立下功劳而恢复职位。也许是为了让他雪耻，苏莱曼再次委任他担任攻打圣约翰骑士团行动的总指挥。

防守方有540名骑士、1 000名西班牙士兵，以及佣兵和马耳他人共4 000人。他们以基本等同于罗得岛时的防卫力量与土耳其再次对抗。总指挥是拉·瓦莱特。罗得岛攻防战时28岁的年轻法兰西骑士此时已经71岁。

但是，即使排除苏丹没有亲自督战这一点，与罗得岛攻防战相比，这次的马耳他攻防战对土耳其方面来说还有几个不利之处。

第一，进攻兵力只有罗得岛时的二分之一。而且，在罗得岛，进攻方可以期待的来自叙利亚和埃及且人数基本相同的援军，在马耳他则没有指望。

第二，与君士坦丁堡到罗得岛的距离相比，君士坦丁堡到马耳他岛的距离有两倍之远。而且，上一次可以一直沿着本国领土小亚细亚陆路行军，海上从马尔马里斯到罗得岛的距离还不到50千米，但这次全部是海路，而且距离也超过了1 600千米。不光是士兵，大炮、炮弹、火药等所有一切，甚至粮食也必须运送到这么远的地方，而且还是一次全部运完。上一次可以从马尔马里斯到罗得岛进行穿梭运输，但在马耳他岛没有这种便利。

当然，北非是土耳其领土，却不是苏丹的直辖领土，而是委托给海盗统治。从马耳他岛至距离最近的突尼斯，不可能开辟像从小亚细亚到罗得岛那样的补给线。

土耳其方面的第三个不利之处是，由于骑士们在好几个半岛上修筑了要塞，马耳他岛上骑士团的防卫与以往不同，因此土耳其军无法将攻击集中于一点。尽管防守方也将兵力分散在几处，但攻击方也没能避免兵力的分散。这一点对不善于制订缜密作战计划，总凭数量进行强攻的土耳其军来说，产生的负面效果远远超过了骑士团。另一方面，拉·瓦莱特却知道于己有利的作战方法，只需超水平地充分发挥分散防卫线的有利之处便可有效防守。

第四个不利之处是，马耳他岛离西西里岛很近。当时的西西里岛处在西班牙统治之下。西班牙已进入了卡洛斯的儿子、腓力二世的时代。腓力二世绝不可能愿意看到土耳其势力渗透到本国领地西西里岛。接到土耳其帝国决定进攻马耳他岛的情报后，骑士团大团长曾请求西班牙国王派遣援军，国王当时的回应是将派出16 000名援军。虽然拉·瓦莱特表示，只要不眼见为实，就不会相信君主说的话，但如果马耳他岛落入土耳其之手的话，比任何人都会先陷入窘境的正是西班牙国王。

战争在5月中旬土耳其全军登陆完毕时打响。攻防战以超过罗得岛那次的激烈程度展开。不过，对防守方来说最大的有利之处就是城塞内没有普通居民。尽管被分散在几个地点，但守在要塞里的只有纯战斗人员。无论战况如何对防守方不利，也无须担心居民的士气会发生变化。是否坚守到底，由骑士团大团长一个人的意志来决定。

众所周知，拉·瓦莱特是一个拥有铁一般意志的人。

可能是因为骑士团一旦失去马耳他岛，就将走投无路，拉·瓦莱特一直无视穆斯塔法帕夏提出的谈判请求。是坚守到底，还是战死疆场，失去罗得岛这一最佳巢穴的“蛇”，对于要夺走其巢穴的人，可能有一种要用毒牙猛咬上去的心态吧。穆斯塔法帕夏将抓到的骑士砍头后，用大炮将其头颅发射过来时，拉·瓦莱特也把土耳其士兵的头颅发射了回去。

在攻防战持续时间即将逼近4个月的9月6日，西西里总督派遣的8 000名士兵赶到。人数虽然只是腓力二世承诺的一半，但对因拖延已久的攻防战和不尽如人意的战果，以及己方损失的惨重而士气低落的土耳其军来说，已足以让他们做出解除包围的决断。据说，离开马耳他岛，回到君士坦丁堡的土耳其军人数已减少至出征时的三分之一。战败负责人穆斯塔法帕夏因苏莱曼可能做出的惩罚而战战兢兢，但苏莱曼并没有表示多少愤怒。也许是因为苏莱曼和穆斯塔法帕夏都已垂老了吧。

不知苏莱曼是否知道在罗得岛攻防战时曾见过两面的年轻法兰西骑士就是马耳他岛攻防战的最大功臣。如果知道的话，也许他会对罗得岛时代自己的绅士行为而感到后悔吧。苏莱曼大帝在这年之后死去。

另一方面，拉·瓦莱特则在这之后又活了 3 年。他对损毁严重的要塞进行修复和加固，使其达到即使土耳其大军再次袭来也可以坚持一阵的状态后，于 1568 年去世。

自此以后，由骑士团修建成要塞并面对港湾的这一带，自然地成为马耳他岛的首府，取名为“瓦莱塔”，并沿用至今。圣约翰骑士团因败给拿破仑而离开此地后，马耳他岛变为法兰西领地，接着又变为英国领地，现在已成为一个独立共和国，但只有首府至今仍称瓦莱塔。

另一个选择

在决定把马耳他岛作为根据地以后，圣约翰骑士团也被称为马耳他骑士团。安东尼奥·德尔·卡莱特则与离开罗得岛的骑士团一起度过了几年“难民”生活后，退出了骑士团。除了他之外，还有几个退出的骑士，也许因为安东尼奥右腿残疾，骑士团并没有严厉追究退团的理由。

离开罗得岛6年后，身为侯爵的父亲死去。继承父业的是长子乔凡尼。不久之后，母亲佩蕾塔再婚。这时候，安东尼奥已经放弃骑士身份，进入了一座修道院。成为一介修道士，就是他选择的道路。他似乎是在修道院时代写下了现在只剩下零碎片段的关于罗得岛攻防战的记录。这一记录保存在那座位于热那亚附近的修道院里，后来离开修道院的安东尼奥再也没有回到那里去。

母亲的再婚之所以不仅在德尔·卡莱特侯爵家，而且还在整个热那亚成为人们热议的话题，是因为其再婚对象是著名海军将领安德烈亚·多里亚。

热那亚的贵族安德烈亚·多里亚并不是热那亚本地的海军将领。他是所谓海军佣兵队长，是与属下的船只和水手们一道，为出钱雇用他们的君主而战，并以此为业的。陆地上的佣兵队长在当时并不稀有，但在海上，他是第一个。有时他为教皇效劳，有时他受雇于法兰西国王。如果对自己与法兰西国王之间的合同感到不满，就会跳槽到竞争对手西班牙国王那里。他与安东尼奥的母亲佩蕾塔结婚时已经超过60岁，但他很长寿，一直活到了94岁。虽然他被称为“独狼”，也有“鲨鱼”的恶名，但西班牙和法兰西都没有海军传统，因此就利害关系来说，对多里亚有利。处事精明、滴水不漏的他，在保持市场总是有利于自己方面，实属精明巧妙。甚至为此，他也会毫无顾忌地与伊斯兰海盗做交易。

多里亚通过长年的佣兵生活积蓄了巨额财富，并充分利用与雇主们的关系，在祖国热那亚获得了至高无上的权力。对于安东尼奥的母亲将这样的男人选为自己的第二任丈夫，人们议论纷纷，一时流言蜚语四起，但安东尼奥并没有因母亲的选择而感到不快。有魅力的女人总是会爱上拥有权力的男人。虽然安东尼奥本人选择了既没有权力也没有财富的道路，但不是那种心胸狭窄的人，以至于会谴责选择它们的人。母亲佩蕾塔是全身心享受生命的女人，她爱上了地中海中老奸巨猾的“鲨鱼”，对此，安东尼奥可以面带微笑地相信这是真情。

但是，安东尼奥与成为安德烈亚·多里亚的养子、开始踏上通往海军将领之路的弟弟马尔克相异，选择了不同的道路。走出修道院的他，前往北非的伊斯兰教国家。他作为一介修道士，只裹着件神职人员的外衣就去了突尼斯。

此行的目的并不是传播基督福音。他的工作是照顾那些落入伊斯兰海盗之手的基督教徒。突尼斯和阿尔及利亚是伊斯兰海盗的老巢，海盗们将抓到的基督教徒集中在了被称为“浴场”的集中营。海盗们的做法是，将基督教徒收容起来，等赎金送到后还其自由，没赎金的人则作为奴隶出售。那些即使作为奴隶出售也没人问津的人，就只能在“浴场”中度过一生。

欧洲有一些专门将赎金送到收容在“浴场”的囚徒手中，为无法支付赎金的人筹集资金，以及对身在“浴场”的病人进行照料的宗教团体，安东尼奥此时选择加入其中。

殁年何时，不得而知。放弃姓名的骑士，在坚持放弃姓名的情况下死去。“右脚有残疾的修道士”就是安东尼奥·德尔·卡莱特的通称。

后来的圣约翰骑士团

1798年6月，马耳他岛的圣约翰骑士团被远征埃及的拿破仑在途中赶出马耳他岛。虽然拿破仑指挥法兰西舰队进攻骑士团近乎是因为心血来潮，但骑士团却在没有交战的情况下选择了投降。

6月12日，拿破仑本人进入了首府瓦莱塔。对这座环境严酷险峻、建筑壮丽雄伟的堡垒城市，拿破仑不免大为惊叹。他日后这样写道：

“马耳他岛可能连24小时的炮击都无法经受。虽然城墙将无可置疑地坚守下来，但防守的骑士们缺乏应有的精神力量。”

失去骑士团的马耳他岛于1814年由于拿破仑下台而变为英国领土。后来，马耳他借第二次世界大战之机宣布独立。尽管如此，独立国家马耳他的国徽依然是圣约翰骑士团的八角变形十字，首都的名称依旧是瓦莱塔，骑士团建设的要塞后来也作为海军基地得到充分利用。

被拿破仑逐出的圣约翰骑士团不得不经历从十字军时代算起的第三次“难民”时代。他们离开马耳他岛后在莫斯科停留了一段时间，因为俄国沙皇在他们失去马耳他岛之前，就时常主动承担骑士团保护者的角色。但是，骑士团的总部却留在了西西里岛的卡塔尼亚，1826 年又迁往意大利北部的费拉拉，接着又于数年后移至罗马。这是因为骑士团的一员将自己的财产——位于罗马市中心的一座建筑——赠给了骑士团。在被认为是现代罗马最时尚的街区，名牌店铺鳞次栉比的孔多蒂街，圣约翰骑士团现在的总部从那时起保留至今。它与梵蒂冈一样，是意大利之中的独立国，国内汽车也使用自己的牌照，还发行邮票，从总部内的邮局可以向一些国家寄信。

现在的骑士团大团长是第七十七代，属下有 8 000 名骑士。他们大多数都已结婚，因为骑士团已与以前不同，不会强迫任何人遵守清贫、服从、贞洁的原则。

但是，必须特别提到的是，圣约翰骑士团并不是一个老古董，而是个一直在持续活动的有活力的组织。以伊斯兰教徒为对手的骑士已经消失。但是，骑士团的另一个任务医疗活动却保留下来。如今，只要稍加注意，就可以在世界各地看到挂着红底变形十字标志的医院、研究所和救护车。他们是至今依然组成各个不同语言的团队，活跃在各地的 21 世纪的骑士。

但是，这些现代的骑士已经不被要求具有“蓝色血液”，即不被要求是贵族。“蓝色血液”可能在对付异教徒的战士消失的同时，自然地失去了意义。圣约翰骑士团的使命经过 900 年，又回到了阿马尔菲商人在耶路撒冷创建时立下的使命。

见识城邦

更新知识地图　拓展认知边界

地中海海战三部曲

勒班陀海战

レパントの海戦

[日] 盐野七生 著

方祖鸿 方明生 译

中信出版集团 | 北京

图书在版编目（CIP）数据

勒班陀海战 /（日）盐野七生著；方祖鸿，方明生译. -- 北京：中信出版社，2020.7（2022.1重印）
（地中海海战三部曲）
ISBN 978-7-5217-1255-1

Ⅰ. ①勒… Ⅱ. ①盐… ②方… ③方… Ⅲ. ①奥斯曼帝国—海战—战争史 Ⅳ. ①K374.3

中国版本图书馆CIP数据核字(2019)第270088号

勒班陀海战

著　　者：[日]盐野七生
译　　者：方祖鸿　方明生
出版发行：中信出版集团股份有限公司
（北京市朝阳区惠新东街甲4号富盛大厦2座　邮编　100029）
承 印 者：北京通州皇家印刷厂

开　　本：880mm × 1230mm　1/32　　印　　张：7　　字　　数：130千字
版　　次：2020年7月第1版　　印　　次：2022年1月第3次印刷
京权图字：01-2019-4657
书　　号：ISBN 978-7-5217-1255-1
定　　价：98.00元（上下册）

服务热线：400-600-8099
投稿邮箱：author@citicpub.com

序

大约10年前（本书创作于1987年），也就是罗马天主教教皇保罗六世在位时，发生过这样一件事——当时的我看着意大利国家电视台播放的新闻，不由得苦笑起来：

“罗马教皇保罗六世决定，将1571年勒班陀海战中基督教方舰队缴获的伊斯兰军旗归还土耳其，以表达教廷希望与信仰其他宗教的民族建立超越信仰的友好关系的愿景。今天，教皇将这面军旗正式交给土耳其驻意大利大使。”

古今东西，军旗被敌方夺走都会被认为是极大的屈辱。但夺旗发生在1571年，已是400多年前的往事了。

位于土耳其伊斯坦布尔的陆军博物馆陈列着各种过去在战争中从基督教国家缴获的战利品，博物馆前的通道上，也摆放着当时的战利品——威尼斯共和国军的大炮。

之所以陈列这些并非完全因为现代的土耳其共和国想要通过

展示三四百年前缴获的战利品激发民族自豪感。经历了如此漫长的时间，这些物品早已不再是战利品，而成了一段历史的史料。

我苦笑的原因在于：土耳其拿着这面归还回来的勒班陀海战时的军旗，必定会因不知如何处置而感到为难。即使是现在，土耳其学校的教科书里也找不到关于勒班陀海战战败的记载，但这面被敌人夺走的军旗，就是其战败的证据，所以肯定不愿堂堂正正地展示出来。但教皇也是一片好意，所以也不能烧掉、扔掉。这个“麻烦的东西”最终一定会被塞进某处史料库的箱橱里。在看到这则新闻之后，我曾去土耳其找过几天，无论在托普卡帕宫，还是只要是当年土耳其帝国的胜利纪念品就会收藏的陆军博物馆，甚至像是永久闭馆的海军博物馆，都没有找到这面军旗。

看来自称进步派的理想主义者也会为保住“面子”而选择性遗忘。为了那场海战，伊斯兰舰队总司令官阿里帕夏特地在圣地麦加订制了在白色丝绸的周边用金丝绣出《古兰经》经文的军旗。但是由于最终战败，那面曾高高悬挂在阿里帕夏旗舰桅杆上的军旗再也没有机会出现在世人眼前。

400多年后的现代，即使在梵蒂冈博物馆看到那面军旗，又有多少人能想象到当年基督教世界在战力方面对伊斯兰教世界的优势呢？

勒班陀海战是历史上的一个节点。尽管因为是基督教徒与伊斯兰教徒间的一场冲突而具有某些特殊性，但与其他所有节点相同，男人们的争斗最终都归于战争。如果用这样的视角看问题，那么无论是基督教徒还是伊斯兰教徒，其间的差异似乎就会变小，400 多年的岁月也会因之被拉近。

勒班陀海战，是以地中海为历史舞台的漫长岁月里的最后一次战争，也是以加莱舰为主角的最后一场大海战。

我称我的狭长书房为史料阅览室。几个月前起，书房中的桌子上就放着一张图表。图表长 1 米，宽 70 厘米，与英国海军制作的 1 比 10 万的勒班陀海域图并排放着，占满了长 240 厘米、宽 70 厘米的中世纪僧院式长桌。意大利海军制作的可纵览南意大利至希腊、爱琴海海域的 1 比 100 万的地图，则在这两张图下稍稍露出一点身影，以便让人知道自己的存在。

我的这张图表是参加勒班陀海战的基督教、伊斯兰两军超过 400 艘军舰的一览表，包括各舰的旗帜、舰名、所属国名、舰长名等信息，表上有些舰只附有极简单的介绍。

之前并没有谁做过这样一张图表，它是我从半个世纪前在威尼斯出版的学术著作的附录中剪裁下来的。几年前，我在旧书店里买到这本书，我对书的内容感兴趣，当然也仔细读了书的附录。

这张图用的是颇为优质的纸张，但历经 50 多年，即使没有被很多人阅读，纸张还是已经泛黄，折痕处的文字也行将消失，而且有四处破损的地方。裁下图后，我做的第一件工作就是用铅笔描出那些快要消失的字，用透明胶带修补破损的地方。

图表以中线为界，左边介绍基督教国家的军舰，右边介绍伊斯兰的军舰，以两军对垒的形式来标记。

基督教各国的军舰占据表的左半部分，由上至下，分别是左翼、中央主力、右翼，及其背后，即图表最左端的后卫。

伊斯兰军舰则占据表的右半部分，由上至下分别是右翼、中央主力、左翼，后卫则排在图表的最右端。

1571年10月7日正午，在帕特雷湾外的海域，两军发生激战之前，双方舰队就是这个阵势。

随便挑选几段一览表里的记述来看一下。

表的最上面，位于基督教舰队阵容最左翼的是加莱舰舰队。

（1）威尼斯共和国海军旗舰。威尼斯海军参谋长阿戈斯蒂诺·巴尔巴里戈，左翼总指挥。舰长费德里戈·南尼。骑士队长西吉斯蒙多·马拉泰斯塔。步兵指挥官希尔维奥·迪·波尔奇亚。

与此相对的是伊斯兰军最右翼。

（1）埃及旗舰。总指挥、亚历山大里亚总督马赫梅兹德·夏鲁克。仅看这个记述，很多人可能没有注意到其中的名堂。这位亚历山大里亚的总督别名“西洛克”（意为东南风）。其实，这个绰号名噪一时，因为这个男人的另一个身份是海盗头目。

与威尼斯不同，土耳其并非海运国家，因而也没有海军传统。土耳其海军在实战中只能依赖信仰伊斯兰教的海盗。海军任命他们为以海盗巢穴而闻名的亚历山大里亚、突尼斯、阿尔及尔等地的总督（帕夏），作为回报，这些海盗的头目每逢海战都会应召参战。

而这样的方式，不仅对奥斯曼土耳其帝国（以下简称“土耳其”）的苏丹来说十分方便，对海盗的头目们来说也是很不错的安排。因为海盗无论多么强大，其身份并不光明正大，而这种做法让他们获得了上得了台面的地位。

伊斯兰阵容的最左翼、图表右半部分最下面的舰只，有以下一些记述。

（246）阿尔及利亚方旗舰。伊斯兰海军左翼指挥官、阿尔及尔总督乌尔齐·阿里之舰。

乌尔齐·阿里也是海盗的头目。但这个男人与其他出生于阿拉伯或希腊的海盗头目不同。他原名乔万尼·加列尼，是生活在南意大利的意大利人。少年时他被海盗劫持，过了多年加莱舰奴隶的生活，海战时成了伊斯兰舰队左翼的指挥。

这里可以明显看到一点：海上会战，一般会让久经沙场的海军将领在两翼指挥，伊斯兰方面则将这个重要位置托付给了海盗头目。

基督教方面按惯例用久经沙场的海军将领指挥两翼。在最左翼扎下阵脚的是威尼斯的阿戈斯蒂诺·巴尔巴里戈，位于阵容最右翼、与海盗乌尔齐·阿里相对的是在海运传统上毫不逊色于威尼斯的热那亚的海军将领。

（167）多里亚舰队的旗舰。舰长吉安德里亚·多里亚，基督教舰队右翼的指挥官。舰上有文奇恩茨奥·卡拉法、奥塔维奥·贡萨格等多名贵族子弟、骑士。

这是标记在一览表左半部分最下面的舰只。然而，仅靠此表还有很多情况是模糊的。多里亚是热那亚人，但不是热那亚共和国海军的总司令官。他是多里亚舰队的统帅，他所在的舰船也是多里亚舰队的旗舰。多里亚是海上雇佣兵的队长，多里亚一族把自己的船和船员，连同战士一起出售。勒班陀海战时，多里亚的雇主是西班牙国王腓力二世。

顺便提一下，热那亚共和国军的旗舰属于各国旗舰集中的中央主力，表上标记如下。

（84）热那亚舰队的旗舰。舰长埃特雷・斯皮诺拉。亚历桑德罗・福尔内塞公爵在此舰上。

想要进一步了解基督教方面的情况，图表对总司令官的舰船的记述当然很重要。但这部分在一览表的中央，因纸张泛黄变脆，破损得很严重，加之有折痕，文字等已经非常模糊。即便如此，尽量把文字拼凑起来，还是可以读到以下内容。

（86）基督教舰队旗舰。舰长霍恩・瓦斯基・德・科罗纳多。神圣同盟联合舰队总司令官、奥地利公爵唐・胡安在此舰上。

此舰乘有西班牙贵族 38 名、腓力二世特别任命的唐・胡安专用的告解神父弗朗西斯科、百名随员，还有从撒丁岛人中选出的 400 名步枪手。

为方便查找，标为（86）号的大加莱舰两侧分别是对土耳其同盟的主要国家　　威尼斯共和国和教廷的旗舰。

（85）威尼斯共和国海军旗舰。威尼斯海军总司令官塞巴斯提亚诺·威尼尔，总指挥。

（87）教廷海军旗舰。舰长加斯帕尔·布鲁尼。神圣同盟联合舰队副总司令官马卡提尼奥·科隆纳公爵在此舰上。教皇庇护五世的外甥帕奥罗·吉斯利艾利以及罗马的很多贵族在此舰上。另有瑞士枪手25人、步兵180人及来自法国的志愿骑士多名。

一看便知道，以上舰船是主将们所在的舰只。一般的舰船在表上是这样被记述的：

（123）旗帜，复活的基督号。威尼斯。舰长本尼迪特·索兰佐。

（33）侯爵夫人号。属多里亚舰队。舰长弗兰切斯科·圣菲德拉。

年轻时的塞万提斯作为一名战士也在后一艘加莱舰上。

仅看这张只记载必不可少的事项的图表，便能很容易想象到参战的每个男人各自的故事。但要追寻这样的故事，除非完全虚构，否则是非常困难的。

阿纳托尔·法朗士[1]曾说过，所谓历史，不过是一些著名事实的罗列而已。即便是事实，如并不出名，其历史性也常被抹去。这种危险是始终存在的。如果后来没有写出《堂吉诃德》的话，塞万提斯参加勒班陀海战这段历史也一定会被湮没。要贯彻以中立的立场来撰写的态度，就历史领域而言，绝非说说那么简单。

---

1 阿纳托尔·法朗士（Anatole France，1844—1924），法国作家，1921年获诺贝尔文学奖，著有《波纳尔之罪》等。——译者注（以下如无特别说明，均为译者注）

仔细研究这张图表数个月后，我所做的第二件工作，就是在阅读其他史料的过程中，在已证明阵亡了的舰长和指挥官的名字下画线。

结束这项工作时，面对着如此众多的人名，我愕然无语。但我想，这件工作对视觉性地把握激战发生的区域是有用的。

那个年代，离海上战斗方式变为拉开距离的舰只互相炮击的特拉法尔加海战[1]还有200多年。勒班陀海战说是海战，不过是把步兵的战斗场所搬到了海上而已。步兵登上靠近的敌船，用剑、长枪、步枪、弓箭交锋，这种作战方式与在陆地上战斗并没有什么差别。因此判断指挥官、舰长的阵亡者分布图与激战位置的分布图大体一致是没有错的。

是谁说过，战争是流血的政治，政治是不流血的战争？

如果这个说法正确的话，那么在描绘流血的政治之前，也有必要描写一场不流血的战争。

勒班陀海战，首先，

是不流血的战争

然后是

流血的政治

1 特拉法尔加海战（Battle of Trafalgar），拿破仑时代（1805年10月）英法舰队在西班牙特拉法尔加角外海的一次决战，法国海军遭重创，拿破仑被迫放弃进攻英国本土的计划。英国海上霸主地位得以巩固。

接着，最后再次

以不流血的战争结束

它仅仅是历史上的一个事件。恐怕，其他的战争也同样如此吧。

目　录

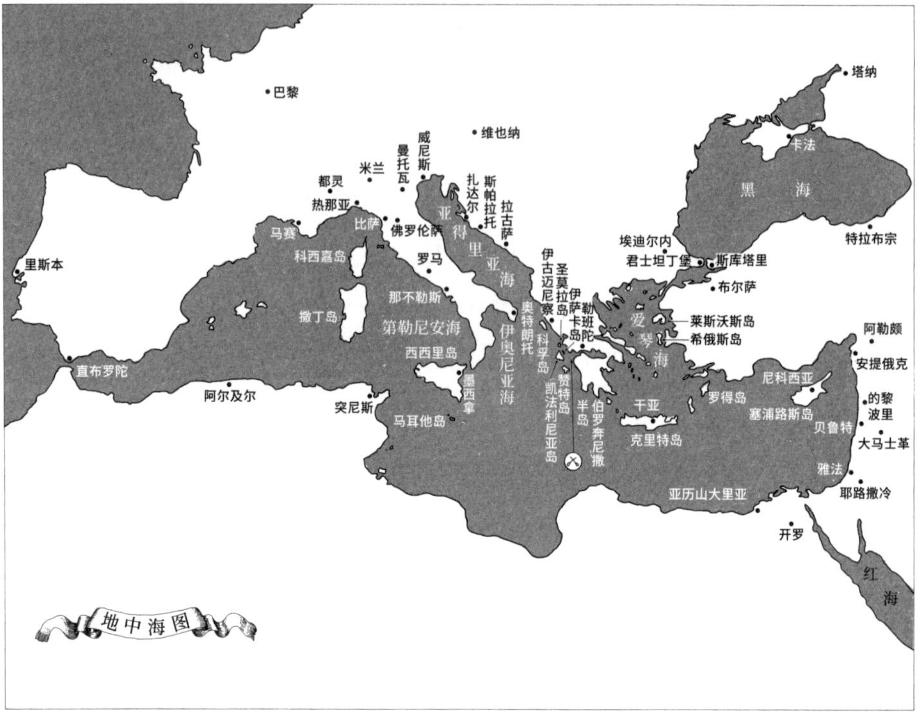

巴黎
维也纳
塔纳
卡法
黑海
特拉布宗
威尼斯
曼托瓦
米兰
都灵
热那亚
扎达尔
斯帕拉托
拉古萨
亚得里亚海
马赛
比萨
佛罗伦萨
里斯本
科西嘉岛
罗马
埃迪尔内
君士坦丁堡
斯库塔里
布尔萨
伊古迈尼察
圣莫拉岛
伊萨卡岛
勒班陀
那不勒斯
撒丁岛
第勒尼安海
奥特朗托
科孚岛
爱琴海
莱斯沃斯岛
希俄斯岛
阿勒颇
安提俄克
西西里岛
伊奥尼亚海
直布罗陀
尼科西亚
罗得岛
塞浦路斯岛
的黎波里
阿尔及尔
突尼斯
墨西拿
赞特岛
凯法利尼亚岛
半岛
伯罗奔尼撒
干亚
克里特岛
贝鲁特
大马士革
马耳他岛
雅法
亚历山大里亚
耶路撒冷
开罗
红海
地中海图

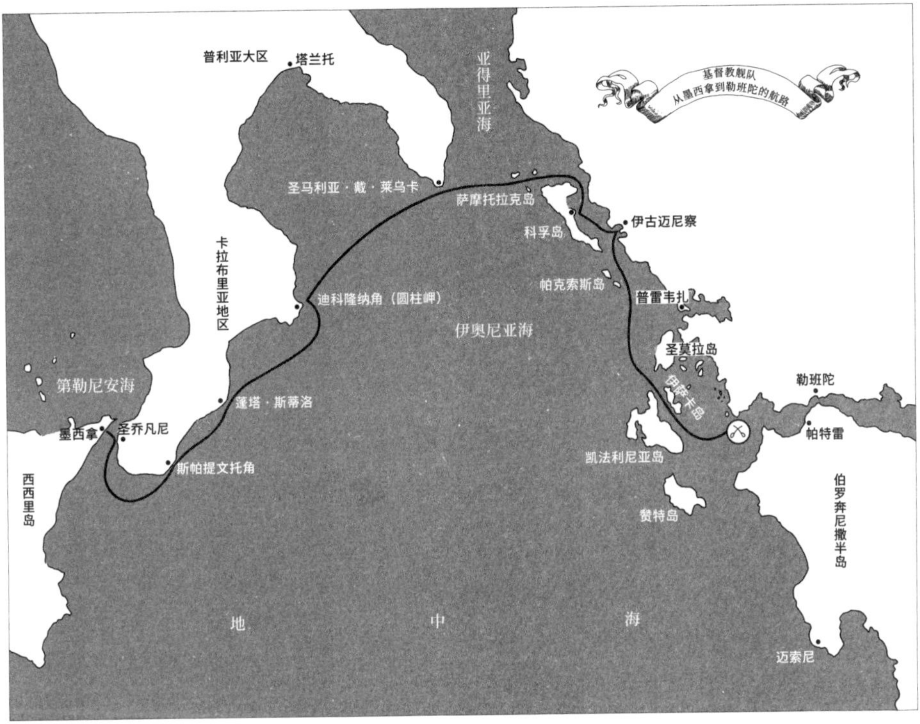

基督教舰队
从墨西拿到勒班陀的航路
普利亚大区
塔兰托
亚得里亚海
圣马利亚·戴·莱乌卡
萨摩托拉克岛
伊古迈尼察
科孚岛
卡拉布里亚地区
迪科隆纳角（圆柱岬）
帕克索斯岛
普雷韦扎
伊奥尼亚海
圣莫拉岛
伊萨卡岛
勒班陀
帕特雷
第勒尼安海
蓬塔·斯蒂洛
墨西拿
圣乔凡尼
斯帕提文托角
凯法利尼亚岛
赞特岛
西西里岛
伯罗奔尼撒半岛
地
中
海
迈索尼

1569 年 · 秋：威尼斯

今天与平日不同，阿戈斯蒂诺·巴尔巴里戈早早地离开了威尼斯共和国元首官邸。

长达两年的塞浦路斯岛驻扎任务结束，巴尔巴里戈终于在一周前回到威尼斯。虽久别后回乡，但因每日忙于准备向元老院及十人委员会报告等公事，直到今天都尚未有空闲在家稍事休息。

此时威尼斯政府的高官们正在因无法准确判断土耳其帝国对塞浦路斯的态度而左右为难，卸任回国的巴尔巴里戈对他们来说是一个极好的消息源。在事先规定的任期结束后回国，而不是特别召回述职，这样的行动不会引起土耳其方面的特别注意。元老院的议员和十人委员会的委员们在巴尔巴里戈按惯例完成述职报告之后也没想放过他，继续不断地提问，都想从他嘴里了解到点儿什么。这样的会议，连日来一直开到上灯之后还要持续一段时间。

巴尔巴里戈回国以来所看到的无非是大运河沿岸从他家的宅

邸到元首官邸的景象，不过这种日子并没有令他感到特别痛苦。对他来说，且不说出身于威尼斯名门之冠的自豪，就是那份与生俱来的对祖国的责任感就几乎等同于流淌在自己体内的鲜血。

同样出身于威尼斯名门的妻子，在丈夫大部分时间出国公干的情况下，出色地打理着日常的各类事情。正是这样一位很有能力的女性，即使久居在外的丈夫回国，平日的社交日程也没有任何变化。她没有孩子，收养于门下的侄子作为大使的副官，被派驻女王伊丽莎白一世治下的英国。

从元首官邸往被称为圣马可码头的港口走去，柔和温暖的夕阳包裹着全身。眼前展开的大海没有一丝波浪。圣马可码头上，几艘家庭自备的贡多拉[1]在等待着结束工作准备回家的政府高官们。高龄的议员们都喜欢乘贡多拉往来于官邸与自家宅邸。

沐浴着柔和的阳光，巴尔巴里戈沉浸在如释重负的放松感中。连日的提问总算结束了。但几乎是确定无疑的，过不了多久，下一个任务就会下达给他。两年间，他一直是威尼斯共和国最前线的基地——塞浦路斯的海军司令官，这个时期的威尼斯是不可能让他这样的男人游手好闲的。

巴尔巴里戈也充分了解这些情况。这会儿，他决定哪怕是稍纵即逝的几天假日，也要让自己静静地度过。本土维琴察的乡间

1　贡多拉（gondola），也称为凤尾船，意大利威尼斯用于交通、旅游的平底、细长的船只。船的首、尾翘起。

宅邸充满着他少年时代的各种回忆，在那里度过仅有的假期的想法使他不由得面露微笑。

但在去那里之前，还有一件必须解决的事。那是将近两年一直挂在心上的事情，现在总算有时间处理了。因此，巴尔巴里戈今天从与回家要走的大门方向相反的出口离开了元首官邸。依据事先调查，他要造访的前副官遗属的家，位于离大多数威尼斯贵族、富豪的宅邸聚集的大运河沿岸区域很远的圣塞维罗教区。

夕阳照在背上，巴尔巴里戈迈着稳健的步伐过了桥。过了这座桥，那一带已不再叫圣马可码头了。虽是从圣马可码头扩建出来的，但它从那里开始被称为“斯基亚沃尼河岸”。如果圣马可码头是舰队旗舰下锚的码头，那么斯基亚沃尼河岸就是跟随旗舰的军舰列队靠岸的栈桥。当然，没有加莱舰停泊时，这里与其他码头一样，可以看到一望无际的商船船尾。

不论军舰还是商船，对于海运国家威尼斯来说，达尔马提亚人是不可或缺的，因为绝大多数下级船员来自这个群体。这一带延绵不断的码头很久以来被称为“斯基亚沃尼河岸”（意为“达尔马提亚人的河岸”）便是出于对这一群体的尊重。

这一带居住着很多威尼斯船的下级船员，聚居规模不小，一直延续至希腊正教的教堂。威尼斯的贵族为何要居住在这样的区域里呢？走过斯基亚沃尼河岸的巴尔巴里戈的脑海中，瞬间闪过这个疑问，但他没有深入思考。在有钱人居住的地区和一般平民居住的地区没有明确划分的威尼斯，大运河沿岸这样的地区与其他地方相比只是富裕的家庭多一点而已。

又经过一座威尼斯独有的半圆形拱桥时，走在桥上的巴尔巴里戈想，在国外工作久了，连过这种桥的感觉也忘了。他不由得苦笑了一下。

阿戈斯蒂诺·巴尔巴里戈如果混在身高普遍较高的威尼斯男性贵族当中，身材并不显眼。但在东方来的商人，达尔马提亚或希腊出身的水手、划桨手等往来的斯基亚沃尼河岸行走的他，却要比众人高出一个头，颇为引人注目。而黑羊毛织就的元老院官服，使得身高出挑的他更为醒目。

四十多岁的他长着浓密乌黑的头发，鬈发在卷曲处剪断了，显得松散，方便戴钢制头盔。他的胡子也很黑，覆盖着脸的下半部分。不过，与头发一样，这几年鬓角附近开始混入白色。

胡子的尖端特意剪成了三角形，可证明其对仪表有某种考虑。他长着威尼斯男人常见的长脸，整体给人一种严峻的感觉。

眼睛里洋溢着让人宁静的深蓝色，面部被太阳晒得接近于褐色，这点与刚才还在唇枪舌剑地向他提问的政府高官们是不同的。

他手里没有拿什么东西。阵亡的副官的遗物，之前已让人送到了他的家里。虽仅限于士官，但对于战死的属下，有机会的话要去造访其家庭已经成了巴尔巴里戈的习惯。

沿斯基亚沃尼河岸走了一段时间后，他踏进左边的小路。这条路虽离目的地还很远，但会从圣萨卡里亚教堂前经过。小路并没有延伸得很长。

不知为何，巴尔巴里戈从少年时代开始就喜欢这座教堂。或者说他喜欢的不是教堂本身，而是这座教堂的正立面。

圣萨卡里亚教堂总是静静地站着。这幢建筑有着只有在威尼斯才能见到的多种样式的曲线，虽带着异国情趣，却已将多余的东西全部扔掉，显得清新安稳，或许是建筑时只用了白色大理石的缘故。

每当眺望这座教堂的正立面，巴尔巴里戈就会沉浸于一种宁静、安详且明朗的心情中。

圣萨卡里亚教堂前的广场距斯基亚沃尼河岸不到20米，却不可思议地隔绝了码头的喧嚣。广场上并不是没有行人，只是与威尼斯的其他广场不同，行人并不需要斜穿广场才能找到另一条小路，而是可以侧视教堂的正立面，从广场正中通过。由此，教堂占据的一角，似乎与人的世界隔绝开来，荡漾着寂静的气氛。

如果不是深夜到访，你在威尼斯的其他教堂是无法体会到这样的氛围的。

巴尔巴里戈走进广场时就停下了脚步。这时，教堂正立面的白色大理石全部沐浴在夕阳下，变成了暖色调。也许不是做弥撒的时间，教堂的入口处除了一个蹲坐的乞丐没有其他人影。巴尔巴里戈看着这十分熟悉的景象，全身心地享受着回到威尼斯的感觉。

这时，教堂的门从内侧打开，先是一个少年走出，紧接着，少年身后露出一个女人的身姿。

看起来像睡着了的乞丐，突然抬起身子对两人说起话。正要走过的女人，听到声音停下了脚步，从手中的小袋子里拿出了什么来，给了旁边的少年，轻声地对少年说着什么。

给少年的应该是零钱吧。少年走近乞丐，弯下身子，将它交给了乞丐——并不是在乞丐面前扔下零钱。然后，少年走向在稍远处等着的女人，两人朝着与巴尔巴里戈站立位置相反方向的小路走去。

看得出两人一定是母子。从女子对少年低声细语和少年对女子说话的态度，可以看出两人间的亲密程度。那种亲密，充满着无意识的互相爱护的温柔，这情景甚至让巴尔巴里戈的心中都充满了怀念的心情。他觉得那种念想已经被自己遗忘很久了。

一眼就可看出那位母亲不是威尼斯人。

出生于威尼斯的女子一般身材丰满，头发也多是带红褐色的金发。即使生来不是金发，为了尽量接近金发，人们也会凭着极大的忍耐力把头发晒成金色的。这就是传说中的“威尼斯金发”。

而在圣萨卡里亚教堂前见到的那个女人，即使头部被黑色的面纱掩盖，也可以看到她的头发是黑色的，体形也十分纤细柔长。与走路沉重缓慢的威尼斯女人相比，那个女人步履优雅，显得十分轻快。

少年的年纪在10岁左右。他长得像母亲，体态也十分轻盈。当然与青年人的肉体相比，少年还未长成。

让巴尔巴里戈忍俊不禁的是这个少年对母亲的说话方式。

像是与主人一起散步的小狗，少年紧紧地跟着母亲。即使稍微拉开了一点距离，少年也会不停地望着母亲的脸对母亲说话——或许是因教堂里的气氛太沉闷压抑，一出教堂就忍不住地要说话。而做母亲的，即使不停下脚步，也还是温柔地一一回应着少年。

母子俩穿过广场边的小路。“穿过”这个表达确切而真实，因为从圣萨卡里亚广场出来的这条小路，像是从建筑物下方穿过的道路。穿过用处女马利亚的浮雕装饰的建筑，母子俩沿着道路向右边走去。

巴尔巴里戈自己也走这条路，很自然地像是在后面跟着两人，不过与他们保持着距离。巴尔巴里戈有种想再注视一下围绕着两人的那种亲切而温柔的气氛的心情，便与他们保持着二三十步的距离。走在前面的两人，似乎完全没有注意到巴尔巴里戈的存在。

几人不一会儿就走上了运河沿岸的道路。在威尼斯，运河沿岸的道路即使是同一条路，也不叫路，而称为河岸。在运河密布的威尼斯，所有的地方都有船，所以即使是普通的道路，只要船可以停靠在路边，道路也就起到了河岸的作用。

沿着运河的河岸再往前走一段有座小桥。母子俩依旧亲密地交谈着走过那座桥。巴尔巴里戈也想起了如果要去圣塞维罗教区，就必须要过这附近的桥。运河这边是圣萨卡里亚教区，而对岸则是圣塞维罗教区。

离母子俩二三十步远走着的巴尔巴里戈在半圆形桥畔向前望去，无论是桥上，还是过桥后向前延伸的小路，都看不到母子俩的身影。

两人并不是消失在人群中。这一带离市中心已相当远，行人稀少。路上走着的只有住在这里的人们。午后的太阳已无法照进这寒冷而阴暗的小路，只有一只猫正穿过街道。

巴尔巴里戈不由得发出一声叹息。一直很愉悦的心情，突然有一种被一道黑幕遮挡的感觉。但这也使他想起了今天的目的。他的目光开始转向嵌在每家门旁的白色大理石小石板，那上面标示着街道的门牌号。

在威尼斯，有被称为塞斯蒂耶里的行政区域，这个区把整个街道划分为六个部分。另外，塞斯蒂耶里行政区域中还有数个被称为教区的分区。因此，威尼斯的门牌号由“某某塞斯蒂耶里，某某帕罗基亚，某某号”的形式构成。

威尼斯不是一个陆地城市。由于土地有限，需要把所有脚能站上去的地方都利用起来。不仅是道路，像大广场、小广场、空地、道、小路、河岸、大河、穿行道等各种名称所表示的那样，土地的利用方法也多种多样。威尼斯无法像其他城市那样，以古罗马以来的概念来考虑道路建设和规划。如果是其他城市，有街道就可以了，门牌号只要写“某某大街某某号”就行，但这在威尼斯是行不通的，即使在现代，这个标记法也没有改变。因此，要在威尼斯找某个地址，还是有点困难的。

巴尔巴里戈也是找来寻去，怎么也找不到要找的门牌号码。

这一带建造的房子中最为有名的是威尼斯贵族中名声显赫的普留利的住宅。得知普留利的房子的号码与要找的号码只相差一号，巴尔巴里戈先叩响了普留利的家门。宅中的仆人恭敬地回答了他的问题，说这是与本宅背对背的一个号码，并为他指路。

好不容易到达了目的地，却发现那幢住宅的门像是要避开人们的视线一般藏在大树底下。巴尔巴里戈这才理解，在土地十分珍贵的威尼斯，即使是相当知名的贵族，出入口独立的门牌号也经常是与别人的住房背对背地靠在一起的。在海外贸易兴盛的威尼斯，来自其他国家的人很多，包含上述规定的建筑法是根据这样的人群的需求而制定的。巴尔巴里戈好不容易找到的那栋住宅，也是与上面所述有关的出租房屋。

从头顶垂下来的已发黄的枝叶背后，有一座小小的铁钟，用来告知主人有客来访。巴尔巴里戈谨慎地敲响了它。过了一会儿，门稍微开了一点。巴尔巴里戈站在原处，报出来意。50来岁的女佣入内向主人报告，巴尔巴里戈没有进门，一直站在那里等着。等待中，他无意间回味着老女佣发音中带着的很浓重的托斯卡纳腔。

再次返回的老女佣完全打开了宅邸的门扉，将来访者请进了院子。

落满黄叶的内院面积很小，或许不能称之为庭院。院内角落处的石头台阶通向二楼。巴尔巴里戈登上那石阶，见屋子的大门开着。老女佣走进大门，穿过一个小房间，打开房门，让巴尔巴里戈进来后，告知在此稍候，便缓步离开。

这个房间像是招待客人的会客厅。房间不大，但朝南的两扇窗都面向运河。运河并不宽，在高四五层的建筑密集的威尼斯，河对面的建筑物经常近在眼前，因此很难保证屋内阳光充足。尽管如此，这个房间并不阴暗。

房间的一角砌着半圆形的暖炉，没有生火。主人的卧室可能位于这个房间的上层或更上层，因为房间朝南，屋子虽小却面向运河。对威尼斯街市中的房子来说，这应是属于较为舒适的一类。

只是把这个房间当作卧室来用小了一点。房间里的家具、日用品等都是佛罗伦萨样式的，而且品质相当不俗，这引起了巴尔巴里戈的注意。

家里静得一点声音也没有。巴尔巴里戈想着这些，几乎忘了时间。

他站在窗边，无意中从略微打开的窗户向下方的运河看去时，感觉背后有点动静。房间的入口处，站着一个身着深蓝色衣服的女人。

巴尔巴里戈在那一瞬间，做出了平时的他无法想象的行为。在知道那个女人是谁的瞬间，他完全忘记了应当高雅地身体前倾向她施礼。他大步走近女人，拉起女人的手，用自己的双手相合握紧。女人并没有显出吃惊的样子，她那瘦削、淡妆的脸庞洋溢着柔和的微笑。

互不认识的男女间的陌生感在这一瞬间消失了，不可思议的自然状态贯穿了始终。

坐在椅子上的巴尔巴里戈用平静的语调对同样坐在椅子上的女子讲述了两年前她的丈夫、巴尔巴里戈的副官阵亡时的情况。女人没有流泪，表情平静，默默地听着男人的话。

她的丈夫在塞浦路斯近海的海战中被土耳其士兵的子弹击倒。战死的消息立刻被送达遗属，但威尼斯共和国不会将战死者的遗体送回本国，因为没有在漫长的航程中防止遗体腐败的方法。战死者埋葬于附近的威尼斯基地已成惯例。

无论是塞浦路斯岛，还是克里特岛，甚至10天的航程就能到达本土的科孚岛，都有埋葬威尼斯共和国市民的墓地。因此，威尼斯的阵亡者的遗属大多都看不到已故亲人的遗体。虽建了墓，但那里有很多亡者连遗发都没有。

房间外面传来老女佣的声音。房间里暗了下来，女人对拿着灯进来的老女佣说：把我儿子叫来。然后，她问巴尔巴里戈，刚才所说的话，能否再对我儿子说一遍？巴尔巴里戈当然没有异议。

少年进屋，屋子里的气氛还是有了点变化。笑嘻嘻的少年得体地完成了寒暄礼后，坐在巴尔巴里戈对面的椅子上，摆出了听来访者说话的姿势。

巴尔巴里戈对这位少年重复了刚才的话，不过，其说话方式与刚才的方式不同。这是一种对等男人间的说话方式。没有儿子的他，并不知道对孩子应用怎样的方式说话，但理由不仅是这一点。将父亲的死的情况传达给儿子时，即使是面对年仅 10 岁的少年，也不能按对待孩子的一般方式来处理。而少年的回应也很像真正的男人。10 岁的少年表现出成熟男子的沉着与冷静，认真地听着巴尔巴里戈的话。

母亲坐在离两人稍远一点的椅子上，观望着同样内容的话以不同的谈话方式说出来的情景。从表情上看，她并没有再次陷入悲伤，反而像回忆起了已忘怀很长时间的那个人的温暖一般，甚至浮现出某种安详的喜悦。

离开女人家的巴尔巴里戈坐上了在桥头等客人的贡多拉。他将自己的住宅名告诉划桨手后，便将身体埋入用黑色的罗纱覆盖的小船舱的椅子里，在滑行般在水面上前进的小船里，巴尔巴里戈的心中充满了温暖的感情。刚离开元首官邸时冒出的去维琴察近郊的宅邸度假的想法已在他的脑海里消失无踪。

1569 年 · 秋：君士坦丁堡

第一次见到马卡提尼奥 · 巴尔巴罗的人都会认为这个男人早已年过七十，但他的实际年龄要比他的外貌年轻一辈。不过只看外表，他身上每个部分都可以与“老”字相联系。

一眼望去，巴尔巴罗个头很高，人瘦得像丹顶鹤一样，整个身体就像没有脂肪的肉和骨头上覆盖着一层晒黑的皮肤。额头已经秃了，剩下的一点头发与蓬乱的胡子垂在后脑和下颌，看上去白色要多于黑色，呈现出从不修剪的放任状态，远远看过去，只见一片荒芜的灰色。脸上的皱纹纵横交错，小却异常吸引人的鹰钩鼻和闪烁着“刺眼”光芒的一双大眼睛，让人感觉这个男人的与众不同。

你要是有机会与他交谈，就会很快地感知到他绝非普通的老人。如果有人发现这个男人肉体上的变化与他的威尼斯驻土耳其大使的职位密切相关，或许会意识到，出生在一个重视外交的国家里，对此人来说至少是一种救赎。

马卡提尼奥·巴尔巴罗在一年多以前，即1568年8月被威尼斯政府任命为驻土耳其大使。他连想都没想过，自己的大使任期竟会长达5年，且其中的3年还是在囚禁之中度过的。

在此之前，巴尔巴罗是驻法兰西王国的大使。法兰西是大国，不过这是一个虽同为基督教国家，却没有值得信赖的国家的时代。而对威尼斯来说，土耳其更是一个特别的国家，因为在东地中海，两国的利益直接碰撞。对于驻土耳其大使一职，威尼斯共和国政府向来派有驻法国、西班牙大使经验的外交老手担任。巴尔巴罗是威尼斯与土耳其紧张局势不断升级时威尼斯共和国元老院手中的一张好牌。

正是这样的人物，到任后便立刻正确地把握了局势，其敏锐与眼光自然会令人惊讶。巴尔巴罗大使在给本国的报告中写道："与土耳其的外交谈判，就像弹玻璃球游戏。对方用力弹过来，我方不能把球用力弹回去，却也不能把球往地上一丢了之。"

如此老成持重，使得外表看上去比一般人老10岁，也是很自然的。

即使在和平时期，驻威尼斯共和国的最大假想敌国——土耳其大使，也是一件使脸上的皱纹一个月增加一条的劳心费神的工作。对巴尔巴罗来说，1569年的秋天何止是秋天，"严冬"已经到来了。土耳其方面已开始出现比平时更用力地"弹玻璃球"的气氛了。

那年的9月13日，威尼斯的一家国营造船厂发生了火灾。

威尼斯国营造船厂并不仅是造船的工厂。它以一种流水作业的方式，组织从弯曲龙骨、船板到船只下水的一系列生产环节。厂中有收纳舰载大炮、步枪、弩的仓库，也有缝制风帆的作业区，甚至还有独立的火药储藏库。火药储藏库位于远离威尼斯中心城区的东北地区。在完全没有城墙一类建筑的威尼斯，只有这个区域建造了一圈一人多高的围墙。

9月13日深夜发生的火灾蔓延到火药库中的三处，引起了爆炸，酿成重大事故。

四次爆炸不仅使价值1.4万达克特[1]的火药化为灰烬，而且将附近近40米长的围墙炸塌了，围墙附近的修道院和教堂也受到破坏。

好在仅有4艘加莱舰起火，船只损失并不严重。

但威尼斯市民知道国营造船厂有火药库，因此，人们都逃到船上去避难。载满避难的人的船只拥挤在河道上，堵塞到大运河处，直到天亮。

不幸中的万幸是，火药库没有再次起火，且原本放在火灾发生地附近的24万桶火药几天前被送去了科孚岛。另外，数十艘正

1　达克特（Ducato）原意为“公国”，后引申为“公国发行的货币”，是16世纪威尼斯发行的货币名称。

在建造的加莱舰也基本没有受损。

因火灾及爆炸而受损的地方迅速得到修复。不到一周，工厂又像以前那样运转了。

消息从威尼斯传到君士坦丁堡一般需要一个月的时间，且不知何故，只有对自身有利的信息才会及早传到。土耳其宫廷虽得知了“国营造船厂起火”，却很长时间都不知道此后造船厂恢复运转等消息。

得知威尼斯国营造船厂起火，土耳其宫廷内的强硬派情绪激昂，他们判断威尼斯海军已不可能重建，提出现在正是夺回塞浦路斯岛、克里特岛的时候。

这对于此前成功地压制住强硬派盲动的稳健派来说，其立场就变得十分微妙了。

稳健派是仍忠实维护着3年前去世的苏丹苏莱曼的思想的一群人，这一派的首领是宰相索克卢。威尼斯大使巴尔巴罗认为索克卢是唯一能与之沟通的土耳其高官。

所谓稳健派，就是一群现实主义者，这在无论哪个时代都一样。他们认为威尼斯共和国的经济实力对土耳其帝国的运转有帮助。

威尼斯方面没有改变现状、进一步扩张领土的想法。威尼斯人需要的是经济活动的自由。从这个意义上说，塞浦路斯岛和克里特岛是很重要的。而土耳其是占有包括东地中海在内的广阔领土的大帝国。土耳其宫廷内的稳健派认为，土耳其在这一点上与威尼斯共和国的利害是一致的。他们不想与威尼斯交战。

而强硬派的头目是皮拉尔帕夏，他们拥戴新苏丹塞利姆，聚集起新进入宫廷的一批人。

这一派人可以说是一群理想主义者。他们相信将《古兰经》的教义传播到全世界是伊斯兰教的本义。在他们看来，帝国的领土中留下基督教徒的基地是最大的耻辱。他们并没有考虑过，夺回塞浦路斯岛和克里特岛能对土耳其帝国产生多大的贡献。对这些强硬派来说，威尼斯支付的塞浦路斯岛的使用费——一种类似年贡的经济收入——比土耳其直接统治塞浦路斯岛获得的经济利益更多的现实是完全没有说服力的。在东地中海扫除基督教的势力，对于已成为这个世界上连西班牙都赶不上的大帝国——土耳其来说，是一个面子的问题。

然而，只有酩酊大醉的能力，却拥有被西方世界尊称为“大帝的父亲”的年轻苏丹塞利姆是个只有神志清醒时，会炫耀一下“做父亲没做过的大事”的野心的专制君主。

巴尔巴罗大使得到了本国政府送来的准确情报。在君士坦丁堡，只有他掌握国营造船厂火灾造成的实际损失的信息。

巴尔巴罗认为应该向土耳其宰相索克卢传达正确的消息。让宰相知道比不让他知道对威尼斯更有利。

造访托普卡帕宫的大使，在只有翻译陪同的席间，对宰相道出所有的情况。他毫不隐瞒地说出了船只的受损程度及修理需要花费的时间和费用，意图为宰相提供能挽回稳健派立场的材料。

但平息已燃起的激情比灭火还难。宰相没能说服土耳其宫廷内的强硬派，后者不断地举出各种理由。

理由之一，土耳其商船被出没于亚得里亚海的海盗船袭击，是因为威尼斯海军没有保护土耳其船只。

理由之二，塞浦路斯岛允许以袭击土耳其船只为目的的圣约翰骑士团（又称马耳他骑士团、罗得岛骑士团、医院骑士团）的船只停靠。

这些都是毫无根据的借口。但问题是这些借口得到了专制君主苏丹的默许。巴尔巴罗大使平时从未懈怠情报的收集，这个时刻，他更是对这项工作投入了更多的精力。

大使收集情报后得出的结论是，能做的只有向本国政府发出警戒消息。

11 月 11 日发出土耳其方面的形势正在向危险方向发展的信号。

12 月 19 日发送了确认形势危险的具体实证报告，可概括为以下几项内容：

土耳其领土内各港口造船的速度加快了。

尤其是面向地中海的港口。

据可靠线索推断，其目的是进攻塞浦路斯岛。

因此，已给塞浦路斯、克里特两岛的总督发出了提醒他们不要松懈防备的信件。

巴尔巴罗大使的这份报告，促使本国政府增强了紧急状态下的军备，促动了对两岛，特别是对塞浦路斯岛派遣援军的措施。塞浦路斯这块已有百年历史的殖民地平时只驻扎着警备队。

1453年，别称为东罗马帝国的拜占庭帝国灭亡，从那年开始，变为土耳其的首都的君士坦丁堡将金角湾两侧划为君士坦丁堡地区和佩拉地区。

拜占庭帝国时代，佩拉地区是热那亚商人的专用地区，而威尼斯和其他西欧人以君士坦丁堡中沿金角湾的区域作为自己的活动区域。在商业活动中有着可与热那亚抗衡的气势的威尼斯人，在西欧商人中也是出类拔萃且强势有力的，其大使馆和商馆也在这个地区中。附近的香料集市俗称“威尼斯人集市”，可见威尼斯人在此地的活跃。

这种状态自1453年君士坦丁堡的陷落开始发生巨变。

几个世纪来一直独霸加拉塔基地的热那亚势力被驱逐，从那时起这个地区被称为佩拉地区。威尼斯人和其他的西欧人被赶出了君士坦丁堡地区，强制性地迁移至佩拉地区，一些决定留下来的热那亚人成为他们的邻居。

威尼斯大使馆、商馆等都迁移至佩拉地区，只有被称作集市的商品交易场所留在了君士坦丁堡地区。由此，金角湾成为从佩拉地区到君士坦丁堡地区通勤的水路，西欧商人们使用小船频繁往来。

自热那亚势力衰退，与威尼斯并驾齐驱的西欧势力也消失了。因此，地处佩拉的西欧各国使馆中，威尼斯占据了最佳位置。因处于金角湾延伸至山丘上的佩拉地区中的最高的位置，从威尼斯大使馆眺望金角湾对岸，君士坦丁堡地区一览无余。可惜大使馆本身与气势不凡的位置相去甚远。受派遣单身赴任的一般是大使、副大使、秘书等数人，再加厨师在内的随从人员，勉强在大使馆住得下。大使馆内部的装饰也不及威尼斯本国的贵族宅邸。但这并非因大使馆的经费不足，而是为了不触怒过度沉湎于豪华装饰的土耳其苏丹。

巴尔巴罗从使馆楼最舒适的大使卧室的窗户眺望着沐浴在冬日微弱的朝阳中的君士坦丁堡。清真寺的半圆形屋顶和锋利的朝天尖塔群让人强烈地感受到了这个城市的伊斯兰气息。对巴尔巴罗来说，能如此仔细地远眺君士坦丁堡已是很多天之前的事。

根据惯例，给本国政府的紧急报告要用不同的方法制成两种密文。报告昨天刚刚发出，接下来如何行动只有等待本国的指令了。

不过，巴尔巴罗手头还有两件事。

要给威尼斯商馆发出指令：开始准备在非常时期，对土耳其帝国内，特别是在君士坦丁堡的本国商人提供保护措施，并增加小麦的进口数量。

威尼斯的粮食供应无法自给自足，从土耳其黑海周边地区进口的小麦是威尼斯从土耳其进口的商品中占比最大的品类。如果此项进口停止，会对威尼斯粮食安全造成很大的影响。巴尔巴罗能做的只有催促增加进口量，而对威尼斯来说，需要将小麦的进口来源换成其他国家。

但这是本国政府的事。在威尼斯的海外殖民地中，唯一能生产可出口的小麦的只有克里特岛。但现在是冬天，小麦远未成熟，无论采取什么对策，至少要等到小麦收获结束以后。巴尔巴罗在心中向上帝祈祷着，希望现状能维持下去。

1569年·冬：威尼斯

人并非不具备看透真相的眼光，而只是往往会把心中的希望看成真实本身。接到威尼斯驻君士坦丁堡大使巴尔巴罗的报告后，威尼斯政府的应对措施正反映了这种盲目性。

威尼斯不缺情报，也不缺正确客观地把握这些情报的意志和能力，但共和国首脑机构的反应依然很难说是迅速的。

威尼斯外交和军事的决策机构——元老院，对巴尔巴罗报告的判断产生了分歧。一派认为土耳其已决定进攻塞浦路斯岛，战事迫在眉睫；另一派则认为，这只不过是土耳其以提高贸易收费为目的的一贯伎俩而已。

共和制以表决的方式来决定一切。如果元老院无法做出决定，那么拥有秘密决定权的十人委员会也会被缚住手脚。这样的状态下，十人委员会仅做出了两项必不可少的决定：雇用援救塞浦路斯岛的陆军，将国营造船厂的生产能力提升至极限水平。

针对国营造船厂的调整，十人委员会设置了由三名贵族组成的特别委员会，阿戈斯蒂诺·巴尔巴里戈被选为委员长。

巴尔巴里戈打心底里乐意接受这个任务。这也是他最终没去维琴察的别墅度假，一直留在威尼斯的理由之一。

早上他乘自家的贡多拉从大运河沿岸的家通勤至国营造船厂。他的船被赋予特权，可直接进入造船厂内。

上午他花了很长时间与技术部的技师长们讨论业务问题。船厂的主要业务是建造军舰，因此上午的讨论集中在船只结构的改良上，其中一例就是在船首向前突出的船头上安装前端锋利的铁棒，用以撞击敌船船腹，这要求铁棒尖锐且强度高。

装桨、安置大炮的“加莱塞”帆船是加莱舰的变种，其大炮安装的位置还需要仔细研究。这种新型舰只当时只有威尼斯海军拥有。

他与技师们一起在船厂内用午餐。技师和工人们早上就把午餐带来，而巴尔巴里戈的午餐是临近中午才从宅邸送来的。

每天午饭后，他会去女人家，带上从学校回来吃完午饭的少年，回到造船厂。从造船厂到女人家的路程不远。下午的工作是一边巡视建造中的舰只，一边与技师们讨论问题。对一个 10 岁的少年来说，跟着大人登上船或在船内参观是件很愉快的事。脸颊还很稚嫩的少年跟在巴尔巴里戈后面到处转，眼睛里闪烁着兴奋的光芒。少年时不时地抬起头，看着个头很高的巴尔巴里戈，提出一些幼稚的问题。

伴随着晚钟声响起，巨大的造船厂也安静了下来。巴尔巴里戈沿着威尼斯的街道步行回家，顺便把少年送回家。这段路的长度约是威尼斯中心街道长度的一半。这已是他每天的惯例。

偶尔，少年的母亲会留下他共进晚餐。这样的晚餐让人联想到母子两人日常的俭朴生活。但与饮食的简陋相反，餐桌上母子俩的举止优雅得体，大贵族的餐桌上也难见这等品位。

随着这样的机会的增加，巴尔巴里戈开始了解以前全然不知的一些情况。

女人名叫弗洛拉，成长于佛罗伦萨的望族，她的姓氏连巴尔巴里戈也有所耳闻。后来，她被作为威尼斯大使的秘书而逗留在佛罗伦萨的丈夫看中，婚后移居威尼斯。老女佣是她的乳母，结婚时就跟着她，一直到现在。后来儿子出生于威尼斯。

比起与别国的女人结婚的长子，她的公婆更喜欢娶了威尼斯贵族的女儿为妻的次子。在长子去世后，次子一家与公婆住在了大运河附近的宅邸里，弗洛拉母子不得不搬出去租房子。

尽管如此，想回佛罗伦萨的老家也回不去了。少年是威尼斯贵族的嫡子，到 20 岁，就会有共和国国会的议席，30 岁就具有被选为元老院议员的资格。

而远在佛罗伦萨老家的父母已经不在了，女人的哥哥继承了家业。女人用把从父母那里得到的佛罗伦萨市内的房子和郊外的别墅卖掉后得到的款项，和结婚时带来的嫁妆钱买了国债，和孩子靠着利息生活。在威尼斯共和国，战死者如果是贵族，政府不会给遗属颁发年金。

但从女人身上看不出被拮据的现状压抑的迹象，她用坚定的语调说道：现在只考虑把儿子培养成一名合格的威尼斯市民。随后，女人很快地换了一种轻松的表情说道：今天看到儿子很兴奋、开心，我太高兴了。多亏了您，太感谢了。

弗洛拉是一个无论何时见到都看上去举止典雅、坚毅的女人。但有一次，巴尔巴里戈说出的话，让她神色骤然发生了变化。与其说是变化，毋宁说终于撑持不住了。

“远远地眺望，在海上英姿飒爽地破浪前进的舰只，无论哪艘，看上去都是完美无缺的。但即使是这样的船，有时也需要进港停泊、休息，修理已经疲劳的部位。港湾，对任何船舶都是必需的。”

这话是在晚餐后移步至会客室时说的。少年和老女佣都不在。两人在暖炉前坐下，房间里只有暖炉中柴火燃烧的声音。

弗洛拉一双黑色的大眼睛注视着巴尔巴里戈，听了这话，瞬间眼泪渗出，充满了眼眶。溢出的泪珠变成一线泪水，从女人的脸颊上流了下来。

女人无声地流着泪，眼泪一时停不下来。巴尔巴里戈像第一次见面时那样，不由自主地用自己的双手握住了女人的双手。不过，这次，两人的手没有马上放开，就这样持续了很长时间。隔了一会儿，男人静静地吻了一下被眼泪沾湿的女人的手。他的唇边留下一丝咸咸的味道。

男人找了一片港湾。为了与女人见面，他租了一套小房子，差不多位于造船厂与她家的中间位置。因为离市中心很远，不用担心有人看到他。因商务活动访问威尼斯的外国人很多，为给这类人提供住处，这种租赁房在威尼斯有很多，找一套不用花费多少力气。这是一套有独立入口、两个房间的很小的房子。

巴尔巴里戈知道，弗洛拉的家对她来说很难成为休憩的港湾。虽说只有儿子和奶妈的三口之家有三层楼，但远不是能称得上宅邸的房子。而且，还有一种心境上的问题——在那个家里，弗洛拉不能摆脱作为母亲的心境。

男人给她钥匙时，什么也没有说明，只告诉了她地址、日期和时间。

在环视一周就能把房里的一切看遍的小房子里，巴尔巴里戈等待着。他想，她也许不会来了。不知从什么时候开始，他不再像平时的他，而是变得坐立不安，在房间里来回走动。

这时，门口传来了一种略显胆怯的钝音，像是在把不熟悉的钥匙插进钥匙孔里。他走到了入口。门从内侧打开与从外侧打开几乎是同时的。打开的门的另一边，站着女人。

两个人都没说一句话。把女人拥入家中时，弗洛拉就像一艘收起帆的船滑入港口的入口，自然地将自己的身体投向了男人的手臂。这个女人需要我。这是巴尔巴里戈心中涌现的唯一的想法。

1570年·春：威尼斯

在当时的欧洲，威尼斯共和国是唯一一个即使在和平时期仍派出舰队全年在东地中海海域监视巡查的国家。在其他国家的舰队归港的冬季，巡查也不会停息。

在其他国家，从入冬到第二年春天，除了商船外，没有船只离开港口。事实上，就连商船也想避开冬季航海，海军舰队则几乎从不在冬季出海。

一般在这个季节，船舶驶入港湾，或在船厂里修理，或被拉上陆地，等待着春天的到来。不论是划桨手、船员，还是军舰上为数众多的海军士兵，一般这个时期都被解雇了，到了春天再重新被雇用。

即便是威尼斯，这一点也大致与其他国家相同。但威尼斯即使在冬季，担任海上警戒任务的小舰队依然处于执行任务的状态。另外，这个国家的造船厂名义上一年到头都不放假，其任务就是无论何时，只要有需要，必须随时能提供舰船。

以下是在和平时期，威尼斯警备船在冬季配置的情况。（在商船往来频繁的春季到秋季，这些数字要增加一倍。）

首先，用于警戒威尼斯所处的亚得里亚海北半部的舰只驻扎在威尼斯港口，10 艘加莱舰一直保持着随时可以出港的待命状态。

为执行亚得里亚海南半部与希腊西南海域的警戒任务，位于亚得里亚海出口的科孚岛驻扎着 6 艘至 8 艘加莱舰。

这支舰队的司令官被称为“海湾警备舰队司令官”，是威尼斯海军中居于核心的重要职位。当时，这个海湾并不像今天这样被称为亚得里亚海，而是直接被称作“威尼斯湾”。对威尼斯共和国来说，处于海湾出入口的科孚岛是真正意义上的外港。

从科孚岛再往南走，就可以看到赞特岛。在这附近的海域，经常有一艘大型加莱舰巡航。

进入爱琴海后，漂浮在东地中海上的最大的基地——克里特岛会第一个出现在眼前。作为威尼斯直辖的殖民地，克里特岛一带驻扎着承担直达北非海域的警戒任务的舰队。即使在冬季，也至少能看到 4 艘加莱舰在这一带游弋。

从克里特岛再向东，是位于地中海东端的塞浦路斯岛。因为这里是面对土耳其的最前沿基地，所以冬天也有 4 艘舰只驻扎着。巴尔巴里戈几个月前所指挥的就是这支驻扎在塞浦路斯岛的舰队。

当然，这些舰队的警戒范围并不是固定的。一旦出现紧急情况，驻扎在各基地的舰队就会向有关海域移动。驻扎在各基地的舰队的联合行动由驻科孚岛的司令官负责指挥。战时，威尼斯政府将任命最高司令官，调集大舰队南下。这种情况下，科孚岛的司令官及各基地舰队的司令官全部以简单的“某某海域司令官”的官名，从属于威尼斯海军最高司令官。

1569 年至 1570 年的冬天，驻扎于科孚岛、克里特岛、塞浦路斯岛等各基地的舰队，度过了与往年一样的冬天，等待着春天的到来。这三座岛上虽没有威尼斯本土那么大规模的造船厂，但这里的造船厂也具备当时最高水准的技术与设备。

这些地处海外基地的造船厂与往年一样，对外接受商船的修理委托。而威尼斯本土的国营造船厂则转变了方针。在本土，商船被转移到私营造船厂修理，同时对国营造船厂秘密下达了只建造军舰的命令。

因此，巴尔巴里戈在造船厂的工作与驻扎塞浦路斯时不同，只需考虑如何保证军舰生产就可以了。

1570 年初春，威尼斯国营造船厂正在建造的舰只大致分为以下三种。

第一种是通常称为“细长的加莱舰”的加莱舰。

长 40 米，宽 4 米，高度从吃水线开始计算约为 1.5 米。桅杆一般只有一根。帆桁有近 40 米长，斜着与桅杆形成夹角。顺风时，帆桁上可以张大三角帆。船上有各种尺寸的帆，可根据风的强度和风向变换。

舰桥位于船尾部。在这种类型的船上，舰桥并没有固定的屋顶，大多只像个笼子安在船尾，用帆布一类比较结实的布覆盖着。

因为军舰所特有的使命，船的居住性等是不被重视的。其设计理念与比赛用帆船的设计理念是一样的。

船首安装端部尖锐的铁棒，像鸟的嘴一样长长地朝前突出。

这种型号的军舰有160名划桨手操纵160支桨。帆的升降、锚的操作及其他船只运行必要的操作，需要20名船员。炮手等战斗人员，至少再需要60人。

即使这样，此类型威尼斯军舰上战斗人员的数量与其他国家相比也算是少的。因为威尼斯的划桨手与其他国家，特别是伊斯兰国家舰只上的划桨手不同，不是用锁链拴在一起的奴隶，而是自由民。一旦有需要，他们也能成为战斗人员，使舰船可以以最低限度的兵力进行军事行动。而大炮只配置在船头。

第二种是比上述细长的加莱舰要大一圈的舰只。

这种舰船装有三根桅杆，划桨手超过200人，比前一种船高一倍，船头、船尾各设一个舰桥。船尾的舰桥有很像样的屋顶，可以居住。但即使是这种舰只，大炮也只有船首有。

这种大型加莱舰其实一般用作商船。作为军舰使用时，经常是司令官乘坐的旗舰。

与细长的加莱舰相比，它因为船体大，动作显得迟缓。细长的加莱舰用作军舰，主要的优势是行动迅速、自由灵活。

这种大型加莱舰因为是旗舰，与其他漆成深茶色的加莱舰不同，全舰漆成了深红色，连桨也是深红色的。俗称“威尼斯深红”的这种颜色与威尼斯共和国国旗的底色一样。国旗在这种底色上用金线绣制了圣马可狮子。

与往常一样，弗洛拉的儿子跟着巴尔巴里戈在造船厂里巡视，正好在他们眼前的船坞中，两艘旗舰就要完工了，少年抬头询问已很熟悉、亲近的男人：那两艘船是谁乘坐的？巴尔巴里戈看着旁边的少年，微笑着回答：还没有决定由谁乘坐。那时的巴尔巴里戈未曾想到，有一天自己将乘坐这其中的一艘驰骋海洋。

国营造船厂正在建造的船舰中，还有一种特别引人注目的船型。人们将其戏称为“加莱塞”。这个称呼既充满着爱意，又含有“混血儿”的隐喻。这种16世纪后半叶威尼斯海军构想的新军舰，将帆船和加莱舰各自的特色集于一身，在其他国家是看不到的。

它的帆以三角帆为主，也配备了四角帆。张帆的桅杆除主要的三根外，船尾还多加了一根。

这种舰船是帆船与加莱舰的混血儿，其目的是无论海上有无风，船都能自由地行驶，因此也配备了桨。与加莱舰不同的是，划桨手的位置不是在甲板上，而是排列在甲板下一层。

之所以如此设计，是因为加莱舰主要用于与敌人短兵相接的战斗（下文称“白刃战”），而加莱塞的主要目的是在与敌船拉开距离的位置上进行炮击，所以几乎没有让划桨手参与战斗的必要。另外，在甲板下配置划桨手，有利于保护划桨手不受敌人的炮击。

但加莱塞与细长且船身较低的加莱舰相比，受水和风的阻力较大，且由于船型较大，行动比较迟缓。加莱塞是作为漂浮在海上的炮台来设计的，船头所配备的炮台充分利用了有三个阶梯的圆形舰桥，配置了 10 门大炮，可覆盖 270 度范围内的所有目标。

左右船舷又各配置了 4 门大炮。船尾的舰桥上，也配置了 10 门到 12 门小型炮。整艘船宛如一个炮台，包括步枪在内，理论上可同时射出 60 发炮弹。

整艘船设计成这样，乘员也不得不大幅增加，每艘船需要 400 人到 500 人。

在缺乏人力的威尼斯，人海战术是难以实现的。对于威尼斯来说，在海上用好炮的战斗力，既可节约资源，也能最有效地发挥好自己的特长。

但仅靠加莱塞是不能进行海战的。土耳其经常用小型加莱舰进行冲撞，加莱塞的行驶自由度又不高，这就使得加莱塞在海战中有很多不利之处。因此，威尼斯设想出了同时使用传统加莱舰与加莱塞，取长补短的战术。在风向易变的地中海，仅靠帆的动力是无法打赢战争的。

1570 年初，威尼斯国营造船厂的生产状态是一天可以有一艘加莱舰下水。持续这样的生产状态，几个月内，可以有 150 艘加莱舰、12 艘加莱塞、30 多艘大帆船下水。大帆船不直接参加战斗，是用来运送军粮和弹药的。在16世纪后半叶，除威尼斯外，没有一个国家拥有能如此高速造船的造船厂。

但战争并非仅靠技术力量来决定胜负。尤其是在16世纪，拥有城市国家威尼斯无法比拟的广阔领土的大国正在迅速崛起。威尼斯的敌人就是当时世界上领土面积最大的土耳其帝国。

1570年2月中旬，一个希腊人出现在威尼斯的街道上。威尼斯城中法国大使的宅邸，迎来了这位携带着土耳其帝国苏丹的亲笔信的客人。

没有外交官的土耳其，在处理重要外交事务时经常会雇用能操数国语言的被统治的希腊人。因为没有外交官，也就没有常设的大使馆，来自土耳其帝国的使节在威尼斯逗留期间通常住在普通的宾馆里。不过，这几年土耳其与法国建立了同盟关系，因此今年担任土耳其帝国使节的希腊人成了法国驻威尼斯大使的客人。

2月27日，这个希腊人在元首官邸内的元老院会场，朗读了土耳其帝国苏丹的亲笔信，要求威尼斯元老院对此做出答复。亲笔信始终以高压的口吻，要求威尼斯“归还”塞浦路斯岛。

元老院会场的气氛很紧张。议员们对是否接受土耳其帝国苏丹的要求进行了投票，其结果是220票中199票反对。

威尼斯共和国拒绝了土耳其帝国的要求。这意味着1540年以来，持续30年的与土耳其帝国的和平状态宣告结束。

相比在其他地方，国营造船厂收到战争将至的消息后，厂内的气氛迅速变得更为紧张。

临时雇用的男女工人们都被动员起来。锤子声响彻厂房，缝制船帆的工作节奏不断加快。造船厂内船员的数量明显增加，还排出了每艘军舰的驻舰工程师分配表。

巴尔巴里戈认为不能再继续带少年去繁忙紧张的造船厂了。少年很不高兴，但也是个听话的孩子。但巴尔巴里戈没有打算放弃与少年母亲的私会。

2 月末，他在造船厂的职务突然被撤销。在秘密通知他去报到的十人委员会的房间里，另一项任务正等着他。

简称“十人委员会”的组织名称平凡，但是个背后隐藏着强大权力的机构。

这个委员会虽被称为“十人委员会”，但实际上是由 17 名委员组成的：10 位委员再加元首及 6 位元首助理，共 17 人。

只有元首是终身制的，其他 16 人，虽时间各不相同，但几乎每年改选一次。不过这 16 人都是从元老院议员中选出的。一般是高龄人的元首代表高龄阶层；6 位元首助理通常代表五六十岁的年龄层；其他 10 人有不少是从三四十岁的年龄层选出的。威尼斯共和国担负国政的人选适当地代表着各个年龄层。

十人委员会被允许在需要秘密地迅速做出决定的情况下，不经元老院、国会的讨论，以独立判断的方式行动。另外，以上述方式为目的，这个机构也必然是绝密情报的收集机构。因此，由这个委员会给予的工作，也始终覆盖着神秘的面纱。大部分情况下，执行任务的人的名字都不会公开。巴尔巴里戈所接受的任务，自然也符合这一惯例。出发前，他只有三天的准备时间。

1570年·春：爱琴海

说实话，笔者并不知道阿戈斯蒂诺·巴尔巴里戈当时是带着何种密令离开威尼斯的。彻底检索威尼斯古文档库中存留的与十人委员会有关的史料，并非不能找到依据，但我懈怠了关于这一点的查寻，只查阅了被视为有关勒班陀海战的重要史料。那些资料未提及密令的内容。

不过，追溯他后来的行动轨迹，将这些结果与其他的史料对照，可以想象出大致的情况。

1570年2月，威尼斯政府任命塞巴斯提亚诺·威尼尔为科孚岛的施政官。

“普罗维迪托雷”（施政官）可以说是威尼斯共和国独有的官名，此官职与负责民政的总督并列，是军事方面的最高负责人。由于科孚岛是威尼斯最重要的基地，选定负责该岛的施政官有着与选定驻外大使同等程度的重要性。

带着密令从威尼斯出发的巴尔巴里戈被赋予的官名也是普罗维迪托雷，不过，此处这个词译为视察官、监察官或更容易理解。这个职务的主要任务是巡视进入临战状态的威尼斯的海外重要基地，考察实际的备战情况。只是，为避免过度刺激土耳其方面，没有采用正式选出的方式，而是采取了非正式任命的方式。

作为视察官的巴尔巴里戈所乘的船是与去科孚岛上任的施政官威尼尔的乘用船一样的快速船。这也是由十人委员会决定的。

巴尔巴里戈与塞巴斯提亚诺·威尼尔并非初次见面。6年前，威尼斯共和国与奥地利哈布斯堡王朝发生边境争端时，巴尔巴里戈曾与其共同出席为解决争端而召开的会议。只是与首席代表威尼尔相比，巴尔巴里戈的席次接近代表团的末位。

那时，巴尔巴里戈就亲眼见到已为众人知晓的威尼尔的暴躁性格。这次相见，接近74岁高龄的威尼尔，暴躁的脾气丝毫没有减弱。选他作为这个时期的科孚岛的最高军事负责人，这一决定本身就表明了威尼斯共和国决心与土耳其一决高低的意志。

3月，威尼尔滞留在科孚岛，巴尔巴里戈乘别的加莱舰向克里特岛进发，其目的是详细考察克里特岛北岸从西面开始像珍珠一样连在一起的干尼亚、斯达、雷提莫、首府干地亚，以及以坚固难摧而闻名的海中城堡——史宾纳隆加的各基地。

土耳其现在尚未有进攻克里特的动向，不过在土耳其，苏丹的一句话就能立即决定举国的行动。考虑到克里特岛的重要性，绝不允许防卫准备工作有任何疏漏。

下面是塞巴斯提亚诺·威尼尔在元老院会议上的讲演中明确的。对威尼斯共和国来说，海外基地在当时的威尼斯人看来，主要有如下价值。

科孚岛，是我们的出海口。

赞特岛，对东地中海航线的全部船只开放的港口。

塞浦路斯岛，威尼斯最重要的出口商品——盐的产地，同时也是优质出口商品——葡萄酒、棉花的产地，几乎等于威尼斯国家的国境线。

克里特岛，东地中海海域中最大、最重要的基地，其重要性是其他地方无法相比的。

在克里特岛，巴尔巴里戈与旧友安东尼奥·达·卡纳雷再次会面。

卡纳雷家与巴尔巴里戈家一样，是有着古老家世的威尼斯贵族，但此人身上完全感觉不到这样的气息。巴尔巴里戈无论在身体上还是在举止上，有着让人不由得感到高雅的气质，但与他同龄的卡纳雷却是名略显肥胖的大个子，从待人接物的态度来看，混在船员中或许更显自然。当然，整体的气质还是充溢着上层阶级人士的使命感，这是当时的威尼斯贵族子弟们共有的。

这个男人虽是指挥官，在战斗中却不穿戴盔甲，这在军队中是很少见的。钢铁的盔甲从头覆盖到脚，尽管安全却行动不便。

而他一直用缝入了棉花的白色布料制作如现代的滑雪服一般、带兜帽、裹到脚跟的特别服装，并穿着这样的服装参战。

以这样的服装冲锋陷阵必定格外地引人注目。混杂在多身穿深色服装的士兵中，看起来宛如一头巨大的白熊。敌军士兵称他为“蒙古白熊”，闻风丧胆。那件式样、色彩异样醒目的战斗服，每当战斗结束时，都被砍杀而溅起的鲜血染得通红。

乘上挚友卡纳雷提供的加莱舰，巴尔巴里戈又从克里特岛驶向塞浦路斯。

有两艘负责护卫的加莱舰跟随航行。因为过了克里特岛近海，就将进入敌方海域，塞浦路斯可以说是漂浮在敌军中的基地。

从克里特驶向塞浦路斯，途经海域里有罗得岛，它自 1522 年起成为土耳其的领土。再从紧贴地中海东岸的塞浦路斯岛出发，如遇上顺风，航行一夜，就能到达土耳其领内的小亚细亚的南端。

载着巴尔巴里戈的船，趁着来自西方的顺风，几乎无需桨的助力便向东疾驶，途中未遇敌船。不过，全速前进时加莱舰的三角帆被风吹张，船或向右或向左，以几乎快要翻倒的倾斜角度前行。这样的状态，即使在船舱里睡觉，也不是件轻松的事。

巴尔巴里戈刚睡了一会儿，便被木质硬卧铺的边缘硌得醒了过来。原本盖着的毯子卷到了身体下面。他想要把毯子拉出来，手摸到一个柔软的物体，使他突然想起了爱人弗洛拉。

两人初次幽会的晚上，巴尔巴里戈才知道弗洛拉与自己相差 15

岁。而且，两人也惊喜地发现，在这之前，他们多次离得非常近。

巴尔巴里戈20岁时曾跟随身为使节的父亲去过佛罗伦萨。在巴尔巴里戈父子住过的寓所的同一条街上，住着时年5岁的弗洛拉。

15年后，作为列席西班牙国王腓力二世即位仪式的威尼斯特使团的一员，35岁的巴尔巴里戈访问了马德里。实在非常偶然，弗洛拉当时也在马德里。特别疼爱这个独生女的父亲在商务旅行时也让女儿同行。不想放手宝贝女儿的父亲一直拒绝种种提亲。但与威尼斯贵族的那桩婚事，就发生在刚从马德里旅行回来后不久。对女儿宠爱有加的父亲最终屈服于威尼斯贵族的那份热情。

女人在男人的怀抱中深深地叹息，神为何以前不让我们相遇呢？男子回答道，大概要等到两人互相需要的时候吧。女人不满地轻声重复着男人那句话，细声道，如果那样的话，在马德里让我们相遇就能结婚了。男人微笑着，什么也没说，只是温柔地抚摸着女人的头发。

一旦想起来，周围的一切都与想念弗洛拉的感情相连。水花溅入口中，便想起了那个夜晚，亲吻着顺着女人的脸颊流下的眼泪的滋味。女人说，那天晚上，我爱你。男人每当想起爱抚之后恍然若失地细声说出这句话的女人，心中就充满爱意。

到达塞浦路斯后等待着巴尔巴里戈的任务虽不困难，却让其心情十分沉重。自他半年前回国报告以来，塞浦路斯的现状毫无改善。威尼斯政府没有采取任何根本的措施。

塞浦路斯岛是继西西里岛、撒丁岛之后的地中海的第三大岛。虽然感觉上克里特岛更大，但塞浦路斯的纵深更大。像威尼斯共和国那样，只想确保据点基地，没有领土野心的国家，无法贯彻彻底的防卫策略以守护一块殖民地。

而且，位于岛屿内陆的首府尼科西亚是平原上的城镇，面对擅长投入大军，展开包围战术的土耳其，威尼斯很难避免防卫上的不利之处。另外，接受威尼斯本土救援的各港口，散布在远离尼科西亚的海岸。塞浦路斯最大且最强的城堡——法马古斯塔港，距离尼科西亚也有 50 千米。首府与主要港口之间只有种植棉花的平原。

威尼斯驻扎在塞浦路斯的防卫力量不足 5 000 人。原因之一是土耳其与威尼斯之间已保持了 30 年的和平。另外，威尼斯人力资源不足也是明显的事实。但人口数量的不足，并不是近期才出现的。迄今为止，这种程度的防卫力量已经足够，是因为至 15 世纪中叶，兵力虽少，但只要能保证质量，就能发挥相当程度的效力。

但这样的时代正在远去。1522 年，土耳其即便是围攻小岛——罗得岛，派出的兵力也达 10 万之众。塞浦路斯要比罗得岛大得多，由此，获取补给也要容易得多。即使存在离君士坦丁堡距离远的问题，土耳其进攻的兵力也不会少于 10 万。

塞浦路斯岛的居民主要是希腊正教徒。以君士坦丁堡为中心的土耳其统治着不少希腊居民占多数的国家，这些希腊居民知道，只要顺从土耳其的统治，就能保证信教的自由。尽管作为威尼斯的商业基地，要比成为土耳其的领土更能发挥塞浦路斯的特色，从而在经济上更加富足，但理解这样的事实的居民并不多。因此不能指望塞浦路斯居民为防卫提供有力支持。

阿戈斯蒂诺·巴尔巴里戈在4月中旬回到威尼斯。他眼中的威尼斯，举国上下都处在备战的紧张气氛中。

3月17日，身着正装、威仪凛然的元首率先在圣马可教堂举行了祈求对土耳其战争胜利的弥撒。对威尼斯来说，这就是正式的宣战。

同时，威尼斯向罗马教皇庇护五世派遣了正式使节，游说结成对土耳其战争统一战线的必要性。教皇接受了这一主张，向西班牙国王腓力二世派遣了邀请其参加同盟的正式使节。

而威尼斯自己，已不再忌惮别人的看法，完全进入临战状态。

3月30日，由60艘加莱舰组成的舰队，为救援塞浦路斯离开了圣马可码头。“海上总司令官”吉洛拉莫·扎内指挥这支舰队。这可以说是威尼斯举国进入临战状态的最鲜明的表示。

巴尔巴里戈在亚得里亚海往北回国途中与该舰队擦肩而过，那时舰队正停靠在达尔马提亚地区最大的威尼斯基地——扎拉。

“海上总司令官”一旦出场，科孚岛守军指挥塞巴斯提亚诺·威尼尔，克里特岛守军指挥马可·奎利尼、安东尼奥·达·卡纳雷，塞浦路斯岛守军指挥马卡提尼奥·布拉加丁就都在“海上总司令官”扎内的指挥下了。

回国后的巴尔巴里戈连续几天向十人委员会进行汇报，随后重拾造船厂的职务。弗洛拉，像她的名字一样，让人想起春天的花朵，带着灿烂的喜悦与微笑迎接了他。

春天来到君士坦丁堡的时间要比威尼斯晚。巴尔巴罗大使根据一个月前接到的十人委员会的密令，担负起大使正常任务以外的工作。每天从黑海吹来的北风通过博斯普鲁斯海峡时，让人常常感到不同寻常的寒意。

十人委员会命令巴尔巴罗在正面向土耳其宣战之外，寻找与土耳其维持和平关系的一切手段。这个密令是在威尼斯元老院断然拒绝土耳其的要求仅一天之后书写备案的。

无须对威尼斯共和国将赌注同时下在和战两方的家传绝技感到吃惊，但对实际执行这项任务的人来说，寻求和平绝非易事。

如果强烈地表现出要维持和平的倾向，对方就会认为你软弱。但必须不断寻找方法。要注意不被土耳其方面抓住弱点，需要在表明坚定的政治姿态的同时，绝不懈怠寻找其他的可能性。现在，通情达理的稳健派宰相索克卢完全是少数派。但宰相并没有被替换，巴尔巴罗能进行交涉的对象只能是宰相。

要在现状下继续执行任务，交涉只能通过秘密渠道。巴尔巴罗的目光停留在了以前准备在特殊情况下使用的一位人物身上。

这位名叫阿修可纳奇的犹太医生是宰相妻子的主治医生。不知从何时开始，他也成了威尼斯大使的主治医生。巴尔巴罗以治疗腹泻为由请这个男人诊治，而且几乎天天要他上门。

1570 年 · 春：罗马

除了威尼斯外交官马卡提尼奥 · 巴尔巴罗之外，其实还有一个威尼斯人在暗中活动。

这位名叫乔万尼 · 索兰佐的外交官是威尼斯的名门——索兰佐家族的一员。顺便一提，巴尔巴里戈也好，巴尔巴罗也好，卡纳雷也好，威尼尔也好，都是当时已延续了 400 年的贵族。这些姓，不仅在威尼斯内部，在欧洲各国的宫廷里，也是不需要介绍，人人都知晓的。

索兰佐家也是出现过许多高官的家族，其中一人就是 16 世纪初的弗朗西斯科 · 索兰佐，他曾说过下面的话：

“所谓强国，就是可以随心所欲选择战争还是和平的国家。需要承认，我们威尼斯共和国，已不是那样的国家了。”

尽管名字不同，但姓氏也是索兰佐的乔万尼，作为特命全权大使被派遣到罗马的目的，可以用上面的这句话来说明。即使有每天让一艘加莱舰下水的建造能力，进入16世纪后的威尼斯共和国，已无法以一国之力对抗土耳其了。

对于这个重要的任务，威尼斯政府觉得仅靠常驻大使并不能令人放心，因此又派遣了特命全权大使。而威尼斯的巧妙之处在于，给予驻君士坦丁堡大使巴尔巴罗的关于寻找通往和平的道路的密令，并没有让被派遣到罗马的索兰佐知道。而不知其中经纬的，在共和国里并非仅他一人。

不清楚乔万尼·索兰佐的年龄。但从他以前的经历和以后所做的事来看，应该是50多岁的人吧。现在，他开始极尽一个成熟男人的所有能力，专心致志于说服罗马教皇。

庇护五世于4年前的1566年坐上罗马教皇的宝座。这一年，他已经66岁。

教皇庇护五世的即位，并没有得到掌声与喝彩。而在那之后的4年里，人们也一直用带着恐惧和怀疑的目光注视着他。

这个人物在被选为教皇之前的30年间，一直担任着宗教法庭的法官。而且在成为教皇前最后的10年里，他是这方面的最高负责人。某家书店的店主因出售教会指定的禁书而被起诉，最终入狱。而从许多书本中发现这样的禁书的，就是枢机主教时代的庇护五世。

当年的庇护五世，面对各方都表现了他作为天主教徒的坚定。

公开谴责逮捕苏格兰女王玛丽·斯图亚特[1]的英格兰女王伊丽莎白一世的是他；法国发生新旧两派宗教与权力的对抗时，庇护卡特琳·德·美第奇[2]的也是他；肆无忌惮地以同样的理由，公开对德国新教派君主、荷兰市民阶级施以憎恨言辞的还是他。

这位教皇相信，面对新教长期以来高举反旗的状况，要重建天主教会，只有采取严格的措施。讨论天主教重建策略的特兰托会议[3]结束后没几年，以耶稣会为首的反宗教改革势力气势汹涌。而属于多明我派[4]的庇护五世，在所有方面都是反宗教改革的坚定拥护者。

欧洲人，特别是有着尊重理性传统的意大利人，担心罗马教廷本身会成为宗教法庭，因此对这位教皇抱有深深的恐惧和怀疑。但迄今为止，教皇忙于谴责不忠于天主教的王侯们，而并未丧失对人的宽容精神的意大利，还没有遭遇遍及其他欧洲国家的对异端的残酷拷问、火刑等非人道的暴行。

威尼斯共和国在信教和言论自由方面是当时欧洲最宽容的。

1　苏格兰女王玛丽·斯图亚特（Mary Stuart，1542—1587），信奉天主教，史称玛丽一世，与信奉新教的伊丽莎白一世有激烈的政斗。

2　卡特琳·德·美第奇（Catherine de Médicis，1519—1589），意大利商人家庭出身的法国王后、摄政，天主教信徒。

3　特兰托会议：1545—1563年，在欧洲宗教改革运动兴起的背景下，由罗马教皇保罗三世主持，于意大利北部的特兰托召开的天主教教会会议。会议分为三个阶段，以重建天主教教会，反对宗教改革为主题，制定了多项法规和措施。

4　多明我派：多明我会结成后形成的教派。该会是1216年由多明我创立的天主教托钵修道会，同年得到教皇认可。多明我派倡导清贫生活，重视学问教育，致力于劝归异端者，是天主教重要教派之一。

没有比教皇庇护五世与这个国家在气质上更不合拍的了。但威尼斯需要其他基督教国家，而庇护五世是一位发誓在消灭异教徒、消灭异端之前，不食肉，仅食蛋的教皇。

但威尼斯说服庇护五世的方法，与通常的思路很不一样。

威尼斯很明白，作为狂热的天主信徒，庇护五世从心底里憎恨通过与异教徒进行贸易而变得强大的威尼斯。以东方商业基地塞浦路斯危在旦夕为理由游说教皇，效果肯定大打折扣。另外，推动西班牙王国参与此事，也需要靠教皇出面劝说。就对在地中海的威尼斯势力感到不快的西班牙国王来说，听说塞浦路斯要被土耳其夺走，可能笑容要比叹息更多。

因此，威尼斯采取的策略是煽动只食蛋的教皇的十字军精神。不过，必须让教皇自己意识到，也要让各国的王侯意识到，这只是庇护五世自身的信念。为此，特命全权大使索兰佐、威尼斯的十人委员会，对教皇庇护五世结成十字军的号召并未喜形于色地答应，甚至常常有违背教皇意志的言行。征讨伊斯兰文明的十字军名义上必须由教皇主导结成，不那样做，效果肯定不理想。

教皇庇护五世的行动正如威尼斯所期待的。

教皇的言行开始变得十分积极。看着教皇高挑瘦削的身体，人们在想象这里面到底隐藏了多少宗教热情。西班牙国王腓力二世一直闪烁其词，不给予明确的回答。为此，劝说他的特使不断从罗马被派往马德里。只要西班牙国王的说法稍有一点实质的内容，庇护五世就会乘势追击，将此变为既成事实。

威尼斯共和国也经常惹怒庇护五世。但教皇越是愤怒，就越燃起结成征讨土耳其联合舰队的热情。

不过，威尼斯还是很着急。塞浦路斯的命运已是风前灯火，这样的现实让他们疏于周密。过于期望基督教诸国的联合舰队早日结成，连本国舰队的准备是否充分都疏忽了。

1570 年，匆忙之中签署协议结成的联合舰队不过是没有明确战略、凑合起来的东西。不论陆军还是海军，对于不同性质的军事行动，稍了解战争的人一看便知这是怎么回事。所有明眼人心里都很清楚：现在的威尼斯人非常急于求成。

1570 年 · 夏：爱琴海

与土耳其之间长达 30 年的和平，似乎使得威尼斯政府随机应变的能力衰退了。要让人们理解和平已经结束的事实，本身就是件困难的事。

而这个时期又是威尼斯共和国政府的支柱——元首的换届时期。

威尼斯只有元首是终身制的，不离世就不会下野。无论再怎样迅捷地选出新元首，从前元首发病、去世，到选出新元首为止，国家犹如没有内阁一般。新当选的元首摩切尼哥是对土耳其的强硬派，上任后的动作十分迅速，但威尼斯政坛还是出现了空白期。土耳其利用了这个机会。

而且，1570 年联合舰队没有行动的最大原因是联合舰队的主要组成国家，虽说主要也只有西班牙和威尼斯两个国家而已，在没有达成任何一致意见的情况下就结成了联盟。

西班牙国王腓力二世并不是教皇庇护五世那样狂热的信徒。他了解促使联合舰队结成的直接导火索是土耳其对塞浦路斯的进攻。但他是代代继承了“天主教保护人”这一尊称的西班牙国王，无视罗马教皇的请求，对“天主教保护人”来说不是一种明智的做法。

腓力二世接受了教皇的请求，但他给了指挥西班牙海军的热那亚人吉安德里亚·多里亚一道“不可进行有利于威尼斯的战斗”的密令。

威尼斯虽没有确认上述事实，但也预测到了这一点。因此，威尼斯坚决反对联合舰队总司令官由西班牙推选的多里亚来担任。多里亚是雇佣兵队的队长。虽因绰号“地中海鲨鱼”而出名的前雇佣兵队长、他的伯父安德里亚·多里亚已去世，但提起热那亚的多里亚一族，没有人不知道那是从事出卖船只、船员，替人打仗的海上雇佣兵家族。

安德里亚·多里亚先受雇于罗马教廷，然后在法国国王手下工作，再后来，他做出了当时被视为丑闻的大胆背叛的行径——投靠法国国王的仇敌西班牙国王。到了外甥吉安德里亚的时代，西班牙国王依然是雇主。不过这也不足为奇，雇佣兵原本就是靠钱行事的。怀疑西班牙国王真意的威尼斯当然不会让这样的人物来控制本国的海军。即使陆军依赖雇佣兵，海军还是必须由本国国民组成。热那亚虽与威尼斯同样说意大利语，但其性格可以说与威尼斯完全相反。

威尼斯提供了占联合舰队一半的海军力量，因此威尼斯主张，应当启用威尼斯的海军将领担任总司令官。但这是西班牙国王不能接受的。

罗马教皇提出了妥协方案。总司令官由指挥罗马教廷海军的马卡提尼奥·科隆纳担任。但对此，西班牙和威尼斯都没有答应。让没有海上作战经验的科隆纳担任总指挥，谁都会认为这是很危险的。联合舰队还在争执不休的时候，塞浦路斯的情况变得越来越紧迫。

7月，土耳其的300艘船满载10万士兵，登上塞浦路斯南岸。威尼斯方面打算撤退到防守坚固的北岸。南岸有几个商船停泊用的港口，还有大量威尼斯人经营的盐田。登陆作战没有抵抗就宣告结束。

此后，土耳其军队一路北上，包围了首府尼科西亚。在尼科西亚，即使加上威尼斯本国仅有的救援部队，也只有3 000多名战斗人员。即便战事临近，威尼斯政府也只能派出4 000名士兵去防卫塞浦路斯全境。

收到土耳其军队在塞浦路斯登陆的消息后，基督教各国决定暂由科隆纳担任总司令官，并向各国舰队发出了前往克里特岛的斯达港结集的命令。

1570年，对威尼斯来说是面临重重不幸的一年。在决定接受土耳其宣战的一个月后的3月末，海上总司令官吉洛拉莫·扎内率领的由60艘军舰组成的舰队，以救援塞浦路斯为由被派遣出去。然而，这支舰队在4月中旬停靠扎拉港后，便在这座港口待了两个月。

本应前往塞浦路斯的舰队在亚得里亚海南下三分之一的扎拉停留了两个月，是因为船员和士兵中有很多人染上了疫病。猛烈的疫病的袭击，使得赶赴战场的男人们在刚离开国土不久，就一个接一个地倒下。

疫情稍有好转的两个月后，舰队离开了扎拉，向下一个预定停靠港口科孚岛进发。从科孚岛发出的总司令官扎内给本土的报告的日期是7月5日，而此时土耳其军队已在塞浦路斯登陆5天。

在科孚岛，威尼斯舰队收到来自本国政府的指令，为了组成联合舰队而前往集结地克里特岛。教廷与西班牙的舰队约定先在南意大利港口奥特朗托会合，这时也应该到了。

然而，现场几乎没有来会合的舰队出现。率领数艘教廷舰队的科隆纳到达奥特朗托后等待了好几天，应该到达的由多里亚率领的西班牙舰队也没有现身。西班牙舰队这会儿在数天航程外的墨西拿岛，多里亚的迟到理由是没有接到腓力二世的出发命令。

虽因疫病损失了很多士兵，但包括从科孚岛和克里特岛的造船厂下水的舰只在内，由130艘加莱舰组成的威尼斯舰队，8月4日已全部到达集结地克里特岛的苏达（斯达）军港，处于随时可出征的待命状态。可以想象，塞浦路斯的激战正在进行中，但科隆纳、多里亚仍然没有现身。盛夏的酷暑对因疫病已十分虚弱的士兵来说是残酷的。威尼斯的指挥官们惧怕疫病复发，都焦急地等待着下一步的行动。

8月19日，多里亚终于到达奥特朗托。在等待已久的科隆纳的催促下，舰队向克里特岛进发。但多里亚所率领的舰队很难被称作西班牙舰队，因为舰队中只有雇佣兵队长多里亚自己的船只、船员和士兵。教廷、西班牙的舰队进入斯达港已是8月30日之后的事了。但好不容易集结完毕的联合舰队，却完全没有立刻起锚向东，直赴塞浦路斯援救的计划。

联军在停泊在斯达港口的科隆纳的船上召开了作战会议，却没有得出结论。很明显，多里亚采取的是拖延策略。

他首先抱怨威尼斯船上的战斗人员太少。在加莱舰上，除去船员和划桨手，还有被称作水兵的战斗人员。威尼斯舰队在扎拉遭受疫病袭击，减员严重，通常60人上船的舰只，现在只有20人能上船。

威尼斯方面反驳说，威尼斯船上的划桨手是自由民，可以转为战斗人员。但20人无论如何都太少了。威尼斯方面虽在克里特岛拼命募集船员，力图加强兵力，但多里亚的职业海战船每艘载有百名战斗人员，差距是明显的。

当然，威尼斯的海军将领们不会简单地低头。因为威尼斯提供的130艘加莱舰中有12艘是加莱塞炮舰。

但看上去稍做让步的多里亚又提到另外一个不利因素：前往战场的时机太迟了。在这样的季节出发，9月中旬都赶不到。

这种情况下，只有总司令官出面果断决定，才能从进退两难的状态中解脱出来。但作为总司令官的科隆纳性格稳健，适合做协调工作，没有最高指挥官的决断气质。另外，他自己手上缺乏可直接指挥行动的军力。要这样的人做出气势如虹的决断是不太可能的。

科隆纳还是想出征的。于是以他独特的调停技术，虽浪费数天，还是说服了多里亚起锚向东进军。

总计180艘加莱舰和12艘加莱塞炮舰，再加上运输船30艘，1570年的联合舰队于9月18日离开克里特岛的斯达，一路向东。但那时，塞浦路斯岛的首府尼科西亚已经在10万兵力和60门大炮的攻击下陷落。

联合舰队得知尼科西亚陷落的消息，是在去塞浦路斯的航程的二分之一处。9月8日，联合舰队从克里特岛出发前的10天，尼科西亚3 000名士兵几乎全军覆没，尼科西亚陷落了。指挥防卫军的威尼斯贵族们全部战死。

攻陷首府的土耳其军队转向东方，开始了攻击塞浦路斯最强的城堡——法马古斯塔港的包围战。

如果攻陷法马古斯塔港，塞浦路斯全境就完全落入土耳其人的手里了。在法马古斯塔，布拉加丁领导下的威尼斯贵族们定将拼死防御。布拉加丁指挥的防卫军也只不过 5 000 人而已。守卫港口背部的城塞，与科孚岛和克里特岛的城塞一样固若金汤。不过 5 000 与 10 万的差距太大，只有援军才是他们的希望。可是前往塞浦路斯的联合舰队的组成国的意见仍不一致。

代表西班牙的多里亚主张，此时前去已无济于事了，应率领舰队返回。威尼斯诸将的想法当然是继续前行。科隆纳也是继续前行派。

但在讨论是否前进的时候，海上的天气发生了变化——猛烈的暴风雨来袭。多里亚的气势有所上升，未习惯海上的暴风雨的科隆纳开始动摇。

察觉到情况变化的威尼斯舰队总司令官扎内提出了妥协方案：暂且放弃对塞浦路斯救援，就这样北上爱琴海，让舰队避开暴风雨，并进击内格罗蓬特或君士坦丁堡。对此，科隆纳表示赞成，但多里亚反对。

就这样，暴风雨越来越大，时间一天天地被浪费。

9 月 24 日，由 190 艘军舰组成的联合舰队终于决定返回西方。据前去侦察的威尼斯舰船带回的消息，塞浦路斯岛附近海域的土耳其舰队的舰只仅有 165 艘。主张坚持救援塞浦路斯的都是威尼斯人，如威尼尔、奎利尼、卡纳雷等将领。塞巴斯提亚诺·威尼尔以科孚岛施政官的身份，指挥着舰队的一翼。

但威尼斯海军的总司令官是吉洛拉莫·扎内。正是这位总司令，从决定赴塞浦路斯救援，转为进攻君士坦丁堡，最终考虑返回，想法多变。

扎内要求克里特防卫指挥官马可·奎利尼带领克里特岛所属的加莱舰和2 500名士兵救援塞浦路斯。而自己率除此之外的船只，首先驶向克里特，然后再撤回科孚岛。

但是，奎利尼指挥的救援舰队来到塞浦路斯近海后，被海盗乌尔齐·阿里的舰队挡住了去路，无法接近塞浦路斯陆地，只能返回。法马古斯塔最终被放弃。

而从克里特岛、科孚岛返回的威尼斯舰队主力的退路也极为“崎岖”。不断被暴风雨袭击的舰队抵达科孚岛港时，舰船受损情况让当地的岛民大为吃惊。尽管如此，能返回港口还算好的，因为有相当数量的加莱舰行踪不明。

科隆纳和多里亚所率领的舰队前往西西里的墨西拿。他们舰队也在遭受暴风雨袭击之后，回到了秋意渐浓的墨西拿港。在如此恶劣的天气下，一艘舰船也未丢失地返回了出发港，不愧是以海洋为职业场所的多里亚自有的舰队。

1570年的联合舰队，就这样一仗未打地解散了。临近冬天，在塞浦路斯的法马古斯塔，土耳其军队的攻势也稍有松懈。守城的人们好不容易松了一口气，可以度过一个略安稳的季节。

1571年·春：威尼斯

威尼斯特命全权大使索兰佐认为：今年是真正考验联盟的关键一年。

被命名为神圣同盟的教皇主导的对土耳其联合舰队，即使年关更替，只要未达成目标，就会继续存在下去。但其中很关键的是西班牙国王的态度。能使西班牙国王确实站到同一条战壕里的只能是罗马教皇。法马古斯塔的守军还在坚持，今年必须以完美的形式实现联合舰队的出征。教皇执着的说服工作又开始了。而特命全权大使从今年一开始就亮出了手中所有的牌。

索兰佐的祖国威尼斯，也同样谋划着今年的背水一战。

上一年的总司令官吉洛拉莫·扎内被解职并召回国内，以裁决总司令官履职期间有无问题。科孚岛施政官塞巴斯提亚诺·威尼尔接替扎内，任海上总司令官。

威尼斯海军今年增加了一个新的职位，仅次于总司令官，官职名为“普罗维迪托雷·杰尼拉勒”。按实际情况，可译为参谋长、总司令官辅佐、副总司令官等。这项职务的要点是常在总司令官近旁，如威尼尔有问题，马上能取而代之。

威尼斯元老院决定由阿戈斯蒂诺·巴尔巴里戈任职。

这一人选有着深刻的意义。

因为仅次于海上总司令官，所以这一职位的人选当然是以有丰富经历、才能出众的海军将领为佳。在1571年的威尼斯海军中，有两人可以胜任这个职位，即克里特岛海军基地的司令马可·奎利尼及其副官安东尼奥·达·卡纳雷。两人都是待在海上的时间要比待在陆上的时间多的、与海伴生的男人，年龄也相差无几，都比巴尔巴里戈大5岁左右。但威尼斯元老院还是将这两人安排在次于巴尔巴里戈的参谋的位置上。

如果不选威尼尔当总司令官，可能就不会有那样的安排。

塞巴斯提亚诺·威尼尔，当年已经75岁。但这个男人完全没有75岁高龄的迹象。

身材非同寻常地高大，动作虽不像年轻时那么敏捷，但毫无颤巍巍的迹象。肌肉紧绷，开始脱落的头发和覆盖半张脸的胡须都是雪白的，不过，带有血色的肌肤仍然显得十分年轻，敏锐的目光咄咄逼人。肉体上就让人感受到他是做领导的料。

在科孚岛驻扎不足一年，威尼尔就充分获取了在爱琴海海域工作的威尼斯船员们的爱戴，他们给施政官冠以“梅塞尔·巴斯蒂安”的绰号，意即“伟岸的城堡”。

塞巴斯提亚诺·威尼尔的一个缺点是极易发怒。虽然这种脾气比较单纯，可以很快恢复平静，但一旦爆发就很难控制。

代表威尼斯海军的总司令官，不仅要具备军事上的指挥才能，还要具有政治才能。这次海战中，威尼斯处于以基督教同盟为基础的联合舰队中，总司令官更需要这方面的能力。

虽如此，考虑到前一年的失败，今年威尼斯海军的统率者，最重要的是要有坚定的意志与强行实施计划的执行力。威尼斯元老院虽未对威尼尔当总司令官的议案提出异议，还是对这位“火性”的男人有些担心，也因此在“火性”的男人的身边安排了“水性”的男人。

海战经验并不是特别出众，而且到现在为止战绩也不十分显眼的巴尔巴里戈被选中的理由就在此。只是，阿戈斯蒂诺·巴尔巴里戈并不是单纯的“水性”男人。对这一点，元老院的议员们、参与投票的6位元首辅佐官、元首摩切尼哥，都有充分的了解。

1571年1月，巴尔巴里戈乘坐舰身为“威尼斯深红”的旗舰，从圣马可码头启航，离开了祖国本土。一旦有情况，须代替总司令官的参谋长，有乘坐旗舰的权利。

另外，巴尔巴里戈把前一天在圣马可教堂特别举行的弥撒上，供奉在神坛前接受过祈祷的国旗带上了船。那是在深红旗布上用金线绣制了圣马可狮子的威尼斯共和国国旗。这面国旗在旗舰上使用稍微大了一点。这样的国旗在战场上，是挂在船尾舰桥上迎风飘扬的军旗。采取共和制的威尼斯，不允许组成舰队的各军舰挂指挥官的家徽旗。而其他国家的船上，贵族家徽旗会飘扬得五颜六色。只有威尼斯船没有个人的家徽旗，只有威尼斯共和国的国旗。

除了这些国旗外，元首亲手递交的元帅杖也同时登船。这是需要在科孚岛转交给威尼尔的。

另一艘漆成深红色的旗舰与巴尔巴里戈的旗舰同行，这是总司令官威尼尔的旗舰。除此之外，巴尔巴里戈还有将50艘加莱舰、20艘大帆船送达科孚岛的任务。全部舰船与元帅杖、大国旗一起交付总司令官后，1571年度的威尼斯海军将立即开始新的行动。

在威尼斯本土，为补充战斗人员的空缺，海军正在招募士兵。招募目标是5 000人，这一目标一旦达到，所有士兵将被送往科孚岛。

到达科孚岛的巴尔巴里戈会见了从克里特岛近海急忙赶回的威尼尔，完成了派遣时接受的所有任务。

威尼尔很高兴与巴尔巴里戈相隔一年后再会，打趣地说：担任监督可要辛苦你了。这话从其他男人嘴里出来，肯定是讽刺，但从威尼尔嘴里出来就不一样了。威尼尔很清楚自己性格的缺陷，对上峰控制自己脾气的措施，他一点也不见外。

科孚岛的前总司令官扎内，在巴尔巴里戈传达了召回的正式命令后，便乘威尼尔提供的加莱舰返回威尼斯。他在到达后立刻被指控未履行总司令官职务，被判有罪，进了监牢。一直赞同扎内的指挥官帕拉维奇尼也与扎内一起被召回，判处同罪。因 1570 年度联合舰队失败而受到问责的，除此二人以外没有其他人。

威尼斯共和国就这样在各方面布下了决战的阵势。这样的布局能否发挥作用，取决于罗马的态度与行动。

奎利尼、卡纳雷都从克里特岛赶到了科孚岛。实际操控威尼斯海上力量的男人们，聚集在科孚岛的要塞中，连日进行了认真的讨论，其气氛是豪放的。一旦由威尼尔主持会议，就会去掉很多严肃且铺张的宫廷风气。会议简直就像是野战队长们的集会，但参加会议的每一个人都没有忘记，塞浦路斯迎来春天意味着什么。

1571年·春：科孚岛

科孚岛的原住民是希腊人。但由于科孚岛成为威尼斯的殖民地已接近400年，而且是威尼斯特别重要的基地，因此此地的威尼斯移民人数众多。到了16世纪后半叶，科孚岛居民的血统完全与威尼斯移民混杂在一起，已经无法清晰地区分希腊系姓氏及希腊人的来历，或威尼斯系姓氏及威尼斯人的来历。这种情况与同样重要的威尼斯其他基地——克里特和塞浦路斯等地是不同的。

克里特和塞浦路斯因为地处爱琴海，希腊文化的色彩更浓。因此，虽然作为西欧国家威尼斯的殖民地的岁月是相同的，却没有像科孚岛的居民那样，对威尼斯共和国抱有忠心。在克里特，或许是因来自威尼斯的移居者与原住民过度同化，有时这样的人群甚至会反抗本国，而正式统治只有百年的塞浦路斯，统治阶级与被统治阶级的分布，与威尼斯人和希腊人的分布大致是一致的。

另外，科孚岛的自然环境也与克里特和塞浦路斯不同。

科孚岛的自然环境对人类是温和的。当地水资源丰富，湖水滋养岸边的杉树，土地被绿色覆盖，气候温暖。在海外丧命的威尼斯人，如果被葬在塞浦路斯或克里特，遗属们总会留下一丝遗憾，但葬在科孚岛的墓地里就不会产生这样的感觉。岛民们把这些墓地当作同胞的墓地来看待，不会遗弃它们。

阿戈斯蒂诺·巴尔巴里戈在科孚岛的住处，据说是刚刚商务访问过君士坦丁堡的屈指可数的科孚岛大商人的私宅。在威尼斯共和国，像这样军人与商人同在一个屋檐下的情况很常见。

军人年轻时在商船上干活，商人不知道何时会被委派去指挥军舰。外交官、政治家、军人、商人……什么都能干的人才，在人力资源不多的威尼斯一直是被需要的。

而且，这些商人也是宝贵的信息源。巴尔巴里戈从借宿的宅邸主人那里，能详细了解到现在因要与威尼斯开战而闹得沸沸扬扬的土耳其首都君士坦丁堡的情况。

巴尔巴里戈在威尼斯时就知道驻君士坦丁堡的威尼斯大使巴尔巴罗，后者从一年前开始就被软禁于佩拉地区的大使馆中。但巴尔巴里戈并不了解真实的情况，或许只有十人委员会才知道。在威尼斯元老院等处听到的情况是即使在这样的情况下，大使那边的报告也还是没有断绝。

据科孚岛的商人说，报告有时也会在发送途中落入土耳其人的手中。但由于巴尔巴罗大使是用密文写报告的，所以土耳其人无法解读，即使拿到报告也无济于事。他们甚至会找到软禁中的巴尔巴罗，请大使解读内容。当然，大使会帮助解读，但他会把敌人不应了解的事情全部隐藏起来，为土耳其人朗读无关紧要的内容。有一次，这位商人也正好在场，见证巴尔巴罗为土耳其人“解读”密文，却一句也未涉及机密。他赞叹道：大使的欺骗手段十分自然，令人赞叹不已。

即使处于一触即发的紧张状态，人们也不由自主地想窥探各种事物背后的不同状态。即使是在紧张得如绷紧的弦一般的1571年春天的科孚岛，也隔天就会有不同的花朵开放，让人们的身心都能感受到空气开始松弛。

商人的私宅面向小湖。再过几个月，就可以感受湖面吹来的风了，那将是十分舒适怡人的季节。但现在映在湖面上的杉树的绿色还是多少给人带来了一丝寒意。

阿戈斯蒂诺·巴尔巴里戈想起了离开威尼斯那天的早晨。

因为是旗舰出征，以元首为首，元首辅佐官、元老院议员们几乎全员都到圣马可码头送行。身着正装的元首左边是总司令官威尼尔的夫人，再左边是巴尔巴里戈的妻子，他们都身着节日的盛装，华丽地列队。圣马可教堂的钟楼送来祝福的钟声，出港航道两侧排列着的舰船鸣响了礼炮。

深红旗布上，金丝刺绣出的在阳光下闪烁的威尼斯国旗挂在漆成深红的旗舰桅杆上，在风中高高飘扬。圣马可的码头上，停泊着跟随巴尔巴里戈出港的军舰的斯基亚沃尼河岸上，满是为观看华丽的出征仪式而聚集的人。无论是谁都坚信，今年定是要向土耳其发起正面战争的。

与送行的人们相互道别后，站在舰上的巴尔巴里戈在码头上拥挤的人群中，看到了心爱的女人。为何能从如此众多的人中认出她来？巴尔巴里戈自己也觉得不可思议，可是只有她的身姿清晰地映入了眼帘。一直不离开的视线所传递的信息，这边也确实接收到了。女人身旁是她的儿子。少年和其他人一样，大声欢呼着，挥着手。

巴尔巴里戈被选为参谋长，决定向南出发的那天，少年要求他把自己也带去，因为少年听说与巴尔巴里戈一起出发的加莱舰舰长帕克阿里戈12岁的弟弟也一道同行，成为众人的美谈。

但巴尔巴里戈断然拒绝了少年的要求：11岁太小了。少年继续恳求：我马上就12岁了，不是有12岁同行的吗？但巴尔巴里戈没有改变态度。他说服少年：这个年纪，一岁的差距是很大的。少年似乎还不服气，但没有再坚持了。

巴尔巴里戈不仅仅是考虑到少年的年龄才拒绝他的同行的。当然，这也是很重要的因素，不过除此之外，在他内心深处，确有让少年留在母亲身边的想法。女人在男人要出征的那天晚上，虽然没有哭，却用呆滞空洞的声音说道：

“如果你发生了什么事，我就活不下去了。”

男人知道，遇到自己之前，一直养育着儿子，一个人坚强生活过来的女人，在这一年里，因为自己的存在，似乎理所当然地少了许多以前的那种坚毅。

作为出战者，自己并不想说些安慰的话了事。实际上，会发生什么确实是不可预测的。因为这样，他想着如果把儿子带走，少年如果发生了什么，女人必定伤心欲绝。但只要儿子还在身边，即使巴尔巴里戈发生不幸，她也能活下去吧。于是巴尔巴里戈下定主意：即使少年已经 16 岁了，也不会让其同行。

他没有对弗洛拉、对少年提起自己预定回国的时间。确实他本人也不知道，母子俩也没有问这样的问题。但巴尔巴里戈答应给两人写信。

写信是唯一一件让身处科孚岛的巴尔巴里戈烦恼的事。他对各基地要塞的修建、大炮的调整试用、火药的补充、加莱舰的修理等工作早已习惯，不会感到烦恼。特别是在科孚岛，与在威尼斯本土一样，备战工作能得到居民们的全面协助。

他并非不善于书写。毕竟他几乎每天要写一份报告给本国政府，这是作为总司令官辅佐的他的工作。

但他却不知道，给那对母子写信，要怎样下笔才好。

就这样，在处理这事那事的忙碌中，日子过去了。终于，巴尔巴里戈决定写信给母子俩，就像他已习惯写报告一样。

每一天做了什么，与谁见面，去了哪里，虽然只是罗列琐事，但考虑到信在途中落入敌人手中的危险，凡涉及机密的事，不能写在给母子俩的信里。考虑到要有一定的内容，用两天一次发往威尼斯的快速船寄信，就可以用普通邮政的方式发送出去。在这样的不像信件的书信中，要说能窥视到温柔的流露，大概只有信的最后一行的“你们的阿戈斯蒂诺”一句了。

不知为何，表面上看来如此枯燥无味的信件，女人非常喜欢。她的来信也变成了像日记一样的形式，让读到信的男人能够想象在威尼斯的母子互相依赖着生活的每一天。

只是，自巴尔巴里戈这里发出的信件的收件人是女人，但女人寄来的信件的寄件人却一直是其儿子。这对男人来说稍稍有点遗憾。

1571年·春：君士坦丁堡

威尼斯大使巴尔巴罗于一年前的1570年春天开始遭软禁，准确的日期是1570年5月7日。

那天，一支16人组成的耶尼切里，即苏丹近卫军，来到位于佩拉地区的威尼斯大使馆。队长宣读了苏丹近卫军发出的命令：威尼斯大使及其部下全体人员已被视为危险人物，需留在大使馆内，不得外出。

说实在的，这对巴尔巴罗来说有些意外。无视外交官特权的土耳其，一旦与威尼斯开战，不管大使还是其他使馆工作人员，统统都要被关在博斯普鲁斯海峡沿岸的雷米利·希撒利城堡的监牢里。而这次只是禁止从大使馆外出，还是让巴尔巴罗的心情明朗了许多，因为这正是土耳其宫廷内部还有继续与威尼斯保持关系的愿望的证据。

但是，软禁才几个月，某天早上就来了一队工兵，把大使馆的窗户都用木板封上了。从那以后，大使每天过着即使白天也要点蜡烛的日子。尽管如此，当局也没有将所有使馆人员投入大牢。

即使在这样的状态下，大使都没有忘记向祖国发送报告及与土耳其宫廷内的稳健派首领、宰相索克卢保持联系。

先来看看发送报告的手段。虽说使馆的窗户都被木板封死，但并非就此无人造访大使馆。实际上，禁止访问是不太可能的。

来访者大部分是还在君士坦丁堡从事经济活动的威尼斯商人。他们需要向威尼斯本土、威尼斯的其他商业基地及遍及欧洲主要城市的各分店发送商务交易信息。

当时西欧各国中，与土耳其之间有定期邮政制度的国家只有威尼斯。而负责这项业务的部门，也就是邮局，设在威尼斯大使馆里。这样一来，不仅是威尼斯商人，其他国家的商人，都不能不前往威尼斯大使馆。

而且，大使也可以通过邮局发送绝密文件。威尼斯的市民一般会认为商人与间谍是一回事，这在当时几乎是常识。而且基本没有例外，谁都愿意接受大使的委托。即使发送表面上像商务通信那样的绝密文件，也没有人拒绝让大使借用自己的名字。

既然与西欧的定期邮政只能委托威尼斯大使馆办理，驻君士坦丁堡的其他国家的大使们，通常也都使用威尼斯邮政。业界对由商业需求产生的经由威尼斯向西欧寄送邮件的通信制度的速度、安全性、保密等方面的信用度的评价是很高的。当时的法国从与西班牙对抗的意图出发，会积极地做对威尼斯有利的事。要从这里寄信给法国驻威尼斯大使，也能寄到。

但不相信其他国家的人的威尼斯不用这样的方法。不仅如此，“邮局”特别保证，各国大使使用威尼斯大使馆“邮局”发送给本国的报告将快捷、安全、准确地到达，不过与此同时，大使馆也没有忘记在发送前扫一眼文件上的文字。

这个定期邮政制度并非绝对安全。因为这个制度很重视速度和定期性，所以从君士坦丁堡到威尼斯不光使用海路，很多情况下从君士坦丁堡到亚得里亚海沿岸城市加茨塔罗是走陆路的，然后用快速船将邮件送达威尼斯。陆路大部分是在土耳其领土内，因此，每当威尼斯与土耳其关系紧张时，土耳其就会策划截获邮件。这种情况下，“邮局”会改变投递人员出发的日期，或命其伪装等，尽管如此，还是会有一些邮件落入土耳其人的手中。

这样一来，威尼斯大使的报告就必须写成密文。用柠檬汁和牛奶混合成的墨水来书写密文的做法在中世纪很普遍，这样写出的字会消失，但用火烤后字又会显现出来。可惜土耳其方面已经破解了这种加密方法，因此已经很久没有人用了。

威尼斯外交负责人使用的密码，有从简单到复杂的好几种。而且不是一个时期用一种，而是同时使用这些密码。

第一种方式是按照事先做好的圆形图表写密文。圆形图表最外侧写本国语言字母，接下来向内一圈是拉丁语，再向内是希腊语或土耳其语，朝着圆心按圈分别写不同国家的语言。这个方法使乍看像是用拉丁语写的文字，也可以用意大利语读取信息。

第二种方式是发送者和接收者预先约定每个字母代表另外一个字母的规则。如写的是A，实际表示S，而写的是B，实际表示A。

第三种方式是朝右横向分行书写。第一个字母写好后，在第二行写第二个字母，第三个字母再写在第一行，第四个字母再写在第二行，依次写成两行。如表示舰队的FLOTTA，写作：

FOT

LTA

但这样排列的缺点是一看就知道这写的是密码，因此还是使用第四种方式的人比较多。

第四种方式乍一看是五线谱。但一个个蝌蚪（音符）代表一个个字母。因此，接收者只要在乐谱的“蝌蚪”下面写出对应的字母，文章就会显现出来。

相关人员都认为这是很聪明的方法。于是，就有人议论从君士坦丁堡的威尼斯大使馆向本国发送大量乐谱的奇谈。显然，这样的奇谈会引起土耳其方面的注意。因此，保险起见用这种方式写的密文不走“邮政”渠道，而是让回国的商人带回，或是先发送到克里特岛，然后再发送回国内——能想到的方法都已用上。

巴尔巴罗大使在包括3年软禁时期的整个5年任期中，历经种种艰辛，向国内发送了超过400份报告。这还只是本国政府接收到的数量。而这些报告大半是用密文写的。

土耳其方面最终没能解读出这些密文，因此就有了无法读懂截获的邮件，于是拿着报告到被软禁的巴尔巴罗那里，让他来解读的趣闻。巴尔巴罗大使理所当然地读出了与密文用意相反的，却是土耳其人希望听到的文章。

与土耳其宫廷内稳健派的联系也是用以下极其保密的方式进行的。

其中一个联络渠道是名叫阿修可纳奇的犹太医生。但有一次，这位医生被强硬派的头目、苏丹的第一亲信、极有权势的皮拉尔帕夏叫住，追问他屡次进出宰相宅邸的目的是什么。

虽然阿修可纳奇巧妙地敷衍了过去，但他立刻觉察到危险迫在眉睫，不禁害怕起来，马上向宰相和巴尔巴罗报告：一定有人泄露了秘密。

犹太医生与宰相见面时在场的翻译嫌疑最大。犹太医生的土耳其语不太好，宰相身边的翻译经常会在场。

这个怀疑似乎是对的。宰相与巴尔巴罗大使通过阿修可纳奇协商后决定除掉这个翻译。配制毒药的是犹太医生，用毒药的是宰相，行动成功了。在用密码写成的一份密文中，巴尔巴罗大使向十人委员会报告：

“5 天前，医生完成了任务。”

那是 1571 年的 2 月 19 日的事。

在交战国执行任务的外交负责人的辛苦，如上文所述，是没完没了的。但在友好国家罗马进行工作的威尼斯外交官，其任务也完全说不上轻松。

1571年·春：罗马

对于被派遣至罗马的威尼斯特命全权大使索兰佐来说，1570年至1571年的冬天显得特别漫长、严酷。他必须在春季想方设法促使各方结成有实际效力的神圣同盟。

对他来说，希望之所在就是那位仅食鸡蛋却活力不衰的教皇庇护五世的十字军精神。

3月，一旦去往欧洲各地的旅行稍稍变得便利，怀揣着教皇亲笔信的枢机主教们就开始奔赴各国的宫廷。

但在主教们出发前索兰佐就预计到，结果不会令人满意，因为王侯们有各自政治上的考虑。另外，庇护五世迄今为止的反宗教改革言行引起了他们不小的不满。

君临德意志、奥地利、匈牙利的神圣罗马帝国皇帝马克西米利连二世，为躲过土耳其帝国针对自己国家的进攻，就在前些年，刚刚与苏丹塞利姆缔结了互不侵犯条约。显然，他的回答不能令教皇满意。

法国虽在查理九世的治下，但摄政的是太后卡特琳·德·美第奇。法国国内天主教与胡格诺派之争趋于白热化，使其可能连参加同盟的从容都没有。另外，由于与西班牙敌对，法国更倾向于与土耳其结盟，要求他们参与以土耳其为敌的同盟，明眼人都知道这样下去会是什么结果。

英国是伊丽莎白一世女王当朝，到达伦敦的教皇特使连会见女王的机会都没有。公开支持玛丽·斯图亚特的庇护五世曾大言不惭——若有可能，宁与伊丽莎白拔刀相见——因而惹怒了女王。可以想见，英国连一个骑士都不会派遣的。

葡萄牙国王的回答也是否定的。德国的新教诸侯对教皇的呼吁置若罔闻。路德曾抛下狠话：土耳其人比罗马教皇正确十倍。

虽然以马耳他岛为根据地的圣约翰骑士团消灭伊斯兰教的十字军精神不亚于庇护五世，但6年前在与土耳其的拉锯战中耗尽了全力，要爽快答应教皇的要求，也有力不从心之处。尽管如此，骑士团长依然承诺率3艘加莱舰参加同盟。

其他承诺参加的都是意大利领内的小国：曼托瓦公国、费拉拉公国、萨伏依侯国、乌尔比诺公国、卢卡共和国、热那亚共和国。其中，能提供少量加莱舰的仅萨伏依和热那亚两个国家。其他小国仅有君主的亲属、贵族等率士兵参加，即仅有战斗人员参战而已。同盟国都是领土面积较小的国家，无一是16世纪西欧的主角。

以佛罗伦萨为首都的托斯卡纳大公国也被列入了承诺参加的国家名单里，但这个国家主要是为教廷分担协议中要教廷承担的部分。教廷没有海军，同盟的倡导者教皇在军事方面没有力量，导致了前些年的失败，这种情况不应再重复了。于是，教廷向想要成为海运国家、正在建造船队的托斯卡纳大公国提出了要求。

大公美第奇为巩固本国的君主制接受了教皇的这个特别要求。大公答应将提供 12 艘加莱舰及其所需的战斗人员。实际上这是组建了一支托斯卡纳大公国的教廷舰队。

综上所述，从现状看，对抗土耳其的联合舰队的主要参加国与去年一样，只有西班牙和威尼斯。教皇特使的工作重点在马德里宫廷。关键就看西班牙国王腓力二世是怎么想的了。

这件事并不简单。三四月间，罗马和马德里之间书信与人员不断往来。威尼斯始终坚持让教皇站在说服西班牙国王的第一线。驻马德里的威尼斯大使显得很活跃，但他的目标只有坚定西班牙国王承认威尼斯开战的意志这一点上。对于西班牙国王来说，这显然是难以拒绝的良策。

西班牙王国不满威尼斯共和国的理由有三。

一、能阻挡西班牙统治整个意大利半岛目标的唯一一个意大利国家就是威尼斯共和国。

西班牙已成功占有了从那不勒斯到西西里岛的南意，以及以米兰、热那亚为中心的北意，并让西班牙女人嫁给托斯卡纳大公，成功地将托斯卡纳大公国置于自己的影响下，甚至很大程度上影响了反宗教改革派主导的教廷。对西班牙来说，阻挡其目标的唯一且强大的抵抗势力就是威尼斯共和国。

二、与以不宽容的反宗教改革运动策源地自诩的西班牙不同，同样是天主教国家的威尼斯，却以对信仰其他宗教的民族保持宽容的民族性作为国家的传统。

威尼斯有着以政教分离的立场不与教廷保持一致的悠久历史，且保持信教自由，这样的国家在当时的西欧几乎是绝无仅有的。

无论遭受宗教法庭迫害的不幸之人身份如何，成功逃脱后只有进入威尼斯领内才能从心底感到安心。教皇认定的不适合基督徒阅读的禁书，在威尼斯都能买到且可以自由阅读，不用担心因此被处以火刑。在威尼斯，路德的作品、马基雅维利的作品、古代的爱情诗都堂堂正正地排列在书店里。

三、虽同是拉丁民族，西班牙、威尼斯两国的民族性可以说差异极大。威尼斯绝对不会产生《堂吉诃德》。由此种种，两国的对立必然是民族性的和历史性的。

但两国的关系在当时异常复杂，并非互相敌对就可了事的。

在这个时代，威尼斯共和国仅凭本国之力不可能应对土耳其的威胁。而另一方面，西班牙王国想要满足自身对北非领土的欲望，威尼斯的海军力量是不可或缺的。

也就是说，这两个国家既是敌人，又是相互需要的合作者。虽然互相为对方国力的减退而高兴，但如果没有了对手，其结果是什么也做不了。而在超越利害的信仰世界里，两国已经完全无法融合了。

因此，在不明实情的人的眼里，在罗马展开的以教皇为中介的两国交涉是肯定要决裂的。但比谁都需要联合舰队的还是威尼斯共和国。3月，威尼斯政府告知了索兰佐特使妥协的底线。

神圣同盟的联合舰队规模定为军舰200艘、战士5万人。舰队的规模若是再小，就无法对抗土耳其舰队了。

对于这支联合舰队，各国（主要是西班牙和威尼斯）的参与比例成了首要问题。

比例不仅限于军舰。加莱舰之间的海战，最终肯定是近距离的白刃战，战士的重要性与军舰的重要性大体相同。

有关这个问题的谈判，要看索兰佐特使讨价还价的本领了。前一年，西班牙只派遣了多里亚的雇佣舰队，如果今年还是如此敷衍了事，事情就完了。这次，无论如何都需要西班牙把舰队拿出来。不仅是舰只和士兵的问题，更是西班牙国王直接参加的分量问题。

战士所需经费的分担方式定为：

西班牙——六分之三

威尼斯——六分之二

教廷——六分之一

军舰的分担比例如下所示：

西班牙——共 73 艘

（来自西班牙港的 15 艘，来自西班牙统治下的那不勒斯、西西里的 36 艘，雇佣兵队长多里亚所有的 22 艘）

教廷——12 艘

威尼斯——110 艘

其他意大利国家——11 艘

圣约翰骑士团——3 艘

总计——209 艘

这不是根据已决定的各国分担比例而得出分担数，而是各国能负担的数字就是各国最终分担的数量了。另外，这个数字还只是预定数，在舰只到集结地抛锚之前，实际的参加数还是不确定的。甚至连集结途中遭遇事故等，也需要考虑在内。

第二个问题是战略目标。

前一年失败的主要原因就是战略目标不明确，于是，今年威尼斯坚定不移地表示联军必须将战略目标的细节都写清楚。

威尼斯的真实意图在于救援塞浦路斯。

西班牙想利用联合舰队攻占北非。

教皇则认为只要与伊斯兰教作战，无论在哪里都无所谓。但当时基督教徒与伊斯兰教徒实际发生战争地方就在塞浦路斯，所以联合舰队的前进方向应该是东方。

西班牙认为自己拥有能左右局面的力量，坚决反对将战略目标局限于东地中海。这并非没有道理，教皇首先开始摇摆，威尼斯也只能妥协。

最后的决定是，无论东地中海还是西地中海，只要前往敌人所在的地方作战即可。在这样的方针下，决定细化如下：

威尼斯共和国的领土遭到土耳其侵略时，西班牙王国及所有同盟参加国有义务救援。同样，西班牙王国领土遭土耳其侵略时，威尼斯及同盟各国也有义务救援。

这是索兰佐大使明确记载的为救援塞浦路斯所做的努力中，有所收获的一项。在他看来，现在被土耳其侵略的就是威尼斯的领地塞浦路斯。但想法和明确记载还不是一回事。

决议事项中还添加了以下几项：

神圣同盟联合舰队，每年 3 月完成准备，4 月出征。话虽如此，在 1571 年的 3 月和 4 月，同盟国还在谈判中。

与土耳其军队作战而得到的领土，归还给以前的领土所有国。但突尼斯、的黎波里、阿尔及利亚的领土为西班牙王国所有。

由于威尼斯不能再从土耳其进口小麦，西班牙国王保证将南意普利亚地区出产的小麦出口给威尼斯。南意当时是西班牙王国的领地。

但最大的难题还是总司令官的人选。

威尼斯与前一年一样，坚决反对推选吉安德里亚·多里亚的西班牙方案，而西班牙则反对威尼斯海军总司令官塞巴斯提亚诺·威尼尔提出的威尼斯方案。教皇的妥协方案是马卡提尼奥·科隆纳，可这一方案威尼斯不满意，西班牙也表示难以接受。谈判在这个问题上遇到了障碍。

进入 5 月后，威尼斯同意了西班牙提出的第二个方案——奥地利公爵唐·胡安，解决了难题。威尼斯害怕再这样坚持下去，前面所谈的都会作废，因此接受了折中方案。

只是唐·胡安这个人是否有担任联合舰队总司令官的能力，连马德里都没能对此给出明确的回答。威尼斯海军将领更是普通持怀疑态度，很多人连他的名字也未听说过：唐·胡安？是谁？

有一种重要人物突然在国际舞台上登场的感觉。这个突然出场、一般被称为“奥地利公爵唐·胡安”的男人，当年 26 岁，是西班牙国王腓力二世的异母弟弟。

但这两个人并不是作为兄弟一起成长起来的。唐·胡安是已故西班牙国王卡洛斯与德国贵妇人的孩子，1545 年在南德的雷根斯堡出生，由卡洛斯的亲信秘密地抚养，直到他 14 岁。13 岁时，父亲卡洛斯去世，已成为西班牙国王的腓力二世第二年正式承认 14 岁的唐·胡安为兄弟。

当初，唐·胡安被指定进入圣职界，但随着成长，他开始关注军事世界。兄长腓力二世可能看到了他在这方面的利用价值，就有了把军务交给他的想法。

23 岁的唐·胡安参加了阿尔及利亚战争。第二年，他在清除南西班牙伊斯兰势力的战争中担任了总指挥官。

这是他到1571年为止的战绩。虽然都是胜利者，但毕竟只是陆上战争，海战的战绩为零。对威尼斯海军将领们来说，怎能让这样一个年轻时养尊处优的贵公子来指挥200多艘舰只的大舰队？可以想象他们心中的不安。尽可能消除威尼斯方面的不安，也成了索兰佐大使要完成的任务。

王弟出马，虽不如国王亲自出马，但从神圣之师的威信来说，与让雇佣兵队长多里亚当总司令官，有着不可估量的差别。

威尼斯大使以这样道义之说作为前提，阐述了威尼斯方面接受唐·胡安任总司令官的理由。但其真实意图是由此最终挫败让十分靠不住的多里亚任总司令官的方案。

但威尼斯方面对唐·胡安的能力仍有不放心的地方，所以提出了以下提案。

联合舰队总司令官唐·胡安须与威尼斯海军总司令官威尼尔、教廷舰队总司令官科隆纳商讨全部事宜，所有命令需三人同意才能执行。

腓力二世接受了这一提案。他可能在考虑，一旦将总司令官的位置占为己有，这位弟弟会有自作主张的可能性。

既然同盟的倡导者是教皇，那么教廷舰队的负责人应担任副总司令。同盟对这样的人选也附上了同样的条件。

一旦总司令官不能指挥，副总司令官立刻取而代之，进行总指挥的工作。以前一年的情况看，科隆纳在这方面的能力也是不能令人放心的。把这么大的舰队的指挥权委托给两个外行人令人担忧，但通过添加上面的条件，或许能稍稍缓解一下这样的担忧。

舰队的集结地定为西西里的墨西拿。

但集结的日期还无法明确。因为除了威尼斯海军，需要从现在开始集中舰只与人员的国家有很多。连威尼斯海军，也有来自本土的 5 000 名士兵还未到达科孚岛。

1571 年 5 月 25 日，聚集在罗马的同盟国代表签署了协议，神圣同盟正式启动了。

在圣彼得大教堂举行的特别弥撒上，要挂在总司令官旗舰桅杆上的同盟旗被供奉在神坛上接受了祈祷。同盟就像难产后出生的孩子，想要顺利成长，还需等待几个月。

6 月 18 日，在君士坦丁堡的威尼斯大使巴尔巴罗接到了十人委员会发来的秘密指令：中止与土耳其维持和平的尝试。

威尼斯共和国至此只有战争一条路了。据巴尔巴罗大使发出的密文，阿里帕夏指挥的大舰队已离开土耳其的港口向南进发。

1571年·7月：墨西拿

同盟成立后，可能是因为舰队规模小，首先顺利开始行动的是科隆纳指挥的教廷舰队。

6月15日，马卡提尼奥·科隆纳接受了人们盛大的送别后离开了罗马，到达罗马教廷的主要港口——奇维塔韦基亚。乘在旗舰上的人们也跟着到达了。一行中，除了教皇的侄子、科隆纳家的多位贵族，还有科隆纳的仇敌奥尔西尼家的男人们。这样的阵势犹如罗马贵族全体出场。另外还有25名瑞士枪手和180名步兵，他们是教皇从罗马的守备队中拨出的士兵。

在奇维塔韦基亚港口，托斯卡纳大公提供的12艘加莱舰全部入港。在这些船上，乘着很多穿着当时盛行的宗教骑士团、圣斯蒂法诺骑士团制服的佛罗伦萨贵族。

没有非凡的才能，但十分忠诚的科隆纳向意大利诸国发布命令：舰只一旦准备完毕即向墨西拿集结。6月21日，他率领12艘舰船离开奇维塔韦基亚，驶向下一个港口——那不勒斯。

6月24日，科隆纳率领的舰队进入那不勒斯港。原定的计划是在那不勒斯与来自西班牙的唐·胡安及西班牙舰队主力会和，一同前往墨西拿。为此，科隆纳将本应由教皇亲自授予唐·胡安的、接受过祈祷的同盟旗带来那不勒斯。没有这个仪式，唐·胡安就无法作为神圣同盟总司令官名正言顺地开展工作

然而，王弟胡安却一直没有到达。统治着那不勒斯到西西里的南意的西班牙，把代行国王权限的总督置于那不勒斯。科隆纳询问那个总督，得到的回答是：没有唐·胡安的任何消息。

感到十分困惑的科隆纳，决定将同盟旗寄放在总督处，自己先前往墨西拿。忠诚的科隆纳将庇护五世实现联合舰队的热情当作自己的追求。他认为造成教廷舰队到达墨西拿的既成事实比较有利，这是他在那不勒斯等待3个星期之后得出的结论。

7月15日从那不勒斯出发的教廷舰队沿着第勒尼安海一路南下，于7月30日傍晚驶入墨西拿港口。

位于西西里岛的东端，被狭窄且水流速度很快的海峡隔开的，就是与意大利半岛隔海相望的墨西拿港，早在一周前，威尼尔指挥的威尼斯舰队就已经到达。

但威尼斯舰队的率先到达并非理所当然，而是做出痛苦选择后伴随着牺牲的结果。

土耳其舰队在主力出发前就命令乌尔齐·阿里出东地中海，

频繁进行骚扰作战。

意大利出身的原基督教徒——海盗乌尔齐·阿里率领12艘快速加莱舰，集中袭击救援塞浦路斯的威尼斯船只。海盗经历使得他对地中海就像对自己的手掌那样熟悉。由于船小，行动敏捷，刚才还在塞浦路斯近海的加莱舰，转眼就在罗得岛附近的海上现身。在克里特岛南岸进行破坏后，乌尔齐·阿里舰队又在马耳他岛附近海域出没，而且居然在威尼斯舰队停泊的科孚岛海域，取得了击沉3艘驶向塞浦路斯的大帆船的战果。这个男人纵横驰骋，使得从威尼斯往塞浦路斯的航路在克里特以东的海域功能失常。

为此，威尼斯在科孚岛和克里特岛派驻了舰队，这使得乌尔齐·阿里再怎么狡猾多端，也无法潜入亚得里亚海。

但这种状况，在科孚岛和克里特岛的威尼斯舰队驶向墨西拿后，就没法维持了，因为推迟去墨西拿，就是推迟联合舰队的出征日期。威尼斯海军总司令官塞巴斯提亚诺·威尼尔被迫做出了痛苦的选择。

结果，威尼尔决定只率领在科孚岛的舰队前往墨西拿，给在克里特岛的舰队下达了接到命令立刻向墨西拿结集的指令。为实现联合舰队的出征，威尼尔将克里特岛附近的爱琴海以及从那里到科孚岛的伊奥尼亚海暴露在无防备的状态下。以其现在的兵力，显然无力既在科孚岛和克里特岛配置舰队，同时派舰队增援墨西拿。

威尼尔带到墨西拿的是58艘加莱舰和6艘加莱塞炮舰。马可·奎利尼则将从克里特岛出发，率领60艘舰船驶抵墨西拿。

威尼尔自然不能再用笑容来迎接一个星期后才到达的科隆纳。在听到科隆纳在那不勒斯等待唐·胡安，却连消息也没有得到的解释时，威尼斯海军将领的怒火爆发了。

36岁的马卡提尼奥·科隆纳偏矮、偏瘦。虽然还年轻，但他的头发已开始稀疏了，眼睛显得很大，给人一种虚弱儿童长大成人的印象，因而外形与武将不太相符，更容易让人联想到在宫廷里的办事的人。

在这样的男人的面前，站着个头比普通人高，身板也比普通人阔，白发直立的威尼尔。即使威尼尔不发怒出声，看上去也像大鹫在威吓鸽子。

不过，马卡提尼奥·科隆纳是深受教皇庇护五世信任的亲信，而且出身于罗马最高贵的科隆纳家族，与西班牙王室有着良好的关系。对于威尼斯来说，这样的人不应是威吓的对象。在场的巴尔巴里戈，随即通过改换话题缓和了现场气氛。

阿戈斯蒂诺·巴尔巴里戈向科隆纳询问了指挥西班牙舰队的多里亚的消息，忠厚的科隆纳这才松了一口气，回答了这个问题。然后，两人转而议论起提供少量舰船的几个小国，议论了多里亚何时可到墨西拿的话题。但这个问题，科隆纳也不知道确切的答案。最后，威尼尔、科隆纳、巴尔巴里戈三人虽未说出口，但心里都认为：所有事都要等唐·胡安抵达后才能见分晓。

成为所有人关注焦点的奥地利公爵唐·胡安已于6月6日从

马德里启程前往巴塞罗那。圣克罗齐侯爵在巴塞罗那港等候他。随侯爵来的加莱舰也准备完毕，处于随时可以出港的状态。

但出港的日期每次以数天为间隔，不断地向后拖延，因为腓力二世命令舰队将结束了对西班牙哈布斯堡家族的访问，将要回国的两位德国哈布斯堡家族的公子送到热那亚，但这两位公子的出发准备还没有做好。

唐·胡安在夏日的巴塞罗那继续等待着。7 月 20 日，两位公子到达港口，终于能出发了。从唐·胡安到达巴塞罗那算起，已过去 43 天。

一行人抵达热那亚已是 7 月 26 日，但还是不能马上离开热那亚港，因为有欢送德国的两位公子的宴会，唐·胡安不能缺席这些宴会，所以 3 天时间又泡汤了。当然，在这里——热那亚，还有让 6 000 名德国兵、2 000 名意大利兵、1 500 名西班牙兵上船的工作。

当时的舰队，并非全船的武装都完成才起航。在加莱舰上，一般只有指挥官一队人与划桨手上船出港，在途中的停靠港再让战士上船。这些被雇用的普通战斗人员要在各个停靠港集合，等待要乘的舰船到达。因此，舰队需要经常停靠港口。

但这通常指的是将囚犯用作划桨手的西班牙船，传统的威尼斯船划桨手也是受雇的自由民。一般惯例是离开本国港口时只有指挥官和船员上船，在停靠亚得里亚海的港口时，划桨手和战斗人员上船，到科孚岛时，全船的武装大体上完成。

唐·胡安从西班牙调来的舰队需要在热那亚进行武装。舰队从热那亚向那不勒斯进发已经是 8 月 5 日。

到达那不勒斯港是 8 月 9 日。接受教皇授予的基督大军旗和元帅杖的仪式等程序花费了 10 天。唐·胡安率领的舰队出现在墨西拿的海面时，已经是 8 月 23 日的傍晚。

1571年·8月：墨西拿

年轻贵公子的身姿终于出现——没有派预告艇，唐·胡安的旗舰突然驶入墨西拿港。

夕阳就要在对岸的山峦中落下，海峡的傍晚风平浪静，在一片金黄色的光辉中，舰队到达。

科隆纳和威尼尔都没有时间让港内舰队列队迎接总司令官的船舰进港。尽管如此，还是从陆上传来了迎接的礼炮声。也许是想要一睹总司令官真容的好奇心使然，在急忙出迎的船上，教廷和威尼斯的高官们都聚集到船头，注视着逐渐靠近的极其豪华的舰船。船头上站着的青年就是唐·胡安。

身材高挑，即使金色夕阳从他身后照耀，人们仍能辨明年轻人洁白的皮肤。他有着蓝色的眼睛，闪闪发光的金发。仅从站姿上，就能推想这是一个举止优雅的男人。

青年辨认出左右排列来迎接自己的科隆纳和威尼尔的船，第一次露出微笑。那微笑里充满了只有自然而然地意识到自己出身的人，才能酝酿出的从容和温柔。

港湾里停满了船，甲板上和码头上挤满了等待的人，欢声四起。“唐·胡安”“唐·乔万尼”等西班牙语和意大利语的呼声在狭窄的海峡里回响。对此，年轻的贵公子一直报以极其自然的微笑，举起手回应着。

对以共和制为豪的威尼斯人来说，这是无论怎样也得不到的一种东西。共和制的威尼斯不存在只要露出身姿，就能在人群中间引起某种感情的东西。

威尼尔和巴尔巴里戈，在见到等待了很久终于到达的总司令官后松一口气，同时不得不承认在这样的层面上，唐·胡安的存在是有理由的。虽然还是存在着这个年轻人能否真正履行总司令官职务的问题，但至少年轻的总司令官的出现，确实让船员和士兵们心中有了光明和真实的前景。

考虑到长途旅行的疲劳，那天晚上连欢迎宴会都没举行。参战各国司令一起出席的作战会议改在第二天召开。

只有科隆纳以副总司令官的身份与唐·胡安进行了一次会谈。这一个小时左右的会谈说了些什么，谁也不知道。但根据科隆纳后来寄给教皇的信件推测，会谈的目的是与刚到达的唐·胡安确认所有事项由三位司令官一致同意才能决定的原则。

也许科隆纳凭着只有宫廷人才有的敏锐，开始十分在意与唐·胡安形影不离的雷克埃索斯的存在。这个西班牙人接到腓力二世的命令，作为唐·胡安的顾问跟随其左右，说到底，就是一个监督者。而科隆纳希望两人间的会谈在那个人物不在场的情况下进行。

第二天，即24日，联合舰队在总司令官的旗舰上召开了第一次作战会议。

主持会议的是唐·胡安，威尼斯方面的出席者是威尼尔和巴尔巴里戈，教廷方面是马卡提尼奥·科隆纳和战斗员指挥官普洛斯佩罗·科隆纳，还有萨伏依、热那亚、马耳他等派船只和人员参战的国家代表，以及佛罗伦萨、卢卡、费拉拉、曼托瓦等只派人员参战的国家代表。

雷克埃索斯坐在唐·胡安的背后。西班牙国王给他的密令是，尽可能地推迟联合舰队出发的时间，即使无法再推迟，也要把目的地转向北非。

第一次作战会议在确认军舰的数量、乘员数目等事项上花了不少时间。西班牙方面的拖延战术在作战会议的第一天就被威尼斯方面注意到了。在返回自己的船的摆渡小船上，威尼尔用怒气冲冲的语调对巴尔巴里戈说：

“一帮比阴阳怪气的马德里的阴谋家更适合当他们的国王的人！”

第二次作战会议决定派遣侦察船。对需要更详细地了解敌方的动作这一点，谁也没有异议。

但雷克埃索斯建议用西班牙的船执行这个任务。对此，威尼尔坚决反对，他提出：我们最了解东地中海。但西班牙方面不同意只派威尼斯船只去侦察的方案。最后决定采用由科隆纳提出、唐·胡安赞成的折中方案：派出舰长为西班牙人，船员队长为威尼斯人的侦察船。

在这种情况下，连日召开的作战会议的进展不得不放缓。语言也成为拖累会议进展的因素。

因为西班牙人用西班牙语说话，不懂西班牙语的威尼尔需要翻译。虽然科隆纳可以担任翻译，但威尼尔不相信被视为西班牙派的罗马贵族的翻译。因此，虽然说得不太好，但能说西班牙语的巴尔巴里戈在西班牙语、意大利语之间切换，使得双方能够沟通。

没有翻译也不是完全不能沟通，毕竟无论是西班牙方面还是威尼斯方面，相互间多少都能说一点对方的语言。尤其是愤怒的言辞，不知为何，即使不翻译，也能立刻相互理解。

9 月 2 日，由奎利尼率领的来自克里特岛、由 60 艘战船组成的威尼斯第二舰队进入了墨西拿港。同一天傍晚，从热那亚启航的 22 艘多里亚的舰船进入墨西拿港。第三天，圣克罗齐侯爵率领的南意大利舰队也终于到达。

这样，预定的全部舰只都已抵达。在总司令官旗舰上举行的作战会议上，马可·奎利尼、吉安德里亚·多里亚这些在地中海连土耳其海盗都知道的人物坐在了一起。作战会议有这样两位老练的海军将领在，许多具体事项终于可以逐一决定了。但唐·胡安的顾问雷克埃索斯却坚持要等侦察船回来。这并非没有道理，于是下面能做的事只有等待。于是，各将又过了无所作为的4天。

只有威尼斯的指挥官们为了随时都能出港，没有使用墨西拿市提供的住宿，一直在停在港口的船上寝食。然而，现状是连出港日期都无法确定，他们处于如承受永无终点的拷问一样的状态中。

威尼尔的愤怒即将爆发，副官们虽因威尼斯的立场不能任由他这样爆发，但感情上跟他一样都已经处于爆发的边缘。

法马古斯塔守军已坚守了一年，现在要塞依然在威尼斯人的掌控下。但要求守城军坚持更长时间就太残酷了。而在联合舰队上赌上全部力量的威尼斯，已没有向塞浦路斯提供援军和物资的能力。

不仅如此。威尼斯几乎将海军的全部力量都转移到了墨西拿，所以处于无防备状态的希腊近海区域，几乎等于让土耳其的力量任意行动。

在从君士坦丁堡南下的土耳其舰队里，承担先锋任务的海盗乌尔齐·阿里已经超额完成了任务。

克里特岛的港口中，干尼亚和雷提莫被掠夺，甚至连科孚岛港口的一部分也被烧毁。此后，沿亚得里亚海北上的乌尔齐·阿里不断袭击达尔马提亚地区沿岸的威尼斯基地，掠夺了柯佐拉的岛屿。

柯佐拉位于亚得里亚海的中间。威尼斯本土也以防万一加强了防备。不久，有消息称土耳其舰队主力也正在接近这一地区。在这种状态下，要把好不容易招募的 5 000 名战士送到墨西拿去几乎成了梦幻。如果强行运输，那么在离开亚得里亚海之前，他们就可能成为土耳其舰队的饵食。

这些情报，也逐一报给在墨西拿的威尼斯舰队。但他们什么也做不了。现在唯一能期待的就是作战会议的决定。

9 月 7 日，期待已久的侦察船终于归来。按威尼斯方面的主张，西班牙舰长与威尼斯队长分别报告。

威尼斯方面并非多心，因为两人的报告内容，几乎可以分为悲观和乐观两种。

西班牙舰长的报告内容如下：

由 200 艘军舰及百艘运输船组成的土耳其舰队，从科孚岛转向勒班陀。

在出席作战会议的人中，不熟悉东地中海的西班牙人及其他国家的人，此时是第一次听到“勒班陀”这个地名。威尼斯人必须为各国介绍勒班陀近海的情况。

威尼斯队长的报告内容如下：

状态相当良好的加莱舰150艘，其他小型运输用船约100艘是目前土耳其舰队的实际配置。炮火武器方面，土耳其舰队相对较弱，与威尼斯舰队相比相差一个级别。另外，封锁作战貌似成功的乌尔齐·阿里的舰队为与主力会合正在南下中，但其规模和在勒班陀停泊的船的数目不明。

作战会议的大多数参会者似乎更注意倾听威尼斯队长的报告。虽只知晓目前的状况，会议还是决定举行阅舰式。

9月8日，在墨西拿港口，联合舰队所有舰船参加了阅舰式。

所有能进入战斗状态的舰船被挑选出来列队，总司令官唐·胡安率全体高官乘坐加莱舰在队列前缓缓驶过。

203艘加莱舰、6艘加莱塞炮舰、50艘被称作福斯塔的小型加莱舰以及30艘用于运输的大帆船参加了阅舰式。所谓福斯塔，是后来成为护卫舰的词源的一种船，有张三角帆的两根桅杆，需要30名划桨手，配置10名船员，是传令和侦察用的快速船，一般各部队配备两艘。

参加阅舰式的各艘舰船上，船员和划桨手自不必说，战士也与出征时一样全体上船。各艘船上飘扬着各种各样的国旗和家徽旗，从教皇的外甥到普通兵卒，所有参战者身披甲胄或战斗服，持武器在甲板上列队。

当唐·胡安的船通过时，列队人群不谋而合地喊起了口号。在南国的蓝色天空下，在接近深藏蓝色的南海上展开的阅兵，一定让参加的人们激动不已。这种场面，对年轻的唐·胡安来说刺激更加强烈。

唐·胡安的内心在逐渐改变，以阅舰式那天为界，达到了其意已决程度；但贯彻腓力二世的意图，一刻也不离开总司令官的两个西班牙人似乎没有注意到这样的变化。雷克埃索斯过于相信国王赐予自己的地位，而唐·胡安专用的告解神父弗朗西斯科则过于相信自己的神所赐予的立场。

然而，在26岁的年轻人心中，比起在西班牙被异母兄长竭力灌输，在去往墨西拿的海路上，两位亲信持续说教的西班牙国家利益，自己的心中燃烧起的名誉心占据了上风。

只是，代为贯彻西班牙国王腓力二世的意图的，不止这两人。受国王雇用、指挥王国舰队的热那亚人海军将领多里亚也在其中。

在阅舰式的第二天召开的作战会议上，多里亚首先要求发言。

多里亚还很年轻，只有32岁。他的名字“吉安德里亚”本身就意为安德里亚二世或小安德里亚，自20岁继承著名海上雇佣兵队长身份，至今已有12年。

这个人肥胖矮小，与到了90岁仍像黑鹰一般的伯父一点也不像。大概是因为耻于年纪轻轻就秃头，他在战场上从不脱头盔，平时也不脱帽。但在唐·胡安面前，他还是脱帽以示尊重。这个热那亚人以雇佣兵队长之职，拥有自己的军舰、船员和战士，被不是海运国家的西班牙雇用，实际上承包了西班牙的海军。

对他来说，战斗不仅是为了胜利。因为战斗是自己的职业，死了一切就结束了。而且，西班牙国王还给了他密令。他在作战会议上的发言主要有以下两个要点。

第一，威尼斯舰船的战斗人员数量极其不足，这样与土耳其对抗，战胜的可能性很小。

第二，已经是9月中旬，这个时间为寻找敌人而出港已经太晚。

威尼斯舰只的战斗人员不足问题，是西班牙方面喜欢指出的弱点。因受前一年疫病的影响和5 000人被困在国内，威尼斯的人员确实少。西班牙的舰船每艘有200名战斗人员，而威尼斯的舰船比之少80人左右。

威尼斯方面虽反驳说，划桨手也是自由民，他们在威尼斯的船上可以转化为战斗人员，但是在加莱舰之间的海战中，这种理由并不具有充分的说服力。

但对于十分着急的威尼斯来说，连花费时间讨论这个问题都觉得很可惜。威尼尔虽然不同意，但也只能接受唐·胡安的建议。

唐·胡安建议将西班牙舰船的部分战斗人员借给威尼斯舰船。这意味着在由共同抱有对威尼斯共和国的忠诚心的威尼斯贵族指挥官，威尼斯市民担任的工程师和船员，以及达尔马提亚的威尼斯基地出身的划桨手等组成的威尼斯军舰的人员中，出现了异己分子。对此，威尼尔到最后也用要统一士气的理由来反对。但秋意越来越浓，为达到目的必须牺牲眼前的利益。

即便解决了这个问题，多里亚还是没有改变对时间的看法。怒上心头的威尼尔站了起来。尽管是王室用船，舰桥上的船舱的天花板还是很低的。个头高于众人的威尼尔站起来，就像要冲破天花板似的。毫不在乎高度的威尼斯老将开始用压倒性的声音吼叫起来：

“那就是说要从头再来一次吗！”

威尼尔在唐·胡安面前也不客气，环视四周后，他以低沉的、像抓住各人的胸口般的声音说：

“有谁想吗？还有谁想继续这种不光彩的状态？”

与会的所有人都沉默了。过了一会儿，科隆纳终于开口道：

“威尼尔阁下，发言是自由的。谁都可以发言，但做出决定的原则是我们三人中的两人达成协议后，其余一人遵循。”

威尼尔立即回应：

“这样的话，多里亚没有决定权。”

接着他说，自己主张早点出征。科隆纳则好像被推出去似的，虽心里已有决定，但嘴上仍很慎重，不过他也表示赞成出征。

大家的眼睛一齐朝向坐在中央的唐·胡安。不管唐·胡安如何反对，二对一的结果肯定会决定出征，但从西班牙方面至今为止的态度来看，出现蛮不讲理的言行是完全可以预料到的。而且，总司令官的一票分量不同。

年轻人平时苍白的脸色，从稍早一点开始，渐渐地染上了红色，到站起来时，已经变成了火红。然后，他说：出征！

作战会议因为这句话让人心潮澎湃。威尼斯的海军将领们心里都在重复：终于决定了！

26岁的年轻人无法忘记这一点：率领由200余艘舰船组成的大舰队的是自己。随着这个想法扎根，接着涌现的豪情就是：也许就此可消灭近40年来如地中海霸主一样恣意妄为的异教徒土耳其人。这种豪情点燃了年轻人的心。

第一次见到被称为加莱塞的威尼斯新型船的伟容时，唐·胡安心中激动不已——简直就像是漂浮在海上的要塞。不用一下由这些船组成的舰队，留到下一年？这能是件好事吗？而且，由于自己是私生子，也没有什么可以保证留到明年的。年轻人决定赌在今年。

在年轻人燃烧着的心灵前，两位亲信如宗教法庭法官审视自己的态度，已经不是什么了不起的事了。

一旦决定出征，之后的具体事情不用他操劳，自然会定下来。

出征的日期定在9月16日，因为那天对基督教徒来说是神圣之日——星期日。

1571年·9月：墨西拿

从西西里的墨西拿港出征的联合舰队的规模如下：

加莱舰	204艘
加莱塞炮舰	6艘
小型快速船	50艘
大型运输帆船	30艘
大炮	1 815门
船员	13 000人
划桨手	43 500人
战士	28 000人

多数大炮，特别是射出的炮弹大的，多被装备在别名为“浮动炮台”的加莱塞炮舰中。以运动自由为特征的加莱舰不能装太多重的东西。

如计算一下作为纯战斗力的威尼斯加莱舰和加莱塞炮舰的数

量，可以发现它们占联合舰队战斗力的一半，联合舰队共有 210 艘战斗舰船，威尼斯提供了 112 艘。

再来看同样是战斗力的战士的人数，虽然是从其统治下的南意大利和热那亚征招的，但以西班牙王国的名义参战的人数是威尼斯的 3 倍。也就是说，西班牙国王支付了全部战斗人员工资的四分之三。

总计 2.8 万名战士并不是平均分配到各加莱舰上的。根据唐·胡安的提案，战士不足的威尼斯船需要让西班牙战士上船。但马耳他、热那亚、萨伏依等国的将军想让其部下也跟着上其乘坐的船。因此，出现了威尼斯船每艘不足百人、西班牙船每艘平均有 150 人、其他国家的部分船舰甚至超过 180 人的情况，各船的战斗人员人数参差不齐。

不得不接受西班牙士兵上船的威尼斯，还是坚持在掌握海战关键走向的主力舰上，仍然只能让威尼斯士兵上船的惯例。6 艘加莱塞炮舰没有其他国家的士兵上船，总司令官威尼尔和参谋长巴尔巴里戈的船，以及参谋奎利尼和卡纳雷的船也保证了纯威尼斯人员的原则。

作战会议定下出征日期之后继续连日召开。这几次会议决定了如下事项：

首先，设想预期的海上会战，决定阵容。

联合舰队分为左翼、中央主力、右翼三部分，此外还有后备队。后备队是游击部队，可以作为中央主力的后卫，任务是随时驰援激战海域。

因为是基督教诸国参加的联合舰队，所以司令部设在中央主力处，总司令官唐·胡安的旗舰基本位于阵容的中央。联合舰队总司令官舰船的左侧是威尼斯舰队的总司令官威尼尔的舰船。唐·胡安的旗舰的右侧是教廷舰队的科隆纳的舰船。

西班牙方面当初以防止王弟发生不测为由，主张在唐·胡安的旗舰的两侧安排西班牙的舰船。而这两艘船是负责监督的雷克埃索斯以下的西班牙王国的重臣们乘坐的。很显然，即使在战场上，他们也想把年轻的公子纳入视野内。

威尼尔提出了反对意见：被不善海战的西班牙船包围着，总司令官的安全反而是危险的。这时，科隆纳出来调停：两艘船放在唐·胡安旗舰的后面怎样？结果调停成功。两艘监督船，以船头靠在一起的形式安排在唐·胡安旗舰的船尾。

围着司令部的中央主力由 62 艘加莱舰构成。除了西班牙、威尼斯、教廷舰队的最高位者乘坐的旗舰集中在中央部外，各参战国的旗舰也船头一个挨着一个地排列成队。马耳他圣约翰骑士团、热那亚共和国、萨伏依侯国的旗舰也都在中央主力里。

为与其他阵容区别，中央主力的船旗的颜色为天蓝色。左翼为黄色，右翼为绿色，后备舰船旗帜为白色。

挂黄旗的左翼由 55 艘加莱舰组成，左翼的总指挥为威尼斯海军参谋长阿戈斯蒂诺·巴尔巴里戈。

但巴尔巴里戈舰船的位置不在左翼的中央，而在左翼的最左端。在联合舰队的阵容中，他起到了压住最左翼阵脚的作用。

在巴尔巴里戈舰船的右侧是参谋卡纳雷的舰船。压住左翼舰队的右端阵脚的是参谋奎利尼的舰船。

无论是中央主力、左翼还是右翼，构成这些阵容的军舰，不仅有同一国家的船只，而且有其他各国的船只混编其中。这是在基督的名义下与异教徒战斗的神圣同盟联合舰队。以上编队方式就是以上述理念设想的一种参战人忘记各自所属的国家和骑士团，形成一体，共同战斗的体现。

在作战船只数量方面，威尼斯共和国占压倒性多数。因此，虽然中央主力与右翼实现了混合，但左翼实际上是威尼斯的舰队。左翼阵容中的55艘战舰，有43艘是威尼斯的舰船。

另一方面，由57艘加莱舰组成的右翼舰队，由西班牙海军雇佣兵队长多里亚指挥。右翼也配备有25艘威尼斯舰船，只要战斗开始，不管怎么互相怀疑，他们都要服从多里亚的指挥。老练的海军将领多里亚所乘的舰船位于右翼舰队的最右端，压住联合舰队最右翼的阵脚。

作为后备队的后卫由30艘加莱舰组成，指挥由那不勒斯的有力人物，同时也是西班牙国王亲信的圣克罗齐侯爵担任。在这里，西班牙人担任舰长的舰船有16艘，威尼斯船有12艘，因此只有在后卫，西班牙舰船的数目超过了威尼斯的。

仅看一下这个阵容，就能明白惯于海战的威尼斯和热那亚人的舰船占据着阵容关键部位。基于同样的理由，与土耳其多次交手的马耳他圣约翰骑士团的3艘舰船被排在中央主力的右端。总司令官唐·胡安的旗舰周围力量充实，而且旗舰群本身都是结构坚固的大型船。阵容的最左翼和最右翼交给了威尼斯的巴尔巴里戈和热那亚的多里亚。所有这些安排明确显示出联合舰队与敌人交战的坚定意志。

除去西班牙国王的亲信们，对多数人来说，决定了阵容和时间就会希望尽快行动。经过焦急的等待，大部队终于在9月16日出征。

港口入口处的要塞上响起了礼炮声，首先，担当前锋的8艘加莱舰出港，包括6艘加莱舰和2艘小型快速船。这些船白天要执行30海里范围的侦察任务，晚上要与友军保持10海里的距离航行。一旦开始战斗，除了小型快速船外，其他舰船都要保持在中央主力规定的位置。

前锋队之后，6艘加莱塞炮舰陆续出港。清晨风平浪静，舰船是被小型快速船牵引着出港的。这6艘“浮动炮台”一遇敌军，就将进入最前线，通过炮击打乱敌阵，保证作为战力主体的加莱舰安全出场。

之后，相隔6海里，以多里亚旗舰为先导的右翼舰队出港。舰船都在船首插上绿色旗帜。57艘船成三列纵队出发。

除了前锋中的6艘，由56艘加莱舰组成的中央主力接着右翼出港，中央主力集中了各国旗舰，显得格外华丽。在唐·胡安旗舰的左右两侧，威尼尔和科隆纳的旗舰并排前进。唐·胡安的旗舰的船桨闪耀着白色光芒，威尼尔的旗舰的船桨是深红色的。所有舰船的船头插着天蓝色的旗帜，乘风破浪。

左翼55艘舰船在这之后跟着出港。领头的是涂成深红色的威尼斯旗舰，这是左翼总指挥官巴尔巴里戈乘坐的舰船。55艘舰船中最后出港的是参谋奎利尼的舰船。当遇见敌人要在海上摆好阵型时，巴尔巴里戈的旗舰会停留等待，奎利尼的船则右拐上前，这两艘舰船压住两侧阵脚，左翼整体的阵容也就确定了。这支舰队的各艘舰船的船头都飘扬着黄色的旗帜。

圣·克罗齐侯爵率领的后卫出港时已接近中午。因为是开始起风的时刻，插着白旗的30艘舰船全速追赶着先行一步的友军。

达瓦罗斯侯爵率领的30艘帆船也在能乘风扬帆的时刻出港。无须加莱船的牵引，这队帆船像白色水鸟群一样渐行渐远，离开了墨西拿港口。

因出乎意料的进展而怒火冲天的腓力二世，以国王的名义给唐·胡安发出了包括返还命令的信，但信到达墨西拿时，舰队已经出发。

1571年·9月：伊奥尼亚海

按顺序逐一从墨西拿启航的联合舰队渡过水流湍急的海峡到达对岸的意大利半岛南端时，队形已变成没有什么顺序的混乱状态。

这与操纵舰船的船员的技术有关。因是各国旗舰云集的船队，如被赶超，就有名誉的问题。

航行中，萨伏依的旗舰和马耳他圣约翰骑士团的旗舰就对谁应先行发生过争论。

按规定的顺序，分配到中央主力右端的骑士团长的舰船有先行的权利。但萨伏依的舰船提出了异议。总司令官唐·胡安必须对这种无聊的事也给予判定。

他命令萨伏依的旗舰先行。虽然他们只派出了3艘舰船，但萨伏依侯国的旗舰上乘坐着乌尔比诺公爵及其属下的将领。考虑到萨伏依侯爵和乌尔比诺公爵的地位，这艘船在中央主力中被安排在科隆纳的船的右侧，所谓司令部内的位置上。

大舰队里有时就会发生如此程度的小摩擦。而仅凭操纵帆船的技能，拥有海运传统的意大利各国舰船，与没有这种传统的西班牙舰船之间，航行速度自然会出现差异。即使队列顺序错乱，只要守住右翼、中央主力、左翼的舰群，还是可以继续航行的。

9 月 18 日，离开墨西拿后的第三天，舰队绕过意大利半岛南端似长靴“脚尖”的部分，驶入伊奥尼亚海。

天气持续良好。200 多艘舰船形成一个大队前行的景观，无论从什么角度看都是十分壮观的。但海岸线上没有人欣赏此壮景。因长年来伊斯兰势力横行，很多居民都逃进了安全的山地区域。在土耳其海军里取得辉煌战果的乌尔齐·阿里也出生于这个地区名为卡斯特拉的渔村。他 16 岁时被来袭的土耳其海盗拐走，后被当作奴隶卖掉。南意一带，据说没有一个市镇未遭受过伊斯兰海盗的袭击。

联合舰队由意大利半岛的“脚尖”向“脚心”移动，沿南意大利海岸向东北前进。9月 20 日清晨，舰队来到被称为“圆柱岬”的海角。从墨西拿出港算起已经航行了 5 天，到目前为止航行顺利。

也许航行的顺利为舰队争取了一些时间，唐·胡安在这里向全舰队下达了休息的命令。有航海经验的人指出，此处气候多变，不宜停留，但被唐·胡安无视。结果，全舰队在山阴区域下锚休息。唐·胡安让传令船给威尼尔舰方面送去消息，提议让附近的克朗多奈镇驻扎的600名士兵充作威尼斯舰船的战士。

威尼尔没有与副手巴尔巴里戈商量，马上就拒绝了主帅的提议。他担心让600名士兵上船会浪费很多时间。想尽快赶到塞浦路斯救援的威尼尔，让传来唐·胡安建议的传令兵带回他的提案：马上从这里出发，以赞特岛为目标一口气横渡伊奥尼亚海。但在唐·胡安给出回复前，天气发生了变化。

那天晚上，可怕的暴风雨向联合舰队袭来。来自北方的强风让海面躁动起来。足以覆盖整条船的巨浪，让船舱被水灌满。在陆地上可以炫耀自己所向无敌的贵族、骑士们，遇到此番情景，突然感到意气消沉，第一次在海洋的威力面前腿软了。

20日、21日，大海还是没有恢复平静。船队处于不知道会漂到哪里去的状态，船员们争先恐后用锁链互相连接，拼命抵挡暴风雨吹开舰船的力量。

到21日后半夜，大海终于恢复了平静。威尼尔提出：从这里开始没有可以停靠的港口，只有辽阔大海，只能一口气向东横渡伊奥尼亚海。但这几天大海的狂暴让这一方案完全破产。贵族和骑士们都向总司令官呼吁：沿着陆地航行。但还好谁也没说要绕到位于“脚心”深处的塔兰托港。舰队驶向位于“脚后跟”的圣马利亚·戴·莱乌卡，不会使贵族和骑士们产生过大的担忧。大海已经恢复了适合帆船航行的宁静。

9月23日早晨，舰队来到圣马利亚·戴·莱乌卡的海角。从这里开始，再怎么害怕大海的人也不能一直看着陆地航行了。从位于亚得里亚海出口的这一带海域出发，要到达科孚岛，只能渡海东行。

9月24日早晨，航行顺利的联合舰队行至海平面上可见到科孚岛的地方。舰队渡过了伊奥尼亚海，到达希腊半岛附近。

科孚岛附近海域散布着几个小岛，其中有一个岛叫作萨摩托拉克。舰队在以该岛为中心的海域等待迟到的舰船，集中后驶入科孚岛港。科孚岛是威尼斯共和国的重要基地，威尼斯要以礼迎接总司令官唐·胡安，因此威尼尔的船先向科孚岛进发，为此做准备。

但在萨摩托拉克近海集合就花了很长时间。海上再次掀起风浪。西北风吹来，水深较浅的这一区域的海浪在风的作用下立刻涨了起来。全舰队进入科孚港已经是9月26日的事了。

耸立在港口入口处的城堡中传来阵阵礼炮声。在礼炮声中，联合舰队的舰船逐一进港。科孚岛开放了商船用的码头，迎接这支大舰队。

威尼斯共和国将号称“威尼斯湾”的亚得里亚海出口托付与科孚岛。科孚岛上耸立在海岬上的要塞的雄姿，足以让不了解海防的人惊叹不已。而从科孚岛向对岸眺望，陆地就在眼前。从科孚岛港也能看到云雾中的紫烟，那里就是土耳其帝国的领土了。

乌尔齐·阿里袭击过的痕迹明显，不过，靠大城堡守护着的港口还是安全的。土耳其士兵们只能在岛上防守薄弱的地带登陆，烧杀一番后撤退。

在科孚岛上能接触到关于土耳其舰队的最新准确情报。

据说阿里帕夏率领的土耳其大舰队至今未离开希腊周边海域。这支大部队包括小型船在内有近300艘船，乌尔齐·阿里的船队也与其会合了。情报称，土耳其舰队主力正在勒班陀停泊。科孚岛和勒班陀之间只有几天的航程。听到这样的消息，舰队上下突然间感到敌人就在身边了。

在科孚岛上，巴尔巴里戈收到了几封来自情人弗洛拉的信。因为是间隔几天分几次送到的，所以没有转送墨西拿。巴尔巴里戈每当独处的时候，就拿出这些信来，已经反复读了好几遍。从这些报告日常生活的信中可以看到在国内的母子俩平静的日常生活，这令身在战场上的人格外想念。

男人也给女人写了回信，但并不像以前写的信那样，记录他每天的行动。在墨西拿迎来唐·胡安之后，给女人写信的时间和从容都没有了。一个多月没有写信了，再要恢复以前的习惯已经很难了。刚刚有情报确认敌人就在勒班陀，接下来，男人的前方只有战斗。记录每天行动的信，似乎要表明这样的情况会永远持续，但巴尔巴里戈已经无法做到平静地记录每一天的行动了。

虽说情况如此，但提笔时却不知该怎么来写，他只得将心中涌动的各种想法毫无条理地写了出来。这样一来，信里虽然充满着与往日不同的温柔，但也显得平淡无奇。面对这样的信，男人只有苦笑，也有一丝不满意自己的情绪。

末尾，“天气渐冷，注意保暖”一类话写完后，就不知道再怎么写了。尽管如此，在信纸上写完了类似的话语后，男人想道：下一封信，在出发后返回科孚岛之前也许没有时间写了。于是他添了一句：往后可能信不多，也不要太担心了。

然后写了一句“要注意身体”，便放下了笔。但拿起信来重读一遍，发现同一封信中，竟写了三遍“要注意身体”。巴尔巴里戈拿着信，大声笑了起来。随从以为发生了什么事，打开房门探头进来询问。

这封信也应该是载在运送元老院文件的快速船上，送回威尼斯的。男子想，有十来天，信也该到那里了吧。元老院送来的文件写道：在与土耳其海军的对决中，请以威尼斯共和国全国人民的支援为后盾，竭尽全力地进行战斗。

1571年 · 10月：希腊海

在科孚岛召开的作战会议上，西班牙方面提出了新方案：鉴于土耳其舰队规模庞大，和土耳其打海战胜算不大，不如暂且先开赴希腊的内格罗蓬特，占领那个地方。

对此，威尼尔又发出了他的怒吼声：敌人明明就在附近，却从敌人的面前遁走，说要去内格罗蓬特，打的是什么主意？西班牙与威尼斯之间的气氛越来越紧张了。

最后，作战会议决定舰队前往科孚岛对岸的港口伊古迈尼察，总算从科孚岛开拔。9月结束，10月开始了。

舰队从伊古迈尼察出发，通过帕克索斯岛，朝圣莫拉岛南下途中，发生了一件事。

各国首脑间的对立气氛必然会渗透到下属的士兵们身上。士兵们要给发泄每天的不满找一个理由，他们用胳膊来表达将领们用嘴来表达的心情。

从驻扎墨西拿港开始，西班牙人与威尼斯人就时有摩擦。特别是在唐·胡安的建议下，西班牙兵被分配到战斗人员不足的威尼斯船上，其对立自然就表现得更加露骨了。

地中海世界中的西班牙是一个新兴的强国。而威尼斯曾经是一个强国，但那已是过去的事了。光从为这次联合舰队投入的力量就可以看出，将国家存亡赌在上面的是威尼斯，而不是西班牙。

新兴国家的人往往以傲慢的态度对待有过荣光的他国国民。特别是当自己的存在明显对对方来说是必需的时候，这些“新贵”往往会做出让对方难以忍受的举动。威尼斯船上所发生的事件，就是此类事件。

在航行时，操纵船只的船员们是最重要的。在采用三角帆的加莱舰上，每当风向发生变化，就要降下原来的帆桁，改装适合相应风向的帆桁，或替换成其他种类的帆之后，将又长又重的帆桁再靠着桅杆拉上去。这样的工作一刻也不得耽误。每到这时，排在船舷两侧的划桨手边上的通道，就成了让这项作业便捷、迅速完成的主要场地。

当然，船员们已经习惯了这些操作，特别是被分配到军舰上的船员，相关技能必须特别优秀，但在只有1米左右宽的中央通道上，如果有游手好闲的人逛来逛去，就会碍事。船员对于这样的人，即使是王侯，也会毫不留情地怒斥。

不过没有海运传统的西班牙的将领们对此一无所知。

舰船上，没有比航行中乘在船上的战士更游手好闲的人。他们的任务在接近敌船时才开始。将军们或可以通过研究战术来消磨时间，但在顺利的航行中，队长及士兵一级想要消磨时间却不是件容易的事。

威尼斯舰船已习惯了这种情况，即使身为战士，也有很多人为消磨时间帮助船员们工作。有不少熟练的人，就是转去做船员也完全胜任。

但来自非海运国家西班牙、法国的被特许使用武器的骑士们，有着与生俱来的自负，从一开始就没有帮助船员的想法。另外，工作时不熟练的人掺和进来，有时反而越帮越忙。于是，乘在威尼斯船上的西班牙士兵们，时而跑上船头，时而回到舰桥，造成了船中央通道的拥挤混乱。

这一点让威尼斯人恼怒了，再加上离开墨西拿港以来一直忍受着西班牙士兵的傲慢无礼，在愤怒难以抑制的情况下，一名船员开始痛骂一个在全船忙碌时，还在过道上漫不经心地散步的西班牙队长。

不肯罢休的队长伙同三个同僚立刻围住那名船员，当围着的人群散开后，那可怜的船员的尸体横躺在了船上。

于是，其他船员和划桨手们都骚动起来了，同船的威尼斯战士也赶来。船上的摩擦变成了群斗，得知这一消息，威尼尔坐小船来到现场。

威尼尔立刻向这艘船的舰长询问情况，让人把四名嫌疑人带来，立即对他们宣判了死刑。法规规定：在威尼斯船上的人，即使是外国人，也在威尼斯海军总司令官的监督下。死刑也是对在战斗中扰乱秩序的人的刑罚，理论上是合法的。

威尼尔做出判决后，全船人都迫不及待，划桨手们立即执行了死刑。四名西班牙士兵被吊死在了帆桁上。

得知这件事后，唐·胡安震怒了。

26岁的西班牙公子，正越来越强烈地渴望着证明联合舰队总司令官的权威。正因为这个理由，明知异母兄长不乐意，也不听带着国王指令的顾问们的意见，为寻求与敌人作战而坚持出征。

没有与自己商量一句，威尼尔就擅自处罚了西班牙人，唐·胡安将威尼尔的行为视为对总司令官地位的亵渎。

唐·胡安没有质问威尼尔，而是把巴尔巴里戈叫来。因愤怒而脸色苍白的唐·胡安对着巴尔巴里戈说：

“威尼尔将受到与被吊在帆桁上的西班牙兵同样的刑罚。”

对此，巴尔巴里戈依然用与平常一样平静的语调断然反驳道：

“殿下，如果实施这样的处罚，威尼斯的整个舰队将不得不采取单独行动。”

这一态度足以堵住唐·胡安接下来的话。在场的科隆纳没有冷眼旁观，他发挥了调停作用，提议取消威尼尔作战会议成员的资格。唐·胡安稍做考虑后，表示同意。巴尔巴里戈是可以接受的替补人选，于是唐·胡安决定作战会议威尼斯方面的首席以后由巴尔巴里戈担任。

联合舰队继续南下。

两天后传来的一个消息，让濒临分裂的联合舰队的士气回到了墨西拿出港日那天，变得众志成城。这个消息是由塞浦路斯向威尼斯本土航行的一艘小型加莱舰带来的。

“法马古斯塔沦陷”的消息让惊恐和愤怒充满了整个舰队。

法马古斯塔的陷落发生在 8 月 24 日，也就是唐·胡安抵达墨西拿（23 日）的后一天。这一消息到来得如此迟缓，是因为守城军几乎全部被杀光，没有人把这一消息带出。

法马古斯塔海域自 5 月攻防战的激烈程度不断增强以来，由于土耳其海军的严密封锁，就是从克里特岛过来救援的舰船，也一艘都不能靠近。尽管如此，在与法马古斯塔相反的塞浦路斯岛南岸、克里特岛上的威尼斯人成功得到了准确情报：经过一年的攻防战后，法马古斯塔陷落。威尼斯人之所以能确定这消息的真实性是因为他们派人乔装为希腊人，潜入了刚刚沦陷的法马古斯塔。

长达一年的固守，让法马古斯塔粮尽弹绝，而援军又没得指望。土耳其军指挥官穆斯塔法帕夏伴劝已绝望了的守城军，如果投降，可以平安离开塞浦路斯岛。土耳其人告诉守城军指挥布拉加丁，绝对保证其属下的威尼斯人和其他居民的人身安全。布拉加丁终于接受了开城的建议。

但土耳其的指挥官根本没有遵守约定。开城后，威尼斯人不管是贵族，还是商人，都在遭到残忍的敲诈后被斩杀。加入守城军的希腊人，无论老人与幼童全部被杀，其他人被卖为奴隶。

所有这些场面，土耳其军方都让布拉加丁在场目睹。作为抵抗土耳其军队一年的惩罚，土耳其人为布拉加丁准备了特别的死刑。

这位威尼斯将领首先被活生生地剥去了全身的皮肤，接着，土耳其人将这样的身体反复浸入海中。尽管这样，布拉加丁还没有断气，最后的斩首才使他安息。

土耳其人把剥下的皮肤缝合起来，在里面塞上稻草，缝上了斩落的头颅，然后将这个披着人皮的玩偶送到首都君士坦丁堡，在广场上被暴晒后，又在土耳其帝国的各地游街示众。

现在联军中已经没有了西班牙人和威尼斯人的区别。每个人脸上都是悲痛的表情，对异教徒土耳其人的暴行的愤怒，变成了发誓复仇的决心。

当然，威尼斯舰船上的这种情感更强更深。一些身为囚犯的划桨手都用拳头敲打着胸部，咬牙切齿地发出愤怒的吼声，胸中燃烧着对土耳其的憎恨。有些威尼斯划桨手是因强盗罪入狱的囚犯，参加海战、从事重体力劳动可以换取减刑。

再没有人说要退出了。

全舰队以非常高效的作业方式检查完毕。炮兵的位置得到确认，弓弩手的配置完成。各船的航行顺序整理完毕，保持无论何时遇见敌人都能开战的状态。舰队再次起航南下。

1571年 · 10月：勒班陀

风很弱，大多数舰船只能靠划桨前进。夜间旗舰也没有发出停止航行的命令。整片海洋沉浸在令人赞叹的宁静气氛中，让人不由得注意到星星闪烁的美妙，但对夜间航行来说，这些星星的实用价值要比其美丽更重要。驾船的船员们抬头仰望星星，仔细确定方向，以各船的船头、船尾上挂着的大提灯为标志，来测量与友船的距离。

过了普雷韦扎湾的入口，沿着圣莫拉岛西岸南下。不久，在南方出现了古代英雄奥德修斯居住的岛屿——伊萨卡岛和凯法利尼亚岛。

这一带的岛屿是威尼斯共和国的领土。从科孚到凯法利尼亚的这些岛屿，由于接近土耳其领内的希腊，也是威尼斯的前线基地。舰队已经进入了必须注意土耳其侦察船的视线的海域。

旗舰向全舰队发出了肃静的命令。宁静的海面上只有船桨划水和船头划破波浪的声音。平时一直灯光明亮的舰桥也为了避免多余的灯光使船员搞错船之间的距离而熄灭了。尽管这样，200多艘舰船船首和船尾浮动的大提灯，还是把周围的大海照得十分明亮。土耳其方面的侦察船要是接近这支悄无声息的大舰队，定会感受到大于实际规模的敌人的存在。

勒班陀是西欧人对这里的称呼，希腊人称这里为纳夫帕克托斯。这里很长时间以来为威尼斯占据，作为船舶避难港使用。勒班陀在过去和现在都只是一个小村落，山腰上一直保留到现代的城墙也是威尼斯人建造的。

勒班陀是位于分隔希腊本土与伯罗奔尼撒半岛的帕特雷湾深处的港口，如果继续向东前进，就会到达科林斯。威尼斯人将其用作避难港，意味着船一旦进入这个港口就完全安全了，而要将其中的舰船诱骗出向西开口的帕特雷湾几乎是不可能完成的任务。

而且，如今已是10月，不单是海战用船，就连一般的商船也差不多要找港口停泊过冬了。勒班陀及其周边海域可以让300艘舰船过冬。威尼斯的海军将领们对这片海域的熟悉程度，不会比伊斯兰的海盗们差。他们唯一担心的是土耳其舰队避而不应战。

在舰队停泊的勒班陀港，土耳其海军将领中出现了不一样的声音。

据土耳其方面派出的侦察船报告，正在接近的基督教各国的舰队是与己方舰队规模相同或更大的舰队。土耳其海军中有不少人认为，让敌舰队等着，不在今年秋天展开决战才是上策。另一方面，土耳其海军的舰船数量虽少，但可以靠海盗们在航海技术和战斗力方面发挥优势。因此，海盗中间持这样的意见的人很多。乌尔齐·阿里和以“西洛克”的绰号出名的夏鲁克两人更是强硬地这样主张。

土耳其方面知道西欧的舰队存在分歧，前一年的内部冲突就是一个很好的例子。今年西欧的舰队好像团结一致，明年却并不知道如何。秋意渐浓，并没有必要在此时一战。这些不战派，就是这样看待局势的。

主张藏而不战的不光是海盗的首领们。总司令官阿里帕夏的随行人员中的不少土耳其宫廷重臣也持相同意见。

他们大多是苏莱曼大帝时代的廷臣，在君士坦丁堡的土耳其宫廷里，属于以宰相索克卢为代表的稳健派。这些年事已高的重臣认为，土耳其海军已经达成了获取塞浦路斯岛的战略目标，无须在这里再去响应基督教徒的挑战。

但是，比起他们来，属于年青一代的总司令官阿里帕夏很想在此一战。

对阿里帕夏来说，指挥这样大的舰队还是第一次。他不是想加入土耳其宫廷中继承前苏丹苏莱曼政治方略的派系与新苏丹的积极进攻派间政争的政治家，但他依然强烈意识到自己是大土耳其帝国的一员，是血统纯正的土耳其人。苏丹塞利姆亲手授予他在圣地麦加接受过祝福、用金线绣出《古兰经》经文的大军旗。这面大军旗从未离开他的头顶。这面圣旗只能飘扬在他统领的舰队旗舰的桅杆上。这样的圣旗一次也未被战场的海风吹拂过就回国，对于纯正血统的土耳其将领来说是难以忍受的屈辱。

反对交战的廷臣们，多为幼年时从基督教改信伊斯兰教的信徒。另外，即使现在被任命为亚历山大里亚和阿尔及尔的总督，“西洛克”和乌尔齐·阿里也不仅是改宗者，而且是海盗头目。阿里帕夏没有把他们看成和自己一样流着土耳其血液的人。对于让两个年幼的儿子也同行的阿里帕夏来说，他并没有把那些改宗伊斯兰教的人看成为这一战赌上一切的人。

阿里帕夏有即使所有廷臣和将领反对，也要强行决战的理由。

这是因为在从君士坦丁堡出发之际，苏丹在给他的手书中写道：无论发生何事，都要摧毁基督教徒的舰队。由于反对者太多，阿里帕夏将反对派的请求也写进了呈报里，派出使者请苏丹再次确认，而苏丹塞利姆的回复与以前的方针是一样的。

阿里帕夏在重臣和海盗的首领面前发表讲话：据希腊人的情报，敌舰队舰船加上运输用帆船不超过 250 艘，还是我方实力占优势。

对此，阿尔及尔总督乌尔齐·阿里公开反驳。

他认为是否占优势不是船只数量的问题，而是装备的问题。土耳其船多为小型船，要是比较火炮等装备，我方确实比敌方弱。

乌尔齐·阿里指出，特别要注意那6只怪物。如果把那6艘炮舰当作一般加莱舰计数，会犯下致命的错误。而且，率领威尼斯海军的是塞巴斯提亚诺·威尼尔。他率领的威尼斯舰队，只要与我们相遇，毫无疑问就会全力以赴地冲过来。以上这些就是乌尔齐·阿里反对开战的理由。

阿里帕夏用非常轻蔑的眼光看了看大约与自己同年的这个在意大利出生的海盗，然后，用严厉的语调反驳道：

“据说当年西班牙国王卡洛斯想要收买你们前一代的海盗巴尔巴罗萨。如今的西班牙国王腓力二世，也听说在劝诱原是基督教徒的海盗，回去再信基督教，但愿你的谨慎不是因为这个。”

乌尔齐·阿里对此保持了沉默。实际上，这个传闻在基督教舰队内也曾出没。

大概是从乌尔齐·阿里的沉默中得到了力量，土耳其舰队的总司令官以最后补上一刀的感觉接着说道：

“据说率领基督教各国舰队的是西班牙的王弟。对方特意请王弟出马，那么我们这边也不能卷旗撤退。只有堂堂正正地对决，才是与土耳其帝国相称的态度。”

于是没有人再质疑。土耳其舰队决定离开勒班陀港，与正在接近的基督教舰队进行海战。

这是在海上举行的会战。根据会战情况安排的阵容已经确定。

由西班牙的王弟率领的中央主力，对阵阿里帕夏亲自指挥的土耳其舰队的中央主力。土耳其军的中央主力由96艘加莱舰组成，阿里帕夏所乘的旗舰上有400名耶尼切里的精锐。旗舰的左右是重臣们乘的舰船。

将与基督教舰队的左翼对决的土耳其军右翼配置了56艘加莱舰，指挥官是亚历山大里亚总督、海盗首领“西洛克”。与敌人的右翼碰撞的左翼，包括小型舰船在内，配备了94艘加莱舰，由阿尔及尔总督、海盗乌尔齐·阿里指挥。

“西洛克”乘坐的舰船和乌尔齐·阿里乘坐的舰船，都在整个阵容的最右翼和最左翼。土耳其舰队也在全军紧要的位置，配置了经验丰富的海军将领。

后卫由海盗首领德拉古率领的近30艘战舰组成，但小型的加莱舰占多数。

总司令官阿里帕夏以10月7日早晨为期限，发出了全舰队离开勒班陀，出帕特雷湾，迎击敌人的命令。出征的日期是发出命令的两天之后。

远古时期，伊萨卡岛和凯法利尼亚岛可能是一座岛。两岛相邻的边缘的地形相吻合，可以拼接在一起，如今，一道不到300米宽的狭窄海峡将两座岛分开。

伊萨卡海峡一侧让人想起荷马《奥德赛》中描述伊萨卡的诗句——“岩石何其多”，那陡峭的悬崖使船只无法靠近。经过伊萨卡，会真正感受“岩石何其多”。同时，那个狭窄的海峡，又让人想起荷马所作的描写伊萨卡的另一诗句“海风何其烈”。这个海峡以强烈且难以琢磨的海风闻名。

不知为何，威尼斯的船员们将这个海峡称为“亚历山大里亚峡谷”。联合舰队在进入“亚历山大里亚峡谷”之前，一直焦急地等待着最后一次派出的侦察船的归来。

返回的侦察船报告：勒班陀港前的海面上满是敌人的舰船，像是在紧张地组织阵型。

“敌人从巢穴中出来了！”

作战会议上，全体将领都感到唯一留在心头的担忧消除了。接下来要做的，就是向战场进发！

即使其他地方没有刮风，“亚历山大里亚峡谷”里也会刮风。附近海面上如有微风，那么，这个狭窄的海峡里就一定在刮强风。但这里有方便穿行的优点。无论是伊萨卡还是凯法利尼亚，都是威尼斯的领土，凯法利尼亚一侧有可以避难的良港。而那一年的10月6日，海峡只吹着微风。

加莱舰和加莱塞炮舰都将帆全部卷起，划桨南下。帆船是被加莱船牵引着通过的。当天，舰队全部舰船通过了海峡。穿过“亚历山大里亚峡谷”，海面刮着强烈的东风。

黑暗像被风吹走了似的，东方一点点地开始发亮。1571年的10月7日正在来临。船上刚醒来还带着睡意的人们，睡眼惺忪地向东方望去，不由得在黎明的寒气中打了一个寒战，随后起身下床。

1571年10月7日·晨：勒班陀

想在帕特雷湾出口待战，就需要摆成弓形阵。向东方望去，地平线处微黑的一片，就是土耳其的舰队。

首先，运输用的帆船要在凯法利尼亚港待命，朝西去。之后，按经过“亚历山大里亚峡谷”的顺序，由南到北，右翼、中央主力、左翼并排展开，但由于强烈的逆风干扰，并排展开有困难。

同样，为穿过连接勒班陀湾和帕特雷湾的狭窄海峡，土耳其舰队也费了不少时间。虽有顺风的助力，可以扬帆行驶，但毕竟是300多艘舰船组成的大舰队。另外，由于联合舰队位于正西方向，在东方天空还在微微变亮的阶段，要确认西方敌舰的态势很困难。时间上有宽裕，反而容易造成混乱的局面。虽然多花了点时间，土耳其舰队最终还是通过了海峡，进入了帕特雷湾。

基督教舰队则很快确认了敌舰队的态势。以开始泛白的东方天空为背景，宛如剪影一般，升起帆的舰船在不断靠近。但不知为何，最初进入视野的只有一艘船。但马上，像是一艘船分成了两艘，两艘又分成四艘，多艘舰船进入眼帘，占满了整个视野。

海军史上，加莱舰间最大规模的海战，并且是最后一次海战——“勒班陀海战”是一次大会战。不管陆军还是海军，大会战经常会出现的情况就是，发现敌人后并不会马上开战。

虽然多少有些差别，但两军的各项指标是接近的，参战舰船都超过 200 艘，船员均超过 1.3 万人，划桨手均超过 4 万人，战士均超过 4 万人。只有大炮的数量差异较大，相对于装备了 1 800 门大炮的基督教舰队，伊斯兰教舰队只有 750 门大炮。

无论如何，合计约 500 艘舰船、17 万人的正面激战，光是排好阵势就不是件容易的事。

太阳升起，万里无云，被称为“雷文特”的强东风仍在刮着。

土耳其舰队逐渐从帕特雷湾驶出。联合舰队待战的那片海域，北边是浅滩不能去，南边是围绕着伯罗奔尼撒半岛的西端的一大片海域。

那片开阔的海洋，是联合舰队右翼——雇佣兵队长多里亚要控制的海域。

多里亚看到数量逐渐增加的土耳其舰只在眼前展开了左翼舰队的前队，舰船上飘着多里亚眼熟的旗帜，他立即看出了对手的身份。即使不提阿尔及尔总督的官名，仅凭乌尔齐·阿里这个名字，地中海沿岸的基督教徒就立刻知道是谁了。海盗肯定也知道了对手是多里亚。

多里亚开始将位于阵容最右翼的自己的船，向更右侧移动。大海敞开着，目标就是乌尔齐·阿里。多里亚想采取从右方迂回压制乌尔齐·阿里的阵型。

因总指挥多里亚的船移动了，右翼的其他舰船也开始向右方移动。由此，基督教舰队的右翼异常地与中央主力拉开了距离。同时，原本计划在左翼、中央主力、右翼的各阵型前分别配置的两艘加莱塞炮舰，由于很难像加莱舰一样灵活移动，最终没有部署在右翼的前线，而是停留在右翼和中央主力之间的海域里。

在弓形阵中，中央主力的位置比左翼和右翼靠后一些，62艘舰船组成的战线正在整理排列当中。

坐镇中央主力的是唐·胡安的旗舰，左边是威尼尔乘坐的威尼斯舰队的旗舰，右边是科隆纳乘坐的教廷舰队的旗舰。萨伏依、佛罗伦萨等国的旗舰也集中在中央主力，两端压阵的也是旗舰。右端是马耳他圣约翰骑士团团长亲自指挥的旗舰，左端是热那亚共和国的旗舰。

在让老练的海军将领在整个阵容的最左翼和最右翼压住阵脚这一点上，基督教舰队和伊斯兰教舰队策略相同。但不同的是，基督教舰队左翼、中央主力、右翼无论哪个编队，都有惯于海战的将领的舰船压住阵脚。

在唐·胡安舰船的船尾，像头尾相连一样，西班牙国王的近臣所乘的两艘舰船守着后侧。

另外，圣克罗齐侯爵率领的后卫，像援助和保护中央主力的专用舰队一样，紧跟着中央主力。实际上，作为西班牙国王臣下的圣克罗齐侯爵只考虑护卫唐·胡安的舰船这一件事。

在中央主力前面，部署了两艘加莱塞炮舰。其中一艘加莱塞炮舰上，乘坐着指挥全部6艘加莱塞炮舰的指挥官弗兰切斯科·多沃德。这些可被称为机械部队的舰船的舰长都是威尼斯贵族，实际使这些炮舰发挥效力的是属于威尼斯中产阶级的男人们。他们和造船工程师一起，代表着威尼斯共和国的工程师阶级。

在河水流入的浅滩和小岛分布的海域边上，联合舰队的左翼阵型排开，其最左端是深红的巴尔巴里戈的舰船，它的右侧是有经验的海将卡纳雷的舰船。压住左翼部队的右阵脚的是在土耳其海军中都无人不晓的马可·奎利尼的舰船。

以威尼斯军舰组成的左翼，从逐渐靠近的舰船的旗帜得知，对面的敌人是海盗“西洛克”。对于巴尔巴里戈来说，从驻塞浦路斯时代起，他就是多次“试剑”的对手。对长期驻守克里特岛的卡纳雷和奎利尼来说，他是多年来一直困扰着他们的敌人。马可·奎利尼为压住右端阵脚而将舰船稍拉开了一点距离，巴尔巴里戈为收紧左端阵脚而停船等待。奎利尼用威尼斯方言对着巴尔巴里戈大声叫道：

“看到敌人了！”

巴尔巴里戈挥手回应他。

整顿阵型似乎非常费事，但这也在意料之中。

太阳从东方升起。在西面布阵的联合舰队从正面接受太阳的光照。虽然说从正面同时接受阳光和风是不利的，但土耳其舰队因为顺风，反而为整顿阵型费尽了周折。这一点基督教一方是得益的。而更大的得益，是在这天近中午时分。

太阳到达头顶的时刻，不知为何风突然停了。土耳其船桅杆上原本高高张开的帆一下子垂了下来。联合舰队舰船上的大多数男人都发现，风向开始转向自己这边。

总司令官唐·胡安乘坐小型快速船从船首排成一列的舰队全部舰船前驶过。对 26 岁的年轻人来说，这与其说是为了做最后的检查，不如说是为了激励战士们的斗志。

银色的甲胄包裹着的高个子总司令官，本应执剑的右手擎着银色的十字架。就以这样的姿态，年轻的总司令官高声鼓励着士兵们。船上列队的贵族、骑士、步兵以及划桨手们回以巨雷般的呼声。那呼声像波浪一般，从左翼向右翼依次流去。

当他来到威尼尔的舰船前时，唐·胡安看见了这位威尼斯老将，像是听到其平时的愤怒之声，他用意大利语大声叫喊着：

“为了什么而战斗？”

穿着铠甲但没有戴头盔的威尼尔左手执一把大弓弩，白发披散在海风中，他大声回答：

“因为必须这样做，殿下。除了拼死一战别无他路！”

全舰队巡视结束后，唐·胡安命令将之前在各艘舰船上飘扬的国旗和贵族们的家徽旗全部降下。只有唐·胡安旗舰的桅杆上，高高地飘扬着曾被送上圣坛接受祈祷的神圣同盟的战旗。在天蓝色的大马士革锦缎上，银线绣出了花纹，中央是被钉在十字架上的基督像，在基督的脚下，绣着神圣同盟主要参加国西班牙王国、教廷、威尼斯共和国的徽章。总司令官旗舰的桅杆上高高飘扬的这面大军旗，无论在战场的什么位置都能够看到。

在船上，身着华丽的武装、名声显赫的贵族子弟和骑士们，手持弓弩和步枪的士兵们，掌舵的船员们，暂时将桨固定的划桨手们，甚至被解除了锁链，约定战争结束后将成为自由之身的无赖囚犯们，与他们各自所持的立场和要执行的任务无关，一齐跪下向神祈祷。

这就是十字军，为了主基督的名誉而战的人。这一瞬间，就是反宗教改革最纯粹的要素的一次结晶。在所有人的心中，至今为止的所有世俗念头都消失了，只剩下冲向敌人的意志。

然后，男人们回到了各自的位置。划桨手们操起了桨，船员们回到卷起船帆的桅杆下面和船尾掌舵的地方，炮手回到大炮的周围，步枪兵和弓弩手排列在右舷和左舷，手持剑和枪的骑士们也在中央的通道上列队。

威尼斯舰船上，指挥官同时是舰长，他们站在船首的甲板上，准备好在阵前指挥。其他国家的舰船上，指挥官一般站在船尾的舰桥前，离舵手很近。在离舵手较远的地方指挥的威尼斯舰长们则安排传令兵，顺着中央通道，给船尾传令。

全体人员的祈祷结束后，各船被允许在舰桥上再次挂起国旗和家徽旗，但在桅杆上高高悬挂起的是已经准备好的银色十字架。船首飘扬着区分各队的黄色、天蓝色、绿色的三角旗，这也是为了让所有参战的人忘记所属国家，只意识到自己是个基督徒。

一切准备就绪。基督教方面，9 万名男子等待着打响战斗的号角。

与此同时，伊斯兰舰队也准备完毕。

伊斯兰舰队使用的是让人联想到新月的弓形阵。土耳其士兵都来自土耳其的领地，包括希腊、叙利亚、埃及、北非，所以这里的军旗没有国别。所有旗帜都是在红、白、绿的底色上加白、红新月标志。除此之外，只能看到海盗们的旗帜。

总司令官阿里帕夏的旗舰的桅杆上高高地飘扬着用金线在白色丝绸上绣着文字的大军旗。从为了这个时刻特地从圣地麦加请来的圣旗上，可以读到以下这句话：

“把安拉的吉兆与荣光，赠予献身安拉的先知穆罕默德，和参与这一伟业的信徒们。”对伊斯兰教徒来说，这是十字和新月激烈冲突的神圣之战。

1571年10月7日·午：勒班陀

稍过正午时分，阿里帕夏的旗舰上响起了炮声。随即，唐·胡安的舰船也以炮声回应。这是两军开战的信号。

首先，列阵在最前线的6艘加莱塞炮舰几乎同时开火。这是令人恐怖的开战号角。好几艘划桨前进的土耳其军舰被击中。基督教方面的"浮动炮台"在第一波发射后没有停止炮击。又有几艘舰船中弹倾斜，还有的船燃烧了起来。半月形的敌阵多处被切断，纵列向前推进的土耳其军阵型开始混乱，在加莱塞炮舰后方待命的联合舰队士气高涨。

土耳其舰队似乎想尽快摆脱炮击，于是加快了突进的速度。土耳其舰船的甲板上，奴隶主像疯了一样地挥动鞭子抽打用锁链拴在一起的基督教徒奴隶们。全速前进的土耳其船像雪崩似的，开始穿过加莱塞炮舰的两侧。但是，"浮动炮台"的左舷和右舷都张开了炮口。虽然船本身的动作迟缓，但这些炮口没有沉默。

土耳其舰队的阵型完全被攻势扰乱。但他们的舰船比较小，反而因此而能逃过大炮的轰击。穿过加莱塞炮舰的舰船抱成一团，向也在前进中的联合舰队突进。

要继续攻击越过船头的敌舰，加莱塞炮舰需要时间掉转船头。在这样的时差中，突击战开始了。加莱舰开始成为战场的主角。

与其说是海战，不如说更接近陆地上的战斗。

在左翼，两军船桨互相咬合，勇猛的战士们争先登上靠近的敌船，有的是从划桨手的头顶越过，跳入敌舰的。

在中央主力的对抗中，勇猛无比的苏丹近卫军耶尼切里聚集在阿里帕夏旗舰的船头，以准备飞跃的姿势朝着唐·胡安的舰船猛冲。

两船船头正面撞击的沉重声音压倒了周围的其他声响。两军总司令的旗舰不顾船头断裂，激烈冲撞。

看到这一幕的威尼尔的舰船，靠近在阿里帕夏旗舰的右侧前进的土耳其船，故意与其咬桨。被这股气势推动，这艘土耳其船的桨深深地与阿里帕夏旗舰的桨咬合在一起。土耳其总司令官的旗舰就这样与友船一起陷入无法动弹的状态。但这也是没有削弱耶尼切里士兵的斗志，反而这样的战况让那些不被允许娶妻的纯粹的战士斗志更加旺盛。

中央主力的各艘舰船出现了相似的情况。威尼尔的舰船以三艘敌舰为对手。在科隆纳的舰船上，罗马贵族们的奋战也令人惊叹。战线完全崩溃，在几片海域中，两军的舰船陷入了旋涡般的激战。

左翼的战况更加可怕。

从帕特雷湾出来就是海战的战场，水深有40米到50米。但巴尔巴里戈指挥的左翼布阵的海域，水深20米到30米的只是很少一部分，再往左，则水深不到15米。而且有的地方，海底一下子抬升了3米左右，就算是熟练的船员也会因此吓出一身冷汗。再往左侧走，就是水深不足1米的浅滩。

阿戈斯蒂诺·巴尔巴里戈决心不考虑其余因素，执行前一夜确定的战术：从右侧绕过去，把敌人赶上浅滩。但指挥敌舰队的是海盗“西洛克”。

如果说威尼斯海军将领们熟悉这片海域的特色，那么，把海洋当作职业场所的海盗首领也不会不知道的。“西洛克”这个绰号在地中海沿岸可是连小孩都知道的，这位海盗首领不可能轻易地中这一计。

但要想取胜，只有把敌人赶到浅滩上。要是失败了，反而己方会被逼到绝境里。

巴尔巴里戈想，此时此刻，只能让自己的肉体一起撞向敌人。不顾自己舰船的损伤，也不怕让己方的舰船一同受损，眼下只能抱成一团冲向敌人。海盗，即使是以伊斯兰教的名义战斗，本能上也偏向于只顾自己舰船的安全。而威尼斯的舰船，只想着为了威尼斯共和国而战。

会战开启的同时，巴尔巴里戈左翼的两艘加莱塞炮舰的炮口开始喷射火焰。眼见着西洛克的右翼阵型被纷纷落下的弹丸打乱了。

但即使在这片海域，土耳其军没用很长时间就从初战的不利中恢复了过来。从两艘加莱塞炮舰的两侧穿过的土耳其右翼，向前进中的联合舰队的左翼全速冲来。

得知巴尔巴里戈策略的奎利尼，像让过土耳其船那样绕向右方。左翼的所有舰船都跟随着移动。

这个战术十分成功。敌人的注意力集中在涂抹成深红色的巴尔巴里戈的旗舰上。而那艘旗舰纹丝不动。就在这段时间里，右边的奎利尼的舰船迂回到了敌舰队的背后。

左翼船队将奎利尼的舰船和巴尔巴里戈的舰船分为两端，这样就成功地将土耳其的右翼围进了半月形阵中。之后要做的就是缩小这个包围圈。

把敌人赶进浅滩的目的是让敌舰不能行动。但拉开距离的驱赶，要成功围堵海盗船居多的土耳其右翼，是不可能轻易成功的。在驱赶战术中，如果没有牺牲自己舰船运动自由的决心，就不可能成功。对于这一点，无论是巴尔巴里戈，指挥右侧舰船的卡纳雷，还是指挥最右端舰船的奎利尼都没有犹豫。

开战以后就坐上主角位置的加莱塞炮舰，为对肉搏战进行掩护，又开始发射炮弹，特别是6艘中最左边由安布罗奇·布拉加丁指挥的加莱塞炮舰，再次发挥出“浮动炮台”的威力。

与在塞浦路斯被活剥皮后惨遭杀害的马卡提尼奥·布拉加丁出自同一家族的这个男人指挥的加莱塞炮舰，比其他加莱塞炮舰更早地成功掉转了方向。于是，他开始以敌人右翼为目标发射炮弹。

这对准备迎击正在缩小包围圈的威尼斯舰队的土耳其兵来说，无论在物质上还是精神上都是沉重的打击。土耳其军在陆地上或还有些经验，但对在海上受到炮击完全没有应对经验。桅杆被轰断，甲板被轰出大洞，完全不知道炮弹是从何方何时落下的。敌人开始胆怯。

但来自友船的掩护射击，不仅给土耳其方面带来了损害。由于射程判断得不那么准确，而且正在缩小包围圈的威尼斯船也在移动，所以炮弹有时也会落到威尼斯舰船上。但布拉加丁明知这一点也继续炮击。

水深低于5米的话，加莱舰就会搁浅。就在这时，深红色的巴尔巴里戈的舰船突然放弃之前左端的位置，冲进了半圆的正中。卡纳雷的舰船也紧随其后。接着，两艘船立刻用铁链将彼此的船腹连接起来，冲在前头，直入土耳其舰群。紧接着，用铁链连接起来的左翼全部舰船都冲了过来。

全都失去行动自由的双方舰船的船桨相互深深地咬合，在海上形成了一片无法动弹的战场。跳到敌船的距离太远的话，就顺着咬合的桨滑下去再攀上。威尼斯船上的划桨手舍弃了桨，身穿胸甲、拿着尖端有铁钉的棍子加入战斗。

基督教舰队的士兵和伊斯兰教士兵在这样的混战中很容易分

辨。伊斯兰教的士兵用五颜六色的头巾裹住头，手握着反射出微弱光芒的半月刀。

在这种情况下，打的就是白刃战了。巴尔巴里戈站在冲入敌舰队中间的自己舰船的船头上一动也不动。身穿钢铁制的盔甲，左手握着已出鞘的利剑，他用右手挥舞指挥仗，向部队发出各种指令。

突然，他觉得戴着头盔，声音就会传不出去，于是威尼斯的海军将领扔掉了头盔。

在巴尔巴里戈的视线一端，可以看到指挥着邻舰的安东尼奥·达·卡纳雷，他身着独特的白熊般的战斗服，被敌人的箭射倒在地。时间已经过了下午 3 点。

在远离浅滩白刃战的右翼地区，完全不同的战况也在展开。

海盗乌尔齐·阿里和以海战为职业的雇佣兵队长多里亚两人，正在展开比拼技能之最的战斗。在这片海域，专业人士中的专业人士正在对决。

但专业人士中的专业人士之一多里亚的失误是没有将自己指挥下的右翼舰队 57 艘舰船中包含着 25 艘以上威尼斯舰船这件事，放在自己计算中。威尼斯人不仅航海技能上是专业的，为祖国而战的意志也远高于此，但从与其他舰船的配合度上来说，他们是一群外行人。相反，土耳其一方的乌尔齐·阿里除了他手下的海盗船外，也率领着虽然在海战技能上是外行但听指挥的土耳其舰船。这意味着，乌尔齐·阿里率领着更愿意听从他指挥的舰队。

在水深 50 米的开阔的海洋里进行的这场海战，所遇的风虽不是强风，却一直吹着。被称为“马埃斯特拉勒”的西北风对多里亚更有利。

战斗开始的阶段，相对乌尔齐·阿里率领的土耳其左翼，多里亚率领的联合舰队的右翼已经向南移动了阵型。这是想从右侧封锁住乌尔齐·阿里的运动。因此，战斗开始时左翼和中央主力前的加莱塞炮舰炮击所产生的效果，在多里亚的右翼没有出现。动作迟缓的加莱塞炮舰无法跟随突然改变战术的多里亚，所以一直停留在原定位置上。

结果，这两艘“浮动炮台”的威力，没有针对敌人的左翼，而是针对敌人的中央主力发挥了作用。也就是说，乌尔齐·阿里的左翼舰队，大部分从加莱塞炮舰的炮击中逃脱了。

多里亚看见乌尔齐·阿里的舰队几乎没有损伤地向前突进，就将自己的船继续向南移动。这样，他所率领的右翼舰队的各船间隔，由于多次非预定的移动，变得越来越大。

而当他发现乌尔齐·阿里的战术发生变化时，战线的扩散已经变得难以恢复原来的样子，舰队变得像一条线一样脆弱。

说实话，乌尔齐·阿里并没有改变战术。他的想法原本就是从左方绕过多里亚船队，从背后袭击唐·胡安的中央主力。

察觉到这一点的多里亚为了不让其从旁边绕过，命令船队移动，但原本是基督教徒的海盗并没有犯正面与之撞击的错误。他非常巧妙地操纵原本向着西南方的船头朝西北方向转动。因为他发现在多里亚向南移动的过程中，多里亚指挥的右翼与唐·胡安指挥的中央主力的间隔被拉大了。穿过那个间隔，他可以从背后袭击唐·胡安的中央主力。这乍看很奇怪，但乌尔齐·阿里的作战方针从本质上说并未改变。

最早看穿乌尔齐·阿里的想法的，是被多里亚统率的联合舰队右翼的威尼斯战舰。他们停止跟随指挥官多里亚舰船南移。15艘以上的舰船抱成一团，冲向经过自己眼前的乌尔齐·阿里的船队。并不是谁在指挥，几乎像条件反射一样，威尼斯舰队突入进来。

但乌尔齐·阿里率领的是敌人的左翼，虽说有些是小型船，但也足足有94艘。以一个纵队突入进来，威尼斯舰船立刻发现接下来要进行一对五、一对六的战斗。

这已经等同于虐杀了。像是成群的锯刺鲑，撕咬着身体要比自己大很多的鱼一样。尽管如此，在鱼死之前，也会杀死相当数量的锯刺鲑。但敌船一拨接着一拨地袭来。

一艘威尼斯舰船的舰长本尼迪特·索兰佐见自己船上的大部分船员都成了纹丝不动的尸体，又看到6艘土耳其船围绕在他的船的周围，像是想吸掉最后的一滴鲜血一样，这位威尼斯的贵族命令仅存的划桨手们跳入大海。然后他走下船舱，点燃了火药，连带着6艘敌船，一起炸得粉碎。他的遗体，战争结束后也没有找到。

即使没有索兰佐舰长的自爆，这片海域的威尼斯舰船的损失也相当可怕。舰长战死的人数，与展开白刃战的左翼相当。

血刃威尼斯舰队后的乌尔齐·阿里，在多里亚还没有改变方向时，成功地到达唐·胡安的中央主力的右端。这个海盗的航行操纵之妙令人惊叹。

1571年10月7日·黄昏：勒班陀

只要不同加莱舰的船桨咬在一起，即使是在海上，也会出现固定的战场。敌我双方也只能在这样的战场上展开白刃战。

这样一来，被称为“浮动炮台”的加莱塞炮舰就无法发挥力量了。虽然可以用炮击倒敌船的桅杆，但倒下的桅杆和帆桁很可能把在下方战斗的己方士兵砸死。

因此，战局进入中盘以后，加莱塞炮舰不得已变成了极佳的观战场所。由6艘加莱塞炮舰组成的炮舰队的总指挥弗兰切斯科·多沃德在战争结束后回国时发出的报告中，写了下面一段话：

“基督教徒也好，伊斯兰教徒也好，简直就像是狩猎场中的猎人。狩猎场的常态就是：正在狩猎的猎人，无法关注狩猎场以外发生了什么，他们只能把注意力放在眼前的猎物上。同样的状况，也在勒班陀海战的战场上出现。”

一旦进入混战，被称作土耳其陆军脊梁的耶尼切里的勇猛就得以发挥得淋漓尽致。这些无敌的战士属于阿里帕夏率领的中央主力。基督教舰队的中央主力是由各国旗舰组成的，而伊斯兰舰队方面安排的也是土耳其统治下的各地的总督乘坐的大型战舰，它们像保卫总司令官阿里帕夏的旗舰那样将其围住，形成中央主力。当然，这些船上的战士，除耶尼切里这样的精锐中的精锐外，都是陆军国家土耳其的精锐。这些战士巨浪般地攻向基督教方面。

但是，以唐·胡安、威尼尔、科隆纳的旗舰为中心的基督教舰队中央主力的战士们，其勇猛程度也毫不逊色。

枪弹的响声震耳欲聋，弓弩射出的石箭寒气逼人，从两军人员说话的声调上无法区分敌我。在晃动的水面上战斗力无法发挥的西班牙骑士一旦脚跟站稳，就会毫不迷茫。总司令官唐·胡安、副司令官科隆纳虽都被己方的骑士们围着，但都没有从舰桥前后退一步。

至于威尼尔，他连护卫都没有配置。这位75岁的“堡垒先生”的表现与老年人行动迟缓的状态正相反，他不使用枪和剑，只要不是因指挥发令而高声喊叫，他从未停止手持弓弩准确地击倒敌兵。司令官的弩刚放出箭，威尼尔身旁的两名士兵就马上把另一张搭上了石箭的弩递给他。老将从战斗开始就一直没戴头盔。随风飘动的白发宛如狂怒的马的马鬃。敌方放出的箭射中了他的左大腿，但却没能摧毁这座“堡垒”。威尼尔自己用手将附着肉片的箭头和箭身一同拔出，像什么都没有发生一样继续射箭。

耶尼切里军团的士兵们不仅围攻威尼尔的舰船，也袭击唐·胡安的旗舰。而被赋予保护总司令官旗舰任务的撒丁岛的士兵们也是勇猛的。他们中不会用步枪的，就拔出匕首与敌人相拼。一旦倒下，后续船上就有新鲜血液补充上来。

基督教舰队的30艘后备舰也全部投入了战斗。被分配到后卫的两艘威尼斯舰船一见唐·胡安的旗舰有危险，就行驶到前面，只身阻挡耶尼切里的袭击。可怕的激战在两舰舰长战死后也没有结束。

战况虽然只是稍有变化，但确实开始朝对基督教方面有利的方向发展。

初战的炮击，确实给予土耳其舰队不容轻视的打击。而只要夺取一艘土耳其舰船，锁在那艘船上的基督教徒划桨手们就会被解放。获得自由的奴隶们开始从背后袭击伊斯兰士兵。

在阿戈斯蒂诺·巴尔巴里戈指挥的左翼舰队的战线上，战况也明显地显示基督教方面取得了优势。

左翼战线上的敌人全都是海盗集团。如果说耶尼切里是土耳其陆军的脊梁，那么，伊斯兰海盗就是土耳其海军的实战力。作为熟悉战斗的战士，这些人在海战上毫不逊色。

但基督教方面，除12艘舰船外，其他舰船都是威尼斯的，共计55艘。他们对这长久以来的敌人，有着忍无可忍的深仇大恨。而且，现在塞浦路斯被夺走，很多同胞都被无比残酷地杀害了。威尼斯战士们的战术，已经不能再以战法相称。与其说是用武器杀敌，不如说就是徒手与敌人搏斗。

但是，牺牲还是很大的。绰号为“克里特海之狼”的安东尼奥·达·卡纳雷在自己舰船的船首附近倒下了，那身白色绗缝布料做成的战斗服被染成朱红色。立刻接替这位战死的舰长指挥的是他的副手。

但是，左翼战线上付出最大牺牲的还是指挥官巴尔巴里戈的舰船。

为执行将敌人驱赶到浅滩上的战术，这艘旗舰一直冲在最前线。旗舰与卡纳雷的舰船用铁链互相连接，撞上了敌船队。特别是巴尔巴里戈的旗舰，全船涂满了深红色，更易引起敌人的注意。仅旗舰一艘船，就与8艘敌船展开了激战。桅杆和帆桁被敌人发射的火箭射中而燃烧起来，帆布被烧着，整艘船化为火球，深红的桨也大半被折断或冲走。

这里也一样，敌船一旦被占领，信仰基督教的奴隶们就被解开锁链，他们从背后袭向敌人。

巴尔巴里戈看到敌人的失利，感觉到胜利就在今天。他站在船头最前端，更加用力地激励部下的战士们。

就在这时，枪弹射中了他的右眼。他感到整个头部像被巨大的铁块击中一样，好不容易才站住。在他的眼前，激战后的敌将“西洛克”的舰船渐渐开始沉入泥水中。受伤的“西洛克”跳入大海，但立刻被为救助己方士兵而放下的威尼斯小船从泥海中打捞了上来。身为亚历山大里亚总督的海盗首领“西洛克”3天后因伤重死亡。在看到敌军战线瓦解后，巴尔巴里戈的身体才慢慢地倒在甲板上，身旁的费德里戈·南尼立刻代替他指挥左翼。

巴尔巴里戈被运到甲板下的船舱里。原本他应被搬运到舰桥的舰长专用船舱中，但舰桥还在燃烧。

下属叫来医生，后者发现巴尔巴里戈不仅仅是右眼有伤，还有一只箭头从铠甲接合部的微小缝隙中深深地扎了进去。箭虽然被拔出，但从伤口流出的血已渗透到覆盖到脚部的铠甲内侧，形成黏糊糊的一片并凝固了起来。这说明他已经流了相当多的血液。而且，已经不成形的右眼流出更多新的血，医生也没有止血的方法。巴尔巴里戈的脸很快地失去了血色，让一旁的所有人惊慌失措。

这时，传令兵急急地跑下木梯报告。

敌舰或沉没或被烧毁，剩下的舰船全部被俘获。宣告胜利的烽火，已被举起。

听到这些，阿戈斯蒂诺·巴尔巴里戈苍白的脸上，浮现出了爽朗的微笑。

在左翼举起胜利的烽火的同时，中央主力也燃起了胜利的烽火。

可怕的战斗终于决出了胜负，失去防备能力的阿里帕夏的旗舰被牵引到了唐·胡安的眼前。装修得十分华丽的船尾船舱里，躺着因弩箭深深扎入心脏而没有了呼吸的阿里帕夏的遗体。他的两个儿子也在各自的舰船上成了俘虏。

士兵把土耳其总司令官的首级从遗体上割下来。用枪刺着的首级，被悬挂在基督教舰队总司令官旗舰的桅杆上。基督教中央主力与左翼战线一样，全歼土耳其的舰船。

另一方面，在基督教舰队的右翼和伊斯兰舰队的左翼对抗的海域，战况却以完全不同情况发展着。

采取了互相拉开距离对峙的战法的雇佣兵队长多里亚和海盗乌尔齐·阿里，虽都以自己的舰船作为战线的领头船，但自始至终船头一次也没有交会过。

向仅观察情况，完全没有撞向敌人的行动的多里亚举起反旗的，是被要求服从指挥的右翼的威尼斯舰船。虽说有擅自行动之嫌，但他们仍勇敢地挑起了战斗，没有停止以本尼迪特·索兰佐舰船自爆为极点的壮烈战斗。右翼舰队中有25名威尼斯舰长，战死者就有6人。这个比例与巴尔巴里戈的左翼相比也是旗鼓相当的。即使是这片海域，也并非没有发生激战。

但是，如果要追踪两军指挥官的行动，右翼的战斗会让人想起后来的特拉法尔加海战中的纳尔逊，或再后来的日本海海战中的东乡平八郎。说这里进行的是具有近代性质的海战也不为过。

对攻过来的威尼斯舰队能打则打、能躲则躲的土耳其军左翼，到达了多里亚即使想追也很难追上的海域，而乌尔齐使用老练的航海技术，成功地接近了唐·胡安所率领的基督教舰队的中央主力。

位于中央主力右端的是圣约翰骑士团的3艘战舰。位于最右边的是骑士团团长的旗舰。这艘船上有很多来自法国、西班牙的愿为与异教徒的战争献身的骑士。从骑士团的规则来看，这些人也是欧洲有名望的贵族子弟。

对于原本是基督教徒，现在改宗伊斯兰教的海盗乌尔齐·阿里来说，没有什么比这些猎物更能够燃起他的斗志了。而且，此时的乌尔齐·阿里已被土耳其苏丹任命为阿尔及尔的总督。把根据地放在阿尔及尔的乌尔齐·阿里与将马耳他岛变为去往北非前的要塞的骑士团，与生俱来就是敌对关系。

乌尔齐·阿里对这3艘马耳他舰船的攻击十分猛烈。

作为中央主力参加战斗的3艘马耳他战舰的背后突然遭到袭击。尽管骑士们奋战不已，但在马耳他旗舰上倒下的，不是头巾上有新月图案的伊斯兰海盗，而是身着华丽甲胄的骑士。舰桥上飘扬的骑士团的旗帜首先被夺走了，还在战斗的骑士团长和骑士们乘坐的旗舰也被俘获。

但乌尔齐·阿里好像不是狩猎场上的猎人，而是数量较少的战士中的一员。他看到了开始在左翼，然后马上在中央主力位置点起的宣告胜利的烽火。

这个原是基督教徒的海盗，再次改变了船的方向，来了一个180度的转弯，再次躲过多里亚的船头，拖着马耳他的旗舰慌忙逃跑。

但这次，多里亚指挥下的威尼斯舰队没有放过明显想要从战场上逃走的乌尔齐·阿里。没有自爆和被击沉的威尼斯舰船抱成了一团，向着正横向驶过他们眼前海域的土耳其左翼舰船冲去。

看到了这个机会，威尼斯以外的其他国家的舰船也不再沉默。佛罗伦萨的舰船、萨伏依的舰船都争先恐后地冲入战场。这次，指挥官多里亚也没有漠视马耳他旗舰的被俘。

右翼全体冲向了敌人。一瞬间，土耳其的舰船一个个地被送上鲜血的祭坛。马耳他的旗舰也摆脱了被俘的境地，获得自由。但骑士团的团旗还是被海盗夺走。战斗终于也在右翼展开了。

最后，虽只有 4 艘，但乌尔齐·阿里还是逃走了。这个生于意大利的海盗首领带领着伯罗奔尼撒半岛南端迈索尼的 27 艘海盗船，成功地逃回了土耳其首都君士坦丁堡。可悲的是那些船上的奴隶，眼看着同胞被解放，却只能在鞭子的抽打下划桨。乌尔齐·阿里结束了 40 多天的航行，在海面上拖着夺来的骑士团的团旗，驶入了金角湾。

勒班陀的海洋被敌我双方阵亡战士的尸体埋满，燃烧着的舰船无声地标示出刚刚结束激战的海域。在倾斜的舰船之间，为了活下来而挣扎的土耳其士兵是唯一还在动的物体。

苍蓝深邃的大海，也因男人们流出的大量血液，而变得像红葡萄酒一般。夕阳在西方渐渐地落下，这片海洋渐渐被染成了金色。

就连胜利者们也忘记了发出战争胜利的欢呼。刚刚结束了世纪海战的海面，笼罩在不可思议的寂静中。

1571 年 10 月 7 日 · 夜：勒班陀

傍晚，黑暗渐渐开始覆盖海面，风逐渐增大，浪也在不断高涨。可以预想到，随着夜晚的到来，风浪会越来越大，继续留在海上是很危险的。

往西北方向航行约 6 海里，有个名为佩达拉斯的小岛。这座小岛紧贴着希腊本土，却不是土耳其的领地。联合舰队决定在那个岛的海湾里过夜。

俘获的敌船中，有利用价值的都系着绳子拖走了，尸体和被烧毁、已无利用价值的船只被留在了波浪中。

到达佩达拉斯岛后，指挥官们聚集在唐 · 胡安的船上互相致贺。26 岁的总司令官因从未经历过大战的胜利而兴奋不已，一见到绷带上渗满鲜血，但还是精神抖擞的威尼尔，就跑过去拥抱了他。胜利的喜悦让他似乎忘记了他是那么在意自己的地位。威尼斯的老将也仿佛与儿子一起分享胜利的喜悦一般，热情地回应了年轻人。

科隆纳也领着教皇庇护五世的外甥和罗马的贵族们前来。欢呼雀跃的祝贺声充满了狭窄的船舱。

但当右翼司令官多里亚进入船舱时，仿佛冰冷的大气吹进了那原本喜悦的气氛一般，船舱里一下子变得寂静。

船舱里所有的人，都以一种异样的眼神看着多里亚不沾一滴鲜血的盔甲。被血浆沾满全身，像染上染料般的威尼尔是特别了一点，但唐·胡安和科隆纳的军服也早已被溅回来的鲜血沾满了全身的。

唐·胡安面前的多里亚，用像叙说别人的事一样冷静的声音，祝贺战争的胜利。总司令官对这个右翼的负责人用非常冰冷的声音简短地应答。威尼斯的海军将领们，以如不加克制，就要冲上去抓住他问个究竟的愤怒表情，看着这个热那亚人。

这时人们已经知道，右翼在多里亚的指挥下经历了怎样的劫难。之后接到报告的教皇庇护五世所说的话，一定表达出了当时在场的人们的内心感受：

“上帝啊，请求您的怜悯。那个可怜的男人，与其说是海军将领，不如说是一个彻头彻尾的海盗。”

这对于多里亚来说，也许是过于严厉的谴责。但是，勒班陀的海战是加莱舰间的战斗，而不是特拉法尔加海战那样的大帆船间的海战。

尽管如此，胜利还是给人们带来了无尽的喜悦。

被世人看作无敌的土耳其军队，现在被证实并不是无敌的。而且，从 1453 年君士坦丁堡陷落开始，在土耳其的一次又一次攻势面前，几乎没有一次投入全力抵抗的基督教势力，这次确实取得了 118 年来的第一场真正胜利。而且，尽管让敌左翼的司令官乌尔齐·阿里逃了，但还是可以说是压倒性的胜利。

年轻的唐·胡安想与所有人一起分享这个喜悦。连对多里亚也只是冷淡而已，之后并没有说更多责难的话。

那位年轻公子想起了一个人，迄今为止的首脑会议一定会出席的，而在今夜这样一个喜悦的场合却缺席的人。科隆纳和威尼尔两人陪着唐·胡安离开船舱，命令小船靠过来。

与两位司令官并肩，在甲板上等待小船驶过来的年轻总司令官的身影，很快就被周围船上的人们认出，沸腾的欢呼声顿时将他包围。

骑士、弓弩手、炮兵、船员、划桨手都在大声欢呼。从伊斯兰舰船解放出来获得自由的人们以及从今以后不用再拖着锁链生活的囚犯们的欢呼声尤其强烈。已经不用担心敌人的侦察，无须顾忌别人而点燃的熊熊火炬，把停泊的小湾照得像白天一样的明亮。

载着三名司令官的小船停靠在由于严重受损，无法自行航海而被友船拖到这个海湾里的巴尔巴里戈的旗舰旁。这艘加莱舰漆成深红的桅杆从中间折断，帆桁被烧塌，深红的船桨只留下了一半。登到船上的三人，下到了巴尔巴里戈所在的甲板下的船舱。

在确认了胜利的同时，得知参谋长受重伤的威尼尔，急忙乘着小船前往探望。在已经没有血气的巴尔巴里戈的身旁，有和他一起战斗的参谋奎利尼的身影。尽管急匆匆地赶来，医生还是告诉两名威尼斯海军将领，巴尔巴里戈已经没法救治了。

来探望的唐·胡安也已得知巴尔巴里戈的伤情。年轻的公子和科隆纳没有说一句安慰的话。

巴尔巴里戈认出了总司令官，想从一直躺着的床上抬起身来，但他已经没有那种力气。唐·胡安跪在巴尔巴里戈身旁，轻轻地将自己的手放在威尼斯海军将领冰冷的右手上。用混杂着意大利语和西班牙语的语言，悄声叙说战争胜利的情况。

西班牙的王弟从在墨西拿遇见巴尔巴里戈开始，就对这位威尼斯海军将领抱有好感。即使在与威尼尔争执的时候，只要是巴尔巴里戈来访，他还是会很高兴地与其相见。巴尔巴里戈那种安静、不强加于人的姿态，一旦需要，就会坚决不动摇、始终如一的态度，让人不由得心生敬意。而且，巴尔巴里戈不幸成了基督教联合舰队首脑集团中唯一一位牺牲者。为此，年轻贵公子的心中充满了悲哀。

用微弱的微笑回应和自己亲切地说话的总司令官，这是巴尔巴里戈现在唯一能做到的事了。唐·胡安再次用双手握住巴尔巴里戈的右手后才站了起来，然后由奎利尼引导，和科隆纳一起离开了船舱。

船舱里只剩下威尼尔。75 岁的老将，站在刚才唐·胡安所在的地方。他想跪下来，但腿受了伤，无法弯曲。按威尼尔的性格，他不会说“放心吧”之类的话，老将依然单刀直入，俯下身子说道：

“如果有心事要告诉我，请不要客气，尽管说。”

阿戈斯蒂诺·巴尔巴里戈的脑海里，这时突然浮现出了弗洛拉的身影。一开始浮现的是平时的她，将自己的头靠在男人的右腕上的她。然后浮现的是用手揽住男人的脖子，把全身交出去的弗洛拉。回忆仿佛追溯到很远很远的过去发生的许多事。在圣萨卡里亚教堂前的广场上第一次见到她的情景，就像昨天发生的事一样栩栩如生地浮现在眼前：儿子像小狗一样缠着母亲，热烈地说着什么，母亲温柔地回答着什么。

巴尔巴里戈第一次打心底里露出了微笑。然后，他想着，因为有这样一个儿子，弗洛拉可以活下去吧。而且，她更会明白我在死后会在她近旁守护着她。有这样两根精神支柱，女人一定会继续活下去吧。

对于威尼尔这样厌恶拐弯抹角的老将，巴尔巴里戈并不需要把弗洛拉母子的事拜托给他。巴尔巴里戈看着上司，微微地摇了摇头。老将再次凝视着部下，随后离开了船舱。巴尔巴里戈一个人留在了那里。

已经感觉不到疼痛。一股睡意，犹如一种无法抗拒的强大力量，向巴尔巴里戈袭来。

男人努力想再次在脑海里拼出女人的身姿。但刚才还那么鲜明的形象，现在已经不再鲜明。突然，真的是非常突然，手上传来一阵柔软的触感，是抚摸着弗洛拉长发时的那种感觉。女人柔软浓密的头发、触到冰冷的额头时的感觉、纤细的脖子、用指尖拭去微笑的脸颊上流下眼泪时的触感……

随从进入船舱的时候，这位威尼斯的海军将领已经停止了呼吸。

在威尼斯共和国政府整理的勒班陀海战的记录里，下面一行字是献给这个男人的。

“参谋长阿戈斯蒂诺·巴尔巴里戈在最幸福的状态下迎来了自己所期望的死亡。”

1571年·秋：科孚岛

联合舰队撤回威尼斯领地科孚岛后，才理清了这次海战战果的全貌。

俘获敌方加莱舰——117艘

俘获敌方小型战舰——20艘

除了乌尔齐·阿里和逃跑的4艘战舰，其余敌舰全部在战斗中被烧毁，最终沉没。还有很多舰船因破损严重而不得不被放弃。

伊斯兰方面的战死者——约8 000人

其中，战死的高级官员除最高司令官阿里帕夏外，还包括近卫军耶尼切里的团长，莱斯沃斯、希俄斯、内格罗蓬特、罗得岛等地的总督。“西洛克”、乌尔齐·阿里前一代的著名海盗巴尔巴罗萨的两个儿子也在这份战死者名单上。土耳其舰队将领几乎全部战死。

俘虏人数——约10 000人

其中有唐·胡安准备送给西班牙国王的礼物——阿里帕夏的两个儿子。两天后死去的海盗“西洛克”当时也是俘虏之一。土耳其宫廷的很多官员都成为俘虏。

被解放的基督教徒奴隶——约 15 000 人

战利品，根据联盟舰队参加国提供的战力的大小分配。

西班牙国王获得 57 艘加莱舰，俘虏也以同样的比例分配。另外，在土耳其船内发现的贵金属之类大半也给了国王，剩下的则被唐·胡安拿走。

威尼斯共和国得 43 艘加莱舰、39 门大炮、86 门小炮以及 1 162 名俘虏。威尼尔个人得到了其中的两名俘虏。

教廷、圣约翰骑士团、萨伏依侯国及其他国家都没有被排除在战利品分配之外。连一艘自己的军舰都没有的教廷得到了 17 艘舰船、541 名俘虏。

但基督教方面付出的代价也十分惨重。

战死人数——约 7 500 人

这只比伊斯兰方面少了几百人。

负伤人数——约 8 000 人

其中包括被分配到左翼的舰船上奋战，左腕被子弹击中的年轻的塞万提斯。

将战死者和负伤者的数量按主要参加国分列的话，数目如下：

	战死人数	负伤人数
西班牙	2 000	2 200
教廷	800	1 000
威尼斯	4 836	4 584

只有威尼斯的数字是确切的，这是因为威尼斯原本就是非常重视准确统计的国家。无论是西班牙还是教廷，人员为军舰的“武装”，从人员上船时开始，就没有掌握准确数字，点名时没有回答的人就被视为战死者。

即使考虑到提供战力的比例，威尼斯付出的牺牲也非常巨大。特别是，指挥官层次的战死者很多。而且，地位高的将领中，除去乘坐在教廷旗舰上的奥尔西尼家的二人，战死者大部分是威尼斯的贵族。

舰长级别的牺牲者，全部 18 人都是威尼斯共和国的国民。从巴尔巴里戈家开始，包括舰长 3 人在内，共 4 人。孔塔里尼家 2 人。索兰佐家、威尼尔家各有 1 人在舰长的职位上牺牲。为威尼斯千年历史锦上添花的名家中的名家，也为当时的战死者名单“增色”不少。

喜欢准确数字的威尼斯共和国，对战死者和负伤者的职能分类也很清晰。

	战死者人数	负伤者人数
舰长（贵族）	12	5

舰长（市民）	6	20
战士队长	5	20
书记（副舰长）	6	4
船员长	7	10
船员	124	118
炮手	113	79
船舶技师	32	78
告解神父	5	3
划桨手队长	921	681
划桨手	2 272	2 479
战士	1 333	1 078
合计	4 836	4 584

全力投入战斗的不仅是贵族。就连威尼斯船上的厨师也在奋战，其结果就是这个数字。

这些战死者，除了消失在波浪中的人，都被埋葬在科孚岛。就是与威尼斯无关的人，把遗体带回故乡的也非常少。大家都在这座美丽的岛上立墓。

沐浴着东方的阳光的这片丘陵，就作此用。此后两百年间，这片广阔的墓地一直被称作“勒班陀战士之墓”。

1571 年 · 秋：威尼斯

威尼尔在抵达科孚岛的那天晚上，就早早地派出了报告胜利消息的快速船。快速船拖着土耳其军旗进港的那天，威尼斯市民爆发出了经久不息的欢呼声。

大家都知道牺牲甚巨。但因失去亲人而流泪的人也都明白，今天的战争与之前的战争的不同之处。在长达百年的时间里，威尼斯在土耳其的攻势面前一直节节败退，所以勒班陀的胜利就显得格外耀眼。

地中海范围内常年号称海运国家第一的威尼斯人，与只要在水平线上见到土耳其的新月旗就逃跑的其他国家的船员是不一样的。也正因此，土耳其变成了终日在脑海里逡巡的可怕存在。终于，这次把这个土耳其打得遍体鳞伤。一向以冷静处事而闻名的威尼斯人，此时此刻终于可以真正忘情地狂欢。即使夜深了，家家户户的灯也没有熄灭，广场上挤满了兴奋的市民，所有可以喝一杯的地方都敞开着入口迎来了早晨。

虽然胜利给共和国政府带来了热泪横流的喜悦，但它并没有忘记留在市内的土耳其和阿拉伯商人的人身安全。为了防止陶醉于胜利的市民袭击土耳其人，政府将伊斯兰教徒们隔离在威尼斯市内的一栋住宅中。由于这一安排，不久以后，这栋住宅就成了土耳其商馆。

政府还决定，为纪念这一罕见的胜利，将10月7日定为国家的节日，每年的这一天举国庆祝。政府委托被誉为共和国最杰出画家的提香绘制一幅展现战斗场面的巨幅壁画。

但提香以西班牙国王腓力二世请他画同一个题材的画为由，拒绝了威尼斯政府的请求。时年83岁的提香是威尼斯最好的画家，也是当时公认的全欧洲最好的画家。威尼斯政府也知道，给这位巨匠养老金的承诺的，不是威尼斯政府，而是西班牙国王。那样的话，只能拜托其他人来完成这件事了。

但是，另做选择并没花多大气力。接提香班的是53岁、正当壮年的丁托列托。而且，他被认为在创作大画面方面，能力超过提香。丁托列托立刻开始创作。

据说这幅把阿戈斯蒂诺·巴尔巴里戈受重伤的瞬间描绘出来的大壁画，在3年后的1574年完成，装饰在元首官邸内的厅里，但在1577年发生的火灾中被烧毁。现在，在元首官邸内的萨拉·迪·斯库鲁蒂诺（投票间）里同样题材的壁画是火灾后由安德烈亚·维钦提诺画的复制品。威尼尔在壁画的中央附近，可惜没有巴尔巴里戈的身影。

威尼斯即使在1571年秋天也没有举行迎接凯旋将军的华丽庆典。勒班陀海战虽然获胜，但威尼斯共和国面临的问题并没有解决。

1571年·冬：希腊海

威尼尔想马上返回东地中海。现在的地中海终于可以畅行无阻。土耳其海军几近全军覆没，海盗的首领们也大都化为勒班陀的海藻。现在正是收复曾经是威尼斯的基地，后来被土耳其夺走的伯罗奔尼撒半岛上几个港口的好时机，也是把土耳其攻占后占领体制还不完备的塞浦路斯重新夺回来的好时机。

在联合舰队停留科孚岛期间，威尼尔不断地劝说唐·胡安。

但年轻的胜利者陶醉于自己刚刚取得的漂亮胜利。这并非长期周密准备的结果，而是意想不到、突如其来的胜利，也因此更让人陶醉其中。勒班陀的胜利，与其说是他的力量发挥了作用，不如说他的意志发挥的作用更大。但现在他连冷静客观地评价一下整个过程、思考一下如何取得接下来的胜利的从容也没有了。

加之西班牙国王的重臣们强调，适合航海的季节已经过去。科隆纳也想早早地返回罗马，向教皇报告。一想到庇护五世会给予的奖赏，他就不想再度出海。

威尼尔正在被盟友孤立。随着时间的推移，唐·胡安似乎也忘记了战争刚结束时的友情。岂止如此，未得到作为总司令官的自己的允许，威尼尔就自说自话地向威尼斯国内发出了捷报快速船，总司令官对此怒火中烧。总司令官与威尼斯舰队司令间的关系再次变得乌云密布。而且，在威尼尔身边，既能维护本国的立场又能缓和与唐·胡安及科隆纳的关系的阿戈斯蒂诺·巴尔巴里戈已经不在了。

尽管如此，联合舰队还是暂定明年——1572年春天再次集结。集结地不是西西里的墨西拿，而是科孚岛。

做出这样的决定后，唐·胡安率领属下的舰船向西出发。科隆纳也带着俘获的船只前往位于亚得里亚海的教廷领内的港口——安科纳。从安科纳到罗马是陆路。在罗马，应该有教皇亲自主持的壮丽的凯旋仪式等着他。其他国家的船也纷纷向着本国的港口出发。多里亚则向着根据地热那亚扬起风帆。

只有威尼斯舰队停留在了科孚岛。仅靠这些舰船是无法远征东地中海的，但保护亚得里亚海的要塞科孚岛和漂浮在爱琴海上的“航母”克里特岛绰绰有余。而且，明年春天联合舰队预定的集结地是科孚岛。从半年前开始在集结地继续停留，是显示威尼斯对联合舰队体制抱有期待的最重要的证据。

唐·胡安于11月1日回到墨西拿，在西班牙王国领内的南国西西里享受着胜利的荣耀，与自己的舰队一起度过冬天。

只有塞巴斯提亚诺·威尼尔在几个星期后返回了威尼斯。不是为了参加凯旋仪式，而是因为收到了威尼斯共和国政府召他回国的指令。

1571年·冬：君士坦丁堡

驻扎在土耳其帝国首都君士坦丁堡的威尼斯大使巴尔巴罗，在使馆被木板封上窗户、白天也靠蜡烛的光亮生活的日子里，从未懈怠过情报收集及向祖国报告。在大使得到的情报中，有消息说在勒班陀海战日之后一个月零十天的11月18日，成功逃脱的乌尔齐·阿里带着31艘船回到了君士但丁堡。而且，大使准确地了解到31艘船中只有4艘是在勒班陀幸存下来的。这些情况都用密文记录，发回威尼斯。

几天后，巴尔巴罗大使时隔一年半后再次呼吸到户外的空气，因为他收到了宰相索克卢的邀请信。这并不是通过犹太医生发出的私下邀请，而是宰相与大使间公开会谈的邀请。

按照惯例，巴尔巴罗身着大使的正装，带着3名随从和1名翻译离开了大使馆。对于时隔一年半再次出户的60多岁的大使来说，恢复原来习惯的方式骑马前往陡坡很多的佩拉地区，还是花费了他不少时间和力气。

朝金角湾方向的下坡路走下去，乘上长时间未使用的大使用船，渡过金角湾，到达对岸的君士坦丁堡地区。走上缓缓的斜坡，然后向左拐，就来到了托普卡帕宫的中央大门。

巴尔巴罗曾听说，一年多没见过的金角湾一带十分萧条，而今天自己亲眼见到，感触很深——萧条的境况甚至可以说是超乎寻常的。

对经济能力不强的土耳其民族而言，一旦与西欧断绝贸易往来，即使借助被统治的希腊人和犹太人，经济的衰退也会变得难以抑制。连首都都显得如此冷冷清清，叙利亚和埃及的状况自然可想而知。

同样，在被土耳其征服的罗得岛，曾经的繁荣已成回忆。塞浦路斯的将来也大致如此。

蒙受损失的不仅是西欧的商人，土耳其也一样，失去的要比得到的多。但这种想法，似乎不会使土耳其人放弃扩张领土的欲望。负责保护通商国家威尼斯的国家利益的巴尔巴罗大使每次想到这样的事，都无以言表地绝望。

走进托普卡帕宫的中央大门，有几条路从宽阔的庭院中通过。往右走，是供应苏丹宫廷全部食物的广阔的厨房。而左侧一带，是卫兵待命的地方。

走中央的道路，会见到另一扇门，那里面有图书馆和谒见室等，是苏丹官方正式活动的区域。

最左边的敞开的小路，笔直通往哈勒姆的入口，那里是苏丹与妻妾们居住的区域，连男性厨师都不能进入。在那里，苏丹是唯一的男人，有许多女人，许多孩子，还有被阉割的宦官。

侍奉土耳其宫廷的人、大使等外国要人，走通往哈勒姆的道路和中央的道路之间的路。巴尔巴罗对这条路十分熟悉，因为这条道路的终点，是与苏丹的私人区域哈勒姆背对背的区域——内阁会议室。

这天，巴尔巴罗也沿着这条道路走过。平常郁郁葱葱的大庭院，到11月末变得萧瑟冷清。冬季的道路上，虽然花草树木都保养得很好，但无奈树叶不断地飘落，散在地上又堆积了起来。

但巴尔巴罗大使现在没有闲情去在意冬季的寂寥景象。就连身为老练外交官的他，也禁不住心跳加快，因为对于威尼斯人来说，勒班陀的胜利是巨大的。

内阁会议室里，宰相索克卢率领大臣们等待着。并排坐着的大臣们中，有以对西欧强硬而闻名的皮拉尔帕夏。

过去在土耳其，即使是代表一个国家的大使，也被要求像苏丹的臣民一样行叩拜礼——当然，是谒见苏丹时才要这么做。但对于西欧人来说这是一种屈辱的礼节，到了有能力从容应对西欧的苏莱曼大帝的时代，宫廷已允许西班牙、法国、威尼斯、德国的哈布斯堡家族等大国和望族使节不再行叩拜礼。

当然会谈的对象如果是宰相或大臣，也不必像见苏丹时那样行礼。这种会谈一般准备有座椅。

在土耳其，人们是盘腿坐在椅子上的。为适应这样的坐法，椅子做得很宽大，而且很矮。现代的内部有填充物，外侧用各种材料包裹，坐起来感觉很舒服的沙发和长椅，实际是土耳其式椅子“迪凡”的改良品。

土耳其宫廷的内阁会议室被称为“迪凡”，也是因为这个房间放满了“迪凡”式样的长椅。现代的伊斯坦布尔大街上，有家名为“迪凡”的酒店，其含义自然不是长椅，而是内阁、内阁会议室的意思。

意大利语里，“长椅”一词今天还是读作“迪瓦诺”。沙发也属于同样意思的词汇。英语里，沙发、长椅的读音不同。“迪凡”这个词的词源，要到阿拉伯语或波斯语中去寻找。

这种椅子在西欧开始流行是进入 17 世纪后，18 世纪的洛可可时代创造了最美的椅子。在 16 世纪前的西欧，除了从东方带来的椅子和长椅，并不存在美丽、柔软的坐椅。说起文艺复兴时代的长椅，那只是木制的长柜而已。

坐在柔软但不是土耳其式，而是西欧式的椅子上的大使，感觉到有人在自己的右后方行动。随从们在室外等着，翻译是坐在左后方的，副官也站在左侧，照理说右后方不会有人。

威尼斯大使的感觉不是没有根据的。那个房间的部分墙面镶上了镂空雕刻的大理石。雕刻后面，厚厚窗帘垂了下来。人的气息就是从那窗帘的背后飘来的。

巴尔巴罗想，传闻大概是真的：苏丹想暗中监视内阁会议中的大臣们，于是便使用特别制作的小窗户。如果真的有人在监视，那一定是塞利姆。与其父苏莱曼不同，将国政交给大臣们，喜欢在哈勒姆里过日子的塞利姆，想出了这样的监视方法。

在这种氛围下，巴尔巴罗大使并不期待被告知的内容有什么新意。虽然双方都以国家利益为先，但对方并不是不能从共同的视点去探讨问题的对象。过去与老宰相索克卢进行的会谈，不可能在这样的地方反复进行。

果然，宰相开始用冷淡的语调说道：

“勒班陀海域的海战，确实是我们彻底失败了。但我们从你们那里成功地夺走了塞浦路斯。也就是说，你们失去的是一条胳膊，而我们只是被刮了胡子而已。胡须会再长出来，被砍断的手臂却不会恢复原样。”

这对威尼斯大使巴尔巴罗来说，是极其遗憾的结果，但不得不承认宰相的话击中了要害。只是，老宰相在这样说的时候，眼睛想要告知什么似的，一瞬间注视着大使。巴尔巴罗并没有遗漏这种眼神的含义。

但对巴尔巴罗来说，不能忘记外交负责人的立场。宰相送来的无言之言，被他若无其事地接收之后，给出了威尼斯的回应：勒班陀海战的成果是如此巨大，西欧各国的联合舰队体制为此将永远维持下去。这样强有力的乐观论调接连不断地说出来，使得对西欧强硬派的首领皮拉尔帕夏的脸由于愤怒变得通红。

会谈就此结束。再次回到被木板封闭了窗户的大使馆的巴尔巴罗，为向本国政府报告今天会谈的全部经过拿起了笔。

他写了两份报告。一份是普通文体，用威尼斯方言写就，另一份则使用了密码。在密文报告书里，巴尔巴罗添加了对老宰相眼神的记录。大使还写下了他对这眼神的解读。

但大使没有从威尼斯十人委员会那里收到重新开始与土耳其和谈的指令。威尼斯还想将赌注压在1572年度的联合舰队上。

巴尔巴罗大使即使没有接到这个绝密的指令，也找到了新的任务。

苏丹塞利姆不但没有责备逃回来的乌尔齐·阿里，还赐给这个原基督教徒海盗新的名字：克里扎利。这个消息，让老大使非常关注。

“克里扎利”是土耳其语“剑之阿里”的意思。苏丹任命他为土耳其海军的最高司令官，命令其重建伊斯兰舰队。

乌尔齐·阿里充分利用了不适合航海的冬天。在获胜的基督教各国舰队在南国的港口城市休息时，乌尔齐·阿里没有休息。君士坦丁堡的造船厂和加里波利的造船厂在乌尔齐·阿里的指导下，为建造新船投入了全部生产能力。苏丹为他提供了无限的财源。

其结果，不仅让巴尔巴罗，也让知晓实情的所有人瞠目结舌。

在勒班陀战败不到3个月的1572年1月5日，苏丹收到的报告称舰队重建规模如下：

已经下水的加莱舰	45 艘
建造完成的加莱舰	25 艘
接近完成的加莱舰	11 艘
进入建造流程的军舰	8 艘
已经下水的小型加莱舰	8 艘

此外，在小亚细亚和希腊的港口，102 艘舰船正在建造中。土耳其即将拥有总计 199 艘舰船，与勒班陀海战前的规模大体相同。

随着春天的到来，这样的大舰队马上会再次出现在地中海。而且，舰队的指挥就是乌尔齐·阿里。

前所未有的沉痛情绪萦绕在巴尔巴罗的报告中，因为威尼斯又要面临无法对抗的力量了。

在伊斯兰文明圈里，男人的胡须是显示自己是一个成熟男人的最佳表现。没有胡须的，或是不成熟的年轻人，或被看成同性恋。

输掉勒班陀海战而被剃了胡须的土耳其海军，不到半年，又以一个成熟男人的姿态再次出场了。

而在西欧，68 岁的教皇庇护五世的健康状态已经到了随时会发生不测的状态。

1572年·春：罗马

1571年神圣同盟的军事活动是在国家间互相揣摩、猜忌的过程中开始的。而同时，走到这一步就不能回头的觉悟，成为合作的开端，但整个过程并不顺利。与1571年相比，1572年联合舰队应该会比较流畅地运作。事实上，它已顺利地开始运作。

在勒班陀海战获胜而状况好转的形势下，谁都在考虑乘胜追击，让结果更完美。

前一年的战果已充分证明，以土耳其为目标的神圣同盟联合舰队的主要参战方有西班牙王国、威尼斯共和国和教廷就足够了。教廷已不再考虑把英国、法国、德国诸侯都拉进来。怀揣教皇亲笔信的特使们，无须再度经历奔波于早春北欧泥泞道路的辛苦。

另外，联合舰队总司令官的人选也已经达成共识。没有人想换掉唐·胡安。威尼斯方面也承认了这个年轻的将领有统率由多个国家组成的联合舰队的才能。即使是副司令官的人选，也没有哪个国家反对由马卡提尼奥·科隆纳担任。

经费分担的问题也在一开始就解决了。因为分配了缴获的土耳其舰船和俘虏，各国都变得更大方了。前一年那样执着地拉扯细小环节上的分配的麻烦也没有了。各国提供船只和人员的方案基本确定。

实际上，就连萨伏依、以马耳他为根据地的圣约翰骑士团那样的小国，都在忙于修理分配到的土耳其舰船，没有时间和需要再建造新的舰船了。前一年，没有自己的军舰，以正式承认托斯卡纳美第奇家族的大公地位作为交换得到军舰的教廷，现在已成为拥有17艘军舰的参战者了。

威尼斯共和国也不再为召集人手而苦恼。前一年，曾为疫病所困扰，因募集的5 000人滞留在本土而费尽心思的威尼斯，今年马上就能使用这5 000人了。而且，威尼斯还获得了前所未有的好处：可以将1 000多名土耳其俘虏当作划桨手使用。

威尼斯人试用了戴着锁链的奴隶划桨手，发现他们的效率还是相当高的。当时的某位舰长说，水平最好的划桨手是达尔马提亚人和希腊人，其次是奴隶，后者比不习惯大海的北意大利志愿者更好用。

按出生地划分勒班陀海战时威尼斯舰队的划桨手，情况如下所示：

加莱舰

威尼斯本国的自由民——38 艘

威尼斯的服刑者——16 艘

克里特岛的自由民——30 艘

伊奥尼亚海的威尼斯殖民地的自由民——7 艘

达尔马提亚的自由民——8 艘

北意大利的自由民——5 艘

加莱塞炮舰

威尼斯本国的自由民——全部 6 艘

总计——110 艘

海军必须向担任划桨手的自由民支付工资。使用服刑者和奴隶则可以不考虑这方面的经费。

但无论经费再怎么低，威尼斯共和国也不能把全船的桨都交给被锁链锁住的奴隶。

威尼斯船的特色之一是除去易遭受炮击的加莱塞炮舰，其余船舰的划桨手都是坐在甲板上划船的。这是因为普通加莱舰之间的战斗是白刃战，在无须操控船只的战斗中，划桨手可以作为战士来战斗。人力资源不丰富的意大利城市国家都采用这种方式，只是在威尼斯，这个方式实行得更加彻底。

现在，威尼斯元首官邸的武器室里还展示着当时的划桨手用的防弹（箭）背心。背心打满了铁钉，虽是布制的，但很结实。当时的划桨手穿上它，并用尖端装有尖锐铁钉的棍棒武装自己。在威尼斯，他们也是被当作合格的战士来对待的。如果战死，政府不会给贵族遗属支付抚恤金，但会向这些战士的遗属支付抚恤金。

这样的待遇持续数百年的话，很显然，就像基地和港湾如果长年接受经济援助（使用费），那个地方的人就会对威尼斯共和国产生国民对祖国一样的感情。无论是达尔马提亚各个城镇的人，还是以科孚岛为首的伊奥尼亚海各岛上的人，都毫无疑问地认为威尼斯共和国与自己是命运共同体。正是这些地方，直到威尼斯共和国灭亡为止，比其他任何地方都要更忠诚地与威尼斯共和国共命运。

现代达尔马提亚地区从钟楼到城镇的结构，都与威尼斯非常相似，即使在居民变为斯拉夫系的现代，这也非常令人震惊。这个地方，不仅属于威尼斯共和国的经济、军事圈，也属于其文化圈。虽说有无须支付工资的优点，但这并不是简单地将划桨手替换成土耳其奴隶的理由。

使用奴隶划桨手的话，必须另设监视人员。船上形成相互监视的关系，与威尼斯海军的传统是不相容的。

在召集人员的问题上，西班牙和教廷前一年也没有遇到什么问题，1572 年会更顺利吧。

勒班陀胜利的消息，转眼间传遍了地中海沿岸地区。生活没有着落、只为一点工资而奔赴战场男人们，如果参加的是一场最终获得胜利的战斗，其心情肯定会不一样。应召而来的不仅有墨西拿、那不勒斯、热那亚周边的农民，还有从遥远的法国、德国赶来的男人，早早就形成了满员的状态。

威尼斯共和国政府为用好将要到来的这个好机会，内部达成了一致，决定不重蹈前一年的覆辙，毕竟如果集结得晚，一场战斗打胜后，适合航海的季节正好结束。这次应尽早在入夏前实现联合舰队的出征，充分利用好夏季到秋季中期这段适合航海的时节。

为此，威尼斯决定事先解决预想中的所有障碍。

第一件事是解除塞巴斯提亚诺·威尼尔的威尼斯海军总司令官的职务。

因为威尼尔并非因不履行职务的罪名而被解职，所以无须提交审判。只是，被本国召回的威尼尔，并没有得到元老院对其勒班陀海战的功绩的充分肯定和赞誉，却被告知为了国家请同意辞去职务。唐·胡安与威尼尔没有很好的感情是很明显的。比起伤害年轻贵公子的心情，威尼斯政府更愿意选择替换“堡垒先生”。被选出代替威尼尔的是以温厚的人品而闻名的福斯卡里尼。

但这将是威尼斯政府犯下的最大的错误。威尼斯舰队离开了威尼尔，失去巴尔巴里戈和卡纳雷，野战型的指挥官只剩马可·奎利尼一人。

不仅如此，威尼斯政府还犯下了另一个错误：对唐·胡安的怀柔策略也很欠考虑。

威尼斯想给予唐·胡安一个实质性的目标，使其在勒班陀显示的才能和热情可以长期延续，于是悄悄地向他许诺了摩里亚的王位。

摩里亚是当时西欧对希腊伯罗奔尼撒半岛的称呼，到16世纪初，威尼斯共和国的基地网罗了岛上所有的战略要地。半岛最南端迈索尼和科罗尼两个港口被称为“威尼斯的门户”，是继克里特、塞浦路斯、科孚之后的重要基地。从这里可以到达纳夫普利翁、内格罗蓬特。即使在现代，进入港口还能看到威尼斯人建造的要塞。对占领内陆地区不太感兴趣的威尼斯，热心于确保沿海地区基地的稳固。

但进入16世纪后，随着拜占庭帝国的灭亡，威尼斯似乎已没有能力阻止伯罗奔尼撒半岛的势力一个个地落入土耳其之手。最初是内陆地区，之后是沿海地区，威尼斯的基地变成了土耳其的基地。

几乎被土耳其占领了全部土地的摩里亚，按照计划，将在威尼斯的帮助下再次恢复主权，并成为唐·胡安的王国。答应给予现在还在敌人手中的地方，是一种相当荒唐的提案。当然，只要拥有陆军力量，也不是不可能的，以当时威尼斯的力量应该可以做到。唐·胡安对此有兴趣也是理所当然的。

即使被称作勒班陀的英雄，这位英雄毕竟也只居代人行事的次要地位。

14岁时被认作王弟，并非因为异母兄长腓力二世的心里萌生了对已故父亲的私生子的兄弟之情。在连一起长大的兄弟也可能成为敌人的时代，未能一起长大的兄弟，很可能是比别人更不利的存在。腓力二世认为这个小17岁的异母兄弟是可以使用的棋子，因此既给予他奥地利公爵的名号，也认他作王弟。但不管是哪里，丝毫没有给予他王位的意思。

同时，腓力二世自己是一个能干的君主，不过他不是那种能敞开心扉的男人。后世威尔第作曲的著名歌剧讲述了其长子唐·卡洛斯不幸去世的故事。其父子悲剧性的关系，说到底并非单纯一方的责任。世上确有对亲生儿子也会隐藏自己想法的男人。对这个异母所出，且与死去的儿子年龄差不多的小兄弟，腓力二世当然无法完全抛弃心中的怀疑。而很久以前就成为街头巷尾议论话题的兄弟之间的不和，在勒班陀之后，已成为人们公开议论的话题。

威尼斯政府给西班牙国王的疑心火上浇油。但唐·胡安不是那种能够正面接受有强大权力的兄长的怀疑，有效反击兄长的强有力的人物。

乍看顺利组织起来的1572年度的“十字军”隐含着种种不安的种子。

不幸的是，5月1日传来了教皇庇护五世驾崩的消息。立刻选出的新教皇是与庇护五世同样出生于意大利的格列高利十三世。不过，这个性格平静的新教皇是一个遇到争端首先考虑躲避的男人。

1572年·夏：墨西拿

威尼斯已经在科孚岛集结起由百艘加莱舰以及6艘加莱塞炮舰组成的舰队，完成了出征的准备。被新选为威尼斯海军总司令官的福斯卡里尼也早早地到达科孚岛。

5月，巴尔巴里戈的继任者，被选为参谋长的乔万尼·索兰佐为迎接联合舰队总司令官唐·胡安，率领25艘加莱舰前往墨西拿。唐·胡安已经来到这座南方港口等候。科隆纳也遣船发来了其正率领教廷舰队南下墨西拿的消息。圣克罗齐侯爵指挥的由36艘舰船组成的西班牙舰队也已经从编成地那不勒斯启航。马耳他驶出的2艘舰船也正在北上。

但是，威尼斯参谋长到达墨西拿后，联合舰队出现了意想不到的问题。

上年度就成为争论要点的联合舰队的战略目标，今年依旧是争论的核心，跟随唐·胡安的西班牙国王的亲信们提出了强硬的要求。他们主张今年一定要去北非打击海盗。而威尼斯方面则强调，与前一年同样，应该去东地中海，摧毁土耳其舰队。因为有消息称，乌尔齐·阿里率领的土耳其舰队已从君士坦丁堡出发。

但西班牙方面不愿意做出让步。对立越来越严重。不久，科隆纳和圣克罗齐侯爵也先后到达，而这只是让西班牙方面多了一票。

唐·胡安需要在寻找妥协方法上发挥作用。他先向腓力二世提出，考虑到威尼斯的要求，先在东地中海帮助他们得到一个可以代替塞浦路斯的地方。但马德里没有回答。后来，他又提出，到夏天，只派西班牙舰队去攻击阿尔及尔，打击以那里为根据地的乌尔齐·阿里统率的海盗，然后马上向东地中海进发。但这也没有得到国王的回答。

尽管如此，唐·胡安、科隆纳、索兰佐、圣克罗齐等出席的作战会议，还是定下了出征的日期：6月14日。

但唐·胡安突然在出征日的前两天宣布出征无限期延期。

科隆纳和索兰佐非常吃惊，不断追问总司令官。唐·胡安一时没有说出理由来，但最终他暗示这是腓力二世的意思。

唐·胡安自己也难以揣测腓力二世的真意：为何在这个时候，作为西班牙的国王要发出这样的命令？

尽管如此，年轻的总司令官还是提出希望提供9艘西班牙船，加入科隆纳所属的部队，并将舰队整体的指挥权交给科隆纳，与威尼斯舰队一起，向东地中海进发；自己则留在墨西拿，准备攻击阿尔及尔。

科隆纳提出，9 艘不够，至少要分给他 25 艘。虽然科隆纳想用教皇的权威说服西班牙国王，但不能期望刚上台的教皇对此能产生多大的影响。

唐·胡安与西班牙的参谋们协商之后，同意借出 22 艘加莱军舰，1 000 名西班牙士兵，4 000 名意大利士兵。

算上 22 艘西班牙舰船、12 艘教廷舰船、索兰佐率领的 25 艘威尼斯舰船，以及在科孚岛待命的 75 艘威尼斯舰船，共 134 艘。基地还有 6 艘“浮动炮台”。再加上在克里特会合的舰队，它们将组成拥有超过 150 艘舰船的舰队，与勒班陀海战时的 200 余艘相比较，虽略逊色，但也是可与土耳其舰队一战的战力。

西班牙的 15 艘舰船将在完成战士配备后赶来。前往东地中海寻找敌人的出征时间终于确定。对威尼斯人来说，暂且得到了一点安慰。

到达科孚岛是 7 月 15 日。在这里，舰队与待命的 75 艘威尼斯舰船会合，威尼斯海军总司令官福斯卡里尼也加入了。大舰队从科孚岛开拔。

在沿伯罗奔尼撒半岛南下，绕过半岛南端，向东航行之时，追过来的传令船带来了唐·胡安带领余下的全部舰船从墨西拿出发的消息。据说是因为腓力二世撤回了先前的命令。

科隆纳与威尼斯的海军将领就去向进行了商议：是返回科

孚岛，在那里等待唐·胡安的到达，再开进东地中海，还是通报唐·胡安，请他赶上继续前进的大队？

虽然作为大舰队的根据地，科孚港比起西西里的墨西拿来说设备更齐备，且有安全保障，但再次把已经出征的舰队带回根据地科孚港，就有可能错过战机，一旦错过，后面可能再也不会遇到这样好的机会。这对威尼斯人来说，是要尽可能避免的事。科隆纳也同意这个想法。舰队在给总司令官唐·胡安发出通报后，继续向东前进。

8 月 4 日，舰队到达紧挨着伯罗奔尼撒半岛南端、属于威尼斯的开俄斯群岛。

在那里，舰队收到了乌尔齐·阿里率领的由 160 艘舰船组成的土耳其舰队停泊在北面的玛尔维萨港的情报。从开俄斯群岛航行一天就可以到达玛尔维萨港。基督教舰队迅速决定了开战的阵型。

与勒班陀海战时一样，这一战也采用混合阵型。但这次由于威尼斯舰船占压倒性多数，所以舰队决定把三艘威尼斯舰船与一艘西班牙舰船、一艘教廷舰船组合起来。同时，在中央主力，以科隆纳的战船为中心，左边为威尼斯舰队总司令官福斯卡里尼的旗舰，右边为西班牙舰队司令官唐·安德里亚德的旗舰。左翼和右翼的指挥任务，只能交给威尼斯的海军将领们了。由于前一年的作战行为令人生疑，雇佣兵队长多里亚没参加这次的联合舰队。

这段时间，乌尔齐·阿里似乎察觉到了基督教舰队的动静，躲在玛尔维萨港久久不肯出来。

土耳其舰队一直到 8 月 10 日才出港。尽管如此，他并不想好好地打一仗，两军只发生了零星的摩擦。损失是土耳其方面多一点，7 艘加莱舰因不再能使用而被丢弃，乌尔齐·阿里再次躲入玛尔维萨港。

但到了这时，科隆纳的心境发生了变化。他提出唐·胡安应该已经到达科孚岛，我们也应返回科孚岛，或在返回路上的某个海域与他会合。

他的理由是乌尔齐·阿里是长年驰骋于地中海海盗，对地中海的各个角落了如指掌，想要躲开基督教舰队的监视，抢先派出五六十艘战舰袭击航行中的唐·胡安一行，实在是易如反掌。因此，基督教舰队应该返回，尽快与唐·胡安一行会合。科隆纳强调，联合舰队指挥权在与总司令官会合之前，受唐·胡安委托，由他本人执掌。对这一行动方案，威尼斯方面的海军将领们极力反对。

但是，这一年的威尼斯舰队中，能够在个头矮小、体格瘦弱的科隆纳头上，像要压下来似的恫吓他的塞巴斯提亚诺·威尼尔已经不在了。以前，被威尼尔怒吼而缩起身子的科隆纳，就好像鹫鹰前的鸽子一般。

与威尼尔的火暴脾气完全相反，1572 年威尼斯舰队的总司令官福斯卡里尼性格温厚，他向科隆纳的主张屈服。舰队在敌人就在面前的情况下，决定返回科孚岛。

但是，从开俄斯群岛出发，沿着伯罗奔尼撒半岛北上，一直返航至赞特岛，也没见唐・胡安的影子。无奈之下，只好继续北上，快到达科孚岛时，总算与唐・胡安会合。

唐・胡安暴跳如雷，责问舰队为何不在科孚岛等待，扬言要治指挥西班牙舰队的唐・安德里亚德死罪。

并且，唐・胡安要求和勒班陀海战时一样，让西班牙士兵上威尼斯舰船。这次威尼斯方面坚决拒绝了这个要求：去年威尼斯舰船的战士不足，唐・胡安的要求有合理的地方，所以接受了，不过今年士兵数量足够，已没有这种必要。

这一年唐・胡安的要求并非合情合理，只是为彰显总司令官的地位和权力而感情用事。被威尼斯方面拒绝的年轻总司令官只知道发怒，使得夹在中间的科隆纳左右为难。

科隆纳提出了将自己指挥的教廷舰船上的战士转移到威尼斯船上，让西班牙兵搭乘教廷舰船的妥协方案。威尼斯总司令官接受了这个方案。

这样的小动作在前一年是不会出现的。有"堡垒先生"威尼尔在，无论唐・胡安如何发怒，威尼斯不可能有屈从之理。并且，唐・胡安的愤怒和科隆纳的困惑，都是在他们充分领教了震耳欲聋的怒吼，威尼尔离开之后才有机会表现出来的。前一年，多亏虽然性格安静，但要紧的事一步不让的巴尔巴里戈的协调，诸事总在该收场之际收场。

但在1572年的“勒班陀”，这种无意识中带来绝妙效果的火与水的组合不再存在。如果没有深层的考虑，只看眼前的事物，一旦让步，就会接二连三地让步。1572年的威尼斯舰队，或许只是1572年的威尼斯政府的延伸。

虽然由于科隆纳的妥协方案，联合舰队勉强没有决裂，但还是在这样的事上花费了精力——白白地浪费了宝贵的10天。

联合舰队总算向希腊海进发，不过因被敌将乌尔齐·阿里巧妙、敏捷的行动牵制，又遇上恶劣天气，舰队的战斗意志日渐衰退。因为没有遇到好的战机，所以没有人反对唐·胡安返回科孚岛的命令。在此期间，两军互相刺探情况，不断有小摩擦，但仅此而已。

回到科孚岛的联合舰队于10月20日解散。

唐·胡安带着西班牙舰船返回了墨西拿，科隆纳也向罗马出发了。西班牙国王腓力二世向罗马教皇递交了亲笔信，约定明年将提供更强有力的舰队，但威尼斯已经不再相信了。

认为西班牙已不足以结盟的威尼斯，决心与土耳其单独缔结和约。威尼斯驻君士坦丁堡大使巴尔巴罗收到了来自十人委员会的秘密指令。

1572年·冬：君士坦丁堡

和谈，当然需要在极秘密的条件下进行。

以威尼斯、西班牙、教廷为主要加盟国家的神圣同盟的条约中有一条：加盟国，不得背着其他两国与敌国讲和。

威尼斯共和国再怎么对盟国绝望，其媾和行为也是违反了条约的。

在威尼斯本土，由于有必要进行高度保密的工作，外交问题不放在公共机构元老院进行讨论，而是让无人不晓的能秘密、迅速决策的机构十人委员会来处理。

通常情况下，和平谈判也是不容易完成的，不要说这次还带着背叛同盟国的“附属品”。绝密是必须的，但也不能缺少慎重。正因为是这种性质的问题，威尼斯政府组成了特别的十人委员会。

通常十人委员会由10名委员加元首1人、元首辅佐官6人共

17 人组成。全体成员都是在元老院有议席的、30 岁以上的贵族。

但这次议和是左右国家今后去向的重大问题。这次的十人委员会在 17 人的基础上加上了被称为“Zonta”的 20 名贵族，设置共计 37 人的特别十人委员会，这在威尼斯共和国的法律上是被认可的。被选为 Zonta 的 20 人，是拥有丰富外交、军事经验的人，也就是即使是被选为实质上的最高决策机构十人委员会的委员也无不妥的人。

按威尼斯共和国的法律，十人委员会委员和元首辅佐官每 6 个月改选一次［拙著《海都物语》（下册）有详细阐述］。但在面临重大问题时，像这样频繁更换新人效率是不高的，从政策的一贯性来看也是不合适的。但这是为避免权力集中于个人而设计出来的制度，交替制度可以说是威尼斯共和国政体的根本，这一点是不能改变的。

威尼斯为应对这种特殊情况，产生了 Zonta 制度。6 个月后失去了十人委员会权力的原委员，如成为 Zonta 的一员，就可以继续出席委员会会议。也就是说，被选为委员的就是原来 Zonta 的成员。

用好这样的组织，就能在重大问题上保持政府方针的一贯性，另外，在对细节了如指掌的人中进行讨论，可以避免时间上的浪费。

1572 年的十人委员会和 Zonta 就再次与土耳其交涉媾和一事，

命令直接负责交涉的威尼斯驻君士坦丁堡大使，以以下条件与土耳其方面进行谈判：

大幅提高原来因占有塞浦路斯岛而向土耳其支付8 000达克特的年贡，要求返还岛屿。

可支出5万达克特用作谈判所需的大使机密费。因为在与土耳其宫廷重臣们的谈判中，贿赂是很普通的事。

另外，十人委员会和Zonta也实际推进了利用法国促成和平谈判的策略。从很早开始，对西班牙抱有敌意的法国国王就热衷于把威尼斯和西班牙拉开。在君士坦丁堡的交涉中，秘密谈判在巴尔巴罗大使与索克卢宰相间，索克卢与法国大使间，法国大使与巴尔巴罗间同时进行着。

土耳其虽然在勒班陀海战中败北，但对威尼斯的情况仍十分熟悉，交涉极为困难。不仅是威尼斯，其他国家也知道西班牙是不可信任的。

由于勒班陀战败而被剃去的“胡须”，因乌尔齐·阿里的献身性贡献而得以恢复。土耳其方面显得很强硬。相反，巴尔巴罗大使显得软弱。对于巴尔巴罗来说，唯一的希望是表面上怎么表现无关紧要，没有忘记勒班陀海战结果的土耳其也希望恢复两国间的和平关系就好。

位于佩拉地区的威尼斯大使馆的窗户上的木板，在谈判重新开始时被拆除。耶尼切里士兵的监视也撤除了。大使馆的外观暂且不提，至少人们已不会再认为这是交战国的驻外使馆。

谈判难以取得进展也在预料之中。塞浦路斯实际上已落入土耳其的手中，以提高年贡金额为条件，要求返还塞浦路斯，土耳其应该是不会同意的。

但威尼斯方面也不能简单地以放弃塞浦路斯为条件来和谈。34年前普雷韦扎战争时的和约，以放弃伯罗奔尼撒半岛的纳夫普里翁、玛尔维萨两个基地为条件，塞浦路斯所拥有的军事上、经济上的重要度与这两个基地无法相比。但就这样，和谈不会有进展。

对于如此重要的问题，仅由不足40人的十人委员会和Zonta来决定使一些委员感到不安，提出了将这个问题移交元老院讨论的方案。因为如果由元老院决定，拥有决定权的人数将达到200人。

但近40人表决的结果是，赞成移交的只有两人。威尼斯选择在绝密的条件下解决这个问题。

11月19日，谈判毫无进展。终于，十人委员会和Zonta在这天向君士坦丁堡大使发出了不把归还塞浦路斯设为谈判条件的指令。尽管如此，在做这个决定之前，两个机构再次就这个问题是否移交元老院讨论进行了投票。但即使是这个时候，赞成的也只有3人。

巴尔巴罗大使以此为底线，再次开启了艰难的谈判。穿越博斯普鲁斯海峡，从黑海吹来的风让这里的冬天越发难以度过。老大使只能忍受着严冬的煎熬。尽管在勒班陀战败，土耳其宫廷里对西欧强硬派的声音还是与日俱增。

1573年·春：威尼斯

到来年1573年的3月7日，双方终于妥协，签订了协议。

但协议的内容对威尼斯来说非常严峻，这是胜者应得的东西吗？

塞浦路斯正式成为土耳其的领土。威尼斯不需要再支付年贡。

威尼斯以通商费为名，要在未来三年内，向土耳其支付30万达克特。

撒丁岛的年贡也将由现在的500达克特提高到1 000达克特。

威尼斯得到了土耳其的承诺：被没收的土耳其境内威尼斯人的财产将归还；整个土耳其境内的经济活动完全自由。

战争与谈判的结果是至1645年为止72年的和平。1573年威尼斯的所有让步与流入勒班陀海洋的血，至少为威尼斯市民带来了72年的和平及由此收获的经济繁荣。

威尼斯与土耳其之间的和约在签字后才公布。连通知威尼斯元老院的时间都是在公布的前一天。

前一年10月联合舰队解散后，威尼斯国营造船厂每天都有军舰下水，海军也持续征招船员。因此，直到协议公布为止，其他国家自不用说，连威尼斯市民都相信，威尼斯的意图是继续战争，没有人怀疑这一点。

和约一公布，威尼斯立刻遭到西欧各国的谴责。威尼斯进行的单独媾和，是对基督教联盟的背叛。但没有威尼斯，也就再没有一个国家主张再度结成对土耳其联合舰队了。

威尼斯通过与土耳其单独媾和，避免了今后非自身本意而被卷入西欧势力之争的可能。

法国盯着以阿尔及尔为中心的北非，西班牙同样把那块土地当作要获取的猎物，两国在那个地区是对立的。法国的一种策略就是与土耳其合作，在地中海夹击西班牙。

根据这个方案，法国陆军侵入佛兰德的同时，土耳其将把由300多艘加莱舰组成的大舰队派到地中海，攻击西班牙领地。这是当时在君士坦丁堡进行的，法国大使与土耳其宫廷讨论的作战方案。

为此，让西班牙与威尼斯背道而驰是上策。如果威尼斯和土耳其的同盟关系也成立，在地中海孤立西班牙的战略就宣告完成。

但威尼斯不采取配合法国的策略，不实行将西班牙完全变为敌人的方针。威尼斯选择了单独媾和。这样一来，与西班牙、法国这两个 16 世纪西欧强国的关系就既不是伙伴，也不是敌人。

缔结和约后的威尼斯，将精力集中于通商网，特别是东地中海的通商关系的重构。当然，威尼斯也没有懈怠维持海军力量。以往的历史证明，一旦懈怠海军，都市国家威尼斯一定会被四周的领土型国家碾得粉碎。宣扬威尼斯海军的荣耀的 10 月 7 日被指定为国家节日的理由，不仅仅是重温胜利的喜悦。

让远离地中海的英国人都兴奋不已的勒班陀海战，是加莱舰间战斗规模最大的一次海战，也是最后一次海战，更是以十字架为旗帜而进行的最后一次战争。此后，西欧再也没有人鼓吹十字军战争。历史让西欧成为世界的中心，相反，地中海世界走下了历史主人公的宝座。划分历史的海战舞台，也离开地中海，转移到大西洋。加莱舰逐渐退出海战舞台，大海迎来了帆船对抗的时代。

从 1645 年开始的 25 年，威尼斯与土耳其围绕克里特岛的攻防展开了激烈的战斗。但克里特攻防战并不像勒班陀海战那样，成为历史上的一大事件。这只是一场在转变成边境的地中海上的战斗而已。无论经过多长时间，无论怎样壮烈的战斗，都不过是局部战的一部分而已。

拥有千年辉煌历史的威尼斯共和国、因 1453 年拜占庭帝国灭亡而一跃成为历史主人公的土耳其帝国，都以勒班陀海战为节点，开始走向衰亡。两国力量的衰弱并不是根本原因。作为两国活跃的历史舞台的地中海，其重要度以 16 世纪为分界点开始减退才是根本的原因。此后重要的海战都在地中海以外的海域进行，就是这一点最好的证明。

勒班陀海战的战果在胜利的第二年就已经因联合舰队的惨淡解散而灰飞烟灭。

但是，在这场海战中流淌的众多人的鲜血，并不是白流的。

如果那时土耳其获胜的话，“无敌土耳其”的名号就会坐实，地中海就会变成土耳其的内海。西欧也一定不能安于土耳其在维也纳停住了的攻势。

勒班陀海战的影响，比起实质性的东西来说，更应该从精神层面去探究。历史无数次地告诉我们，精神方面的影响有多么重要。

总之，威尼斯享受了此后 70 多年的和平。其名列西欧第一的繁荣，体现在了华丽的世界性竞赛表演中。在圣马可广场举行的迎接外国来宾的庆祝游行中，总额达 1 000 万达克特的工艺美术品接连不断地被展示出来，几乎让人觉得永无止境。

从其他国家来的人们，再次惊讶地注视着威尼斯的财富。这其中还有一队日本来的天正少年使节团，他们于 1585 年，即勒班陀海战结束 14 年后访问了威尼斯。

勒班陀的战士们的战后时光

1572 年 5 月，并不知晓那年联合舰队未作战即解散的事实，只闻勒班陀胜利的消息便舒心瞑目的教皇庇护五世被列入圣徒之列，称为圣庇护。

倡导十字军并取得成功是列入圣人的理由，而 13 世纪多次动员十字军，每次都失败的法兰西国王路易也成了圣路易。倡导对异教徒的战争与圣者的名誉相连，这在西欧并非不可思议。

唐·胡安却命运多舛。他与腓力二世的关系不断恶化，至 1578 年 33 岁时并没有任何显眼的行动，一直保持独身并孤单地离世。

马卡提尼奥·科隆纳在勒班陀海战之后，也仿佛从历史上消失了。1577 年他担任西西里总督，1584 年，49 岁的他客死于西班牙。

吉安德里亚·多里亚之后也一直是受到的谴责多于赞美的海上雇佣兵队的队长，1606 年 67 岁时离世。那时地中海已不再是历史的主要舞台，他的后继者也无人能再次扬名于世了。

塞巴斯提亚诺·威尼尔战后受到了事与愿违的解职。自然不是对此的补偿，但勒班陀海战的6年后，他被选为威尼斯共和国元首。那是一段与土耳其之间的问题较少的时期，因此也未有让他天生的暴躁脾气发作的机会。

为纪念勒班陀海战400周年，意大利海军在面向福尔摩沙广场的威尼尔家朴实无华的墙面上嵌入了一块刻有“海战胜利者之家”的誉词的大理石。

驻君士坦丁堡的威尼斯大使马卡提尼奥·巴尔巴罗在与土耳其缔结和约后离任，时隔5年返回了祖国。

作为卸任的大使，按惯例他在元老院进行了述职讲演，而这位大使在讲演中对政府的方针严词谴责，让坐于会场的政府首脑、元老院议员们脸色骤变。

老大使在讲演中这样说道：

“国家的安定与永续，不仅仅是依靠军事力量的，更多是源于其他国家对我们的认识，与（我们自己）对其他国家的毅然的态度。

“近年来，土耳其人察觉到我们威尼斯最终是会妥协的。那是因为我们对他们的态度，超过了讲究礼节的外交上的需要，显得过分卑屈。威尼斯对于指出土耳其的劣势过于多虑，且疏于表明威尼斯自身的优势。

“其结果无法使土耳其人本来就有的傲慢、自大、骄横有所节制，放纵了他们毫无根据的嚣张。他们觉得让身为被奴役民族、只能成为下级当差人的希腊人送去一份通知，威尼斯就会将塞浦路斯拱手相让，那只能是威尼斯外交的耻辱！”

即使被如此谴责，威尼斯政府似乎也未忘记报答巴尔巴罗的功绩。不久，他位居仅次于元首的名誉高位：圣马可教堂的监督官。

特命全权大使并没有卸任后在元老院进行报告的义务。巴尔巴罗的同事，在罗马任大使的乔万尼·索兰佐，如前所述，随后被派往海上，1572 年在威尼斯舰队作为巴尔巴里戈的继任者担任参谋长。4 年后，他带领警备舰队在地中海航行时，与马耳他圣约翰骑士团舰队交战，他本人战死。骑士团对威尼斯与土耳其缔结和约愤慨不已，见到威尼斯船即认为是异教徒土耳其的同类而打上门来。

乌尔齐·阿里一直活到 75 岁，1595 年在君士坦丁堡的床上死去。

勒班陀海战时一度流传过的、西班牙国王腓力二世对乌尔齐·阿里的怀柔策略，此后似乎确实实施过。但这位出生于南意大利的原基督教徒海盗，至死都不愿背叛让他担任海军最高司令官的土耳其人。是土耳其人认可了他。他在君士坦丁堡投入私人财产，建起了美丽的清真寺，并捐赠了大量财宝，最后以伊斯兰教徒的身份迎来了安详的死亡。人们传言：只要活着就不让威尼斯海军睡着的乌尔齐·阿里就此离开了人间。

1571 年 · 冬：威尼斯

共和国政府颁了一条法令：禁止在勒班陀海战中战死的威尼斯战士的家属穿丧服。

因为政府认为那是喜事，不是要穿丧服的丧事。祝贺的旗帜在街上四处飘扬，没有一个地方看到吊丧的旗帜。

以元首为首的共和国高官们造访阿戈斯蒂诺 · 巴尔巴里戈的宅邸，并不是吊唁，而是来庆祝胜利的。以坚定的态度来接待的遗孀，也没有身着丧服。

因此，无论是在街上还是巴尔巴里戈的宅邸，没有为亡故的人悲伤的气氛，到处都是庆祝胜利的喜悦气氛。

尽管如此，还是有个女人因此悲伤得身心具疲，虽然在威尼斯没有人服丧，而且身为情人的她本来也不是应服丧的人。

女人没有去有巴尔巴里戈家墓地的教堂。她知道埋葬在那里的只是男人的一撮头发，但这并不是不去的理由。去扫墓，等于把那个人的死和其他所有人的死等同了起来。女人的心里不愿意那样，因而她犹疑不定，不敢站在那人的墓前。

威尼斯街道上轰动一时的为胜利而举行的各种仪式，对这个女人来说，只是与己无关的骚动而已。虽然知道胜利是件令人高兴的事，但无论如何都没有要庆祝一番的心情。

察觉到事情缘由的老女仆，看着得到勒班陀海战胜利消息的同时，也知道了自己所爱的人已死亡，只是茫然得连哭都哭不出来的女主人，只能悄悄地给予些许宽慰，除此之外再也做不了任何事了。女人也只能将无法向任何人倾诉的悲哀深藏在心中。

在女人的身边，虽然只有少许，但还留着一些男人的遗物。

这些东西并不是作为遗物特意留下来的。那是男人租的那栋小房子里，两人用过的一些东西：有着纤细花纹、做工精细的几个威尼斯的玻璃杯，盛葡萄酒的玻璃容器，绣着摇曳的云一样的花边的床单、桌布和餐巾等一些零零碎碎的小物品。

女人知道死讯后，第二天就去了那里，把这些东西带了回来，因为再也不能以男人的名义去那所租借的房子了。

除了这些东西以外，还有一件遗物。一个寒冷的夜晚，把女人送回家的男人，把自己身上穿的斗篷裹在她的身上，女人就这样一直穿着，留下了它。黑羊毛织就的外罩加上毛皮衬里，在威尼斯是非常普通的男式外套。只要被这些东西包围着，女人就像被男人的爱包围一样，一种安宁感又回来了。

虽然怀着深深的悲哀，但女人并不孤独。一旦为男人发自内心所爱，女人就不会再为孤独而痛苦了，只是，总想摸索着寻求什么的念想，无论如何也无法摆脱。但那样也行。女人想：有那样的想法时，就沉浸在里面吧，不要勉强自己。

没有去过巴尔巴里戈家墓地所在教堂的女人，一直有在下午没什么人的时候，与儿子一起去圣萨卡里亚教堂的习惯。女人在那里为男人祈祷。

女人没有祈祷他能够安息。因为女人毫不怀疑，男人是在知道了胜利后没有了呼吸的。他以满足的心情迎接了死亡。

那样的一天下午，像往常一样在圣萨卡里亚教堂祈祷完的女人，走过位于广场中部威尼斯独特的蓄水槽旁，突然止住了脚步。是静静洒落下来的冬日的午后阳光，让女人不由得停下了脚步。弗洛拉闭上眼睛抬起了脸，像接受阳光一样微微地抬着头，站立在那里。

正是这时，她感受到了一只手在背上温柔地抚摸。儿子站在旁边。

“母亲，他是作为取得胜利的指挥官而去世的。”

女人用吃惊的表情看着儿子。并不为一直以为还年幼的儿子已经知道了母亲的心事而惊讶。她惊讶的是儿子温柔地抚摸着她的背的位置，已经变得如此之高。这一二年间，儿子长高了许多。不仅手臂的位置变高了，声音也变低了，变得沉稳了。

母亲不由得微笑起来。一直觉得还是孩子，忽然间已经长大到能安慰母亲了，想到这些与其说高兴，更觉得奇怪。这个年龄的孩子，每天都肉眼可见地在成长。曾经像小狗一样缠着母亲的少年，马上要迎来 13 岁的生日。

弗洛拉想，再过两三年，必须决定是作为商船的弓弩手，去实地学习航海术和商业技术，还是在巴德瓦大学学习法学或医学。再过 7 年，到 20 岁，作为威尼斯贵族的嫡子，就可以得到共和国国会的议席。这个孩子，还有 7 年，长的话 10 年，仍然是需要母亲的。

“母亲，哪天一起去科孚岛吧。”

母亲默默地一边点头一边看着儿子的脸。他要比母亲略高一点了。弗洛拉想着，也许我才更需要儿子。女人的双眼，忽然从那时以来第一次涌满了眼泪，泪水顺着脸颊不断地流下来。儿子用左手抚着母亲的背，母子俩离开了圣萨卡里亚广场。

在刚出广场的地方，一直有个摊子卖从近郊采来的鲜花，弗洛拉买了一束根部沾着土壤的小花。她说，不忘记保养的话，到春天就必须更换花盆了，届时一定会开出很多花来。

即使女人的儿子选择了出海的工作，在他有生之年，也肯定不会受到土耳其半月刀的威胁。

阿戈斯蒂诺·巴尔巴里戈给心爱的女人的儿子留下了这样的礼物后离去。

致读者（代后记）

初次阅读荷马史诗《伊利亚特》是在我16岁那年的夏天。

那是一种所见的事物一下子变了的感觉。只是，还是一种朦胧不清的感觉，并不清楚自己的内部，什么东西发生了什么变化。或许，迄今为止的写作，就是为了弄清这一点，而这样的念头，也许今后直到死亡都会一直存在着。

正因为有着这样的起点——《伊利亚特》，我被地中海世界吸引，由此一直有一种想描写战争的念头。那是一类如《伊利亚特》所描写的，有着异质的文明相互对抗的意义的战争。

这种性质的战争，如果假定其舞台是地中海世界，时代则是自己的专业领域中的文艺复兴时期，那么只有三场：1453年的君士坦丁堡的陷落、1522年的罗得岛攻防战、1571年的勒班陀海战。

当然，对于生活在那个时代的人来说，很不幸战争远不止这三场。但就历史性来说，历史的发展以此为契机改变了方向，笔者感觉写出这三场战争应是可以说明问题的。

当然，并非从16岁的那个夏天开始我就决定要写这三场战争。就是过了10多年，笔者写作处女作《文艺复兴的女人们》之时，也没有这样的想法。脑海中开始萌生这一想法，已是25年后，在准备写作威尼斯共和国通史《海都物语》时。

无论是《君士坦丁堡的陷落》还是《勒班陀海战》，都直接与威尼斯共和国相关。而《罗得岛攻防记》如果没有威尼斯方面的史料也是写不出来的。也就是说，在研究、整理威尼斯保存至今的详细、客观的史料的过程中，这三场“划分天下之战”的基本结构在笔者的脑海中形成了。可以说，正因为这样的良机，16岁的夏天以来想写以地中海为舞台的战争的念头，一直都保持着温度。在完成了《海都物语》之后，即着手写作《地中海海战三部曲》的缘由就在于此。

话虽如此，原本想着从荷马的《伊利亚特》那里能盗点什么来，好几次重新开卷，但除了读出了“写人”是这部经典的首要主题外，并没有什么可以盗用的东西。

为何如此说呢？那是因为，那部经典里所谓诸神后援团那种令人愉快的情节占据着重要的部分。支持希腊的是以雅典娜女神为首的神明，支持特洛伊的是海神波塞冬，这实在是很令人开心的话题，但要以这样的形式写文艺复兴时期的战争太勉强了，只能放弃。

第二个想模仿但做不到的是持续10年的战争从第10年写起的写作方法。这一点，让笔者痛感荷马是一位多么伟大的天才，也由此知道了这样的方法是无法模仿的。

《地中海海战三部曲》中，围攻东罗马帝国首都君士坦丁堡的攻防战历时50多天，罗得岛的攻防战持续了6个月，而勒班陀海战不足5小时就决出了胜负。虽然对这些战争的描写颇有心得，但我还是不能用荷马的写作方法——持续了10年的战争，从第10年开始描写居然是一个极佳的写作方法。

最后，这三场战争只能用我所构想的适合各场战争的手法来描述。50天的适合50天的描写方法，6个月的就以6个月的时间来展开，而5个小时的战争的写作方法，则是朝着这5个小时的“渐强”，及5个小时结束后的“渐弱”[1]来展开。

三部作品分开出版，或三部作品合在一起出版，都不刊载参考文献。主要的参考文献已在《海都物语》下册的卷末介绍完毕。这也反映了《地中海海战三部曲》，必须在完成了威尼斯共和国史之后才写得出来的情况。读着威尼斯留下的史料，笔者在想：或许留下正确、客观的记录，是一个时代对后世最为有效的宣传。

佛罗伦萨

1987年春

1 此处的“渐强”原文为crescendo，“渐弱”原文为decrescendo，均为音乐中的强弱符号cresc和decresc的全拼。